铁路科技图书出版基金资助出版

轨道交通橡胶弹性元件
配方分析和性能试验技术

王　进　谭帅霞　林达文　编著

中 国 铁 道 出 版 社
2 0 1 3 年・北　京

内容简介

本书详细介绍了轨道交通橡胶弹性元件的配方分析手段、流程以及产品的性能试验方法，同时列举了大量典型的分析案例。通过归纳整理和总结，实现和规范了轨道交通橡胶弹性元件的配方分析和产品性能试验技术，有利于指导轨道交通橡胶弹性元件配件企业的设计开发和配方设计人员的配方设计，方便检测试验人员的质量控制测试工作等。

本书既可以作为橡胶弹性元件研发人员的参考资料，也可以作为检测试验人员和质量监控人员的专业技术参考书，还可以作为橡胶、化学分析相关专业高等院校的参考书。

图书在版编目(CIP)数据

轨道交通橡胶弹性元件配方分析和性能试验技术/王进，谭帅霞，林达文编著．—北京：中国铁道出版社，2013.8

ISBN 978-7-113-17212-1

Ⅰ.①轨… Ⅱ.①王… ②谭… ③林… Ⅲ.①轨道交通—弹性元件—性能试验 Ⅳ.①U239.5

中国版本图书馆 CIP 数据核字(2013)第 210257 号

书　　名： 轨道交通橡胶弹性元件配方分析和性能试验技术

作　　者： 王　进　谭帅霞　林达文　编著

责任编辑： 王明容　　**电话：** 010-51873138　　**邮箱：** tdpress@126.com

封面设计： 郑春鹏

责任校对： 马　丽

责任印制： 陆　宁

出版发行： 中国铁道出版社（100054，北京市西城区右安门西街 8 号）

网　　址： http://www.51eds.com

印　　刷： 北京铭成印刷有限公司

版　　次： 2013 年 8 月第 1 版　2013 年 8 月第 1 次印刷

开　　本： 787mm×1 092mm　1/16　印张：17.5　字数：373 千

书　　号： ISBN 978-7-113-17212-1

定　　价： 72.00 元

序

随着我国经济水平和工业技术的迅猛发展。橡胶弹性元件也以其优异性质，在汽车、铁道车辆、桥梁、机械工程等领域得到了大面积的推广和应用，并在某些领域已经逐步替代了金属弹性元件。轨道交通是公共交通的重要组成部分，尤其是随着轨道交通向高速化和重载化的发展、城市轨道交通向环保化和快捷化的发展，橡胶弹性元件在轨道交通车辆和线路上的应用越来越普及。

橡胶弹性元件的发展涉及橡胶材料配方技术、结构设计技术、试验检测技术、生产制造工艺技术等多种技术的系统综合应用。这些技术不仅为橡胶弹性元件的开发、预测产品的特性、降低产品研发成本提供了基础，同时为提高产品的可靠度和研发的准确度提供了良好的保证。而这其中配方分析和产品试验检测技术是提高研发速度和确保研发质量的最便捷和最有效方法之一。

为了使橡胶弹性元件研发人员在选择橡胶弹性元件和借鉴国内外先进产品技术时有一定的参考，也便于检测实验人员和质量监控人员可以根据规范的检测流程对材料组分和性能进行有效把关，确保产品可靠性，非常有必要对轨道交通常用橡胶弹性元件的配方分析和产品性能测试方法进行研究、分析，并归纳总结。然而，目前针对各类橡胶弹性元件的配方分析及各种产品性能试验的完整的、规范的、系统的技术资料或相关标准一直未见出版。这也正是本书编著的初衷。本书实用性、先进性和可操作性强，理论介绍从简，实例说明问题为主，图表文并茂，非常便于查阅和参考。

王进博士长期从事橡胶弹性元件的产品开发和分析技术研究工作，主持和参与了包括国家“863”项目在内的20多项国家级和省级课题，并多次主持IEC和TB标准的起草，积累了丰富的橡胶弹性元件分析经验；谭帅霞博士长期从事高分子材料制备、表征与分析工作；林达文高工长期从事产品性能检测技术开发工作，他们均在工作实践中积累了不少经验与成果，为本书的编著打下了良好基础。本书依据橡胶材料配方组成、弹性元件产品关键性能指标，立足于株洲时代新材料科技股份有限公司的橡胶弹性元件产品的真实案例，规范化橡胶弹性元件的配方分析和性能检测技术，使全书内容既有理论又有实践。

《轨道交通橡胶弹性元件配方分析和性能试验技术》一书的出版，将有助于推进本产业的技术进步与产品质量，是一本较为专业的科技参考书，愿它能成为本专业技术人员的良师益友。

中国工程院院士 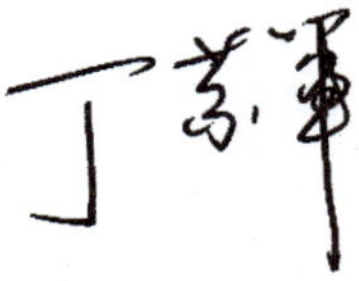

2013年1月24日

前　　言

随着轨道交通产业的迅猛发展，人们对轨道交通车辆运行的安全性、快捷性、稳定性和舒适性提出了更高的要求，从而促进了橡胶弹性元件在轨道交通领域的广泛应用。新型高性能弹性橡胶元件的大量采用，使轨道车辆在提高运行速度和载重的同时，还降低了运行噪声，减少了磨耗件和磨损件，减轻了轮轨磨耗。对高性能橡胶弹性元件配方和性能进行分析，不仅是对橡胶元件功能性、安全性把握的前提，也是获取先进技术的一种重要手段，尤其是对国外高新技术的消化、吸收甚至再创新的有效捷径。

全书以橡胶弹性元件的配方分析流程和性能测试方法为中心分为上、下两篇，共十一章。上篇包括第一至九章，第一章介绍了轨道交通橡胶弹性元件的分类，第二章概述了橡胶弹性元件的配方分析测试，第三章～第八章，分别介绍了胶种定性分析定量分析、有机助剂的定性定量分析、无机助剂的定性定量分析、橡胶及主要原材料中有毒有害物质的测定、炭黑的定性定量分析、卤素和全硫含量的分析，第九章列举了典型的轨道交通橡胶弹性元件的分析案例。下篇包括第十、十一章，第十章介绍了橡胶弹性元件的常用试验，第十一章介绍了典型的轨道交通橡胶弹性元件的性能试验。

书籍认真总结了各种轨道交通橡胶弹性元件的配方分析最新技术成果和性能测试方法，论述了轨道交通橡胶弹性元件配方分析及其产品性能测试的先进分析测试手段和分析流程，体现了橡胶弹性元件检测分析的技术积累和发展成果。全书突出实用性、先进性和可操作性，理论介绍从简，侧重于用实例说明问题，层次结构清晰，语言简练，且图表文并茂；同时考虑了目前国内关注较少，但欧盟指令越来越关注的有毒有害物质检测，针对橡胶中可能含有的有毒有害物质，细致地介绍了其检测方法、试验条件。

本书由王进、谭帅霞和林达文负责编著；参与各章节编写的人员还有周志诚、杨柳、邓江华、彭立群、李心、王叶青、徐娇、姚智平、杨慧、张志强、刘立峰、任申玥、吕慧娟、杨宗瑜、陈燕文、左斌、黄涛、刘国钧、倪玲、丁新艳等。

在本书的编写过程中，得到了时代新材公司董事长曾鸿平先生、总经理杨军博士、总工程师刘建勋先生、副总工程师程海涛博士、副总工程师姜其斌博士等各位领导的支持和督促，从而在基础研究数据不断积累的基础上，形成本书的各种素材，在此表示衷心的谢意。需要特别感谢中国工程院院士丁荣军先生和南车株洲电力机车研究所有限公司总工程师冯江华先生，多年来一直支持株洲时代新材公司和笔者开展轨道交通橡胶弹性元件的测试分析与应用的基础研究。还要感谢时代新材公司技术管理部、技术中心和弹性元件事业本部开发中心等各相关部门同事的大力支持，尤其感谢卜继玲博士对本书结构等提出的宝贵意见，并对书稿进行了细致审核，本书正是大家的努力工作的共同成果。最后要衷心感谢中国铁道出版社的领导和编辑，他们的辛勤工作促成了本书的及时出版。

本书既可以作为橡胶弹性元件研发人员的参考资料，也可以作为检测试验人员和质量监控人员的专业技术参考书，还可以作为橡胶、化学分析相关专业高等院校的参考书。

由于编者知识水平的限制，本书中难免存在疏漏，恳请读者不吝指正。

笔　者
2012年12月

目　录

上篇　轨道交通橡胶弹性元件配方分析技术

下篇 轨道交通橡胶弹性元件性能检测技术

上 篇

轨道交通橡胶弹性元件配方分析技术

第一章　轨道交通用橡胶弹性元件概述

随着我国现代铁路和高速铁路的发展，人们对列车舒适度、快捷性和安全性提出了更高的要求。橡胶弹性元件由于具有多项优点：①可以通过设计结构、调整橡胶性能来满足对各个方向刚度的要求；②兼具衰减和吸能两种能力，减振效果好，容易越过共振区；③弹性模量比金属小得多，能够产生较大弹性形变；④没有滑动部分，无磨耗，易于保养；⑤重量轻，安装、拆卸方便等，因此，在轨道车辆的转向架上、车体的连接部位以及轨道线路上、铁路高架桥上得到了广泛应用。

1.1　轨道交通用橡胶弹性元件的分类

轨道车辆上的橡胶弹性元件的品种和规格繁多，主要应用于弹簧装置和定位装置，此外车体与摇枕、摇枕与构架、轴箱与构架、弹簧支承面等金属部件直接接触部位之间，也经常采用橡胶衬垫、衬套、止挡等橡胶弹性元件。除了轨道车辆上应用橡胶弹性元件进行减振降噪之外，在轨道线路上面，也大量使用橡胶弹性元件充当隔振和吸能部件。

按照橡胶弹性元件的结构可以分为四类：

(1)纯橡胶弹性元件，主体材料为橡胶。该类制品主要用于轨道减振上，如轨下橡胶垫板、枕下橡胶垫板等，起缓和冲动、衰减振动的作用。

(2)橡胶金属复合弹性元件，主体材料为橡胶和金属，其中金属起承载作用，橡胶起衰减振动、减少金属之间的磨耗作用。该类制品是轨道车辆上应用最为广泛、最主要的减振制品。

(3)橡胶液体复合弹性元件，主体材料为橡胶和液体，利用液体黏滞力所作的负功来吸收振动能量，优点在于它的阻力是振动速度的函数，其特点是振幅的衰减量与幅值大小有关，振幅大时衰减量也大。如车钩缓冲器中的黏弹性橡胶缓冲器，就是一种橡胶液体复合减振器。

(4)空气弹簧，主体材料为橡胶，但内腔冲入压缩空气，形成一个橡胶空气的复合弹性元件。空气弹簧工作时，其高度、内腔容积、承载力随着振动载荷的增减发生平稳的柔性传递，可有效限制振幅，避开共振，防止冲击。目前已广泛用于各种车辆的悬挂系统，抗冲击和振动隔离器等减振领域。

按橡胶弹性元件的用途可以分为：

(1)起缓和冲动作用的，如中央及轴箱弹簧。

(2)起衰减(消耗能量)振动作用的，如垂向、横向弹性制品。

(3)起定位(弹性约束)作用的,如轮对轴箱的弹性定位器、各种止挡、摇动台的横向缓冲器或纵向牵引拉杆。

按橡胶弹性元件的运用部位可以分为:

(1)机车车辆用橡胶弹性元件:牵引悬挂用橡胶关节、一系橡胶弹性元件、二系橡胶弹性元件、车钩缓冲器、弹性车轮。机车车辆用典型的转向架橡胶弹性元件如图 1-1 所示。

(2)轨道线路用橡胶弹性元件:轨道减振器、枕上橡胶垫板、枕下橡胶垫板,对于无砟轨道还有板下弹性垫、弹性支撑块下弹性垫层、橡胶靴套。

(3)铁路高架桥用橡胶弹性元件:各种橡胶支座。

下面将以橡胶弹性元件运用部位介绍几种典型橡胶弹性元件。

图 1-1 典型转向架的橡胶弹性元件

1.2 几种典型的橡胶弹性元件

1.2.1 橡胶关节

机车车辆发展的初期,机车牵引悬挂元件采用滚动或滑动轴承等传统刚性结构,使用中会产生摩擦,需要进行润滑,噪声较大,并易产生冲击,使用寿命较短,因此现代机车通常使用一种称为橡胶球铰的产品。橡胶球铰是由金属外套、金属芯轴和橡胶筒组成。由于橡胶的多方向形变、弹性和黏弹性,使其具有降低振动与噪声、无磨耗、长寿命等特点,从而取代传统的刚性关节被广泛应用在机械、机车车辆以及汽车等领域,用于传递轴向、径向、扭转、偏转等多向载荷,同时在载荷传递过程中起到消减冲击和振动的作用,有效地调节和控制摆动实现平稳

图 1-2 橡胶弹性球关节

传递。

与刚性关节相比，橡胶关节有如下优点：

（1）采用特殊结构，可有效地消除因橡胶与金属热系数不同所产生的内应力，并形成径向预压，使球关节在受载时不通过交变零应变，产品始终在压、剪应力状态下工作，大大延长了产品的使用寿命。

（2）能够承受推、挽双向载荷，实现轴向、扭转、扭摆等方向较大变形，以适应轮对相对于转向架的万向运动。

（3）消除金属与金属间的接触，有效地调节和控制摆动，降低冲击，实现平稳传递。

此类产品的关键技术在于抗疲劳性能，时代新材料科技股份有限公司（以下简称TMT）通过炭黑原位接枝橡胶技术使球铰类产品的疲劳性能得到根本改善，目前已开始大批量出口到欧美等国家。

1.2.2　轴箱弹簧（一系簧）

轴箱弹簧是用于车辆转向架一系减振的元件（故又称为一系簧），它给构架提供垂向、纵向和横向的柔性支撑和定位，运行中起减振作用，改善车辆运行品质，提高乘坐舒适性，降低轮缘及轨道磨损。从外形上看，主要分为V形和锥形两种。

V形橡胶弹簧是一系悬挂橡胶减振器的代表产品之一，与金属悬挂相比，能有效地降低磨损，隔离噪音，并能提供所需的垂、横、纵三向刚度，控制横向、纵向摆动，提供适宜的牵引力。国外Dunlop、Phonex等公司已具有成熟技术。由于V形弹簧承受周向剪切和垂向压缩变形，因此橡胶的抗蠕变性能成为衡量该产品技术水平的主要标志。TMT的技术人员对提高产品的抗蠕变性能进行专题研究，实验室检测结果表明，新研制的V形橡胶弹簧抗蠕变性能优于国外同类产品。

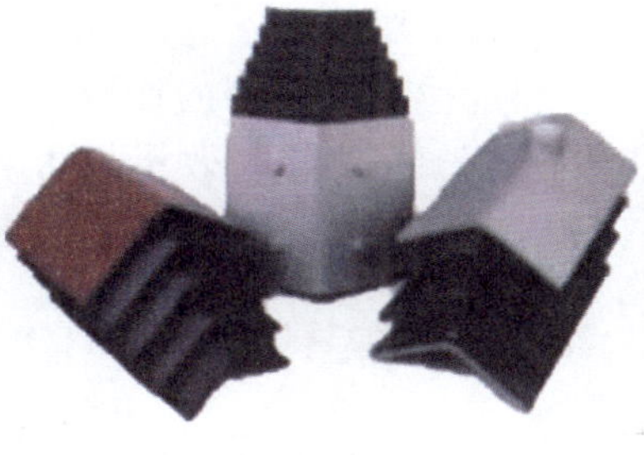

图1-3　V形弹簧

图1-4　锥形弹簧

锥型弹簧和V形弹簧相比，其特点主要有：

（1）采用圆柱衬套结构，可根据三向刚度要求进行槽孔的不同设计；

（2）根据橡胶弹簧的压、剪锥体理论，采用等应力层设计方法及特选的弹性橡胶，更有利于减小产品的蠕变；

(3)能提供最大的牵引力，平衡车轮荷重，控制纵、横摆动。

因此目前国内外新设计的城轨地铁转向架上，大都采用锥型弹簧取代V形弹簧，其关键技术也是抗蠕变能力，即使用期中蠕变不能超过产品工作载荷下垂向位移的20%。TMT生产的锥形弹簧经德国Contitech公司检测和计算，10年的蠕变值不到5 mm，仅为工作载荷下垂向位移的12%。

1.2.3 橡胶堆旁承(二系簧)

橡胶堆产品是车体与转向架的弹性连接元件，弹性地承担车体的垂向载荷，并给机车车辆各轴以一定的重量分配，以使所分配的重量在车轮行经不平线路时不发生显著变化；同时，橡胶堆能有效地缓和垂面内的有害振动，改善机车车辆的抗蛇行稳定性。与刚弹簧相比，其具有如下优点：

(1)提供适宜的垂向静挠度，有利于机车车辆获得良好的黏着重量利用率。

(2)能充分利用车体提供的垂向预压，使橡胶堆获得优良的横向剪切性能，有利于机车车辆的曲线通过。

(3)能有效地隔离冲击，调节摆动，从而改善机车车辆运行平稳性。

目前橡胶堆是国内比较成熟的三明治结构，其使用寿命及减振、降噪效果均可与国外同类产品相比，TMT为美国GE公司内燃机车提供的橡胶堆使用寿命已经超过8年。

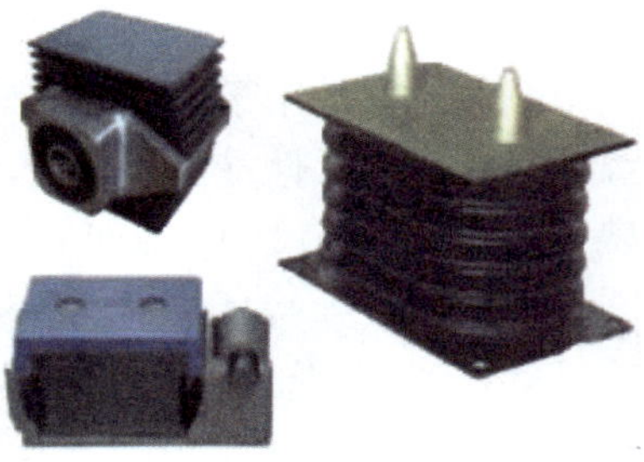

图1-5 橡胶旁承堆

1.2.4 空气弹簧(二系簧)

空气弹簧在振动控制上有着卓越的表现，其机理是在柔性的封闭气室内充入压缩空气，利用空气的可压缩性实现弹性作用的一种非金属弹簧，具有缓冲、减振功能。空气弹簧自1958年在国内首次研究以来，由第1代自由膜式空气弹簧发展到新一代自由膜式空气弹簧，其结构上获得显著改进，采用了橡胶堆弹性支承和可调阻尼节流阀。90年代末期无摇枕客车转向架的开发应用，对空气弹簧的结构提出了更高的要求，随后几年，空气弹簧在结构上显著地降低了垂向和横向刚度，大橡胶囊和高橡胶堆的特点表现得更为明显，结构设计日趋先进合理，种类也日益丰富。在现代机车车辆方面，空气弹簧已广泛用于各型铁路提速、准高速客车、高速客车，以及地铁车辆、轻轨车辆、磁悬浮列车和其他工程减振领域。

图1-6 空气弹簧

空气弹簧的特点主要表现为：

(1)能提供与运行速度相匹配的当量静挠度，同时，空气弹簧配有高度控制系统，使车体可在任何载荷下与轨面保持一定的高度，从而有利于增加悬挂装置的静挠度，改善转向架的动力品质和提高车辆的运行平衡性。

(2)可通过改变内压得到不同的承载能力，同时，利用附加空气室，选择所需的低刚度，这使得空气弹簧可以适合多种结构的要求。

(3)自振频率很低，且其自振频率在任何载荷下均可保持不变，有利于悬挂装置的性能保持一定的稳定性。

(4)具有高频吸振和良好的隔音效果，同时，利用空气阻尼作用，还可起到衰减振动的作用。

与国外相比，我国生产的空气弹簧在产品使用寿命上存在一定的差距，国外空气弹簧一般使用寿命为 8～16 年，而国内产品一般使用寿命仅有 3～5 年。畦田、利夫等人研究表明，作为空气弹簧气囊的老化因素，是以交变应力为基础，再以热、紫外线等的氧化老化因素相复合，并指出今后应将重点放在耐疲劳性的材料设计上。目前 TMT 研制的空气弹簧胶料已经完全超过了欧洲标准(见表 1-1)，使用寿命可达 10 年以上。

表 1-1　空气弹簧胶料性能的改进

胶料性能		欧洲标准	原配方	新配方
硬度(邵氏 A)		60±5	66	65
300%定伸强度(MPa)		/		8.1
扯断强度(MPa)		≥15	14.6	17.8
扯断伸长率(%)		≥450	378	662
撕裂强度(kN/mm)		≥6.0	20.8	41.6
耐液体老化(1 号油，50 ℃×7 d)	硬度变化(邵氏 A)(ShoreA)	−25～+2	−34	−4
	扯断强度变化率(%)	≥−50	−75	−2
	扯断伸长变化率(%)	/		−6
	体积变化率(%)	≤+70	+170	+8
热老化性能(100 ℃×7 d)	硬度变化(度)	≤+10	+21	+6
	扯断强度变化率(%)	≥−20	−65	−11
	扯断伸长变化率(%)	≥−30	−278	−24
耐臭氧老化性能(40 ℃×48 h×55%RH，50×10^{-8})		0 级	3 级	0 级
不出现龟裂的屈挠次数			65938	3156883

1.2.5　橡胶垫

橡胶减振垫是一种安装于各种车辆转向架的一系减振、电机悬挂、交叉杆等系统上的橡胶弹性支撑元件，适用于国内外各种地铁、轻轨等车辆，具有良好的纵向牵引性能和垂向横向剪切性能，起承载、隔音、减振和限位的作用。

轴向橡胶垫是铁路货车提速改造用的橡胶减振元件，用于转 8G、转 8AG 和转 K2 型转向架。它成对安装在交叉杆端部，每个转向架安装 8 个，每辆车安装 16 个。轴向橡胶垫的主要功能是在转向架发生菱形变位、交叉杆扭动时起缓冲、减振作用。

而轴箱橡胶垫是橡胶与钢板通过硫化工艺粘合在一起的“三明治”式叠层结构，这种结构是减、隔振装置中最常用的结构之一。此类结构的优点在于可以通过调整橡胶的倾斜角度来满足不同的三向刚度比要求，从而满足不同的工况要求。轴箱橡胶垫用于转向架轴箱与构架之间起承载作用，并在机车车辆运行过程中提供适当的横向和纵向刚度产品。

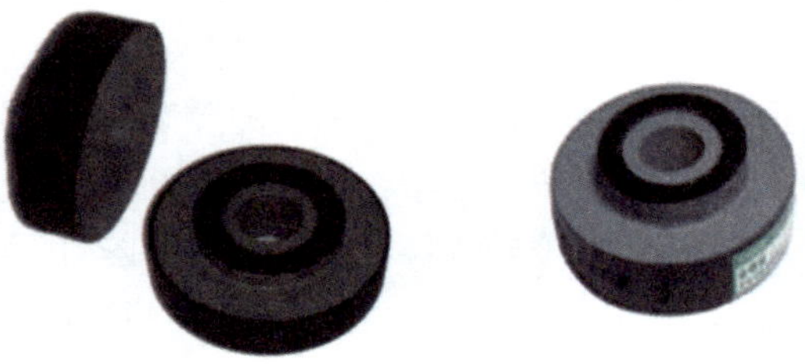

图 1-7　轴向橡胶垫

图 1-8　轴箱橡胶垫

1.2.6　抗侧滚扭杆

抗侧滚扭杆是一种装配于车体和转向架之间，提供车辆抗侧滚性能的车辆安全部件。铁路准高速、高速客车转向架中央悬挂装置基本上都采用橡胶空气弹簧悬挂装置，极大地改善车辆的垂向振动性能，同时也出现了车体侧滚振动的角刚度随之变得相对柔软。因此，在运行中车辆车体侧滚角位移增大，尤其当车辆通过道岔和曲线时，呈现车体侧滚角度大、晃动次数多，使旅客感到不舒适。为了确保车体具有良好振动性能，在转向架中央悬挂装置中间（无摇动台转向架和车体间）设置抗侧滚扭杆装置。

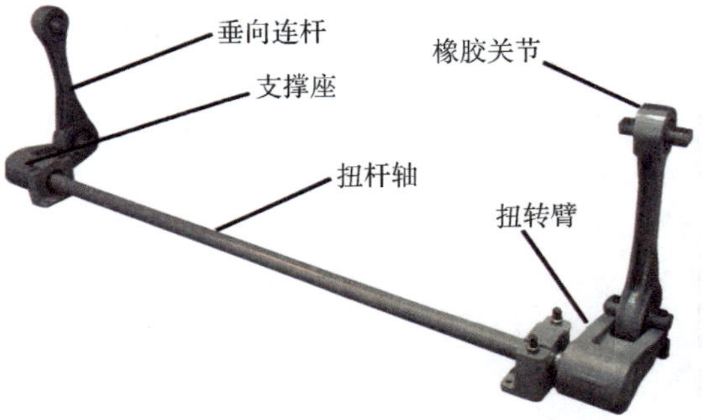

图 1-9　抗侧滚扭杆

抗侧滚扭杆装置主要由扭杆、扭转臂、连杆、关节轴承、支承座等组成。主体为一金属直杆，它是利用扭杆的扭转弹性变形起弹簧作用的。在实用范围内扭转力矩与扭转角的特性曲线呈线性。扭杆与扭转臂间为圆锥直齿渐开线花键连接，无间隙、无磨损。扭杆两端安装在支承座中的自润滑关节轴承内，以使扭杆转动灵活，防止卡死。连杆两端均安装关节轴承，上端通过圆锥销与摇枕扭杆座连接，下端与扭转臂连，无间隙，完全刚性。

目前，我国抗侧滚扭杆产品种类繁多，包括不同结构型式的产品类型，可按以下不同方式进行分类。

(1)按照扭杆轴结构分类

根据扭杆轴的形式不同将其分为直扭杆[图 1-10(a)]和弯扭杆[图 1-10(b)]。其中直扭杆由扭杆轴和扭转臂装配组成,通过扭转臂将车体的侧滚转换为扭杆轴的扭转,目前在车辆的应用中主要以直扭杆系统为主,它具有技术成熟、工艺简单等优点。

当扭杆系统的安装空间有限时,扭杆轴也可设计成 U 形,车体的侧滚直接作用在扭杆轴上,它具有制造简单等优点。弯扭杆的扭杆支撑装置均为内置式,连杆下端与扭杆轴连接的位置采用锥销的结构。

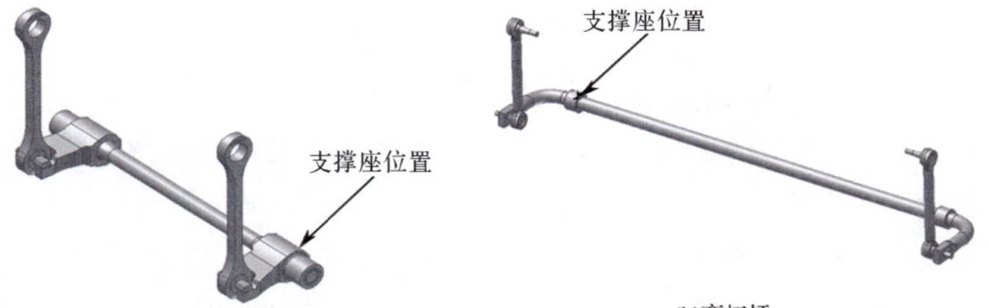

(a)直扭杆　(b)弯扭杆

图 1-10　不同扭杆轴的抗侧滚扭杆

(2)按照扭杆支撑位置分类

抗侧滚扭杆系统的连杆和扭杆分别与车体和转向架连接,根据不同的车体和转向架设计,固定扭杆轴的支撑座组件可分布在连杆的外侧或内侧,如在外侧则称为外置式扭杆系统,如图 1-10(a);如在内侧则称为内置式扭杆系统,如图 1-10(b)。其中外置式扭杆可以从构架横梁中或从构架下穿过,高速客车和地铁车辆转向架大都采用外置式。

(3)按照扭杆轴和扭转臂的结合形式分类

按照扭杆轴和扭转臂的结合形式,分为分体式[图 1-10(a)]和整体式[图 1-10(b)],在整体式中又可分为过盈配合式[图 1-11(a)]和间隙连接式[图 1-11(b)]。在过盈配合中采用圆柱热套和键热套。采用热套配合,扭杆轴和扭转臂相当于一体不能拆卸。而间隙连接式中一般采用键连接,此种结构是可拆卸的,但对两端花键的角度差要求非常严格,不易加工成形。

(a)过盈配合扭杆　(b)间隙配合扭杆

图 1-11　不同结合方式的抗侧滚扭杆

(4)按照连杆结构分类

在落车时,连杆往往存在一定的高度差,这一部分高度差将使得扭杆轴在平衡位置就已受到了预扭转。传统的固定式连杆通过与车体的连接部位加入不同厚度的垫片来调整高度差,称为固定式连杆,如图 1-12(a),这种结构的扭杆系统称为连杆固定式扭杆系统。

而可调式连杆则可通过螺纹连接来调整连杆的高度，从而避免车体在平衡状态下的连杆高度差，如图 1-12(b)，这种结构的扭杆系统称为连杆可调式扭杆系统。

(a)固定式连杆　　(b)可调式连杆

图 1-12　不同连杆结构的抗侧滚扭杆

1.2.7　车钩缓冲器

车钩缓冲器用来连接列车中各车辆，使之彼此保持一定距离，并且传递和缓和列车在运行中或在调车时所产生的纵向力和冲击力。缓冲器作为关键部件，在吸收车辆间的纵向冲动能量、吸收编组调车作业的冲击能量、减轻列车纵向冲动作用及调车作业中对车辆结构和运载货物的破坏作用、提高列车运行的平稳性、提高车辆的使用寿命等方面都具有非常重要的作用。其工作原理是借助于压缩弹性元件来缓和冲击作用，同时在弹性元件变形的过程中利用摩擦和阻尼吸收冲击能量。

根据缓冲器的结构特征和工作原理分为以下几种类型：弹簧式缓冲器、摩擦式缓冲器、橡胶缓冲器、摩擦橡胶式缓冲器、黏弹性橡胶泥缓冲器、液压缓冲器及空气缓冲器等。不同种类的车辆对车钩缓冲器的性能要求不同。对于动力分散式列车，由于一般采用固定编组因而分解连挂的次数相对较少，使用时偏重于考虑运行工况的舒适性和可靠性，现多采用橡胶缓冲器，如图 1-13 所示。目前世界范围内该类缓冲器采用的橡胶品种主要是天然橡胶和丁苯橡胶，二者共占 95%以上，此类橡胶件具有力学性能优良，耐候性能较好、成型工艺稳定，使用寿命可靠等优点。除动车组外，在机车、客车、货车和地铁轻轨车辆中的应用范围也逐渐扩大，属于生命力较强的新型缓冲器。而弹性胶泥缓冲器具有容量大，阻抗力小，体积小、质量轻、吸收率高、检修周期长，兼有液压和橡胶缓冲器两者的优点，在俄罗斯、法国和波兰等欧洲国家的机车、客车、货车上得到了广泛应用。

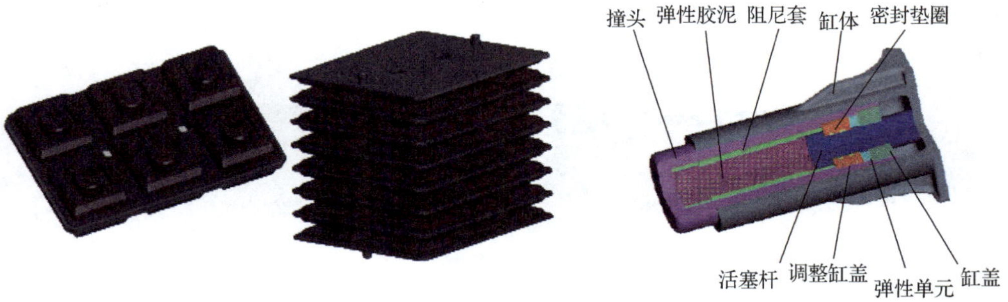

图 1-13　动车组用橡胶缓冲器

1.2.8　轨道减振器

轨道减振器由扣压件和减振垫组成，如图 1-14 所示，其特征在于：减振垫是在承轨板和底座中间夹入椭圆锥形橡胶垫圈，使之硫化为整体；承轨板的俯视图为椭圆锥形，外椭圆周的锥角与橡胶垫圈的锥角相同，在椭圆的长轴两端有固定扣压件的挡肩和螺栓孔；其底座的俯视图为矩形，中间有椭圆锥形挡圈，挡圈内椭圆周的锥角与橡胶垫圈的锥角相同，其上开有用来固定道钉的螺栓孔。这种轨道减振器具有良好的弹性，通过橡胶弹性为轨道提供弹性减振，能减轻车轮对钢轨的磨耗，易于施工养护和轨距调整，使用寿命相应延长，适用于地铁线路中、高振路段，满足高架与地面、地下线使用工况要求，具有良好的隔振性能。

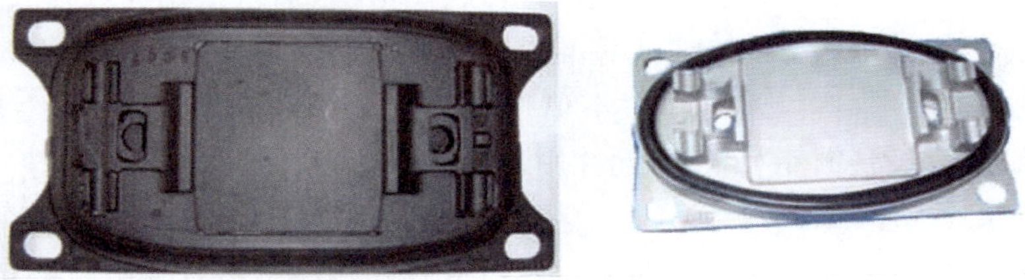

图 1-14　轨道减振器

自 1980 年轨道减振器首次在德国 KVB 铁路得到实际应用，其后在世界范围推广应用。在中国，1993 年上海地铁 1 号线首次采用国产化轨道减振器扣件，开辟了我国城市轨道交通建设中减振降噪设施应用的先河。接着是 1996 年广州地铁 1 号线，1998 年上海地铁 2 号线等多次采用轨道减振器产品。

1.2.9　轨道橡胶垫板

橡胶垫板主要作用是缓冲列车通过路轨时所产生的振动和冲击，减少铁路的动态载荷和振动，保护路基和轨枕，提高钢轨的纵向平稳性，并对信号系统进行绝缘。

我国使用的橡胶垫板多采用双面有沟槽的结构，图 1-15(a)是我国青藏线所用规格为 50-10-9 型的橡胶垫板。国外，以英国 Pandrol 公司生产的橡胶垫板最著名，其橡胶垫板使用范围遍及美国、澳大利亚、加拿大、印度、意大利等 70 多个国家。我国专线 3328 和新铁道行业标准的相关内容均参照英国 Pandrol 公司企业标准制定。英国 Pandrol 橡胶垫板型号比较多，其中常用型号为 8623 和 9283，并且采用双面有圆陀的结构。图 1-15(b)是 8623 型号的产品图。

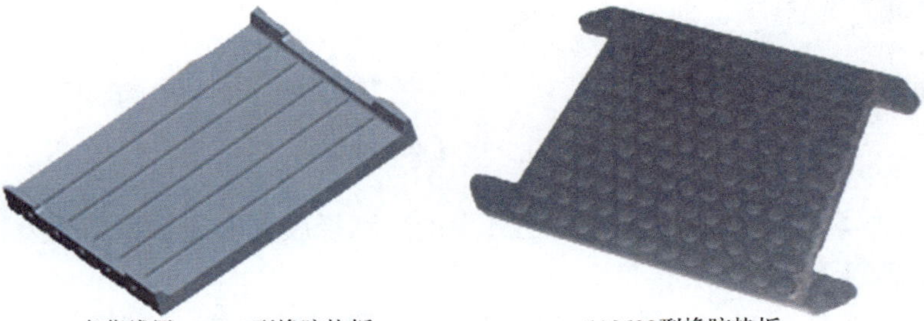

(a)青藏线用50-10-9型橡胶垫板　　(b)8623型橡胶垫板

图 1-15　轨道橡胶垫板

1.2.10 橡胶隔震支座

支座是指用以支承容器或设备的重量，并使其固定于一定位置的支承部件，还要承受操作时的振动与地震载荷。橡胶支座是橡胶和薄钢板紧密结合而成，在地震区，用于房屋、桥梁或其他结构的隔震。

根据橡胶支座阻尼比的要求不同，目前国内外的隔震橡胶支座主要分为下列三种：

(1)普通橡胶支座(EBP)

普通橡胶支座是用天然橡胶或合成特种橡胶制造的，通常把用天然橡胶制造的普通橡胶支座又称为天然橡胶橡胶支座或标准橡胶支座。这种支座具有高弹性，在水平方向上起弹簧作用，但阻尼性能较低，一般不单独用。为了满足隔震结构体系对阻尼值的要求，通常与外加阻尼器(消能装量)一起并用。

(2)铅芯橡胶支座(LRB)

在普通叠层橡胶支座中心嵌入铅棒而成。铅棒单独使用不容易吸收能量，而利用周围叠层橡胶的约束力和铅棒的屈服应力较低的特点，使橡胶支座在受力终止时具有可恢复特性，提高其吸能效果及确保有适度阻尼，而且铅芯增加了橡胶支座的早期水平刚度，对控制风反应和抵抗地基微震动有利。铅棒的直径应根据设计的阻尼值要求，通过计算确定，其阻尼比一般可达 20%～30%，可以单独在隔震系统中使用。

(3)高阻尼橡胶支座(HD-MRB)

这种支座采用高阻尼橡胶材料制造。高阻尼橡胶材料可以通过下列方法取得：①在天然橡胶配合中加入如石墨之类的碳元素物质；②采用高阻尼合成橡胶(或共混橡胶)或再添加石墨之类的配合剂。可以根据石墨加入量来调节阻尼特性，一般阻尼比可达 10%～15%。华中理工大学为高阻尼叠层橡胶支座合成的高分子材料，拉伸强度达 20 MPa，支座阻尼比可达 25%。这种橡胶支座兼有隔震器和阻尼器的作用，可在隔震系统中单独使用。

(a) 普通橡胶支座　(b) 铅芯橡胶支座　(c) 高阻尼橡胶支座

图 1-16　隔震橡胶支座

除上述三种类型(均为粘结型)外，已开发的新型橡胶支座还有下列类型：

(1)堆叠型(无粘结)叠层橡胶支座

它所采用的橡胶材料与粘结型相同，但内部夹层钢板较厚，且直径比橡胶板大，与橡胶接触的钢板进行表面粗糙和防锈处理。这种橡胶支座具有生产工艺简单、检查方便、安装灵活等优点。由于这种橡胶支座的橡胶板与钢板之间发生的滑移(一种摩擦现象),表现为完全弹性的恢复力特性,而且本身能吸收能量,较粘结型优越。但这种橡胶支座的剪切变形率小(<200%)且不适合用于有拉应力的隔震系统。

(2)弹性滑移橡胶支座

弹性滑移橡胶支座可以看成由刚性部分(调整钢管),弹性部分(叠层橡胶支座)和滑移面(摩擦及缝)串联组成的隔震装置。这种隔震装置在橡胶支座下端装有聚四氟乙烯滑块,在地震时橡胶层先发生变形,当支座所受的地震力超过滑动面水平屈服剪力时,滑动面开始滑动,支座的水平刚度变为零,可进一步延长结构的周期。其承压可达 150 $kg \cdot cm^{-2}$,因此比普通产品体积小、节约空间、降低造价,既适用于中低层建筑,也适用于高层建筑。这种支座已在日本仙台森大厦(60 m 高)和川崎 41 层大厦(127.75 m 高)中应用。

(3)超高阻尼橡胶支座

这种支座采用特殊橡胶配方的超高阻尼橡胶制造,其隔震效果比目前市售产品提高20%以上,由于不用铅芯,减少了铅对环境的污染,有利于环保。

此外,目前开发的隔震橡胶支座还包括内置螺旋弹簧的减隔震橡胶支座、低成本减隔震橡胶支座、适用于高层建筑的减隔震橡胶支座、不锈钢网或玻璃纤维取代钢板的橡胶支座等。

1.2.11　铁路桥梁橡胶支座

橡胶支座是铁路高架桥梁结构的一个重要组成部分,也是连接桥梁上部结构和下部结构的重要构件,是直接影响桥梁寿命与行车安全的关键。橡胶支座在我国应用近三十年间,经过研究与提高,在桥梁工程上得到了广泛应用,对提升桥梁的使用寿命和行车舒适性及安全性提供了可靠保证。橡胶支座就其本身技术而言在我国已成熟。随着现代经济的发展,一般公路和高速公路修建越来越多,橡胶支座在公路中的使用频率也越来越高。

桥梁橡胶支座一般采用以下两种形式:

(1)板式橡胶支座

板式橡胶支座是由多层橡胶片与薄钢板硫化、粘合而成,如图 1-17 所示。它有足够的竖向刚度,能将上部构造的反力可靠的传递给墩台;有良好的弹性,以适应梁端的转动,又有较大的剪切变形能力,以满足上部构造的水平位移。

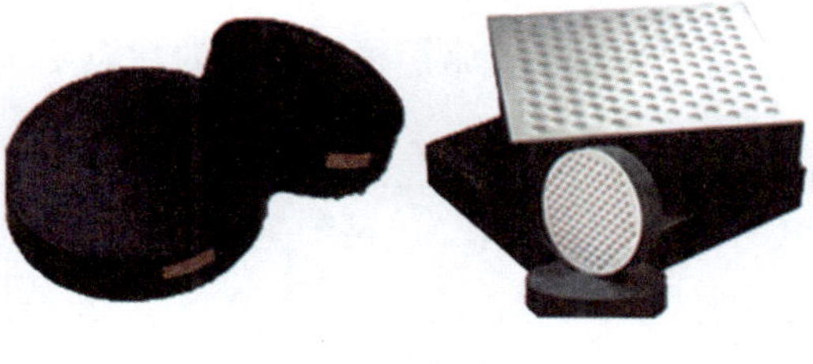

图 1-17　板式橡胶支座

板式橡胶支座又分为普通板式橡胶支座和滑板式橡胶支座。在上述的板式橡胶支座表面粘覆一层厚 2～3 mm 的聚四氟乙烯板,就制作成聚四氟乙烯滑板式橡胶支座。它除了具有竖向刚度与弹性变形,能承受垂直荷载及适应梁端转动外,因聚四氟乙烯板的低摩擦系数,可使梁端在四氟板表面自由滑动,水平位移不受限制:特别适宜中、小荷载,大位移量的桥梁使用。

(2)盆式橡胶支座

盆式橡胶支座是利用被半封闭钢制盆腔内的弹性橡胶块，在三向受力状态下具有流体的性质特点，来实现桥梁上部的转动，同时依靠中间钢板上的四氟乙烯滑板与上座板的不锈钢板之间的低摩擦系数来实现上部结构的水平位移，使支座所承受的剪切不再由橡胶完全承担，而间接作用于钢制底盆及四氟乙烯滑板与不锈钢之间的滑移上。从长期试验的数据看，橡胶处于三向约束状态时的抗压弹性模量为 50 000 kg/cm^2，比无侧向约束的抗压弹性模量增大近 20 倍，因而盆式支座承载能力大为提高，解决了板式橡胶支座承载能力的局限，能满足大的支承反力、大的水平位移及转角要求。使用单位只需每年对盆式橡胶支座外露表面的积水、积尘加以清洁，并逐个检查地脚螺栓是否牢固，若支座表面防锈漆脱落，则涂刷防锈漆，涂时注意不得污染滑移表面。

盆式橡胶支座的结构及典型样品如图 1-18 所示，主要特点如下：

①采用不锈钢板与聚四氟乙烯模压板间的平面滑移作为支座的滑移面，并在不锈钢板与聚四氟乙烯板之间加入硅脂润滑，具备摩擦系数低、承载能力大、变形小，耐磨耗、抗腐蚀能力强的优点。

②采用密封的橡胶及在每个支座上都安装防尘围板，减少灰尘侵入，在大大提高支座承载能力及橡胶的寿命的同时，保证了桥梁支座具有灵活的转动性能及良好的缓冲性能。

③在纵向活动支座采用中间导向的方法，适应了梁体旁弯变形的需要，适用于宽度很大的桥梁使用。与目前国内普遍采用的槽形上支座板相比，减少了重量，且减少了铸钢件数量。

因此盆式橡胶支座具有构造简单、重量轻、价格便宜的特点。对桥梁的建筑高度低，对桥梁设计非常有利，主要用来满足大型桥梁建造的需要的橡胶支座产品。

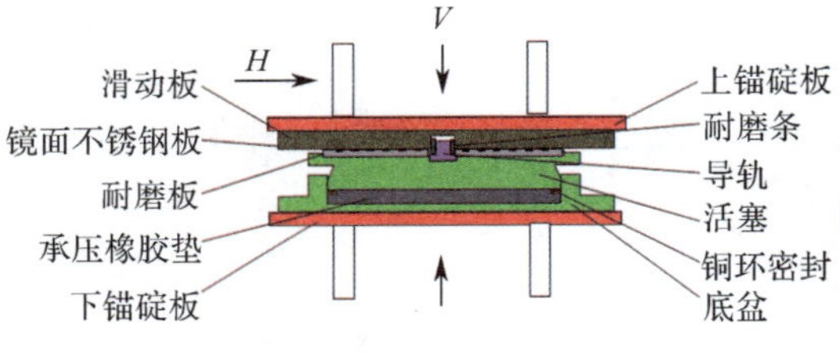

(a) 单向型盆式橡胶支座结构示意图

(b) GPZ（Ⅱ）盆式橡胶支座

(c) GPZ（KZ）盆式橡胶支座

图 1-18　盆式橡胶支座

盆式橡胶支座常用橡胶材料的性能要求如表 1-2 所示。

表 1-2　盆式橡胶支座常用橡胶材料的性能要求

项目 \ 部件	承压橡胶板			橡胶密封圈	
	氯丁橡胶	三元乙丙胶	天然橡胶	氯丁橡胶	三元乙丙胶
硬度(IRHD)	60±5	60±5	60±5	50±5	50±5
拉伸强度(MPa)	≥17.5	≥15.2	≥17.5	≥14.5	≥12.0
扯断伸长率(%)	≥400	≥350	≥400	≥400	≥350
脆性温度(℃)	≤−40	≤−60	≤−40	≤−40	≤−60

续上表

项目 \ 部件		承压橡胶板			橡胶密封圈	
		氯丁橡胶	三元乙丙胶	天然橡胶	氯丁橡胶	三元乙丙胶
恒定压缩永久变形(70 ℃)(%)	试验条件	22 h	22 h	24 h	22 h	22 h
	指标	≤25	≤25	≤30	≤25	≤25
耐臭氧老化(40 ℃×96 h,30%伸长)	试验条件	100 pphm	100 pphm	25 pphm	100 pphm	100 pphm
	要求	无龟裂	无龟裂	无龟裂	无龟裂	无龟裂
热空气老化试验	试验条件(℃×h)	100×70	100×70	70×168	100×70	100×70
	拉伸强度变化率(%)	≤15	≤15	≤15	≤15	≤15
	扯断伸长率变化率(%)	≤40	≤40	≤20	≤40	≤40
	硬度变化(IRHD)	≤+10	≤+10	±10	≤+10	≤+10
橡胶与钢板粘结剥离强度(kN/m)		>10	>10	>10	-	-

1.3 小　结

综上所述,现代轨道交通大量使用了橡胶弹性元件,所用弹性元件要求具备高刚性、高稳定性及合理弹性值。为更好发挥橡胶弹性元件优异的减振、降噪效果,并实现使用过程中的高品质、少维修,及满足时代发展提出的多功能性如阻燃性、宽温度域、绿色环保等要求,在轨道结构中开发新的高分子材料部件涉及更多环节和系统综合应用,如橡胶材料配方技术、结构设计技术、有限元仿真分析技术、试验检测技术、生产制造工艺技术等多种技术。这其中配方分析技术是关键,优化材料配方和结构的设计,是研发先进橡胶材料的基本思路,对橡胶材料进行有效分析,积极更新、完善配方,并实时掌握国内外研发动态,不仅是对现有产品的性能改进的有力支持,也对新产品的研制和开发工作具有重要的指导意义;试验检测技术是必要手段,对所制得的成品,依据实际工况进行各性能参数的质量管控,是保障产品质量的重要措施。

因此本书上部分将对轨道交通弹性元件所用橡胶材料配方剖析方法进行详细阐述,下部分着重对所开发的新产品进行试验验证,介绍典型橡胶弹性元件的性能试验方法。

第二章 橡胶弹性元件的配方分析测试概述

2.1 橡胶弹性元件配方

轨道交通领域中使用的橡胶制品品种繁多，工况各异，因而对橡胶材料的性能也提出了各种要求。首先是其具有良好的减振效果、高的粘接强度和低蠕变；其次随着产品的使用状态，如使用温度、工作压力、工作状态（静态、偏转、扭转等）和运动速度等，产品结构各异，对胶料又有某些特殊性能要求。因此，在配方设计中不仅要考虑它的使用性能，而且还要结合它的结构，设计不同性能要求的配方。例如为了获得良好的减振性能，降低减振橡胶的生热性，一般应取损耗系数低值，宜选用天然橡胶、顺丁橡胶；为了降低蠕变，宜选用天然橡胶、顺丁橡胶，不适应选用蠕变较大的丁苯橡胶、丁基橡胶；若既要求减振又要求耐油的制品，则选用丁腈橡胶；既要求减振又要求耐候老化的制品，最好选用氯丁橡胶等等。而从配方方面，为了降低压缩永久变形，在选用天然橡胶并用部分丁苯橡胶的同时，还可使用快压出类炭黑；硫化体系使用聚硫类硫化。

目前橡胶减振制品中，天然橡胶的应用量达到总用胶量的70%以上，其次为氯丁橡胶、丁腈橡胶、三元乙丙橡胶、聚氨酯橡胶和硅橡胶等。

表2-1列出了各种橡胶材料的结构单元，优缺点及主要用途。从表中可以看到，橡胶材料在轨道交通上得到了极为广泛的应用。

表 2-1　各类橡胶材料的结构单元，优缺点及主要用途

中文名称	英文缩写	结构单元	优　　点	缺　　点	使用温度范围	用　　途
天然橡胶	NR	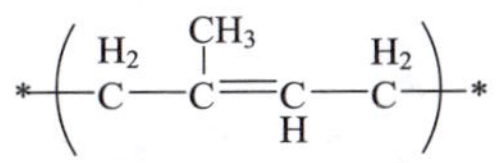	弹性大，定伸强度高，抗撕裂性和电气绝缘性优良，耐磨性和耐旱性良好，加工性佳	耐氧和耐臭氧性差，容易老化变质，耐油和耐溶剂性不好，耐热性不高	−60～+80 ℃	适于制作轮胎、减震零件、缓冲绳和密封零件，如扭振消除器、发动机减震器、橡胶-金属悬挂元件、膜片、模压制品等
异戊橡胶	IR	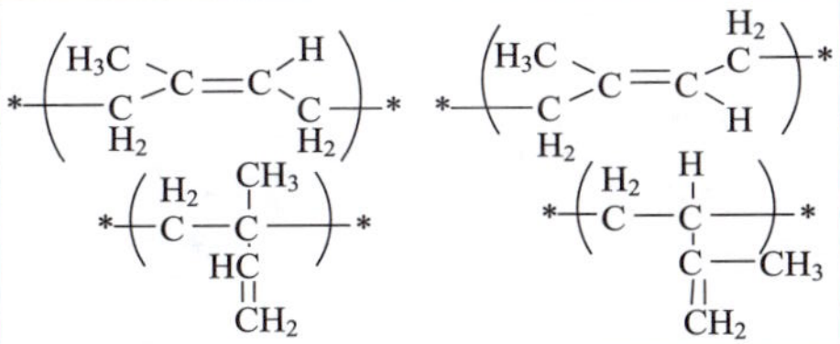	具有 NR 的大部分优点，耐老化优于 NR	弹性和强力比 NR 稍低，加工性能差，成本较高	−50～+100 ℃	适于制作轮胎、胶管、胶带及其他通用制品。
丁苯橡胶	SBR	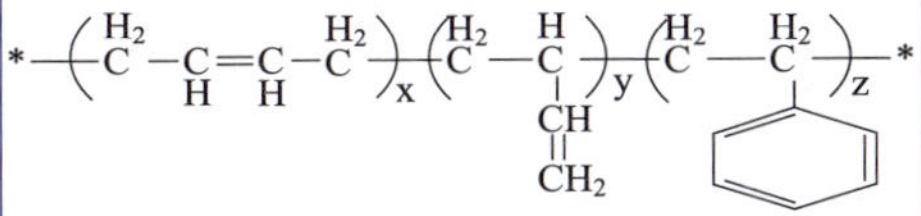	性能接近 NR，耐磨性、耐老化和耐热性优于 NR	弹性较低，抗屈挠、抗撕裂性能较差，加工性能差	−50～+100 ℃	适于制作轮胎和密封零件
顺丁橡胶	BR	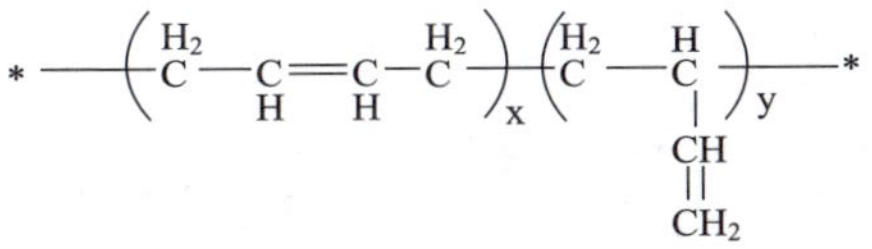	弹性与耐磨性优良，耐老化性好，耐低温性优异，易与金属粘合	强度较低，抗撕裂性差，加工性能与自粘性差。	−60～+100 ℃	适于制作轮胎，少部分用于制造耐寒制品、缓冲材料以及胶带等。多与 NR、SBR 并用
丁腈橡胶	NBR	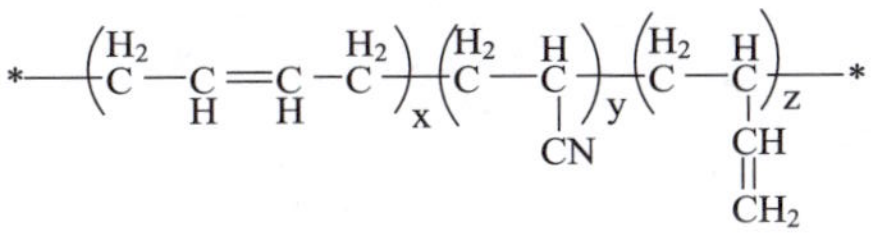	耐油（汽油、脂肪烃油类）、耐热、耐磨、耐水性能较好、气密性较好，黏着力强	耐寒、耐臭氧性较差，强力及弹性较低，耐酸性差，电绝缘性不好，耐极性溶剂（磷酸酯液压油）性能较差	−30～+100 ℃	适于制作各种耐油密封零件、膜片、胶管和软油箱
氯丁橡胶	CR	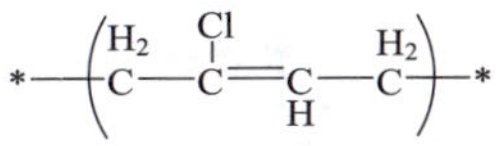	优良的抗氧、抗臭氧性，有自熄性，耐油、耐溶剂、耐酸碱以及耐老化、气密性好，与金属粘结性很好	耐寒性较差、密度较大、相对成本高，电绝缘性不好，加工时易粘辊、易焦烧及易粘模	−45～+100 ℃	适于制作密封圈及密封型材、胶管、涂层、电线绝缘层、胶布及配制胶粘剂等

续上表

中文名称	英文缩写	结构单元	优　　点	缺　　点	使用温度范围	用　　途
乙丙橡胶	EPM EPDM	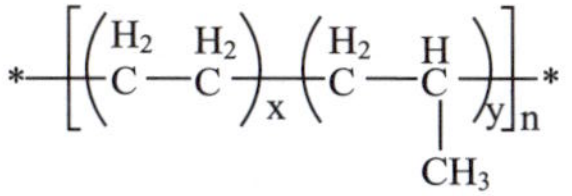 EPM EPDM=EPM+第三单体 第三单体 D型-双环戊二烯 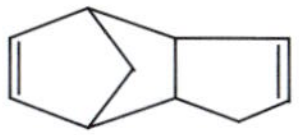 E型-亚乙基降冰片烯 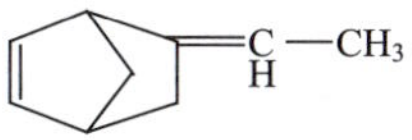 H型-1,4-己二烯烃 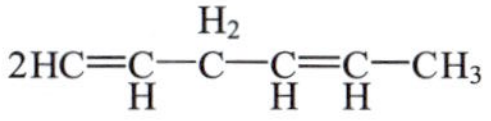	抗臭氧、耐紫外线、耐天候性和耐老化性优异，电绝缘性、耐化学性、冲击弹性很好、耐酸碱，比重小，可进行高填充配合。耐热可达 150℃，耐极性溶剂(酮酯)等，机械性能次于NR，优于SBR	不耐脂肪烃和芳香烃，自粘性和互粘性很差，不易粘合	−50～+150 ℃	适于制作磷酸酯液压油系统的密封零件、胶管及门窗密封型材、胶布和电线绝缘层
丁基橡胶	IIR	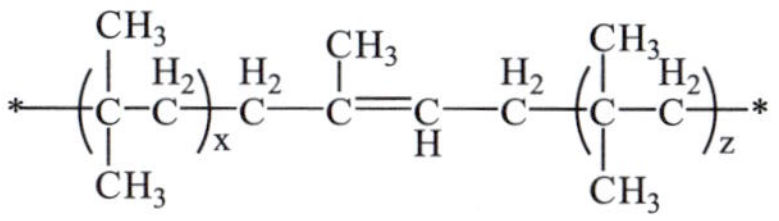	耐候、臭氧老化，耐磷酸酯液压油，耐酸、碱，优良的介电性能和绝缘性能介电性能和绝缘性能，透气性极小	弹性差，加工性能差，硫化速度慢，黏着性和耐油性差，不耐石油基油类	−40～+120 ℃	适于制作轮胎内胎，门窗密封条，磷酸酯液压油系统的密封零件、胶管，电线的绝缘层，胶布和减震阻尼器
硅橡胶	MVQ	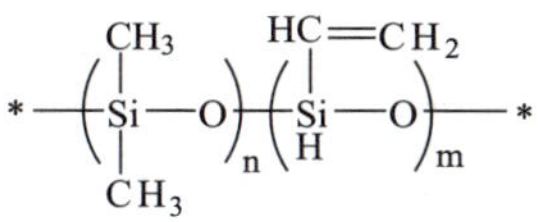	极佳的耐热耐寒、耐老化性能，绝缘电阻、介电特性优异，导热性好	机械强度和抗撕裂性较差，耐油、耐溶剂和耐酸碱性差，较难硫化，价格较贵	−60～+200 ℃	耐高低温制品(胶管、密封件等)、耐高温电线电缆绝缘层、也用于制作弹性胶泥等

2.2　轨道交通用橡胶材料的基本配方

轨道交通制品的物理性能除了利用橡胶主体材料自身的性能外，还离不开各类配合剂的作用，添加配合剂不仅可以改善材料的物理性能，还可以改善制品的加工工艺。表 2-2列出了橡胶各类主要配合剂及其作用简介，表 2-3 列举了一种橡胶空气弹簧胶料配方方案，可以看到，一个橡胶弹性元件不是简单的一种材料，而是由一个配方体系构成。

表 2-2　各类橡胶材料的结构单元，优缺点及主要用途

体系	作　用	典型材料
生胶	母体材料	天然橡胶、顺丁橡胶、氯丁橡胶、丁苯橡胶、丁腈橡胶、乙丙橡胶、硅橡胶等
硫化体系	使橡胶由线性大分子变成立体网状大分子	硫黄/无机氧化物/有机氧化物 复合硫化体系 过氧化物、金属氧化物硫化、酚醛树脂、醌类衍生物和马来酰亚胺硫化体系
补强填充体系	提高力学性能，使非自补强性橡胶获得应用，改善工艺性能和降低成本，还有的有功能性，如阻燃、导电、磁性等	有机类：炭黑、树脂、果壳粉、软木粉、木质素、煤粉等 无机类：硅酸盐类、碳酸盐类、硫酸盐类、金属氧化物等
防老体系	延长橡胶制品使用寿命，主要有防热氧、臭氧、光氧、有害金属离子、疲劳、霉菌等引起的老化	喹啉类：防老剂 RD、AW、DD、BLE 对苯二胺类：防老剂 4010、4010NA、4020、DNP、H 萘胺类：防老剂 A、D、SP 其他：防老剂 264、2246、2246-S、NBC、MB
增塑剂 操作体系	降低胶料黏度，改善加工性能，降低成本，主要有增塑剂、分散剂、均匀剂，增粘剂、塑解剂、防焦剂、脱模剂等	石油系：石蜡烃油、环烷烃油、芳香烃油 煤焦油系：古马隆树脂、煤焦油、煤沥青等 松油系：松香、氢化松香、妥儿油 脂肪油系：植物油或动物油制取的脂肪酸、甘油、油膏、硬脂酸锌等， 合成增塑剂：邻苯二甲酸酯类、脂肪酸类、磷酸酯类、聚酯类、环氧类、含氯类等
特种配合体系	赋予橡胶特殊的性能，如黏合、着色、发泡、阻燃、偶联、抗静电、导电、香味、增硬、润滑、防喷等配合体系	发泡剂：发泡剂 AIBN、尿素、叠氮化合物等 胶黏剂：环氧树脂、酚醛树脂、脲醛树脂等 阻燃剂：十溴联苯醚、氯化石蜡、三氧化二锑等 着色剂：二氧化钛、氧化铁粉、氧化铬等

表 2-3　橡胶空气弹簧胶料配方

产品 / 原材料	膜式橡胶空气弹簧			
	内外层胶	帘布胶	三角胶	钢丝胶
NR	50	100	100	100
CR				
氧化锌	3	5	10	5

续上表

原材料＼产品	膜式橡胶空气弹簧			
	内外层胶	帘布胶	三角胶	钢丝胶
硬脂酸	3	1.5	1.5	3.5
氧化镁				
防老剂 A	1	1		
防老剂 D	0.35	1.5	1.1	
防老剂 H	1			
防老剂 4010				
防老剂 MB			0.3	
防老剂 AW			0.6	
松香				3.5
古马隆树脂				4
槽法炭黑	25			
SRF	25	30	35	80
HAF			20	
轻质碳酸钙				40
硫酸钡				140
黑油膏				
松焦油	6	1		
石蜡				
促进剂 M	0.5	0.5	0.7	
促进剂 DM	0.4	0.4		
促进剂 TMTD	0.03	0.03		
促进剂 NOBS				
硫黄	2.5	2.5	3.5	7
合计	167.85	143.43	172.7	383.0

2.3 橡胶弹性元件配方分析测试的基本流程

对材料配方进行检测，不仅是对材料性能进行分析，也是获取先进技术的一种重要手段和捷径，尤其是对国外高新技术的消化、吸收甚至再创新都离不开对新技术组成的了解。配方分析可以概括为两个方面。

(1)获得材料信息(橡胶的组成、使用环境、使用性能)。

(2)怎么获得信息(针对具体的橡胶体系所应采取的分析程序和选用相应的分析仪器)。

对橡胶弹性元件进行配方分析即通过一定的分离一分析过程和步骤,将复杂的混合物纯化到满足各种分析仪器要求的纯度,从而获得其组成和每种成分在橡胶中的含量的信息。

由于橡胶的用途不同,组成上有很大的区别。在橡胶剖析前,首先可以根据橡胶的物理性能从以下几个方面来推断大致是何种橡胶:

(1)使用环境和用途:比如用于耐热防老化环境的一般用丁基橡胶、乙丙橡胶、卤化丁基橡胶、氢化丁腈橡胶、氟橡胶及硅橡胶;耐油橡胶用丁腈橡胶、氯丁橡胶、氟橡胶、氟硅橡胶;耐寒橡胶用硅橡胶、顺丁橡胶、天然橡胶、丁基橡胶和丁苯橡胶等。而用途可以参考表 2-1所述。

(2)用胶量识别:由于良好的综合性能和便宜的价格,目前天然橡胶和丁苯橡胶用量分别占橡胶总量的 30%~40%、40%~50%,以下依次是乙丙橡胶、丁基橡胶、氯丁橡胶、丁苯橡胶和异戊橡胶,特种橡胶占总量的 1%左右。

(3)根据不同部位识别:比如轨道车辆二系悬挂系统使用的空气弹簧外层胶需要耐老化,内层胶需要有良好的密封性,帘子布胶需要良好的粘合性能。因此鉴别时要分清不同的部分,不能笼统的鉴别。

对橡胶制品进行初步鉴别后,应用仪器方法对材料进行进一步剖析分析,其基本流程如图 2-1所示(注:由于本书中所有橡胶弹性元件均已硫化制得制品,所以橡胶均指硫化胶)。

(1)物质成分初步定性分析:首先应用 X 射线荧光光谱分析法初步进行物质成分定性分析,大致确定物质组成,比如氯丁橡胶存在氯元素,硅橡胶存在硅元素等。对于高聚物,可进一步进行裂解气质联用分析。

(2)有机物定性分析:(a)胶种定性,可直接裂解涂膜制样后进行傅里叶红外光谱法(FTIR)检测,为进一步验证,尤其针对橡胶并用体系,可用差示扫描量热仪法(DSC)检测其玻璃化转变温度进一步佐证,比如硅橡胶玻璃化转变温度可达−115 ℃,天然橡胶玻璃化转变温度大约−55 ℃等,并用橡胶体系将出现两个玻璃化温度。为排除有机助剂干扰,也可用索氏抽提后按上述方法进行胶种定性。(b)配合剂定性,配合剂在索氏抽提中被抽提到溶液中,浓缩后,可直接用红外定性,也可用气相色谱质谱联用法(GC-MS)分析防老剂,抗氧剂、增塑剂等配合剂。

(3)无机物定性分析:(a)无机元素分析,消解后,可用等离子电感耦合原子发射光谱法(ICP)定性定量材料中所含无机元素,比如原料中引入的各种重金属物质等;(b)灰分定性,灼烧后,除去有机物,用红外光谱法根据灰分特征峰定性无机物,也可将 ICP 和 FT-IR 方法结合,对材料中的无机助剂进行定性分析,比如各种金属颜料、ZnO、MgO 硫化促进剂等;(c)全硫和卤素定量分析,可用离子色谱法(IC)对于不同离子的吸附得到的色谱峰进行定性定量分析；(d)炭黑种类定性，可用紫外可见分光光度计(UV-vis)对于不同炭黑的吸收值进行定性分析。

(4)定量分析：可用热重分析法(TGA)一次定量分析所含有机配合剂、主体胶种、炭黑、无机成分等的用量，通常认为小于 300 ℃为有机配合剂失重，300～550 ℃之间为橡胶失重率。但也需分情况考虑，比如氯丁橡胶、丁腈橡胶存在橡胶残炭等；700 ℃左右失重为 $CaCO_3$ 分解；转化空气氛围后 400 ℃多迅速失重为炭黑燃烧。

(5)最后用 DMA 进行材料性能优化选择。

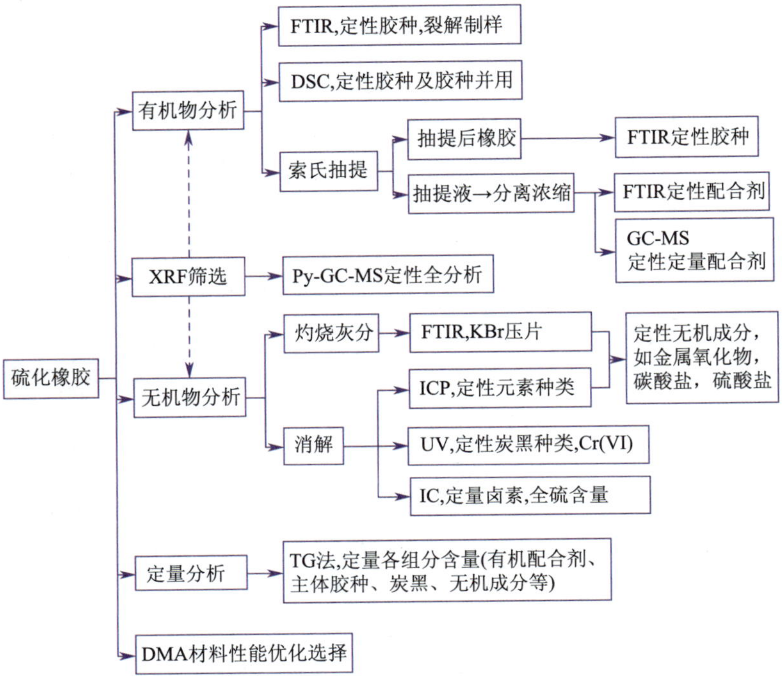

图 2-1　橡胶弹性元件配方分析基本流程图

2.4　橡胶弹性元件配方分析方法及相关标准

对于上述检测流程中相关方法，部分已有相关标准颁布实施，常规试验可参阅下列方法简介和标准执行。

(1)胶料种类的定性分析

红外光谱法(FTIR)：采用裂解涂膜制样，经溶剂抽提后裂解涂膜制样或溶解制膜后，用红外光谱仪记录其红外光谱图，通过红外光谱图的特征峰分析橡胶的种类或多种橡胶并用体系。主要涉及的标准有：GB/T 7764—2001《橡胶鉴定 红外光谱法》；ISO 4650：2005《Rubber-Identification-Infrared spectrometric method》，GB/T 3516—2006《橡胶 溶剂抽出物的测定》；GB/T 9875—2001《橡胶聚合物的鉴定 化学方法》。

差示扫描量热法(DSC):通过准确测量物质的热效应(吸放热现象)来测得物质的玻璃化转变温度、熔点等物理特征,进而辅助定性或半定量分析橡胶种类或并用体系;DSC还可获得附加信息,如丁腈橡胶的玻璃化转变温度与结合丙烯腈含量相关,根据玻璃化转变温度可大致知道所用丁腈橡胶的结合丙烯腈含量。主要涉及的标准有:GB/T 19466.2—2004《塑料 差示扫描量热仪法(DSC)第2部分:玻璃化转变温度的测定》;GB/T 19466.3—2004《塑料 差示扫描量热仪法(DSC)第3部分:融化和结晶焓和温度的测定》;ISO 11357-2:1999《Plastics-Differential scanning calorimetry (DSC)-Part 2: Deter mination of glass transition temperature》;ISO 11357-3:1999《Plastics-Differential scanning calorimetry (DSC)-Part 3: Deter mination of temperature and enthalpy of melting and crystallization》;ASTM D3418-2008《Standard test method for transition temperatures and enthalpies of fusion and crystallization of polymers by Differential Scanning Calorimetry》;ASTM E1356-2008《Standard test method for assignment of glass transition temperatures by Differential Scanning Calorimetry》;ASTM E794-2006《Standard test method for melting and crystallization temperatures by thermal analysis》。

(2)有机配合剂定性定量分析

气相色谱质谱联用法(GC-MS):首先借助薄层色谱、固相萃取等方法对样品进行预处理,然后利用气相色谱对混合物的高效分离和质谱对纯化化合物的准确鉴定,定性定量分析橡胶中助剂促进剂、防老剂、硫化剂、增塑剂,及有毒有害物质的多环芳烃、多溴联苯、多溴联苯醚等。可参考的标准有:GB/T 4499—1997《硫化橡胶中防老剂的测定 薄层色谱法》、GB/T 6029—1996《硫化橡胶中促进剂的检定 薄层色谱法》;IEC 62313—2008《电子电器产品中限用的六种物质(铅、镉、汞、六价铬、多溴联苯、多溴二苯醚)浓度的测定程序》;SJ/T 11365—2006《电子信息产品中有毒有害物质的检测方法》;TB/T 3139—2006《机车车辆内装材料及室内空气有害物质限量》;GB 18581—2009《室内装饰装修材料 溶剂型木器涂料中的有害物质限量》;GB 18582—2008《室内装饰装修材料 内墙涂料中的有害物质限量》;GB 18583—2008《室内装饰装修材料 胶粘剂中的有害物质限量》。

(3)无机元素分析

电感耦合等离子原子发射光谱法(ICP):利用每一种元素的原子受到激发光源激发时,所发射出的特征谱线及其强度,对材料中所含元素进行定性定量分析。可参考的标准有:GB/T 23942—2009《化学试剂 电感耦合等离子体原子发射光谱法通则》;GB/T 23524—2009《石油化工废催化剂中铂含量的测定 等离子电感耦合发射光谱法》;GB/T 17593.2—2007《纺织品 重金属的测定 第2部分:电感耦合等离子体原子发射光谱法》。

(4)灰分定性分析

红外光谱法(FTIR):橡胶材料通过高温灼烧,有机物分解挥发,得到相应的氧化物,盐类等物质,如ZnO、MgO、SiO_2和CaO等无机物质组成的灰分,对剩余灰分溴化钾压片等处理后进行红外光谱分析,可推测橡胶中所添加的无机成分。可参考的标准有GB

4498—1997《橡胶灰分的测定》;GB/T 6040—2002《红外光谱分析方法通则》。

点板显色法:利用高温灼烧后的灰分在酸中的溶解差异进行分离,用经典的化学定性方法进行鉴定。如灰分呈蓝绿色,可能有钴存在;Ca 离子用草酸铵指示出现白色沉淀;Mg 离子用镁试剂指示出现天蓝色沉淀;Zn 离子用硫氰酸汞铵指示出现紫色沉淀;Pb 离子用重铬酸钾指示出现黄色沉淀;Fe 离子用亚铁氰化钾指示出现深蓝色沉淀;Al 离子用茜素磺酸钠指示出现玫瑰红环,Sb 离子用罗丹明溶液指示变紫色等。可参阅的标准有:GB/T 14836—1993《硫化橡胶灰分的定性分析》等。

(5)全硫和卤素含量定量分析

离子色谱法(IC):首先采用氧弹燃烧或氧瓶燃烧对样品进行预处理,然后通过离子交换色谱柱对不同离子的吸附分离能力得到的色谱图峰位和峰强对常见离子(Cl^-、Br^-、SO_4^{2-})进行定性定量分析。可参考的标准:EN 14582:2007《Characterization of waste - Halogen and sulfur content - Oxygen combustion in closed systems and deter mination methods》;GB/T 4497.1—2010《橡胶 全硫含量的测定 第 1 部分:氧瓶燃烧法》;GB/T 9872—1998《氧瓶燃烧法测定橡胶和橡胶制品中溴和氯的含量》。

(6)炭黑种类的定性分析

紫外可见分光光度计法(UV-vis),由于炭黑对可见光的吸收不同,通过测试比色指数,即可分析炭黑的类型及并用情况。可参考的标准:GB/T 3515—2005《橡胶 炭黑含量的测定 热解法》。

(7)各组分含量的定量分析

热重分析法(TG),根据材料组分不同分解温度段和失重台阶,分析材料各组分的含量,如有机配合剂、主体胶料、炭黑、无机成分。涉及的标准有:GB/T 14837—1993《橡胶及橡胶制品组分含量的测定 热重分析法》;ISO 9924-1—2000《Rubber and rubber products - Deter mination of the composition of vulcanizates and uncured compounds by thermogravimetry-part 1: butadiene, ethylene-propylene copolymer and terpolymer, isobutene-isoprene, isoprene and styrene-butadiene rubbers》;ISO 9924-2—2000《Rubber and rubber products - Deter mination of the composition of vulcanizates and uncured compounds by thermogravimetry - part 2: Acrylonitrile-butadiene and halobutyl rubbers》; ISO 9924-3—2009《Rubber and rubber products - Deter mination of the composition of vulcanizates and uncured compounds by thermogravimetry - part 3: Hydrocarbon rubbers, halogenated rubbers and polysiloxane rubbers after extraction》。

注:所有分析测试前样品的前处理工作对分析测试结果的影响显著,不同胶种的前处理方法不同,这在以后的章节中将分别给予例证和说明。上述各应用的标准在下文中简化为各自的标准号。

2.5 主要检测仪器及设备

本书所用主要检测仪器及设备的生产厂家及型号如图 2-2 所示,如无特殊说明,各章节不再进行说明。

(a)傅里叶变换红外光谱仪:美国热电公司,型号 NICOLET iS10。

(b)差示扫描量热仪:瑞士梅特勒公司,DSC821。

(c)气相色谱质谱联用仪:美国安捷伦科技有限公司,型号 7890A/5975C。

(d)电感耦合等离子体发射光谱仪:德国斯派克分析仪器公司,型号 Spectro Genesis。

(e)热重分析仪:德国耐驰公司,型号 TG209C。

(f)紫外可见光分光光度仪(A):上海分析仪器总厂,型号 UV755B。

(g)紫外可见光分光光度仪(B):北京普析通用仪器有限责任公司,型号 TU-1901。

(h)离子色谱仪:美国戴安公司,型号 ICS-900。

(i)固相萃取装置:美国 Supelco 公司,型号 Supelco,SPE 固相萃取小柱:1 g/6 mL。

(j)旋转蒸发仪:上海亚荣生化仪器厂,型号 RE52CS。

(k)多通道密闭微波化学工作站:上海新仪微波化学科技有限公司,MDS-8。

(a)傅里叶变换红外光谱仪

(b)差示扫描量热仪

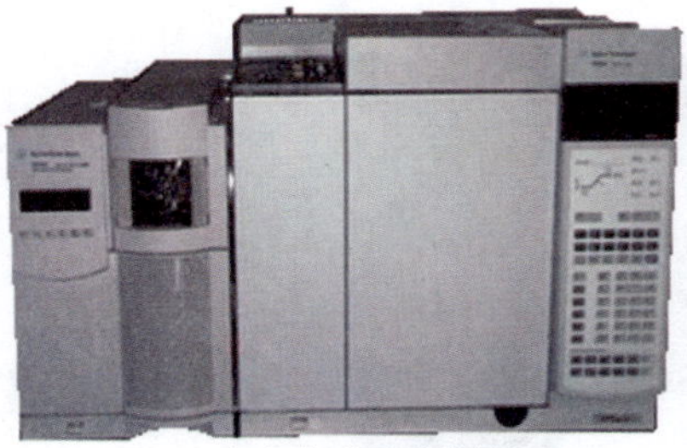

(c)气相色谱质谱联用仪

(d)电感耦合等离子体发射光谱仪

(e)热重分析仪

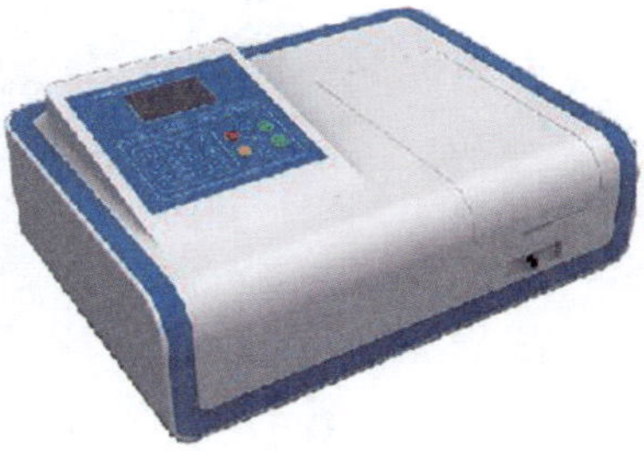

(f)紫外可见光分光光度仪（A）

图　2-2

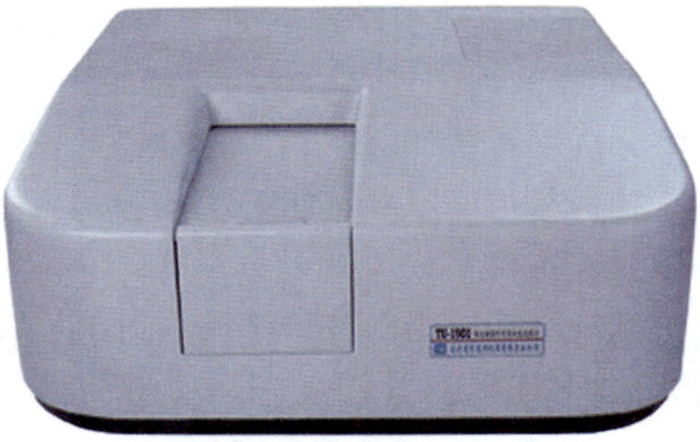

（g）紫外可见光分光光度仪（B）

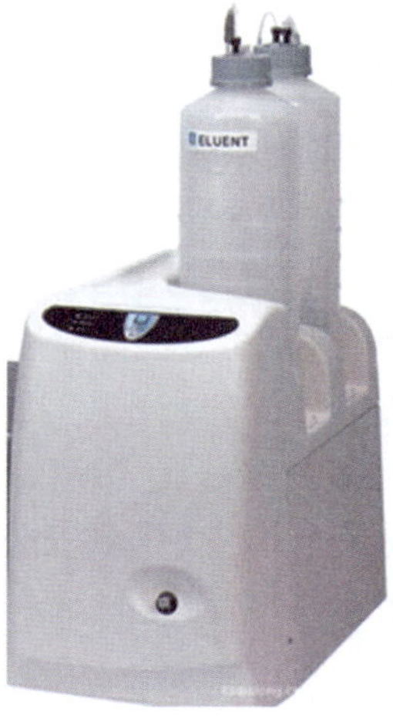

（h）离子色谱仪

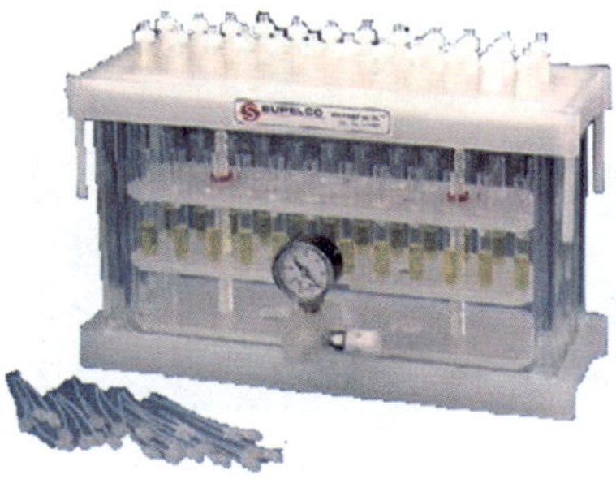

(i)固相萃取装置

(j)旋转蒸发仪

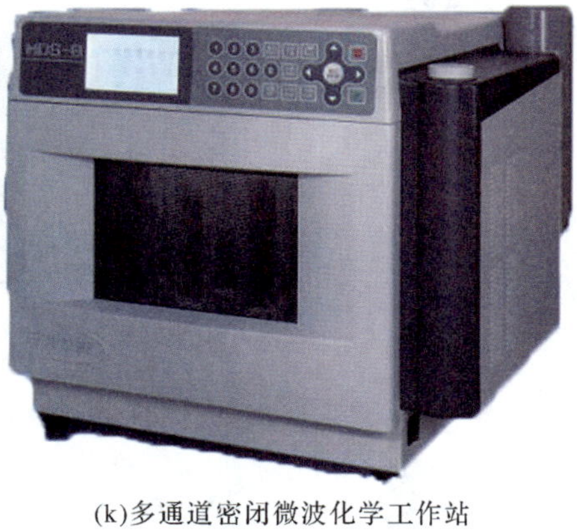

(k)多通道密闭微波化学工作站

图 2-2　主要检测仪器及设备

2.6　主要定义及其英文缩写

本书所用主要定义或术语及其英文缩写如表 2-4 列出，如无特殊说明，各章节不再进行说明。

表 2-4　本书主要所用定义及其英文缩写

定义或术语	英文缩写	定义或术语	英文缩写
天然橡胶	NR	傅里叶红外分析仪	FTIR
异戊橡胶	IR	差示扫描量热仪	DSC
丁苯橡胶	SBR	热重分析仪	TG
顺丁橡胶	BR	TG 曲线的一次微分	DTG
丁腈橡胶	NBR	气相色谱质谱联用仪	GC-MS
氯丁橡胶	CR	电感耦合等离子发射光谱仪	ICP-OES
乙丙橡胶	EPM EPDM	紫外可见分光光度仪	UV-vis
丁基橡胶	IIR	离子色谱仪	IC
硅橡胶	MVQ	欧盟管制有害物质的限制指令	ROHS
氟橡胶	FPM	化学品注册、评估、许可和限制	REACH
聚氨酯橡胶	PU	总离子流	TIC
玻璃化转变温度	Tg	裂解温度	Tp

第三章　胶种的定性定量分析

随着橡胶工业的发展，各种新型聚合物材料、并用材料不断用于橡胶弹性元件中。为了了解橡胶制品的性能，开发性能更优异的弹性元件，并对产品质量进行控制，就需要对其胶料配方（组分）进行定性定量分析，而配方分析中最为基本的即为主体材料胶种的定性。

胶种定性分析中应用最多、最有效的剖析方法是傅里叶红外光谱法（FTIR），不同的硫化橡胶对应于不同的图谱。但当胶料应用为并用体系时，由于并用胶的红外光谱具有各组分的特征谱，难以判断，需要用其他分析方法进一步验证方可作出正确判断。这时可用差示扫描量热法（DSC）测定橡胶的玻璃化转变温度（Tg），鉴别两种并用胶成分。不同成分的橡胶会有特殊的 Tg，相容性不好的并用胶有各组分的 Tg，相容性好的并用胶在两个互混组分的 Tg 之间有一个 Tg。测出待鉴别硫化胶的 Tg 后再与已知硫化胶的 Tg 对照就可鉴别是否为同一种胶。

除了定性分析，还需定量分析。在硫化橡胶的组分中，由于它们的热稳定性或氧化作用存在差异，通过热重分析法（TGA）的程序升温和改变试验样品周围的气氛，可分别测定胶料中有机挥发份、主要胶种、炭黑以及无极填料和残余物的质量分数，同时根据裂解峰位置定性判定胶种。

3.1　傅里叶红外光谱法（FTIR）定性分析胶种

3.1.1　FTIR 工作原理

红外光谱是研究高聚物的结构及其化学与物理性质常用的物理方法之一。它可以用来分析和鉴定分子结构。每种分子都有其组成和结构决定的独有的红外吸收光谱，据此可以对分子进行结构分析和鉴定。

红外光谱在可见光区和微波光区之间，波长范围约 0.75～1 000 μm，相应的波数是 12 500～10 cm^{-1}。根据仪器技术和应用不同，习惯上又将红外光区分为三个区：近红外光区（12 500～4 000 cm^{-1}）、中红外区（4 000～200 cm^{-1}）和远红外区（200～10 cm^{-1}）。中红外光区吸收带是绝大多数有机化合物和无机离子的基带吸收带。由于基频振动是红外光谱中吸收最强的振动，因此中红外光谱仪最为成熟、简单，目前用于橡胶配方剖析的主要是中红外区。

对于硫化橡胶中胶种的定性分析，主要集中在中红外区（4 000～400 cm^{-1}）内根据得到的红外图谱对应的官能团进行定性分析（不同的橡胶胶种在这个区间内存在有各自的特征谱峰）。

图 3-1 列出了高分子红外光谱中主要谱带的波数与结构的关系图，但具体情况还需依据红外光谱波数与链段结构及官能团的具体对应关系进行分析。

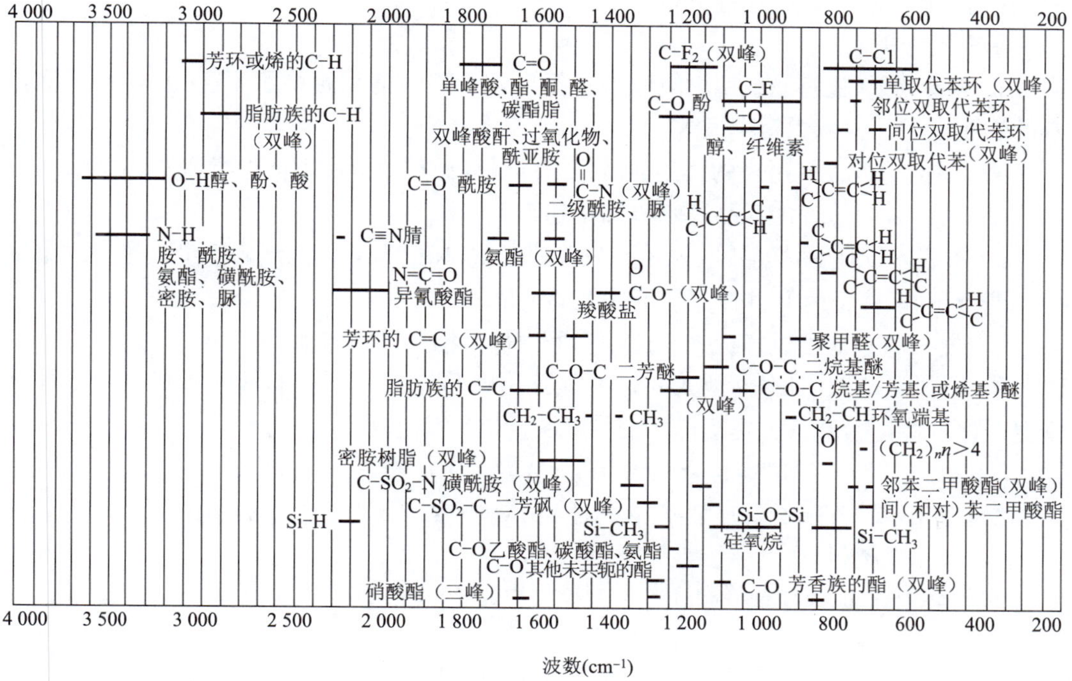

图 3-1　高分子红外光谱中主要谱带的波数与结构的关系图

3.1.2　分析试剂和仪器

试剂：无水乙醇，丙酮，二甲苯氯仿，丙酮和氯仿混合溶液，丙二醇，异丙醇，甲醇，分析纯。

（注：丙二醇，异丙醇和甲醇主要用于氯丁橡胶和丁腈橡胶抽提）

仪器与装置：傅里叶变换红外光谱仪

小试管、酒精灯，红外干燥箱（或红外烘烤灯）

索氏抽提器，电加热套

3.1.3　实验步骤

（1）样品制备

红外光谱的检测品质在很大程度上取决于制样。除了测量光谱选择参数是否适当外，样品厚度、粒度不当或不均匀、杂质的存在、未挥发尽的残留溶剂及干涉条纹都可能导致失去有效的光谱信息，甚至导致错误的谱带识别和判断。

根据高聚物的组成及状态，可选用的样品制备方法有：薄膜法（溶解涂膜法、裂解涂膜法、溶液铸膜和热压成膜）、压片法、悬浮法和溶液法等。

由于硫化橡胶不溶、不熔及透光性不好的特点，在实验过程中通常采用裂解涂膜法。

为排除有机助剂对红外光谱的干扰，一般首先对胶样进行索氏抽提，抽出失重量主要为有机助剂失重，抽提后的橡胶试样用于胶种的红外定性分析，而抽提液可用于后续的 GC-MS 法对橡胶中配合剂的定性分析。

①索氏抽提

a. 准备滤纸，先将滤纸用丙酮浸泡抽提后，在 80 ℃的烘箱中烘干备用；将索氏抽提器的烧瓶在 100 ℃的烘箱中恒重。

b. 取样，选取没有污染的样品或者采用丙酮等试剂对样品表面进行清洗。

c. 碎样，针对取好的样品，剪碎，细化到约 1 mm^3。

d. 称量，对碎化的样品，取约 3 g，先称滤纸重，标记为 W_1（滤纸的重量），然后取出试样用滤纸包好，标记为 W_2（样品加上滤纸的重量）。

e. 抽提，将包好的试样放入索氏抽提器中进行抽提，抽提时间为 6 h。

f. 干燥试样，取出试样，放入 80 ℃的烘箱中，干燥 2 h 后取出，放入干燥器中冷却至室温，称量，标记为 W_3（抽提后样品加滤纸的重量）。计算：

$$\text{抽出物含量}\% = (W_3 - W_1)/(W_2 - W_1) \times 100\% \qquad (3\text{-}1)$$

注：上述结果进行 TG 分析时尤其重要。过多的助剂存在会影响失重峰，但抽提后样品非样品总量，需加上抽出物含量值

g. 抽提后样品进行裂解制样及 FTIR 分析。

②裂解制样

a. 测试空白背景，用已经清洗干净的溴化钾盐片做空白实验，作为空白背景。（注：溴化钾盐片禁止接触含水试剂）

b. 取抽提后的试样约 50 mg，放入小试管中，然后用酒精灯加热裂解，小试管管口朝下约 30°角，准备湿润的 pH 试纸测试裂解气的酸碱性，同时观察裂解液的颜色，记录；用圆头小玻璃棒，醮取少量裂解液涂抹在溴化钾盐片上（注：涂膜厚度不能太厚也不能太薄），然后放在红外干燥箱（或红外烘烤灯下）干燥 1 min。

c. 将涂膜后的溴化钾盐片拿到傅里叶红外光谱仪中进行样品采集，保存得到的样品红外光谱图。（注：最大透过率要超过 70%，同时不能出现平头峰）

(2)谱图分析

根据 GB/T 7764—2001 及 ISO 4650:2005 进行对比分析，同时注意是否存在两种或多种橡胶并用，做好记录。

3.1.4　分析实例

根据 ISO 4650:2005，将实验得到的图谱与标准图谱进行对比，确定橡胶种类。

以下对几种常见硫化橡胶的红外光谱进行了测试分析，并扼要叙述它们的裂解现象及主要特征峰。

注：1. 由于样品所使用胶料牌号不同，配合剂不同，特征峰峰位与 ISO 4650:2005 有部分不一致。

2. 下文所描述峰强弱非表述所有同种胶种的绝对透射峰高，仅说明大部分胶种情况。

3. 由于操作人员、仪器型号及测试条件不一，测试结果可能稍有差异，但同类胶种整体峰形，主要峰

位基本一致，可据此判断。

3.1.4.1 天然橡胶(NR)

结构式：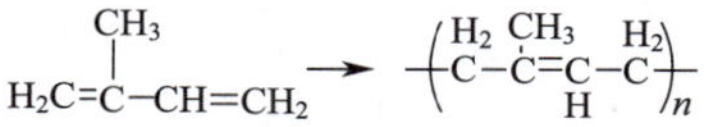

样品经预处理后，裂解涂膜法制样，进行 FTIR 检测。裂解气呈中性，裂解液为淡黄色；在火焰下燃烧熔融，产生的黑烟较少，有特殊气味。NR 的 FTIR 光谱图如图 3-2 所示，其主要吸收峰见表 3-1。

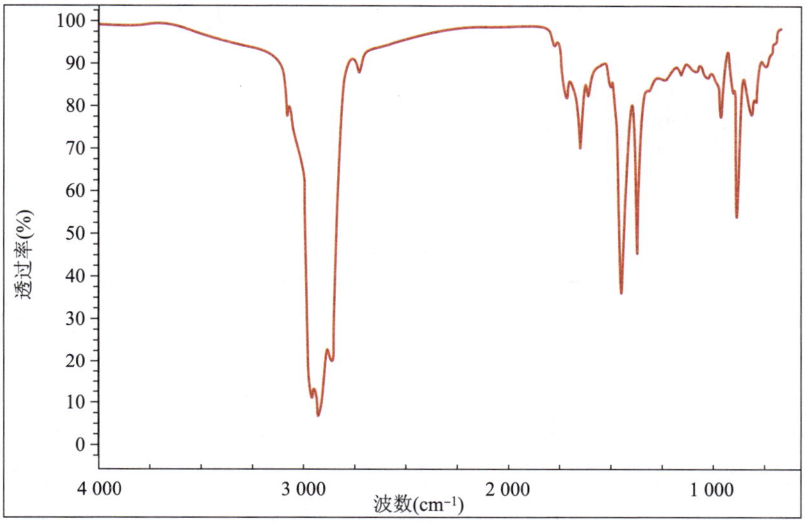

图 3-2 NR 的 FTIR 光谱图

表 3-1 NR 主要特征吸收峰和有关结构

波数(cm^{-1})	峰强度	有关结构	波数(cm^{-1})	峰强度	有关结构
1 644	中	脂族(—CH=CH_2)	886	很强	乙烯叉(>C=CH_2)
1 376	强	—CH_3	814	中	芳香族取代物
965	中	—CH=CH_2			

注：ISO 4650:2005 中 1 640 cm^{-1}处峰更强，本例 814 cm^{-1}处峰位对应 ISO 4650:2005 中 800 cm^{-1}处。

3.1.4.2 丁苯橡胶(SBR)

结构式：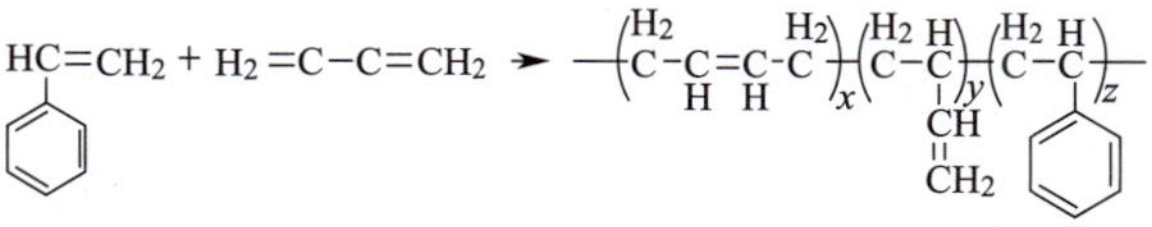

样品经预处理后，裂解涂膜法制样，进行 FTIR 检测。裂解气呈中性，裂解液为淡黄色；在火焰下燃烧产生的黑烟多，有苯乙烯的气味。SBR 的 FTIR 光谱图如图 3-3 所示，其主要吸收峰见表 3-2。

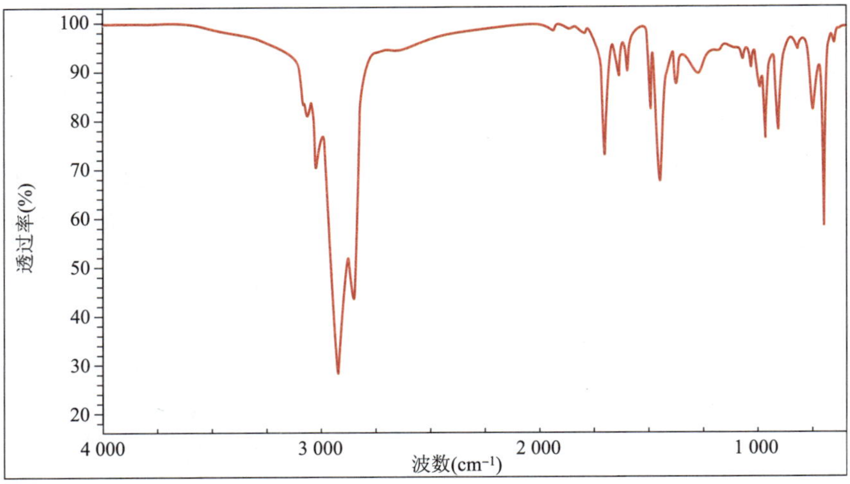

图 3-3 SBR 的 FTIR 光谱图

表 3-2 SBR 主要特征吸收峰和有关结构

波数(cm⁻¹)	峰强度	有关结构	波数(cm⁻¹)	峰强度	有关结构
1 494&1 601	中	$-C_6H_5$	965	强	反式(—CH=CH—)
1 452	强	芳香族(—CH=CH—)	908	强	$-CH=CH_2$
990	中	$-CH=CH_2$	754&699	强	芳香取代物

3.1.4.3 顺丁橡胶(BR)

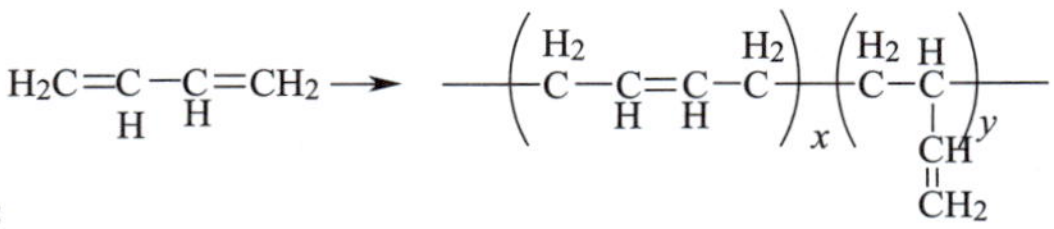

结构式：

样品经预处理后，裂解涂膜法制样，进行 FTIR 检测。裂解气呈中性，裂解液为淡黄色；在火焰下燃烧产生的黑烟少。BR 的 FTIR 光谱图如图 3-4 所示，其主要吸收峰见表 3-3。

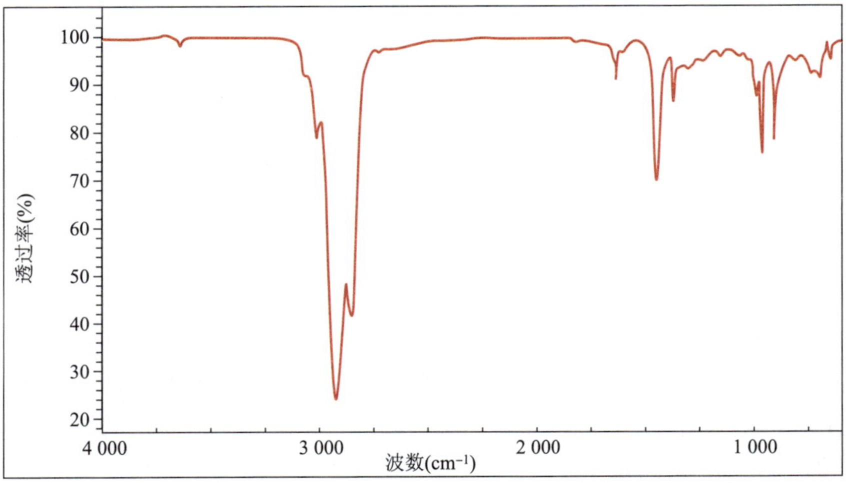

图 3-4 BR 的 FTIR 光谱图

表 3-3　BR 主要特征吸收峰和有关结构

波数(cm^{-1})	峰强度	有关结构	波数(cm^{-1})	峰强度	有关结构
1 376	中	$—CH_3$	909	强	$—CH=CH_2$
991	中	$—CH=CH_2$	740	与顺丁胶的反式结构度相关	顺式(—CH=CH)
965	强	反式(—CH=CH—)	699	弱	Aromatic

3.1.4.4　乙丙橡胶(EPM)

结构式：EPM：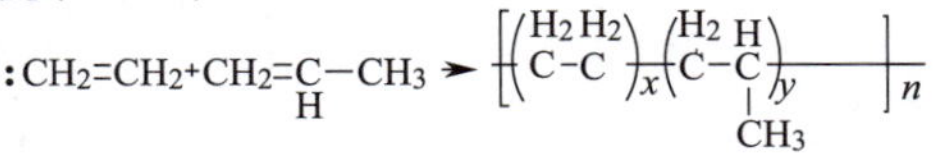

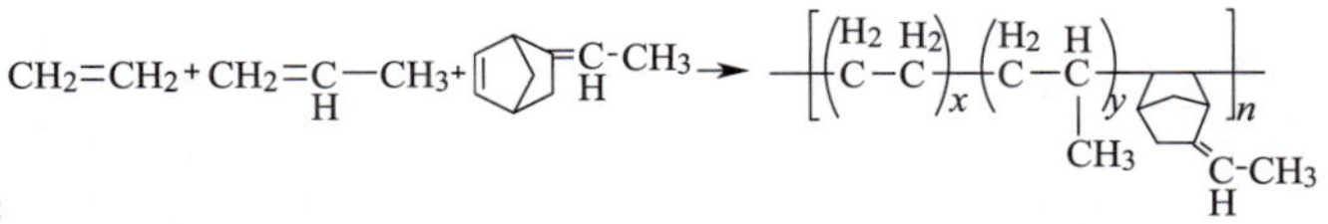

EPDM：

乙丙橡胶以单烯烃乙烯、丙烯共聚成二元乙丙橡胶；以乙烯、丙烯及少量非共轭双烯为单体共聚而制得三元乙丙橡胶。乙丙橡胶分子主链上，乙烯和丙烯单体呈无规则排列，失去了聚乙烯或聚丙烯结构的规整性，从而成为弹性体。

样品经预处理后，裂解涂膜法制样，进行 FTIR 检测。裂解气呈中性，裂解液为浅色；在火焰下燃烧时熔融，产生的黑烟少。EPDM 的 FTIR 光谱图如图 3-5 所示，其主要吸收峰见表 3-4。

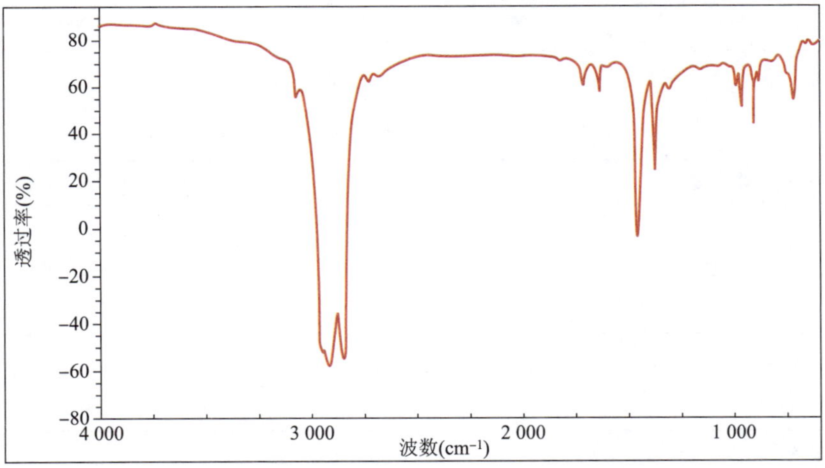

图 3-5　EPDM 的 FTIR 光谱图

表 3-4　EPDM 主要特征吸收峰和有关结构

波数(cm^{-1})	峰强度	有关结构	波数(cm^{-1})	峰强度	有关结构
1 376	强	$—CH_3$	965	中	反式(—CH=CH—)
909	强	$—CH=CH_2$	722	中	
886	强	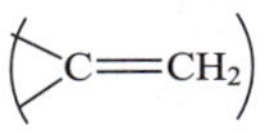			

3.1.4.5 丁基橡胶(IIR)

结构式：

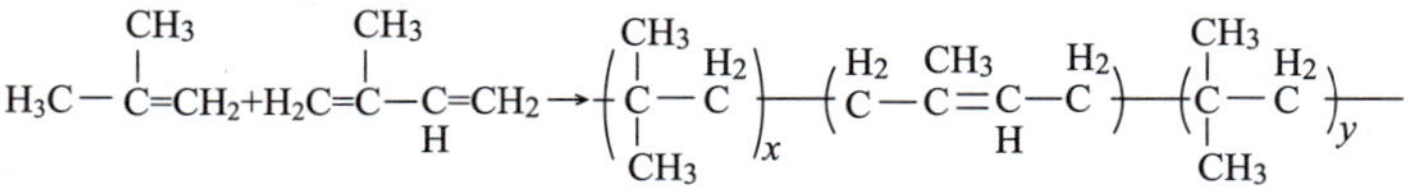

样品经预处理后，裂解涂膜法制样，进行 FTIR 检测。裂解气呈中性，裂解液呈淡黄色；在火焰下燃烧时有浅色光亮的火苗，产生的黑烟少。IIR 的 FTIR 光谱图如图 3-6 所示，其主要吸收峰见表 3-5。

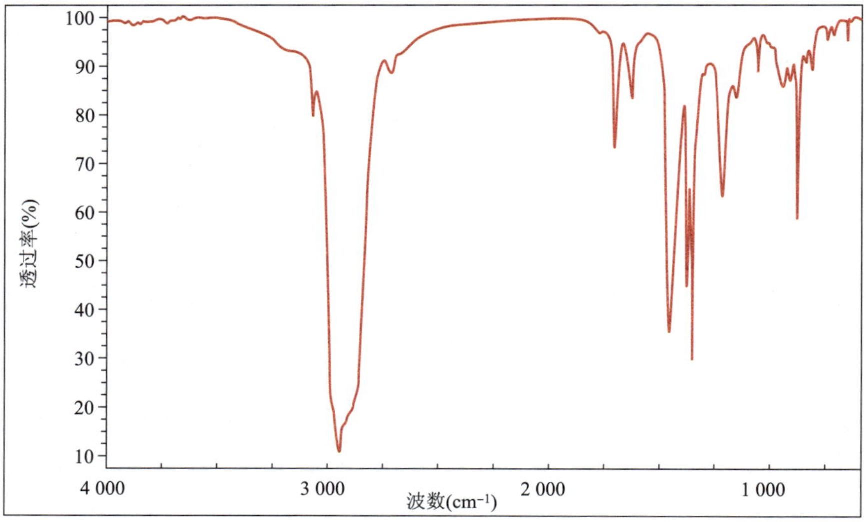

图 3-6 IIR 的 FTIR 光谱图

表 3-5 IIR 主要特征吸收峰和有关结构

波数(cm^{-1})	峰强度	有关结构	波数(cm^{-1})	峰强度	有关结构
1 460	强	$—CH_2—$	1365～1390	双峰	异丙叉 $>C(CH_3)_2$
1 229	强	$>C<$	890	强	乙烯叉 $(>C=CH_2)$

注：某些样品在 1 365～1 390 cm^{-1} 处仅出现单一强峰。

3.1.4.6 氯丁橡胶(CR)

结构式：

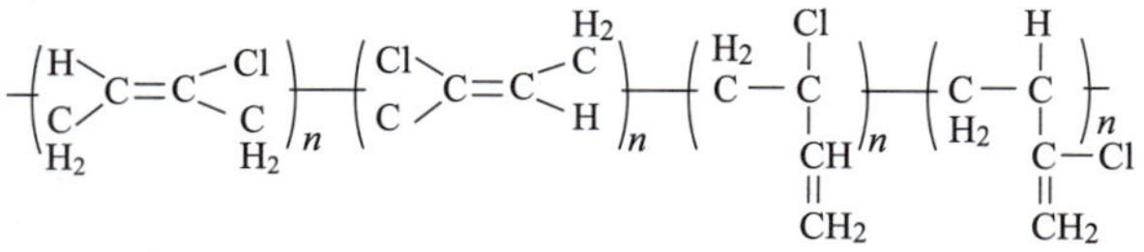

样品经预处理后，裂解涂膜法制样，进行 FTIR 检测。裂解气呈强酸性，裂解液颜色深，呈褐色；在火焰下燃烧产生的黑烟多，离开火焰会自熄。CR 的 FTIR 光谱图如图 3-7 所示，其主要吸收峰见表 3-6。

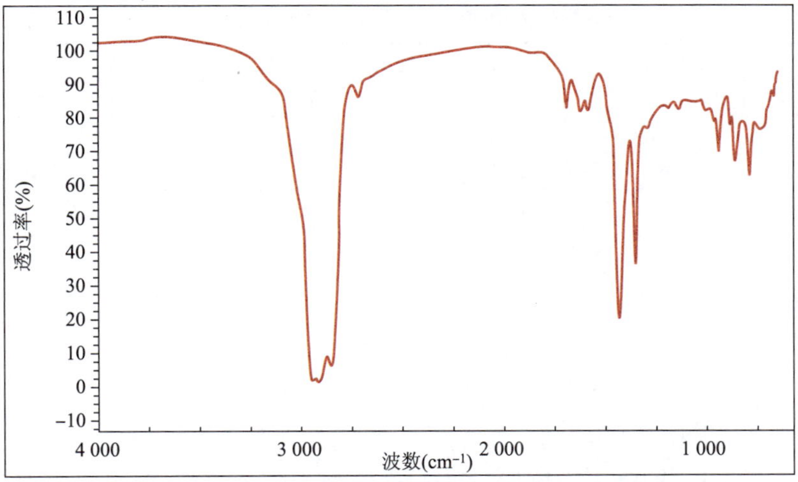

图 3-7　CR 的 FTIR 光谱图

表 3-6　CR 主要特征吸收峰和有关结构

波数(cm^{-1})	峰强度	有关结构	波数(cm^{-1})	峰强度	有关结构
1 456	强	$-CH_2-$	700～900	中	芳香取代物

注：CR 的热裂解产物可产生变化光谱，因而缺乏特征性。位于 747 cm^{-1}的弱吸收有时不出现，位于 885 cm^{-1}处吸收较强。在某种程度上讲，它们对所有其他聚合物又都是共有的，所以对氯丁橡胶的鉴定不能仅通过观察 FTIR 光谱图进行分析，还要结合裂解气的酸碱性，DSC 的玻璃化转变温度及热重的失重图进行综合分析。

3.1.4.7　丁腈橡胶(NBR)

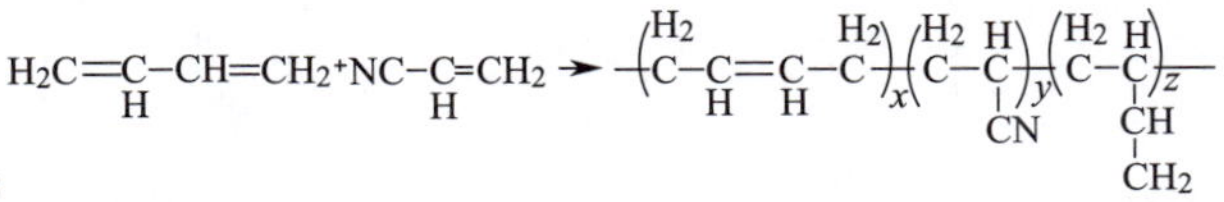

结构式：

经预处理后，裂解涂膜法制样，进行 FTIR 检测。裂解气呈强碱性，裂解液颜色深，呈棕黄色；在火焰下燃烧产生的黑烟多，有令人窒息的气味。NBR 的 FTIR 光谱图如图 3-8 所示，其主要吸收峰见表 3-7。

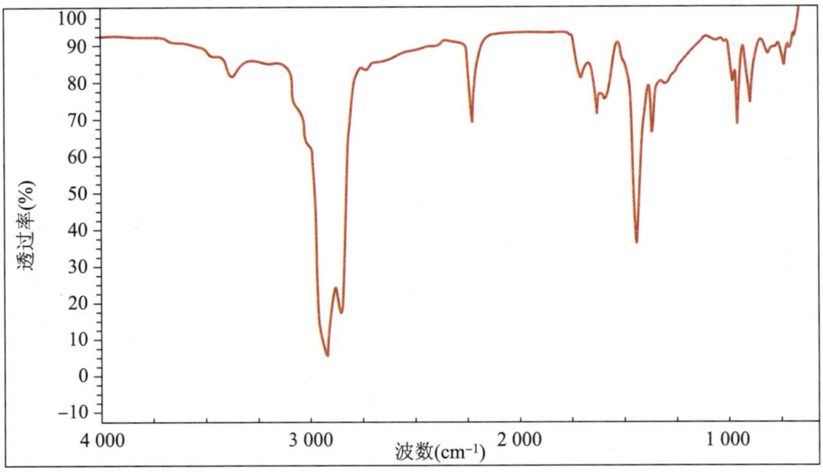

图 3-8　NBR 的 FTIR 光谱图

表 3-7 NBR 主要特征吸收峰和有关结构

波数(cm^{-1})	峰强度	有关结构	波数(cm^{-1})	峰强度	有关结构
3 377	中	—N—H	992	弱	$-CH=CH_2$
2 237	中	—C≡N	967	中	反式(—CH=CH—)
1 601	中	芳香族(—CH=CH—)	910	中	$-CH=CH_2$
1 453	强	$-CH_2-$			

注：本例 1 601 cm^{-1}处峰位对应 ISO 4650:2005 中 1 590 cm^{-1}处。

3.1.4.8 硅橡胶(MVQ)

单体结构式：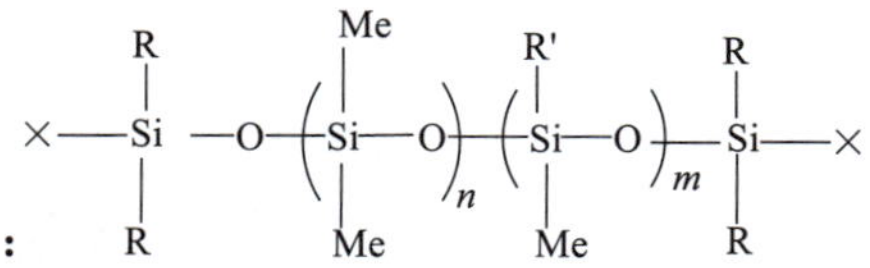

其中，R 为烷基、芳基，R′为烷基、芳基、氢、碳官能基及聚醚链等；×为烷基、芳基、链烯基、氢、羟基、烷氧基、乙酰氧基、氯、碳官能基及聚醚链等；n，m=0、1、2、3…

样品经预处理后，先用四氢呋喃溶解，再离心，后取清液涂膜制样，进行红外检测。硅橡胶在火焰燃烧时，火苗毛白烟，并出现白色灰烬(硅橡胶在空气中燃烧本身会生成二氧化硅，而出现白色粉末的现象)。MVQ 的 FTIR 光谱图如图 3-9 所示，其主要吸收峰见表 3-8。

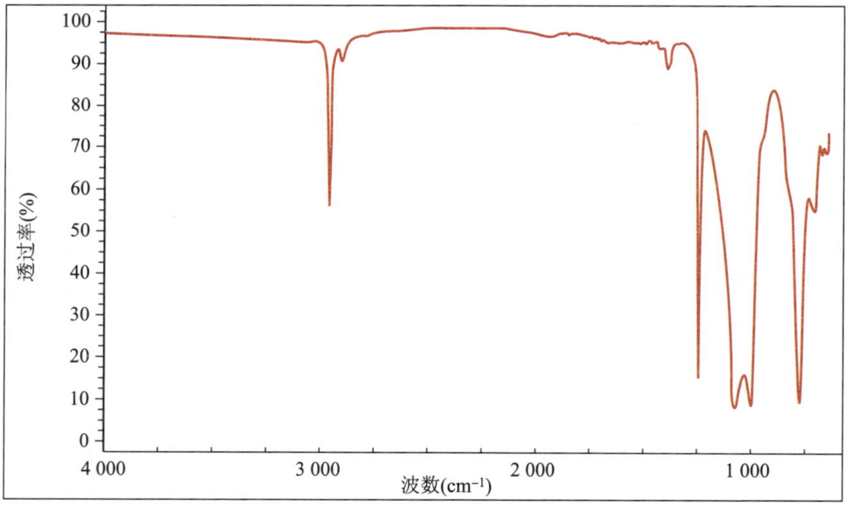

图 3-9 MVQ 的 FTIR 光谱图

表 3-8 MVQ 主要特征吸收峰和有关结构

波数(cm^{-1})	峰强度	有关结构	波数(cm^{-1})	峰强度	有关结构
1 020～1 090	特强	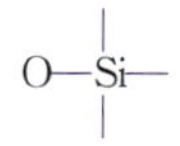	801	强	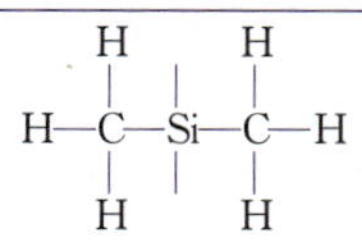
1 262	强	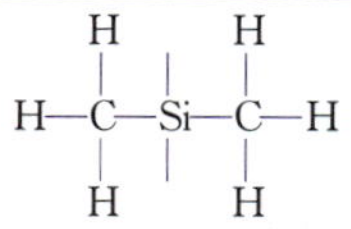	861	弱	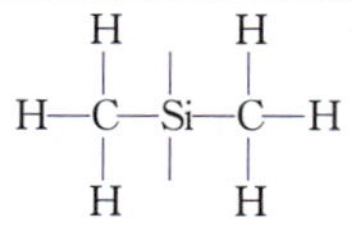

3.1.4.9　聚氨酯橡胶

结构式：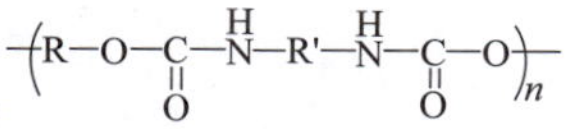

其中 R 为聚酯时，为聚酯型聚氨酯；R 为聚醚时，为聚醚型聚氨酯。

红外 ATR 检测：固体样品上削取约 0.5 mm 厚的薄片，要求被测面光滑，使之能与全反射晶体的反射面紧密接触。如果吸收峰太强，可采用单面放入样品或调节入射角的方法来解决。聚酯型 PU 的 FTIR 光谱图如图 3-10 所示，其主要吸收峰见表 3-9。

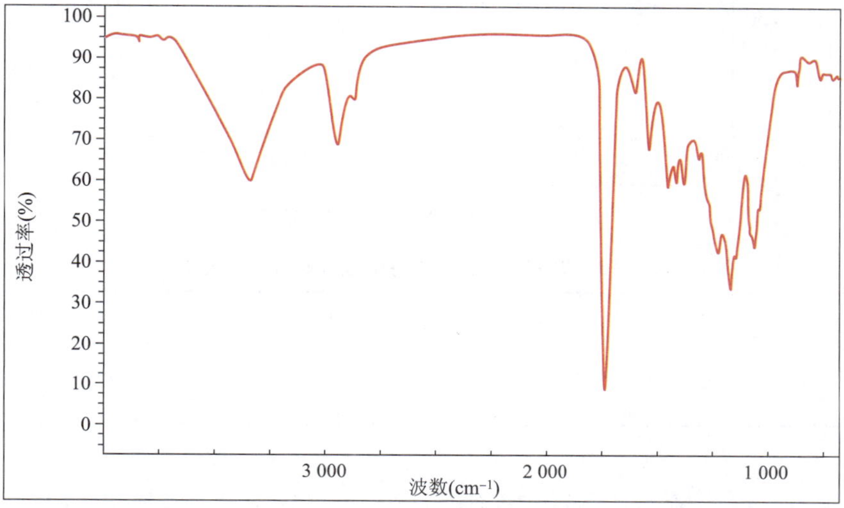

图 3-10　聚酯型 PU 的 FTIR 光谱图

表 3-9　聚酯型 PU 主要特征吸收峰和有关结构

波数(cm^{-1})	峰强度	有关结构
1 737	强	RO—C=O
1 300～1 100	强	C—O
1 530	中	N—H

注：本例 1 737 cm^{-1}处峰位对应 GB/T 7764—2001 中 1 720 cm^{-1}处。

聚醚型 PU 的 FTIR 光谱图如图 3-11 所示，其主要吸收峰见表 3-10。

聚酯型和聚醚型 PU 的 FTIR 光谱图比较，1 730 cm^{-1}附近均出现强而尖的吸收峰为 C=O 吸收峰，1 599、1 530、1 450 cm^{-1}附近均出现苯环吸收峰，但主要差别在于聚酯型 PU 在 1 300～1 100 cm^{-1}附近出现强而宽的 C—O—C 吸收峰，而聚醚型 PU 在 1 224 cm^{-1}及 1 150～1 050 cm^{-1}附近出现强而宽的 C—O—C 吸收峰。

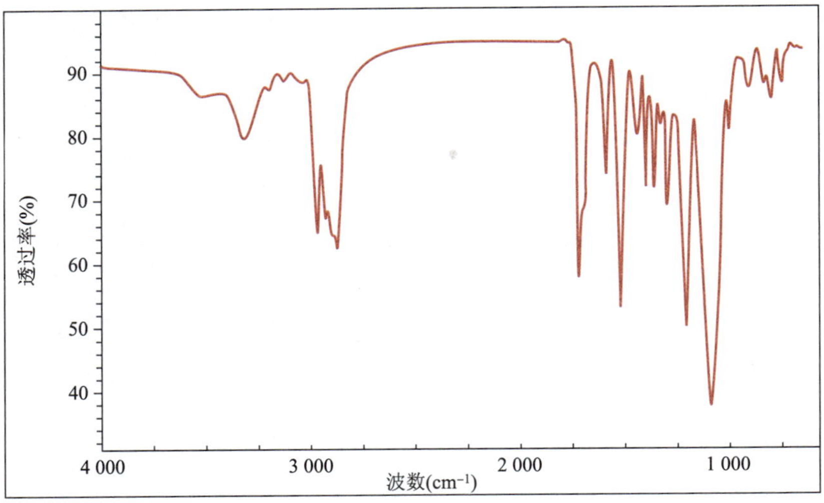

图 3-11 聚醚型 PU 的 FTIR 光谱图

表 3-10 聚醚型 PU 主要特征吸收峰和有关结构

波数(cm^{-1})	峰强度	有关结构	波数(cm^{-1})	峰强度	有关结构
1 100	最强	R—O—R'	1 730	中	RO C=O

3.2 差示扫描量热法(DSC)定性分析胶种

对简单单一胶种进行定性，采用 3.1 节的 FTIR 方法即可判断。但若胶料为并用体系，由于并用胶的红外光谱具有双组分或多组分的特征谱，将难以判断，还需要用其他分析方法进一步验证方可作出正确判断。热分析是一种操作简便、快捷、结果可靠的分析方法，通过 DSC 测定橡胶的玻璃化转变温度，可帮助定性分析胶种并用体系。

3.2.1 DSC 工作原理

DSC 是准确测量转变温度、转变焓的一种精密仪器，热流型 DSC 主要原理是：将试样和参比物置于相同热条件下，在程序升降温过程中，始终保持样品和参比物的温度相同。当样品发生热效应时，通过微加热器等热元件给样品补充热量或减少热量以维持样品和参比物的温差为零。加热器所提供的热量通过转换器转换为电信号作为 DSC 曲线记录下来。通过测试这种关系，即可以很好的反应材料的吸放热现象，反映出物质的熔点熔化热、结晶点结晶热、相变反应热、玻璃化转变温度、热稳定性(氧化诱导期)等。

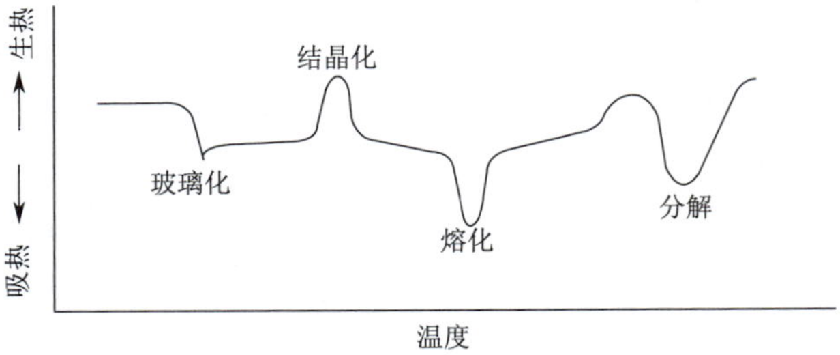

图 3-12 典型的 DSC 曲线

典型的 DSC 曲线如图 3-12 所

示。玻璃化转变、熔化、样品分解属于属于吸热反应，而结晶化过程属于放热反应。

由于 DSC 法所需样品量少，准确度高，其在高聚物中的应用发展极为迅速，并且已经成为高聚物的常规测试和基本研究手段。

3.2.2 仪器

差示扫描量热仪

三氧化二铝小坩埚，镊子

3.2.3 实验步骤

(1)按照试验要求程序，硫化橡胶的玻璃化转变测试一般选择 20 ℃/min 升温速率，采用空坩埚走空白基线。

(2)制样：去除试样表层，取样品中间胶料，剪碎或粉碎。称取剪碎或粉碎的样品，约 6～10 mg，平铺在坩埚底部。

(3)采用温度程序进行 DSC 检测。玻璃化转变测试要求将温度降至比预期 Tg 低约 50 ℃，然后升至终止温度高约 30 ℃，所以对于大部分橡胶均可选择氮气保护下，可选择以 20 ℃/min 升温速率从－100 ℃升至 30 ℃。但对于 Tg 在－100 ℃附近的 MVQ 和 BR，则需选择从－150 ℃开始升温。

注：为了得到更为清晰精确的结果 建议将硫化橡胶剪碎抽提，排除有机配合剂，如增塑剂、软化剂和耐寒剂等的影响，然后按照 DSC 的要求进行测试。

进行 DSC 分析时，也可采用其他升温速率，高的扫描速率使记录的转变有高的灵敏度，低的扫描速率能提供较好的分辨能力，但高扫描速率可能存在玻璃化转变过程中的分子重排跟不上升温速率，而低扫描速率使得转变峰不明显。因此选择适当的速率对观察细微的转变十分重要。

3.2.4 胶种的 DSC 定性分析实例

大部分非晶型高聚物有着各自不同的 Tg，因此可以通过测定高聚物的 Tg 来对其进行定性分析。橡胶 Tg 是橡胶由玻璃态向高弹态转变温度。当外界温度低于 Tg 时，橡胶分子链运动和链段运动被冻结而失去弹性，因此 Tg 不仅可以作为橡胶定性分析的依据，也是判断橡胶产品性能的重要指标之一。Tg 的大小决定了橡胶的使用下限，橡胶产品在 Tg 以下，失去弹性，发脆发硬，不利于橡胶产品的使用。

采用 DSC 测试橡胶的 Tg，会受到诸多因素的影响：

(1)随 DSC 升温速率增加，Tg 有向高温移动的趋势；

(2)随试样量的增加，Tg 有向高温移动的趋势；

(3)同一种样品的块状试样比碎粒试样的 Tg 高；

(4)生胶通常比硫化胶的 Tg 低，且随交联度的增加，有向高温移动趋势；

(5)各种助剂如增塑剂、炭黑等的加入，亦可影响到橡胶分子链运动，Tg 随之变化；

(6)橡胶不同产地、不同牌号或不同生产工艺也将影响到橡胶 Tg，当胶种并用的时候，两种橡胶 Tg 有向中间移动的趋势。

几种常用橡胶的 Tg 范围如表 3-11 所示。DSC 谱图如图 3-13～图 3-21 所示，图谱中针对 Tg 影响较大的胶种，给出了多条曲线。

表 3-11 部分常用橡胶的 Tg 典型范围

胶种	Tg(℃)	备注
天然橡胶(NR)	−60～−50	不同产地，不同牌号的 Tg 差别较大
异戊橡胶(IR)	−60～−50	因结构不同而异，单用较少
丁苯橡胶(SBR)	−50～−30	取决于苯乙烯均聚物的含量，乙烯基含量越低，Tg 越低。此外，通常乳液聚合 Tg 低于溶液聚合 Tg
顺丁橡胶(BR)	−103～−98	分子链中乙烯基含量影响 Tg，且在−10℃附近容易出现结晶熔融峰
三元乙丙橡胶(EPDM)	−50～−30	随结晶度变化大
氯丁橡胶(CR)	−32～−27	分为硫磺调节型、非硫磺调节型号和其他型，但 Tg 影响较小
丁腈橡胶(NBR)	−30～−5	随结合丙烯腈含量的增加 Tg 升高
丁基橡胶(IIR)	−60～−50	为改善硫化反应活性，通常引入卤素后生成 BIIR 或 CIIR，Tg 可能稍有改变
硅橡胶(MVQ)	−120～−110	高耐寒材料

3.2.4.1 天然橡胶（NR）

样品经预处理后，按 3.2.3 节的实验步骤进行分析，采用 20 ℃/min 升温程序进行 DSC 检测，获得 NR 的 DSC 曲线如图 3-13 所示。

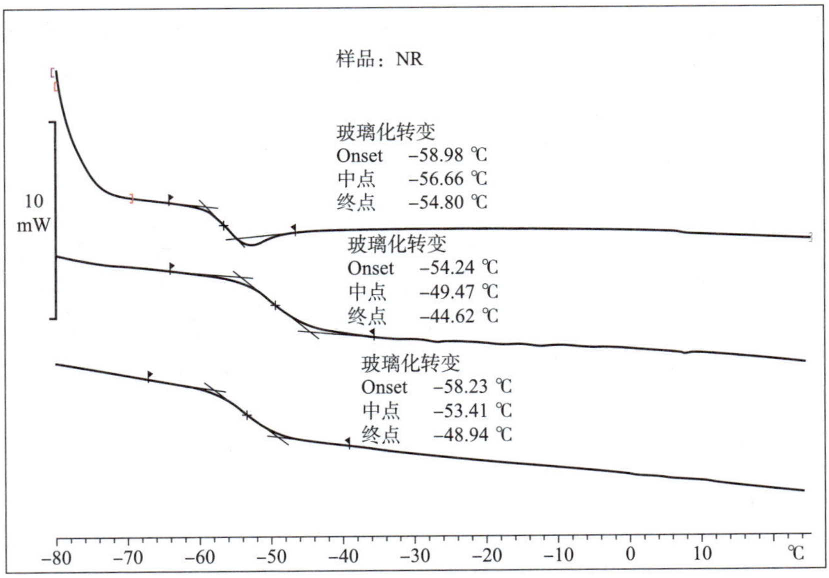

图 3-13 NR 的 DSC 曲线（Tg 为−60～−50 ℃之间）

3.2.4.2 聚异戊二烯胶(IR)

样品经预处理后，按 3.2.3 节的实验步骤进行分析，采用 20 ℃/min 升温程序，进行 DSC 检测，获得 IR 的 DSC 曲线如图 3-14 所示。

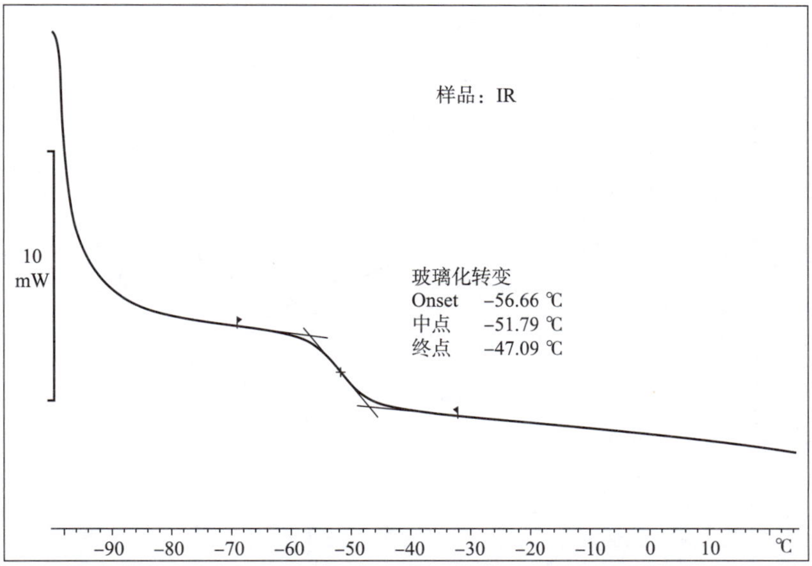

图 3-14　IR 的 DSC 曲线（Tg 为－60～－50 ℃之间）

3.2.4.3　丁苯橡胶（SBR，Tg＝－36 ℃）

样品经预处理后，按 3.2.3 节的实验步骤进行分析，采用 20 ℃/min 升温程序，进行 DSC 检测，获得 SBR 的 DSC 曲线如图 3-15 所示。

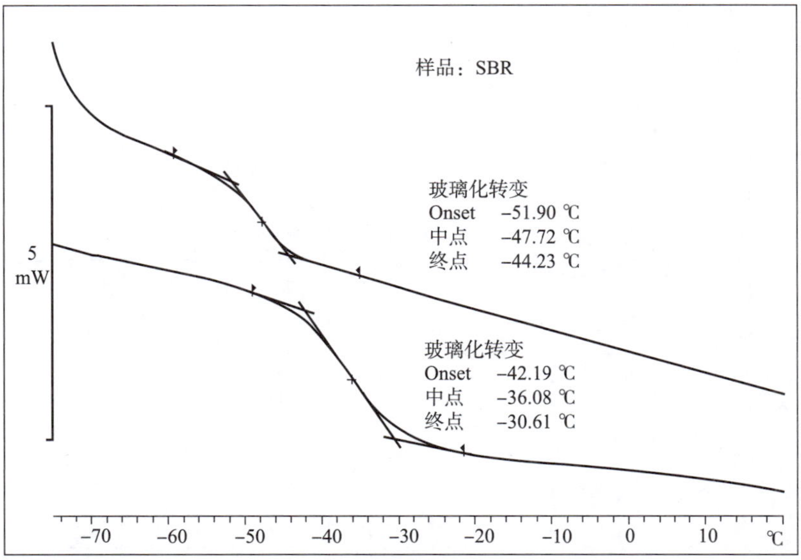

图 3-15　SBR 的 DSC 曲线（Tg 为－50～－30 ℃之间）

3.2.4.4　顺丁橡胶（BR）

样品经预处理后，按 3.2.3 节的实验步骤进行分析，采用 20 ℃/min 升温程序，进行 DSC 检测，获得 BR 的 DSC 曲线如图 3-16 所示。图中－10 ℃附近吸热峰为 BR 的微晶熔融峰。

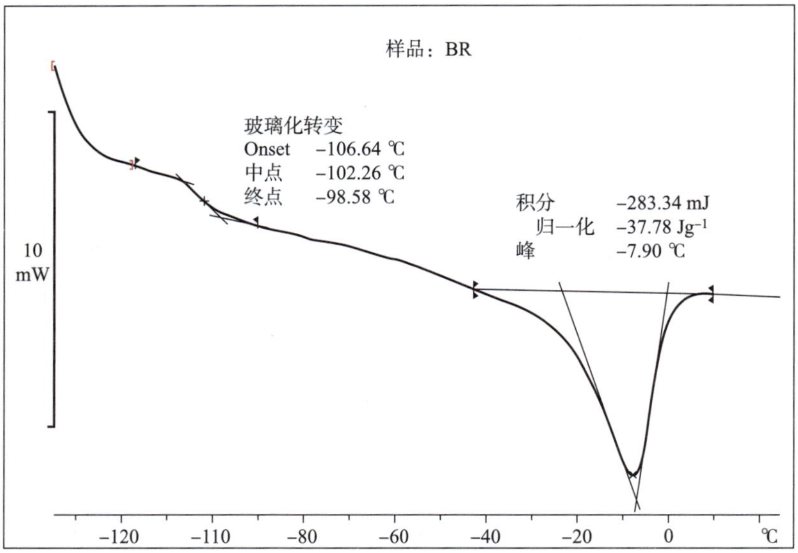

图 3-16　BR 的 DSC 曲线（Tg 为−103～−98 ℃之间）

3.2.4.5　三元乙丙橡胶(EPDM)

样品经预处理后，按 3.2.3 节的实验步骤进行分析，采用 20 ℃/min 升温程序，进行 DSC 检测，获得 EPDM 的 DSC 曲线如图 3-17 所示。

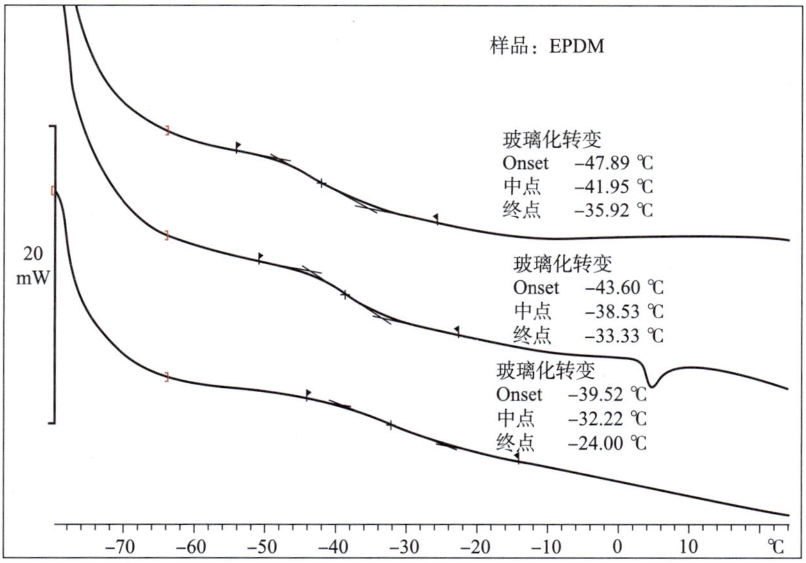

图 3-17　EPDM 的 DSC 曲线（Tg 为−50～−30 ℃之间）

3.2.4.6　氯丁橡胶(CR)

样品经预处理后，按 3.2.3 节的实验步骤进行分析，采用 20 ℃/min 升温程序，进行 DSC 检测，获得 CR 的 DSC 曲线如图 3-18 所示。

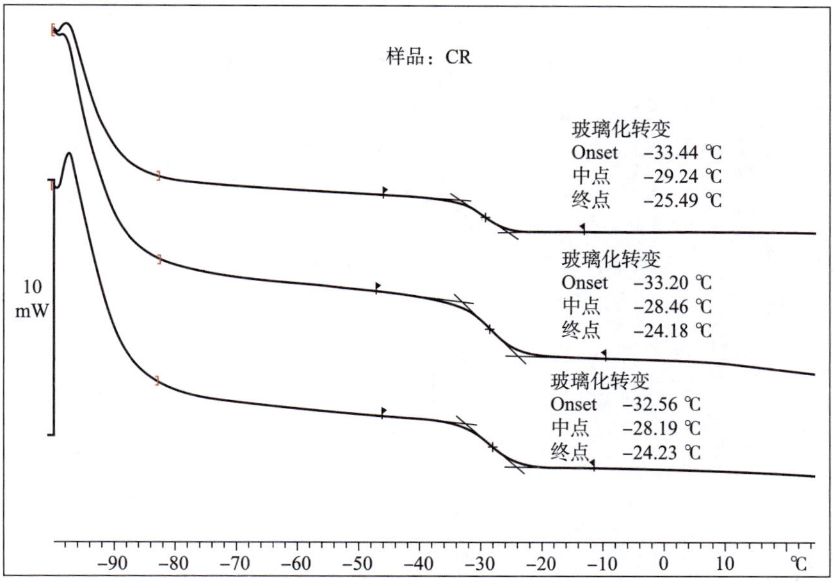

图 3-18　CR 的 DSC 曲线（*Tg* 为－32～－27 ℃之间）

3.2.4.7　丁腈橡胶（NBR）

样品经预处理后，按 3.2.3 节的实验步骤进行分析，采用 20 ℃/min 升温程序，进行 DSC 检测，获得 NBR 的 DSC 曲线如图 3-19 所示。

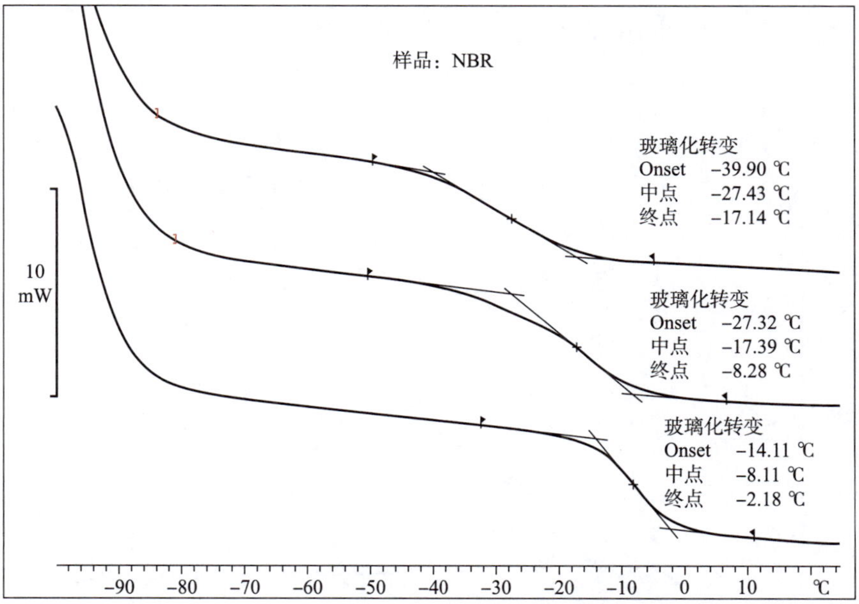

图 3-19　NBR 的 DSC 曲线（*Tg* 为－30～－5 ℃之间）

3.2.4.8　丁基橡胶(IIR)

样品经预处理后，按 3.2.3 节的实验步骤进行分析，采用 20 ℃/min 升温程序，进行 DSC 检测，获得 IIR 的 DSC 曲线如图 3-20 所示。

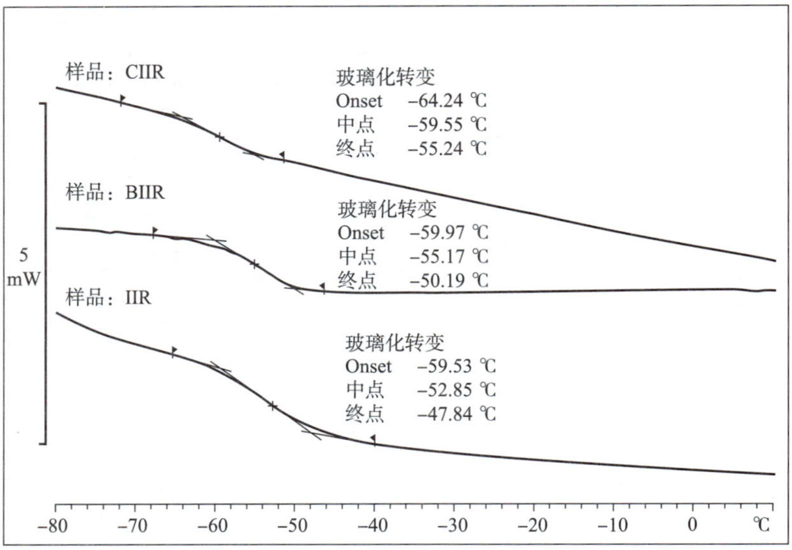

图 3-20　IIR 的 DSC 曲线(Tg 为－60～－50 ℃之间)

3.2.4.9　硅橡胶(MVQ)

样品经预处理后，按 3.2.3 节的实验步骤进行分析，采用 20 ℃/min 升温程序，进行 DSC 检测，获得 MVQ 的 DSC 曲线如图 3-21 所示。

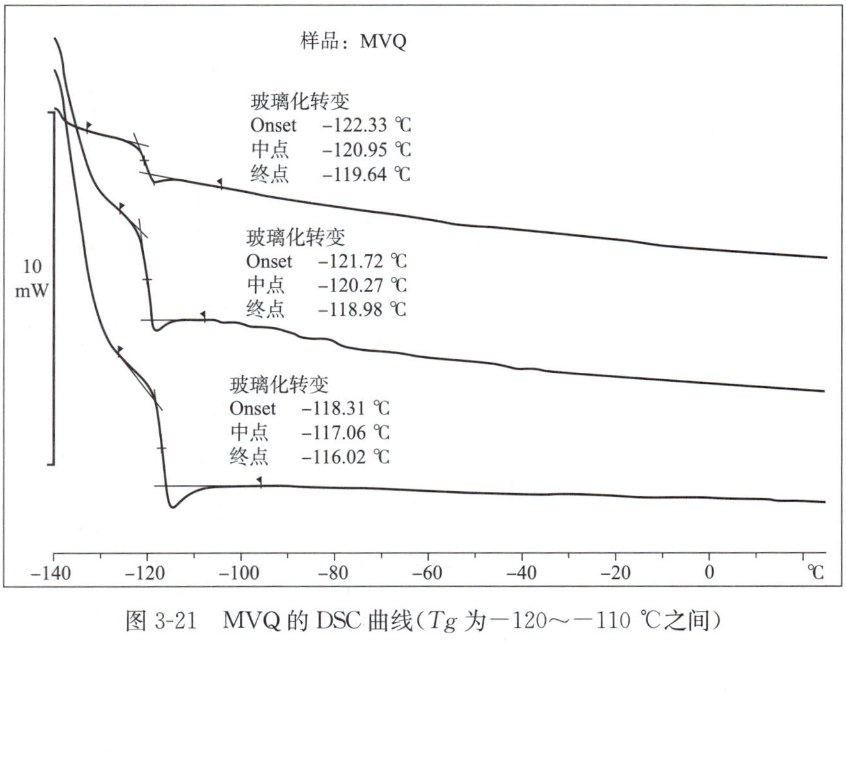

图 3-21　MVQ 的 DSC 曲线(Tg 为－120～－110 ℃之间)

3.3　热重法(TG)定性定量分析胶种

在橡胶和原材料中,TG多用于测定高分子材料的百分组分、热分解温度及纯度。在硫化橡胶的组分中,由于它们的热稳定性或氧化作用存在差异,通过程序升温和改变试验样品周围的气氛,可分别测定胶料中有机挥发份、主要胶种、炭黑以及无极填料和残余物的质量分数。

TG在橡胶并用体系分析中起着尤为重要的作用。橡胶并用是改善橡胶加工技术及橡胶制品质量的重要途径,全世界的橡胶总消耗量中75%是以并用橡胶形式进行应用。通常,FTIR、DSC可以对并用胶种进行定性分析,TG则进一步进行并用比的定量分析。

某些时候,也可以根据裂解峰位置定性判定胶种。但应注意,橡胶的分解温度会受到橡胶并用、软化剂、增塑剂及填料的加入产生变化:

(1)橡胶并用:分解温度向中间移动;

(2)软化剂、增塑剂的加入:分解温度变低;

(3)填料的加入:分解温度偏高。

当硫化橡胶在不存在碳酸钙或氢氧化铝等会出现失重的无机物存在的情况下,典型TG曲线如图3-22所示。

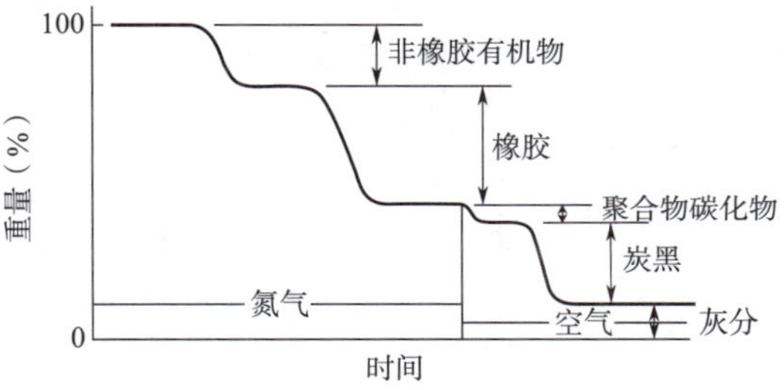

图3-22　硫化橡胶在不存在碳酸钙或氢氧化铝等出现失重的无机物存在时的典型TG曲线

通常认为,300 ℃以下的失重为非橡胶有机物失重,300～550 ℃失重为橡胶失重,转换为空气后的突然失重为聚合物碳化物(即残炭)和炭黑氧化分解,最后剩余物为灰分。

但也应注意,部分非橡胶有机物可能会在橡胶分解区域才分解,而很多橡胶材料的碳化物在转换为空气氛围后,与炭黑分解一起进行,无法分辨。

3.3.1　TG工作原理

TG法是在一定程序温度下,测定物质质量随温度或时间变化的一种技术。TG法的重要特点是定量性强,能准确地测量物质的质量变化及变化的速率,可以说,只要物质受热时发生质量的变化,就可以用TG法来研究其变化过程。

3.3.2　仪器

(1)热重分析仪;

(2)三氧化二铝小坩埚,镊子。

3.3.3　实验步骤

(1)开启热重分析仪,预热30 min。

(2)按照试验要求程序,采用空坩埚走空白基线。

(3)制样：去除试样表层，取样品中间胶料，剪碎或粉碎。称取剪碎或粉碎的样品，约6～10 mg，平铺在已经去皮的坩埚底部。

(4)根据 FTIR 定性分析出橡胶的种类选取合适的基线程序，进行实验得到 TG 曲线。程序的选择如表 3-12 所示。

表 3-12　TG 标准升温速率及使用胶种

标准编号	温度程序	测试的胶种种类	备　注
GB/T 14837—1993	N_2：室温～300 ℃ 10 ℃/min N_2：300 ℃　恒温 10 min N_2：300 ℃～550 ℃ 20 ℃/min N_2：550 ℃　恒温 15 min N_2：550 ℃～300 ℃ 20 ℃/min 或关闭加热炉，自然降温 Air：300 ℃～650 ℃ 20 ℃/min Air：或 300 ℃～850 ℃ 20 ℃/min Air：650 ℃/850 ℃ 恒温 15 min	天然橡胶(NR) 异戊橡胶(IR) 丁苯橡胶(SBR) 顺丁橡胶(BR) 乙丙橡胶(EPM) 丁基橡胶(IIR)	1. 区分有机配合剂，在 300 ℃增加恒温台阶 2. 区分炭黑(450～700 ℃)、石墨(700～850 ℃)失重台阶
ISO 9924-1	N_2：室温～300 ℃ 10 ℃/min N_2：300 ℃　恒温 10 min N_2：300 ℃～550 ℃ 20 ℃/min N_2：550 ℃　恒温 15 min N_2：550 ℃～650 ℃ 20 ℃/min N_2：650 ℃　恒温 15 min N_2：650 ℃～300 ℃ 20 ℃/min Air：300 ℃～650 ℃ 20 ℃/min Air：或 300 ℃～850 ℃ 20 ℃/min	天然橡胶(NR) 异戊橡胶(IR) 丁苯橡胶(SBR) 顺丁橡胶(BR) 乙丙橡胶(EPM) 丁基橡胶(IIR)	区分有机配合剂，在 300 ℃增加恒温阶段
ISO 9924-2	N_2：室温～600 ℃ 20 ℃/min N_2：600 ℃　恒温 20 min N_2：600 ℃～400 ℃ 20 ℃/min 恒温 5 min Air：400 ℃～600 ℃ 10 ℃/min Air：或 400 ℃～800 ℃ 10 ℃/min 恒温 10 min	丁腈橡胶(NBR) 氯丁橡胶(CR)	Air 环境下升温速度低(10 ℃/min)，为了区分残炭和填充炭黑
ISO 9924-3 A	N_2：室温～600 ℃ 20 ℃/min N_2：600 ℃～400 ℃ 20 ℃/min Air：400 ℃　恒温 2 min Air：400 ℃～800 ℃ 20 ℃/min Air：或 400 ℃～850 ℃ 20 ℃/min	天然橡胶(NR) 异戊橡胶(IR) 丁苯橡胶(SBR) 顺丁橡胶(BR) 乙丙橡胶(EPM) 丁基橡胶(IIR) 丁腈橡胶(NBR) 氯丁橡胶(CR)	1. 没有 300 ℃台阶，不考虑有机助剂严格区分 2. Air 环境(20 ℃/min)不考虑残炭区分

续上表

标准编号	升温程序	测试的胶种种类	备　注
ISO 9924-3 B	N_2:室温～800 ℃ 20 ℃/min N_2:800 ℃　恒温 5 min N_2:800 ℃～400 ℃ 20 ℃/min Air:400 ℃　恒温 2 min Air:400 ℃～800 ℃ 20 ℃/min Air:或 400 ℃～850 ℃ 20 ℃/min	硅橡胶(MVQ) 氟橡胶(FPM)	1. 没有 300 ℃台阶,不考虑有机助剂严格区分 2. Air 环境(20 ℃/min)不考虑残炭区分 3. N_2 氛围下,升温到 800 ℃,针对氟橡胶,硅橡胶或者含有碳酸钙等分解温度高的物质

对于单一胶种,直接根据标准规定进行数据分析。

对于两种及两种以上胶种并用,可依据标准规定先给出橡胶总含量,再根据 DTG 曲线的分峰点给出相应组份的含量,并根据经验公式进行计算。

对于特殊情况:

(1)如氯丁橡胶的第一部分失重温度区间在橡胶配合剂的失重温度区间内,导致无法区分开,这种情况需要先抽提,记录抽出物质量,再对抽提后的样品进行 TG 定量分析,综合得到最终组份含量。

(2)如溴系阻燃剂等失重温度区间宽,温域跨度从配合剂到橡胶的失重温度区间,导致无法分开,这种情况需先抽提,记录抽出物质量,再测试抽提后的 TG 曲线。或可通过离子色谱法测出溴含量,通过 GC-MS 测出溴系阻燃剂的种类,反算出溴系阻燃剂的总量,再算出最终的各组份含量。仅为参考。

(3)如含氢氧化铝等可以综合 TG 曲线及金属元素的含量计算出各组份含量。

(4)如含碳酸钙及石墨,需要调整 TG 实验温度范围等。

总之,出现特殊情况需结合实际情况采用其他实验方式进行完善。

3.3.4　胶种的 TG 定性定量分析实例

由于每种橡胶都具备一定的热分解温度,因此也能根据热分解曲线,初步定性胶种。部分常用橡胶的最大失重速率对应温度如表 3-13 所示。

表 3-13　部分常用橡胶的最大失重速率对应的温度

胶种	最大失重速率对应温度(℃)	备注	胶种	最大失重速率对应温度(℃)	备注
天然橡胶(NR)	390～405		丁基橡胶(IIR)	410 左右	
异戊橡胶(IR)	380～405		氯丁橡胶(CR)	390、470	存在裂解碳
丁苯橡胶(SBR)	450～480		丁腈橡胶(NBR)	470～480	存在裂解碳
顺丁橡胶(BR)	480～490		硅橡胶(MVQ)	550 左右	
乙丙橡胶(EPM)	480～490				

注:由于设备温度校准之间的差异,最大失重速率对应的温度可能有偏差,但失重台阶对应的失重量影响很小。

3.3.4.1 原材料生胶的 TG 分析

由于橡胶材料分解温度的不同，及裂解时残炭情况，在原材料含量的管控中，对于已知生胶材料，或者不含炭黑胶料，可以应用不同的分解程序。相应程序主要分为三类。

(1)第(一)类

对于基本不生成残炭，且分解温度在 550 ℃之前的生胶，如 NR、IR、SBR、BR、EPDM 和 IIR 等，可 N_2 氛围下，直接升至 550 ℃。

采用程序①：

样品经预处理后，按 3.3.3 节实验步骤，进行 TG 检测。

温度程序 N_2：室温→550 ℃【20 ℃/min】。

(2)第(二)类

对于含杂原子胶种，裂解过程中生成残炭，且分解温度在 550 ℃之前的生胶，如 CR 和 NBR，可 N_2 环境下，直接升至 550 ℃，转化为空气氛围，燃烧残炭。

采用程序②：

样品经预处理后，按 3.3.3 节实验步骤，进行 TG 检测。

温度程序：N_2：室温→300 ℃【10 ℃/min】；300 ℃，恒温 10 min；300 ℃→550 ℃【20 ℃/min】；550 ℃，恒温 15 min；

Air：550 ℃→650 ℃【20 ℃/min】，恒温 15 min；650 ℃→850 ℃【20 ℃/min】。

(3)第(三)类

对于基本不生成残炭，且分解温度超过 550 ℃之后的生胶，如 MQ 和 FPM，可 N_2 环境下，直接升至 800 ℃。

采用程序③：

样品经预处理后，按 3.3.3 节实验步骤，进行 TG 检测。

温度程序 N_2：室温→800 ℃【20 ℃/min】。

上述样品分类和试验程序对比如下。

(1)第(一)类：不生成残炭，且分解温度在 550 ℃之前的生胶

此类胶料如 NR、SBR、EPDM 等，TG 试验中热解几乎不产生残炭，且在 550 ℃前即完全分解，

采用程序①可有效得到胶料含量，且节省时间。

NR 生胶按程序①进行 TG 试验，得到 TG 曲线如图 3-23 所示。

为进行对比，同时按照程序②对 NR 生胶进行分析，得到 TG 曲线如图 3-24 所示。

由图 3-23 和图 3-24 对比可见，由于几乎没有残炭的生成，天然橡胶在 N_2 氛围下即分解完成，可以采用程序①。程序①用时约 35 min，程序②用时约 100 min，因此采用程序①可大大节省时间。

其他可采用程序①的生胶或不含炭黑胶料还包括 IR、SBR、BR、EPDM 和 IIR 等，其 TG 曲线分别如图 3-25～图 3-29 所示。

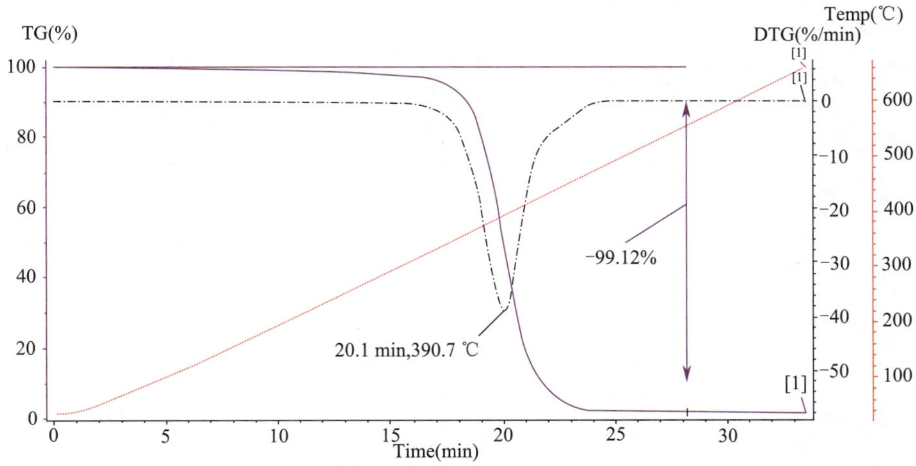

图 3-23　NR 生胶依据升温程序①的 TG 曲线(N_2 氛围)(Tp=391 ℃)

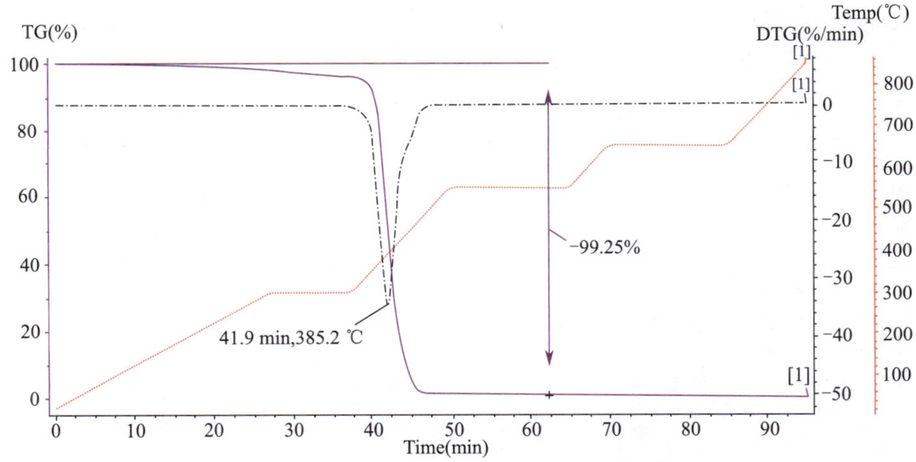

图 3-24　NR 生胶依据升温程序②的 TG 曲线(GB/T 14837 程序)(Tp=385 ℃)

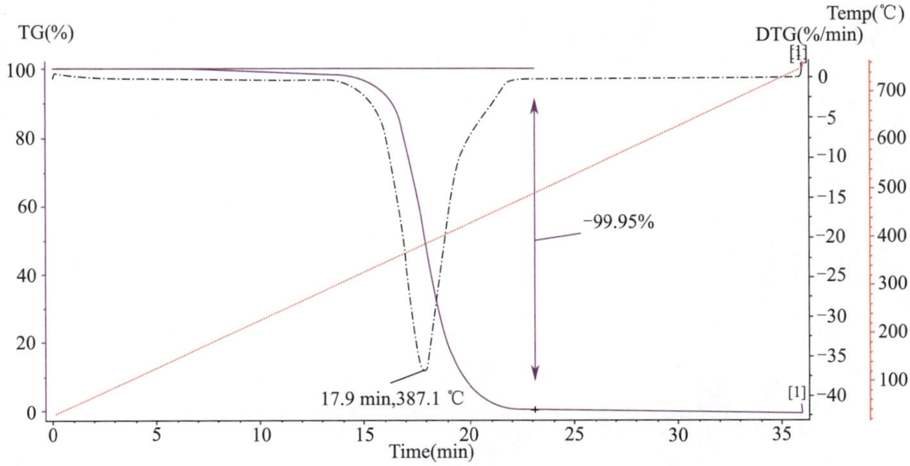

图 3-25　IR 生胶依据升温程序①的 TG 曲线(N_2 氛围)(Tp=387 ℃)

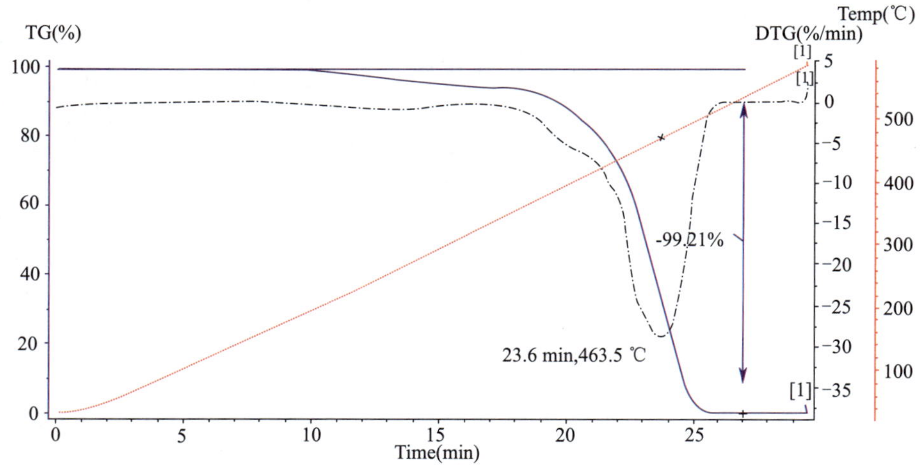

图 3-26 SBR 生胶依据升温程序①的 TG 曲线(N_2 氛围)(Tp=464 ℃)

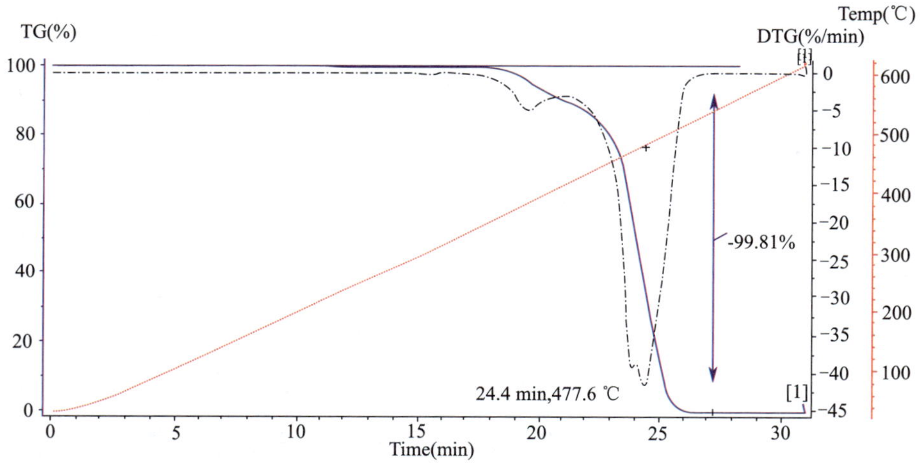

图 3-27 BR 生胶依据升温程序①的 TG 图(N_2 氛围)(Tp=478 ℃)

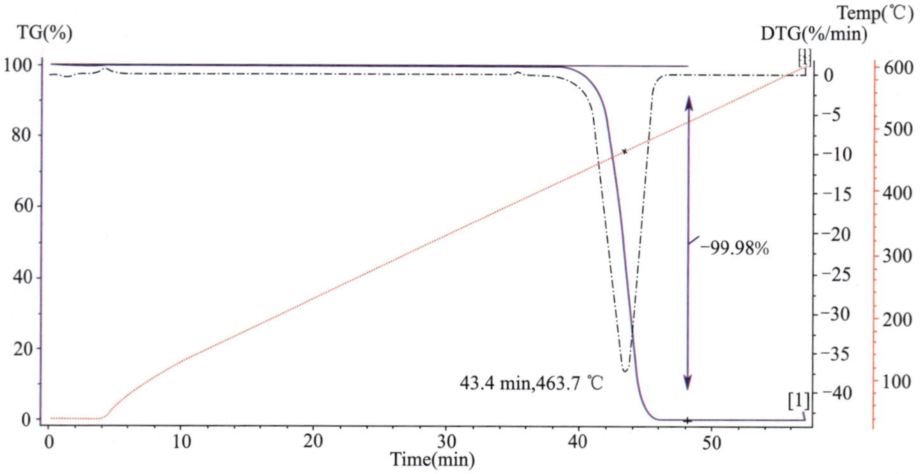

图 3-28 EPDM 生胶依据升温程序①的 TG 图(N_2 氛围)(Tp=464 ℃)

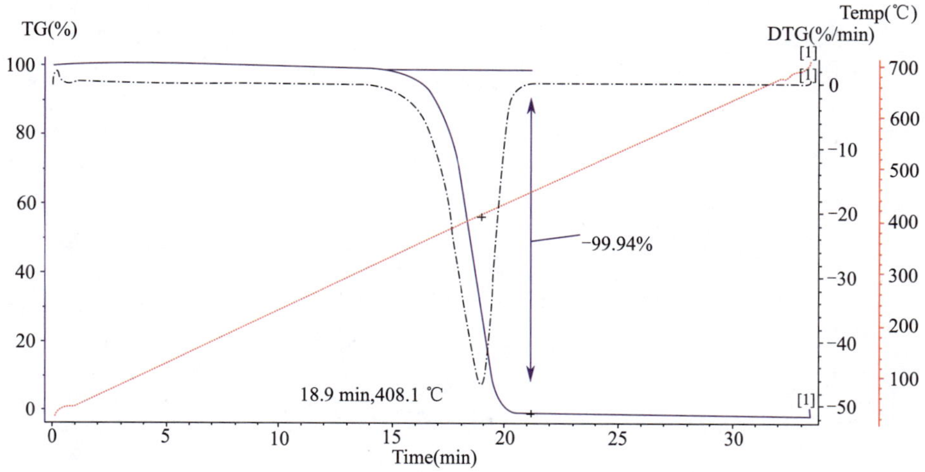

图 3-29　IIR 生胶依据升温程序①的 TG 图(N_2 氛围)(Tp=408 ℃)

(2)第(二)类:含杂原子胶种,裂解过程中生成残炭,且分解温度在 550 ℃之前的生胶

此类胶料如 CR 和 NBR,若采用程序①,胶料分解不完全,生成残炭,不能有效判断含胶量。因此需要采用程序②进行分析,其胶料含胶量应为分解失重量加上残炭量。

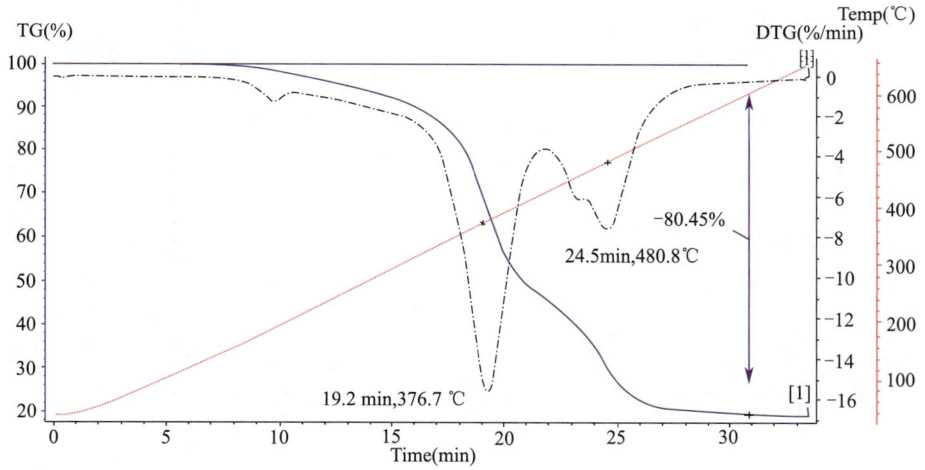

图 3-30　CR 生胶依据升温程序①的 TG 图(N_2 氛围)(Tp=377 ℃,481 ℃)

由 CR 生胶依据升温程序①的 TG 图 3-30 可见,CR 的热解明显可以看到两个台阶(300～550 ℃之间)。第一台阶的最大热重速率峰在 376 ℃左右,主要是由于脱 HCl 引起的。第二台阶的最大失重速率峰在 480 ℃左右,为剩余聚合物的分解引起的。氯丁橡胶的热解过程中约产生 20%的残余物。因此为确定 CR 氮气氛围分解后的残余物是否为残炭,需采用程序②进行试验。

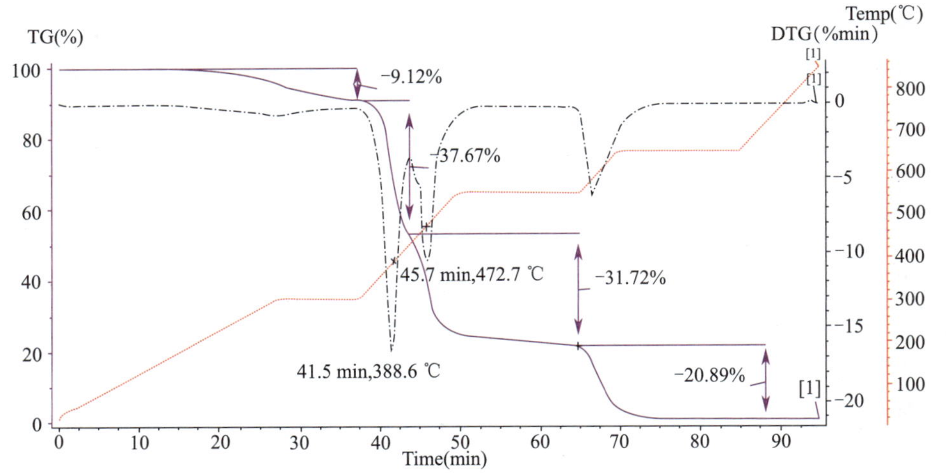

图 3-31 CR 生胶依据升温程序②的 TG 曲线

图 3-31 为 CR 生胶依据升温程序②的 TG 曲线，CR 约 20％的残炭全部分解。

NBR 由于氮原子的存在，热解约生成 2％残炭。图 3-32 即为 NBR 生胶的典型 TG 曲线，该残炭量也可用于确定丙烯腈含量，从而确定丁腈橡胶牌号。

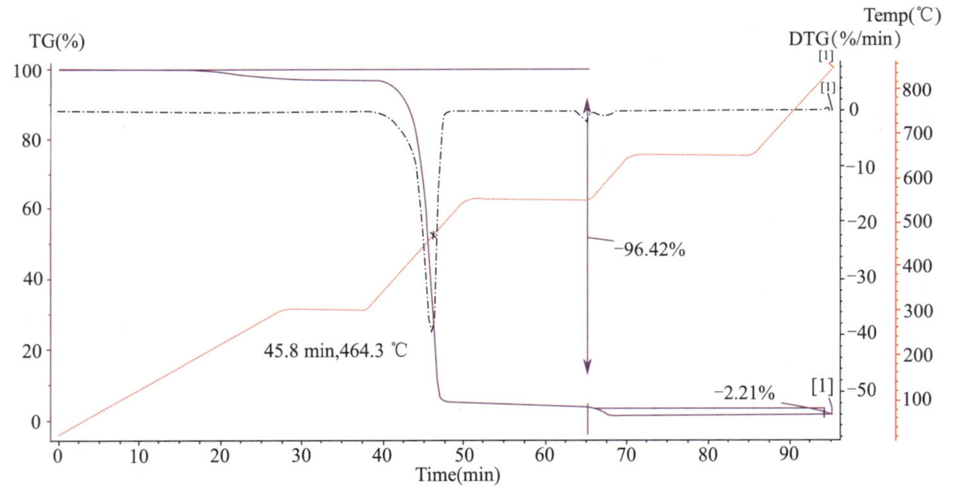

图 3-32 NBR 生胶依据升温程序②的 TG 图(GB/T 14837 程序)(Tp=464 ℃)

(3)第(三)类：对于基本不生成残炭，且分解温度超过 550 ℃之前的生胶

此类橡胶如 MVQ 和 FPM 等，可 N_2 环境下，直接升至 800 ℃。其中甲基乙烯基 MVQ(Tp=539 ℃)和 FPM (Tp=495 ℃)的 TG 曲线分别为图 3-33 和图 3-34 所示。需要注意的是，MVQ 的分解温度会随着分子量大小及分布的不同而不同。

3.3.4.2 不含残炭硫化胶的 TG 分析

对于硫化橡胶制品，橡胶中不仅含有胶料，还含有各类助剂，如硫化剂、防老剂、抗氧剂、补强体系等。在这种情况下，对于未知样品进行定量分析，我们需要首先用 FTIR 确定是哪种主胶体系，并依据表 3-12 中选择合适的温度程序。

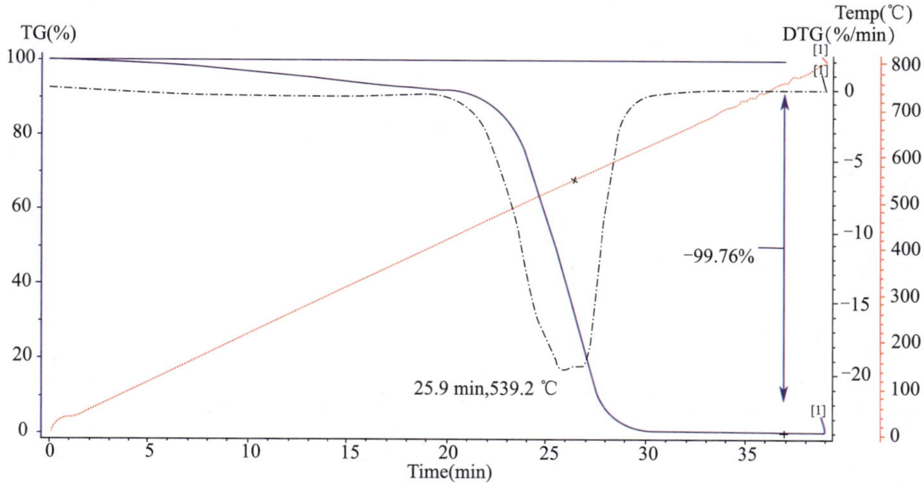

图 3-33　MVQ 依据升温程序③的 TG 曲线（N_2 氛围）（Tp=539 ℃）

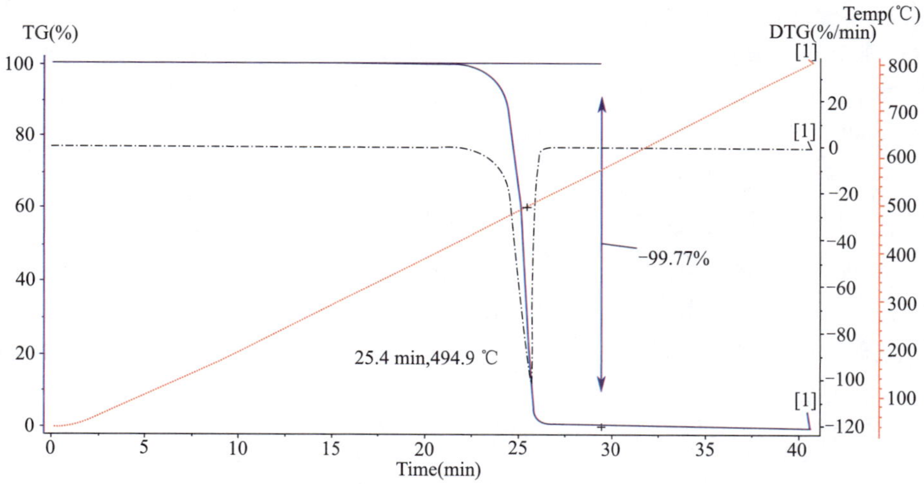

图 3-34　FPM 依据升温程序③的 TG 曲线（N_2 氛围）（Tp=495 ℃）

以某阻尼橡胶块（SBR）为例：依据 3.2.3 节方法进行取样，并按照 GB/T 14837—1993 温度程序进行 TG 分析。TG 曲线如图 3-35 所示。

该橡胶块的各组份含量可以直接从 TG 曲线上读出：

有机配合剂含量为 7.0%；

橡胶组分含量为 66.0%；

炭黑含量为 22.8%；

无机填料及灰分含量为 4.2%。

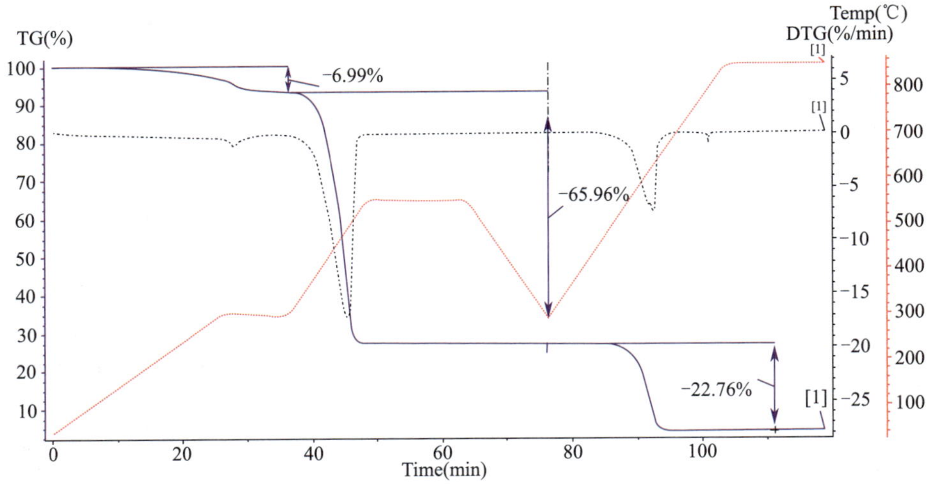

图 3-35 阻尼橡胶块的 TG 曲线

3.3.4.3 含有残炭硫化胶的 TG 分析

TG 分析中，某些胶种氮气氛围下高温也无法完全分解，即为含有残炭硫化胶。典型的含残炭硫化胶为 CR 硫化胶，分解过程中约剩余 20%的残炭。由于 CR 分解过程较复杂，HCl 较早分解出来，其失重量不能与胶料中的有机配合剂分开，CR 的残炭失重量又不能与胶料中的炭黑分开，实验表明 CR 在分解放出 HCl 的过程中无机成分如氧化锌、氧化镁等会有损失，所以 CR 中各组分的含量不能从 TG 分析曲线中直接读出。下面以 CR 为例说明存在残炭的胶种的定量分析。

(1)有机配合剂含量分析

参阅 3.1.3 节的索氏抽提法，公式(3-1)计算抽出物含量即为有机物含量 $W_{有机}$(%)。

(2)无机灰分含量分析

① 将坩埚在 950 ℃温度的马弗炉中烧至恒重；

② 取剪碎的胶料样品约 1 克放入上述坩埚中，用浓硫酸浸没样品，低温炭化，再放入 950 ℃温度的马弗炉中烧至恒重；

③ 坩埚的质量差与样品量的比即为无机灰分的含量。计算公式见式(3-2)：

$$W_{无机}(\%)=(W_{后}-W_{前})/W_{样品}\times 100\% \quad (3\text{-}2)$$

其中：$W_{无机}\%$——无机灰分的百分含量，%；

$W_{后}$——灼烧后坩埚和灰份重，g；

$W_{前}$——空坩埚重，g；

$W_{样品}$——被灼烧胶料样品重，g。

(3)胶含量分析

已知胶样推导线性回归方程：

①通过对一组已知不同含胶量的试样首先按照(1)抽提方法，计算有机配合剂含量 $W_{有机}$(%)。

②参考 GB/T 14837—1993 对已知含胶量的试样进行 TG 分析，得到 TG 曲线如

图 3-36所示，从 TG 曲线上读取 550 ℃终止时的失重率，记为 W_{A+B}(%)。已知胶样的配方比例及检测结果如表 3-14 所示。

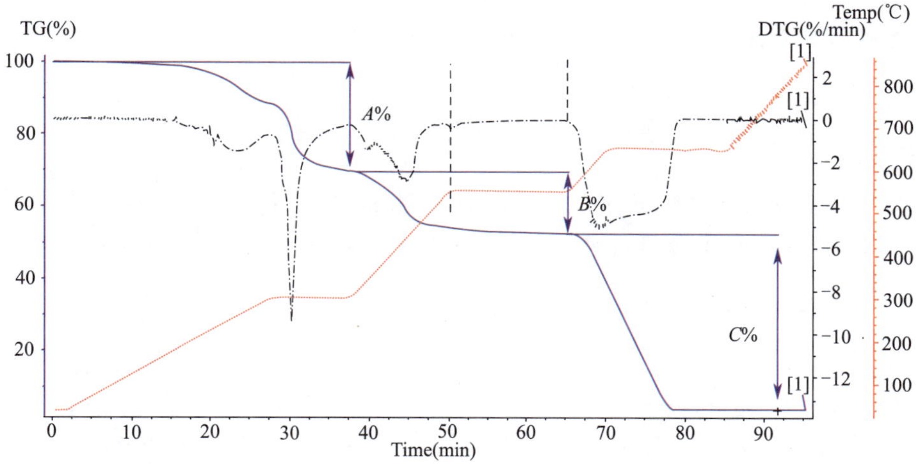

粗实线—TG 曲线；点线—温度曲线；点虚线—DTG 曲线

图 3-36　已知 CR 的 TG 曲线

③以($W_{A+B}-W_{有机}$)数据列(表 3-14 检出栏下第 2 列)为横坐标，以 $W_{胶}$ 数据列(表 3-14已知栏下第 1 列)为纵坐标，拟合线性回归方程如公式(3-3)所示。

$$W_{胶}(\%)=a\times(W_{A+B}-W_{有机})-b \tag{3-3}$$

其中 a,b 为拟合常数。

注：上述计算公式应随着实验条件的变化重新建立回归方程，适时修正系数 a,b。

对于未知配方样品，抽提出来的有机物 $W_{有机}$ 包含了有机配合剂和生胶带入的低相对分子质量成分，计算出来的胶含量会偏低，可对公式(3-3)进行部分修正。

尽管试样 7 偏差较大，可能与加工过程有关，但误差范围及检测精度可满足产品开发和生产的需要。

表 3-14　样品的检出结果与实际配方比较

试样	已知				检出		
	$W_{胶}$(%)	$W_{有机}$(%)	$W_{炭黑}$(%)	$W_{无机}$(%)	$W_{有机}$(%)	$W_{A+B}-W_{有机}$(%)	$W_{胶}$(%)
方法	已知比例打制胶样				抽提	TG	计算
1	40.0	4.4	52.0	3.6	4.9	30.1	
2	45.0	4.9	46.0	4.0	5.5	38.4	45.8
3	50.0	5.5	40.0	4.5	5.9	40.8	49.0
4	55.0	6.0	34.0	4.9	6.5	45.1	55.6
5	60.0	6.6	28.1	5.4	7.2	48.3	60.2
6	65.0	7.1	22.1	5.8	7.6	51.5	64.9
7	69.0	7.6	17.2	6.2	8.3	53.6	67.7
8	75.0	8.3	9.8	6.8	8.8	59.0	75.9

未知样品胶含量计算：

根据公式(3-3)及图 3-36TG 分析结果，计算未知样品的含胶率 $W_{胶}$。

(4)炭黑含量分析

由于残炭和炭黑分解无法分开，不能从 TG 曲线直接读取，按公式(3-4)计算炭黑含量：

$$W_{炭黑}(\%)=100-W_{有机}-W_{胶}-W_{无机} \tag{3-4}$$

(5)实例

应用上述方法，以 TMT 某产品作为未知配方样品，进行分析。TG 曲线如图 3-37，分析结果与试剂配方比较见表 3-15，可见含胶量、有机助剂、炭黑含量的误差率均低于 5%。

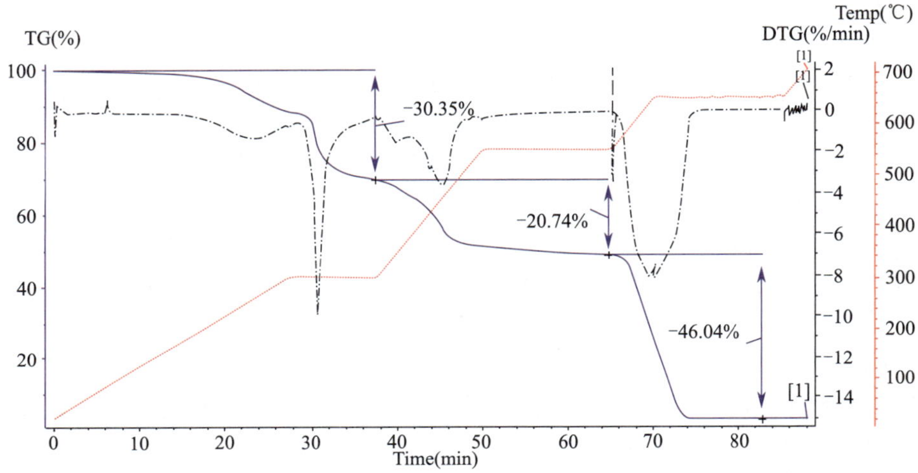

粗实线—TG 曲线；点线—温度曲线；点虚线—DTG 曲线

图 3-37 某未知 CR 样品 TG 曲线

表 3-15 样品的检出结果与实际配方比较

组分	胶 $W_{胶}$(%)	有机助剂 $W_{有机}$(%)	炭黑 $W_{炭黑}$(%)	无机助剂 $W_{无机}$(%)
实际值	57.0	12.3	25.6	5.1
检出值	55.7	12.5	26.4	5.4
偏差	−1.3	+0.2	+0.8	+0.3
误差率	2.3%	1.6%	3.0%	5.5%

3.3.4.4 胶种并用体系的定量分析

随着大量的并用橡胶制品出现，对并用橡胶结构与组成比的剖析愈显重要。然而，当两种并用胶的分解温度接近时，TG 曲线无法有效地区分两种橡胶的各自含量，通常第一种橡胶没有分解完成，第二种橡胶分解即已开始，如图 3-38 所示，从 TG 曲线无法分离台阶，读出的两种橡胶的质量损失率与实际配比相差甚大。

但是大量试验证明，采用 TG 进行高聚物分析时，试样中高聚物质量分数越大，其

DTG(质量保持率对时间的一次微分)峰面积越大,即最大失重速率越大。并用体系各胶种的热稳定性不同,裂解温度则不同,因此并用体系的 TG 曲线会出现两步失重过程,通过对峰面积的计算可得到并用胶的并用比。如图 3-38 所示,当以 300 ℃恒温终点附近 DTG 最小变化点为读数起点,以 550 ℃恒温终点为读数终点,中间以 DTG 两负峰间的最高点(即最小变化点)为分界点,可清晰读取两段的失重率(如图 3-38 中 $A\%$和 $B\%$)。以 $A\%$与 $B\%$比值 x 对配方的实际含量 y 作图,可得出线性回归方程,再进行数字修约,即获得了与实际并用比基本一致的结果。此处,数据修约是指将计算出的并用比值通过数学运算表示成分母为 5 的整数倍,分子四舍五入修约后分子和分母的总和为 100。

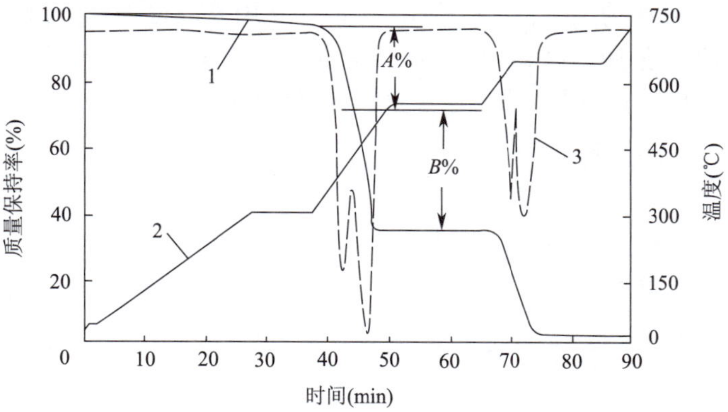

1 实线—TG 曲线;2 实线—温度曲线;3 虚线—DTG 曲线

图 3-38　并用橡胶的 TG 曲线

表 3-16 列出了用本方法测定的各类并用胶的并用比计算公式,及与实际配比对应情况。如表中所示,各体系并用比测定结果的相对误差小于±5%。

表 3-16　样品的检出结果与实际配方比较

项目＼编号	配方编号							
	1	2	3	4	5	6	7	8
并用比	20/80	30/70	40/60	50/50	60/40	70/30	80/20	90/10
NR/SBR　并用比公式:$y=1.806x-a_1$								
检出并用比	15.5/80	30.0/70	41.9/60	51.2/50	62.6/40	68.1/30		
相对误差(%)	−4.5	0	+1.9	+1.2	+2.6	−1.9		
NR/BR　并用比公式:$y=1.2126x-a_2$								
检出并用比	17.8/80	27.5/70	38.8/60	51.1/50	61.3/40	73.1/30	78.4/20	
相对误差(%)	−2.2	−2.5	−1.2	+1.1	+1.3	+3.2	−1.6	
NR/EPDM　并用比公式:$y=1.3511x+a_3$								
检出并用比	23.8/80	31.5/70	38.2/60	48.0/50	61.6/40	68.1/30	80.5/20	
相对误差(%)	+3.8	+1.5	−1.8	−2.0	+1.6	−1.9	+0.5	

续上表

编号 项目	配方编号							
	1	2	3	4	5	6	7	8
NR/CIIR 并用比公式：$y=2.4663x-a_4$								
检出并用比	—	—	39.7/60	51.6/50	58.1/40	68.7/30	81.8/20	89.7/10
相对误差(%)	—	—	−0.3	+1.6	−1.9	−1.3	+1.8	−0.3

注：并用比公式中 a_1、a_2、a_3、a_4 为线性回归常数。

上述方法，为确保数据准确性，应根据不同设备，不同升温程序重新建立并用比公式。

为进一步检验方法的准确性，对 TMT 正常产品用胶进行了分析，其配方中 NR/SBR 并用比为 80/20，TG 分析结果显示 A 为 33.5，B 为 17.9，代入 NR/SBR 回归方程，得出并用比为 4.10，检出 NR/SBR 并用比为 82/20，修约后得分析结果 NR/SBR 并用比为 80/20，与实际配比一致。

第四章　橡胶中有机助剂的定性定量分析

橡胶制品须经过硫化，才具备优良的使用性能，因此配方中除主要胶种外，要添加硫化剂和硫化促进剂；为了改善其加工性能，要添加软化剂和增塑剂等加工助剂；为了某些特殊需要，还要添加防老剂和阻燃剂等。现在为了追求橡胶制品的高性能，橡胶配方中的添加剂种类越来越多，添加剂并用的配合也更加复杂。为能够准确快速分析这些添加剂，单纯使用传统的化学试剂分析手段已经不能满足需要，近年来发展起来的气相色谱质谱联用(GC-MS)技术逐渐成为分析有机助剂的有效方法之一。

4.1　气相色谱质谱联用仪(GC-MS)工作原理和分析方法

4.1.1　GC-MS 工作原理

利用气相色谱对混合物的高效分离能力和质谱对纯化合物的准确鉴定能力而开发的分析仪器称气相色谱质谱联用仪，简称 GC-MS。这种技术(或分析方法)称气相色谱－质谱联用技术(或 GC-MS 法)。

在 GC-MS 仪中，气相色谱是质谱的样品预处理器，质谱则是气相色谱的检测器。当混合物试样注射到 GC 进样口，载气携带试样流经色谱柱，由于气相色谱柱上固定相相对于存在于流动相中的化合物的不同溶解度或吸附性能，使得不同化合物在两相中分配系数产生差异，以不同移动速度按时间先后从色谱柱流出。而接口装置将色谱柱的流出物以尽可能高的试样传输效率和浓缩系数将分离组分从色谱柱传输到质谱仪的离子源，在离子源的电离盒中经电离、引出和聚焦，成为高真空态下由不同质量数离子组成的离子束，然后进入质量分析器和离子检测器，在质量分析器中进行质量分离，最后被离子检测器及其分离子流检测系统检测。

GC-MS 可以全扫描(SCAN)和选择离子监测(SIM)两种模式工作。SCAN 模式在某一设定的质量数范围内(如 40～800 amu)快速地以固定时间间隔不断重复扫描，每扫描完一次，得到该结束时刻的一张质谱图，质谱图上所有离子的绝对丰度之和即为该时间的检测值。统计不同时刻的检测值，即构成了一张总离子流图(TIC)。在总离子流图上，横坐标表示时间，纵坐标表示总离子流强度。SCAN 模式适应于未知化合物的定性分析。而对目标化合物的寻找，应采用 SIM 模式以提高监测灵敏度。SIM 模式下，质量分析器只在表征某一(或某组)目标化合物的数个特征离子(如分子离子、官能团离子或强的碎片离子等)的状态之间跳跃扫描，从而检测在色谱柱进样条件下，这数个选定质量离子流随时间变化的谱图，即质量离子色谱图。由于 SIM 模式扫描部件只在选定的数个质量峰上跳跃扫描，大大增加了检测灵敏度，约可提高两个数量级。事实上 SCAN 模式下采集的数据文件也可通过提取选定质量数离子流强度得到选择离子色谱图，这种后处理所得到的谱图叫提取离子色谱图，但与选择离子色谱图相比，离子流的强度可能减少两个数量级。

4.1.2 GC-MS 定性分析方法

GC-MS 的定性分析即对质谱谱图进行解析，可分为人工解谱和谱库检索。

（1）人工解谱

根据质谱谱图中的各种信息——分子离子峰、碎片离子峰、同位素离子峰、亚稳离子峰、多电荷离子峰等的质荷比及强度，各种离子产生的机理——离子碎裂的基本机理来推测未知物的结构。

（2）谱库检索

将在标准电离条件（电子轰击离子源，70 eV 电子束轰击）下得到的，已被分离成纯化合物的未知化合物质谱图与质谱谱库内的质谱图按一定的程序进行比较，将匹配度高的一些化合物检出。目前常用的谱库有 NIST 库、Wiley 库和 NIST/EPA/NIH 库。为了使检索结果正确，在使用谱库检索时应注意以下几个问题。

①质谱谱库中的标准质谱图都是在电子轰击离子源中，用 70eV 电子束轰击得到的，所以被检索的质谱图必须是同一实验条件下得到，否则检索结果不可靠。

②质谱谱库中的标准质谱图都是用纯化合物得到的，所以被检索的质谱图也应该是纯化合物的。本底的干扰有时会使被检索的质谱图发生畸变，所以扣除本底的干扰对检索的准确与否十分重要。此外可以利用分析软件中的“显示峰纯度”工具来判断总离子流图中的峰是否为纯化合物，如果峰是纯的，匹配度却不高，可能是谱库里没有该化合物的信息。如果峰不纯，可以将怀疑的碎片提取出来，通过在合适的位置扣背景后得到纯净的质谱图后再进行检索；或者改变色谱条件，使峰分开后再进行检索。

③要注意检索后给出的匹配度最高的化合物并不一定就是要检索的化合物，还要根据被检索质谱图中的基峰，分子离子峰及其他已知的某些信息（如是否含某些特殊元素——F、Cl、Br、I、S、N 等，该物质的稳定性、气味等），从检索后给出的一系列化合物中确定被检索的化合物。

4.1.3 GC-MS 定量分析方法

GC-MS 联用仪常用的定量方法有四种：

（1）外标法

外标法也称为标准曲线法，是基本的定量方法。未知样品的结果与校正样的结果相比较从而计算出未知样的含量。外标法又分为单级校正和多级校正。单级校正的前提是：假设响应因子不会因为某峰对应物质的含量变化而发生变化，且响应曲线必须通过原点，所以对每个峰只做一次校正。多级校正对每一峰需至少做两次校正，可以补偿检测器对不同含量的样品组分而给出的非线性响应，响应曲线可以不通过原点。

外标法的关键是在过程中确保校正曲线的准确性。在特定的仪器和固定的实验条件下注射一个给定的化合物，绘出浓度/含量和响应值的关系曲线。通过进已知量样品，用积分法测定用以定量离子的峰面积，然后建立浓度/含量和峰面积的关系，这样就建立了校正曲线。要对未知物定量，测定未知物的离子峰面积后用校正曲线进行计算即可得到定量结果。

注：每次的进样量必须保持一致。

如果化合物、仪器或实验条件改变，校正曲线就无效，必须通过进一个标准物质进行验证，或用标准物质重新修改校正曲线。

(2)内标法

选择适宜的物质作为待测组分的参比物，定量加到样品中去，依据待测组分和参比物在检测器上的响应值之比和参比物加入的量进行定量分析的方法称为内标法。它克服了外标法中每次样品分析时色谱条件很难完全一致而引起的定量误差。把参比物加到样品中去，使预测组分和参比物在同一色谱条件下进行分析，可使定量的准确度提高，特别是内标法测定的欲测组分和参比物质在同一检测条件下响应值之比与进样量多少无关，这样就可消除在外标法定量中由于进样量不准确产生的误差。

内标法的关键是选择合适的内标物，内标物应是样品中不存在的纯物质，化学性质与待测组分相似，与样品有相同的浓度范围，且不与样品发生反应。如果有条件可以运用同位素标记化合物做内标物，其化学性质、色谱性质等都与目标化合物一致，校正精度更高。

与 GC 用峰面积/峰高定量不同的是，GC-MS 定量采用的是目标离子的丰度。用目标离子定量的优点在于可以消除本底干扰并且避免假阳性检出。加入限定离子更可以消除假阳性检出的可能性。

(3)标准加入法

标准加入法实质上是一种特殊的内标法，是在选择不到合适的内标物时，以待测组分的纯物质为内标物，加入到待测样品中，然后在相同的仪器条件下，测定加入待测组分纯物质前后欲测组分的响应值，从而计算待测组分在样品中的含量的方法。标准加入法的优点是：不需要另外的标准物质作内标物，只需欲测组分的纯物质，进样量不必十分准确，操作简单。若在样品的前处理之前就加入已知准确量的待测组分，则可以完全补偿待测组分在前处理过程中的损失。缺点是：要求加入待测组分前后两次测定的仪器条件完全相同，以保证两次测定时的校正因子完全相同，否则将引起分析测定的误差。

(4)面积百分比法

面积百分比计算过程以运行中每个峰的面积占所有峰面积总和的百分数来报告结果。以面积百分比定量的前提是假定检测器对所有组分的响应都相同，所有组分都流出并被检测到。该方法的优点是无需做校正，是简单、快速的定量过程，对进样量不严格要求。缺点是面积百分比并不代表化合物的含量百分比。

4.1.4 GC-MS 操作要点

(1)进样的注意事项

①进样前先要了解样品的性质，GC-MS 所能直接分析的样品应是可挥发的，在 250 ℃左右及以上不能汽化的样品不能做，否则残留在衬管和色谱柱内会一直出鬼峰。

②分析组分浓度较高或对未知样品进行定性分析时，应使用分流进样并设置合适的分流比。

③对于比较“脏”的样品，要在衬管里加经硅烷化处理的玻璃毛并注意经常更换，以免污染柱子。

④如果是手动进样要将针清洗干净，避免样品间互相干扰，注射速度要快，取样要准确，重现。进完样品后要及时清洗进样针，避免进样针堵塞。

⑤硅橡胶垫在长时间进样后，容易老化漏气，因此需及时更换。

⑥如果进行痕量分析，要先老化柱子 2～3 次，老化采用程序升温，最终温度要高于平时做样温度 20 ℃。

(2)仪器操作的注意事项

①摸索混合物分离的气相色谱条件是 GC-MS 联用仪分析成功的第一步。应采取一切有利于试样色谱分离的方法，如样品萃取，衬管的硅烷化，合理设置程序升温条件等。

②分流进样时，柱的初始温度尽可能高一些；不分流进样时，柱初始温度尽可能低一些，最好低于溶剂沸点 10～20 ℃。

③合理设置 GC-MS 联用仪各温度带区的温度，防止出现冷凝点是色谱分辨恶化的关键。

④考虑待测组分的分子量，以设置合适的扫描范围，因为扫描的质量范围越宽，扫描时间越长，得到每个峰的点就越少，重现性就差。

⑤根据浓度设置合适的阈值，一般低浓度时设 100～150，甚至是 80～100，高浓度时设 150～200。

⑥防止离子源沾污是减少离子源清洗次数、保持整机良好工作状态的重要措施。防止离子源沾污的方法有：柱老化时不接质谱仪，老化温度要高于柱最高工作温度 10～20 ℃，保持离子源温度，减少引入高含量和高沸点样品，防止真空泄漏等。

⑦根据溶剂性质，正确设置溶剂延迟时间或 MS 关闭时间段，避免大量的溶剂打击在电子倍增器上，损害其使用寿命。

4.2 GC-MS 法定性分析橡胶中的有机助剂

4.2.1 仪器

(1)气相色谱质谱联用仪；

(2)固相萃取装置；

(3)旋转蒸馏器，烧瓶。

4.2.2 实验步骤

4.2.2.1 样品前处理

(1)抽提

用剪刀将硫化胶样品尽量剪碎至 1 mm^3 以下，准确称取剪碎的硫化胶样品约 1 g(精确至 0.1 mg)用滤纸包好，置于索氏抽提器中，加入丙酮和二氯甲烷混合溶液(体积比 1∶1)100 mL 抽提 6 h，每小时至少 4～6 个循环。抽提液用旋转蒸发仪浓缩至约 2 mL 左右。

若浓缩液出现黏稠、浑浊的情况，需进行步骤(2)固相萃取，以分离样品中的烷烃油、芳烃油或充油型三元乙丙胶中的矿物油等非极性组分，使得到的 GC-MS 图更易分析。或者抽提液直接用旋转蒸发仪浓缩至近干，加入 3 mL 活性溶剂(如正己烷、丙酮)溶解，采用湿法上样。若存在不能溶解的部分用吸管全部转移采用干法上样。

(2)固相萃取

固相萃取即 Solid Phase Extraction，简称 SPE，主要用于样品的分离、净化和富集，目的在于降低样品基质干扰，提高检测灵敏度。

固相萃取柱的选择

橡胶的抽提液里通常为非极性的烷烃油和极性相对较强的防老剂、促进剂、脂肪酸等有机助剂，也就是说样品中的分析物比杂质大。采用固相萃取，可选择极性很强的硅胶 SPE 小柱和非极性的 C18 SPE 小柱。

(a)硅胶 SPE 小柱的填料是酸洗硅胶，表面有硅羟基，是极性最强的小柱。当用硅胶小柱时，样品可用比硅胶担体极性弱的溶剂[如正己烷和二氯甲烷混合溶液(体积比 1∶1)]溶解，当样品通过硅胶 SPE 柱时，极性分析物被吸附在硅胶柱上，而非极性的杂质与溶剂的亲合力大，所以与溶剂一起通过柱子。然后用极性更大的溶剂(如丙酮)将极性分析物从 SPE 柱上洗脱下来。这样，极性分析物就从极性较弱的杂质中分离出来了。

(b)C18 SPE 小柱是在硅胶基质上键合了 C18 官能团，是最为常用的非极性 SPE 柱，通过疏水作用可以萃取非极性化合物，但在橡胶抽提液中需要分析的是极性组分，因此，在上样后就可以收集样品及淋洗液了，而将非极性的杂质保留在 C18 小柱上。

SPE 萃取条件

采用 SPE 方法的萃取条件如表 4-1 所示。

表 4-1　SPE 萃取条件

SPE 分析流程		备　注
CNW 硅胶小柱 1 g/6 mL	CNW HC－C18 小柱 1 g/6 mL	
1. 上样体积:3 mL		
2. 活化溶剂:正己烷	2. 活化溶剂:丙酮	6 mL 流速:(2 滴/s)
3. 上样流速:1 滴/s		
4. 洗脱液 1: 正己烷＋二氯甲烷(体积比 1∶1) 得到主要成分:微晶蜡和烷烃油	4. 洗脱液 1:丙酮 得到主要成分:各种有机助剂的分子或反应产物的信息	2 mL 流速:(1 滴/s)
5. 洗脱液 2:丙酮 得到主要成分:各种有机助剂的分子或反应产物的信息	5. 洗脱液 2: 丙酮＋二氯甲烷(体积比 1∶1) 得到主要成分:微晶蜡和烷烃油	2 mL 流速:(1 滴/s)

注:采用 GC-MS 结合有机助剂硫化前后的规律分析洗脱液的成分时，只要固相萃取条件选择合适，不管是用硅胶柱还是 C18 柱，都可以得到理想的分离效果。

4.2.2.2 仪器条件的设置

色谱柱：30 m×0.25 mm×0.10 μm，BD-5 石英毛细管柱或相当者；

进样口温度：300 ℃；

柱温：50 ℃，稳定 1 min；50 ℃→280 ℃【10 ℃/min】；280 ℃，恒温 20 min；

接口温度：280 ℃；

离子源温度：230 ℃；

四级杆温度：150 ℃；

全扫描 SCAN 模式，质量扫描范围：45～800 amu；

进样方式：分流，分流比：50∶1；

进样量：1 μL；

溶剂延迟：3 min。

4.2.2.3 数据分析

利用 NIST 谱库和自建库对 GC-MS 采集的总离子流图的峰逐一进行分析，并结合各种助剂硫化前后的变化规律（表 4-2），推断样品中所使用的各种有机助剂。实验结果证明硫化促进剂、防焦剂、过氧化物硫化剂在硫化反应后，大多分解为其他化合物。如果有未反应完的促进剂存在于橡胶中可定性分析，但通常不能定量分析。例如使用噻唑类的促进剂 M、DM，在橡胶抽提液中均能看到巯基苯并噻唑，使用 TMTD，则会与 ZnO 反应生成二甲基二硫代氨基甲酸锌（PZ），这样就无法判断到底用的是秋兰姆类的促进剂 TMTD，还是硫代氨基甲酸盐类的促进剂 PZ。尽管如此，通过 GC-MS 的分析，可将促进剂的种类限定在两种之内，配方实验人员通过自己的经验和结合硫化胶的各种物理性能数据和用途来综合考虑，依然可以大大缩短新胶料的开发周期。

表 4-2 配合剂种类和硫化反应后产物

种　　类	硫化反应后的产物
噻唑类促进剂（如 M、DM）	巯基苯并噻唑
次磺酰胺类促进剂（如 CZ）	巯基苯并噻唑，胺类
秋兰姆类促进剂（如 TMTD、TETD、TBTD）	对应的二硫代氨基甲酸锌
二硫代氨基甲酸锌促进剂（如 PZ、BZ）	无变化
硫脲类促进剂（如 NA－22）	无变化
胍类促进剂（如 D、DOTG）	无变化
胺类促进剂（如 H）	无变化
防焦剂（CTP）	邻苯二甲酰胺
过氧化物硫化剂 DCP	苯乙酮，2-甲基 2-苯基丙烷
过氧化物硫化剂双 25	2，5-二甲基-2，5 己二醇
活性剂 TAIC	不变，三丙烯基异三聚氰酸酯
发泡剂 OBSH	二苯醚
抗氧剂 1010	3-（3，5-二叔丁基 4-羟苯基）丙酸
抗氧剂 1076	无变化
防老剂 RD，4010NA，4020，3100	无变化
硬脂酸	硬脂酸和软酯酸（硬脂酸本来就是这两者的混合物）

4.2.3　分析实例

实例 1:某发泡三元乙丙橡胶制品的有机助剂分析

按照 4.2.2.1 节进行样品抽提处理后,用 CNW HC-18 小柱进行固相萃取(表 4-1),采用 4.2.2 节方法设置仪器条件,经 GC-MS 分析过柱液 1(丙酮淋洗收集液)后得到总离子流图如图 4-1 所示,分析过柱液 2(丙酮和二氯甲烷混合溶液淋洗收集液)后得到总离子流图如图 4-2 所示。

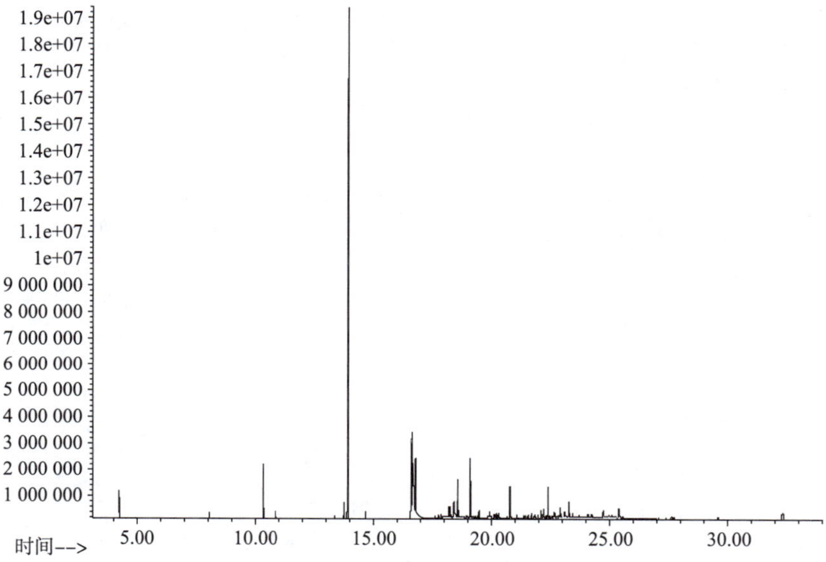

图 4-1　过柱液 1 的总离子流图(各种有机助剂信息)

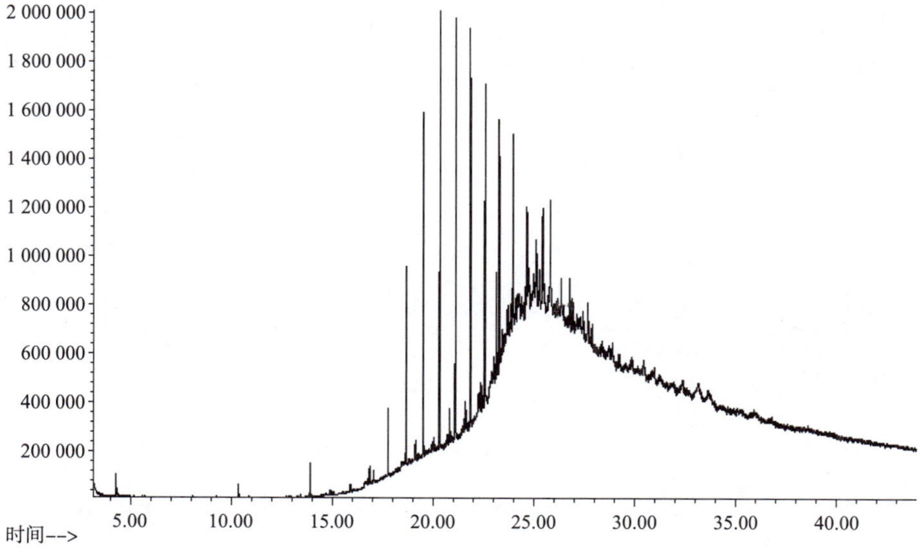

图 4-2　过柱液 2 的总离子流图(石蜡油)

利用 NIST 谱库和自建库对 GC-MS 采集的总离子流图的峰逐一进行分析，并结合各种助剂硫化前后的变化规律(表 4-2)，推断样品中所使用的各种有机助剂有：防老剂：RD、MB；促进剂：D、CZ、M/DM 或两者并用；活性剂：TAIC；发泡剂：OBSH；硫化剂：双 25；增塑剂：硬脂酸、石蜡油。

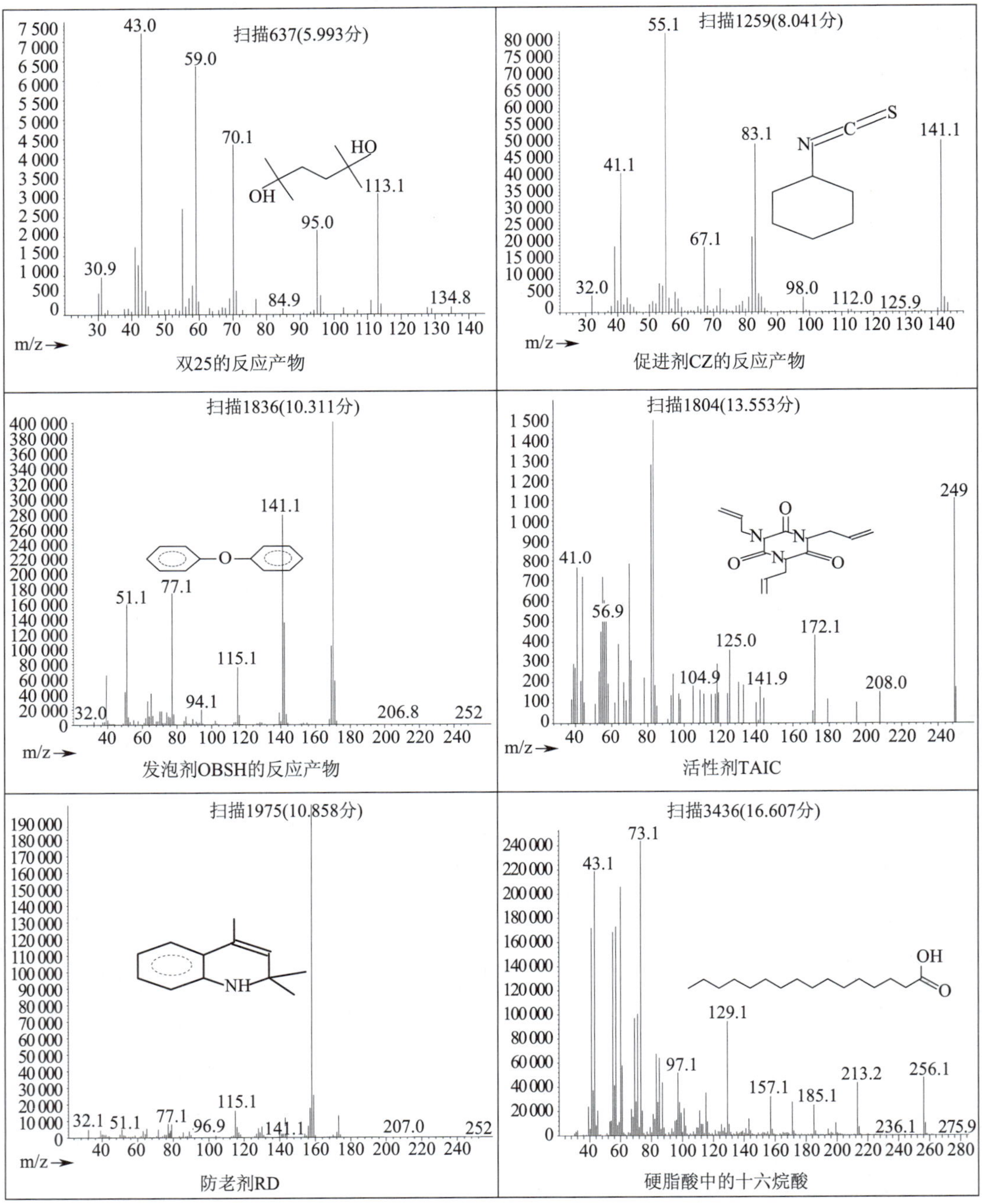

图 4-3

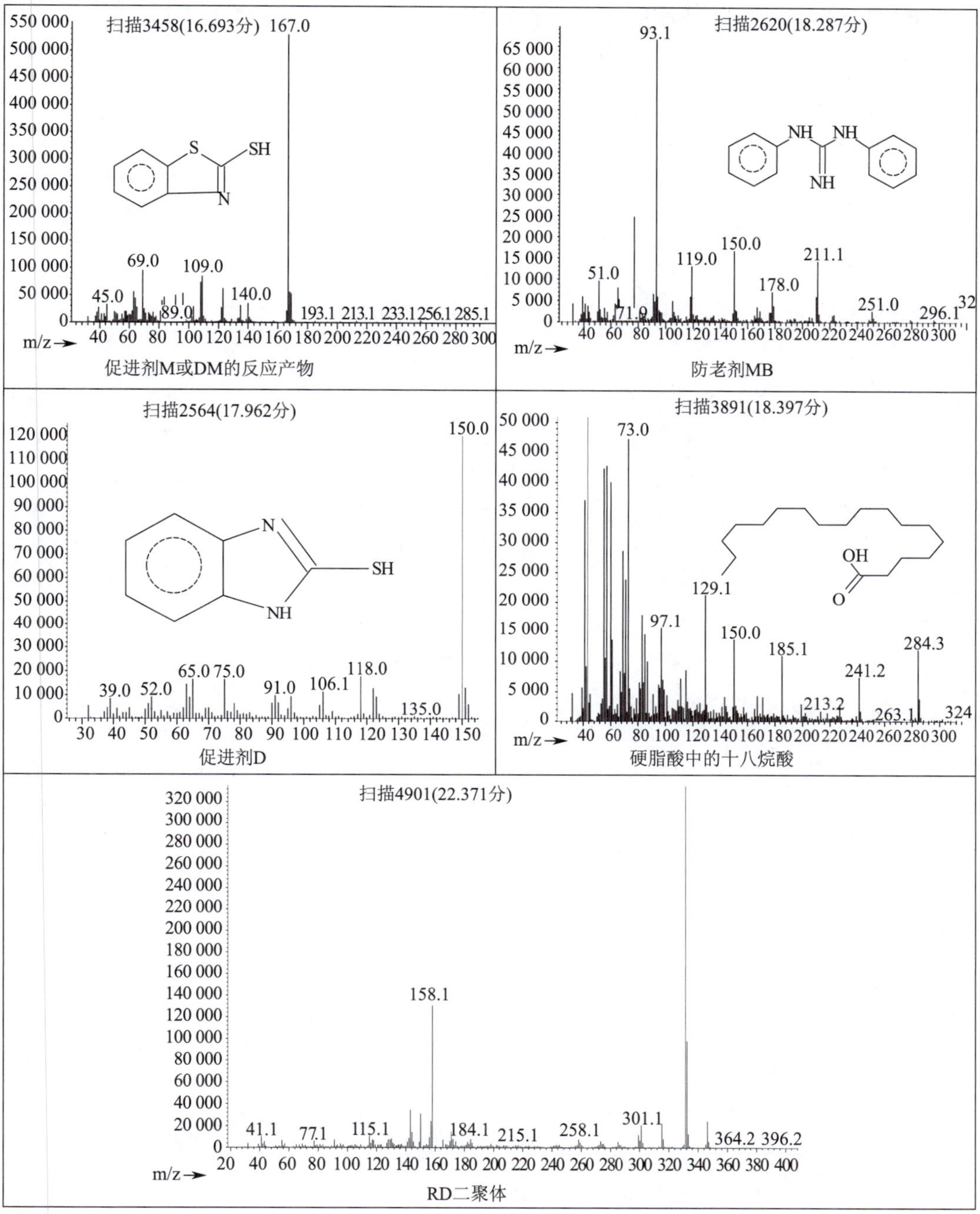

图 4-3　助剂质谱图

实例 2:某天然并顺丁橡胶制品的有机助剂分析

按照 4.2.2.1 节进行样品抽提处理后,用 CNW 硅胶小柱进行固相萃取(表 4-1),采用 4.2.2.2 节设置仪器条件,经 GC-MS 分析过柱液 1(正己烷和二氯甲烷混合溶液淋洗收集液)后得到总离子流图如图 4-4 所示,分析过柱液 2(丙酮淋洗收集液)后得到总离子流图如图 4-5 所示。

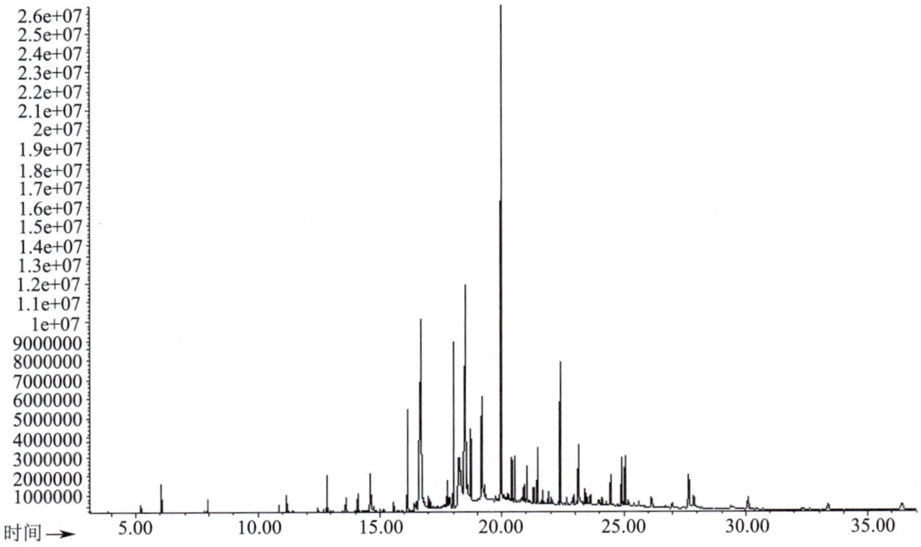

图 4-4 过柱液 1 的总离子流图(石蜡油)

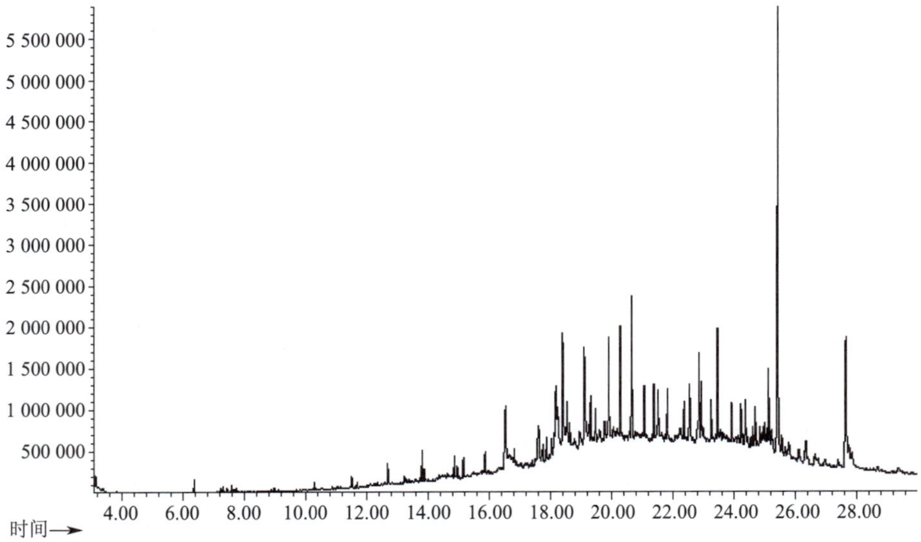

图 4-5 过柱液 2 的总离子流图(各种有机助剂信息)

利用 NIST 谱库和自建库对 GC-MS 采集的总离子流图的峰逐一进行分析,并结合各种助剂硫化前后的变化规律(表 4-2),推断样品中所使用的各种有机助剂有:防老剂:RD、

4020、WH-02 或 ODA、SP，促进剂：次磺酰胺类，推测是 NOBS，防焦剂：CTP。

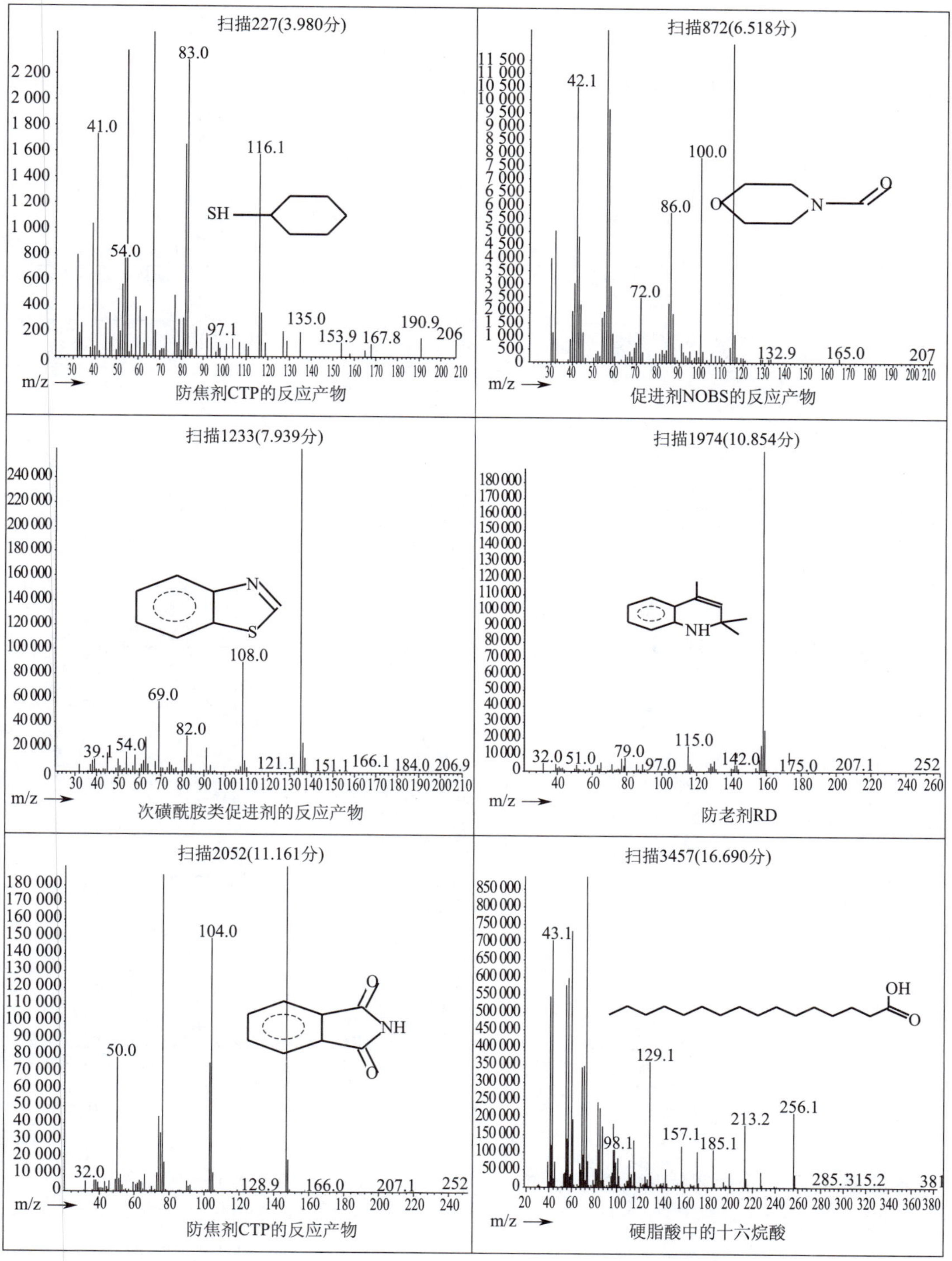

图　4-6

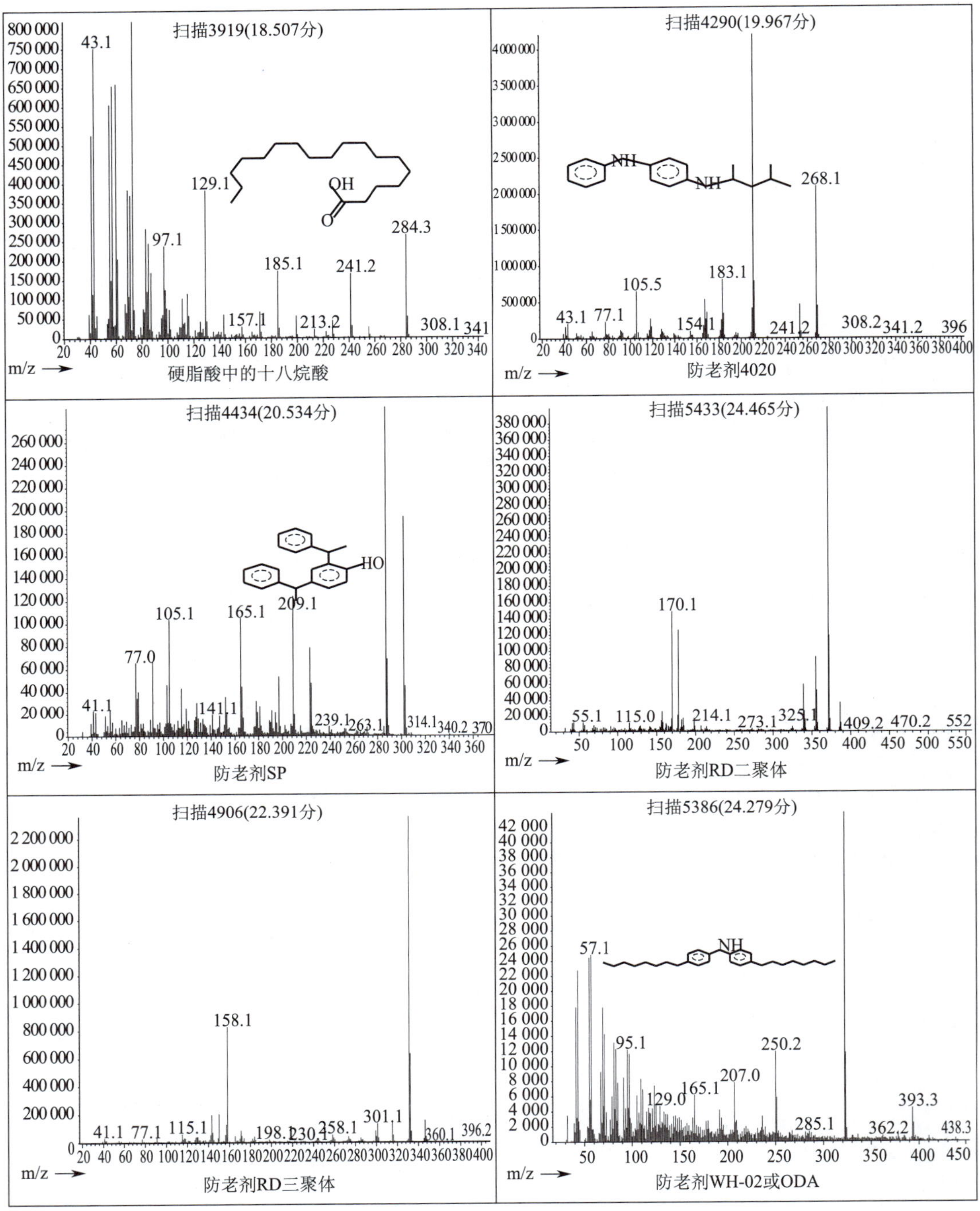

图 4-6　助剂质谱图

实例 3:同一用途不同橡胶制品比较

同一用途,不同厂家或批次生产的四种产品,其中两种是美国同一厂家不同批次的产品(A 和 B),一种是德国产品(C),一个是美国已使用的产品(D),客户需要分析:(1)不同批次产品之间的成分是否存在差异;(2)不同生产厂家的产品差异;(3)已经使用的产品是

A批次还是B批次？

(1)不同批次产品之间的成分比较

对样品(A)和(B)进行FTIR分析，显示主胶同为三元乙丙胶。对助剂进行分析，样品按照4.2.2.1节的方法(1)，将碎样进行抽提浓缩(萃取液：丙酮和二氯甲烷)后直接进样，进行GC-MS分析，得到两种样品的总离子流图分别如图4-7和图4-8所示。从总离子流图上可看出美国两批样品所使用的配方非一致，进一步分析样品(A)和(B)的质谱图，可以得知样品(A)所使用的有机助剂主要有：防老剂KY-405，促进剂CZ或CZ与M/DM并用，增塑剂柠檬酸三乙酯，DBP，硫磺等。而样品(B)所使用的有机助剂主要有：防老剂WH-02，促进剂M/DM，增塑剂柠檬酸三乙酯，DBP，己二酸二异辛酯，癸二酸二异辛酯，抗氧剂1010，硫磺等。

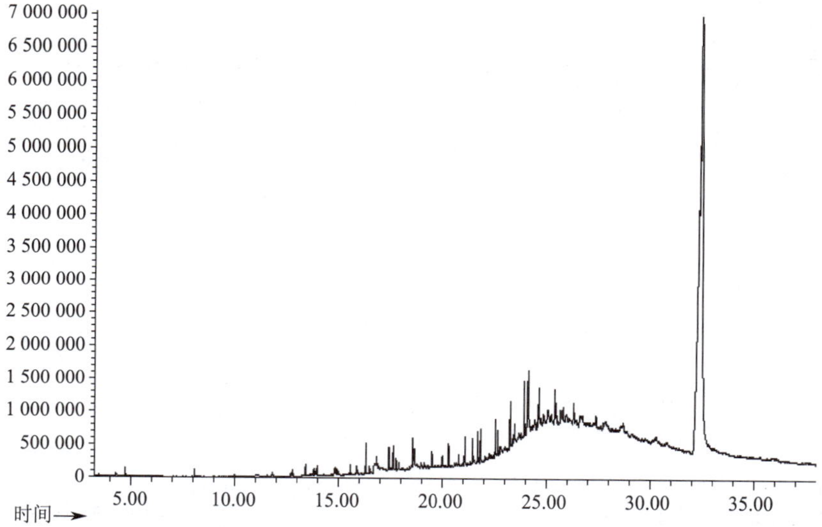

图4-7　样品(A)的总离子流图

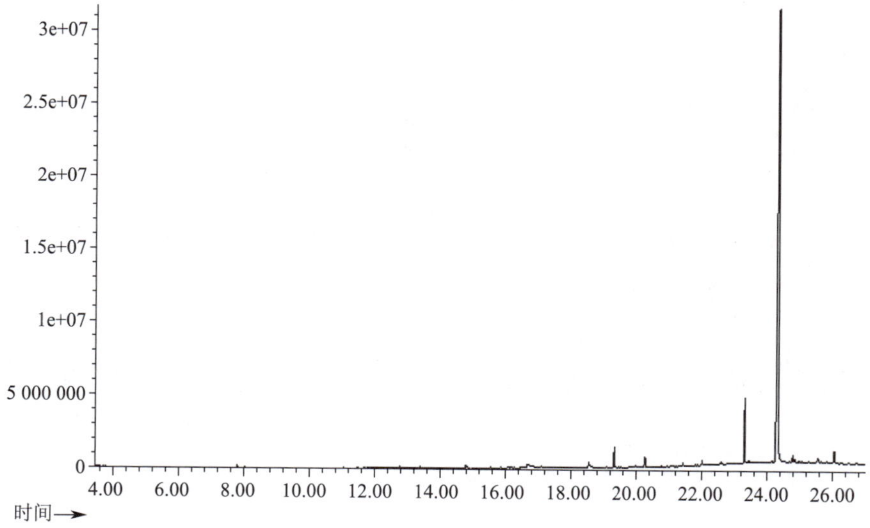

图4-8　样品(B)的总离子流图

样品(A)总离子流图中所含有的物质如图 4-9 所示。

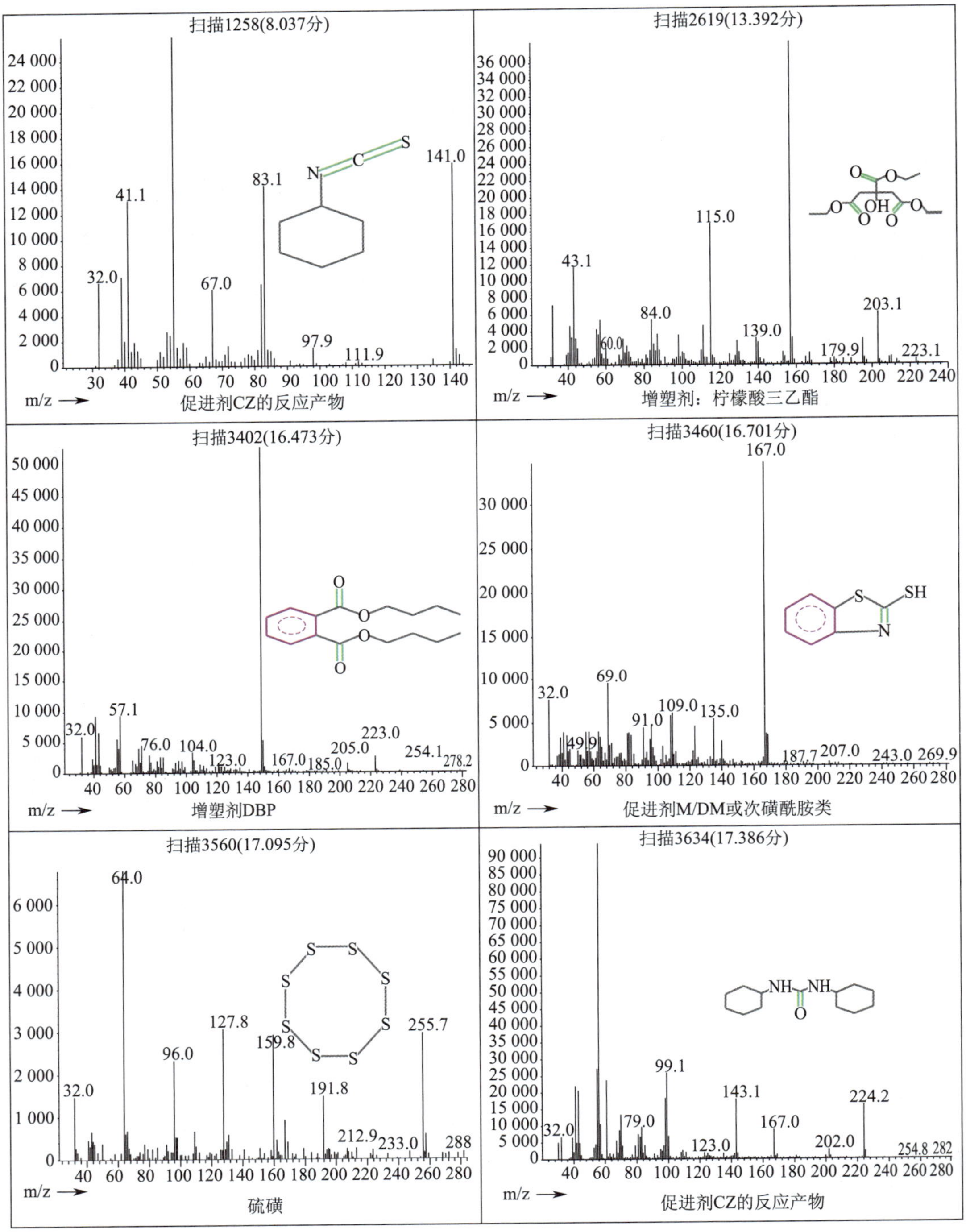

图 4-9

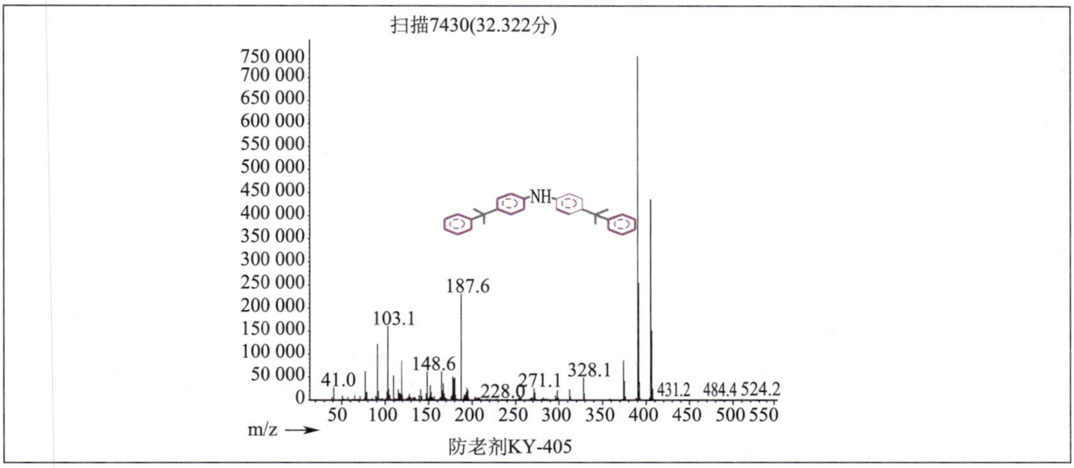

图 4-9　样品(A)助剂质谱图

样品(B)总离子流图中所含有的物质如图 4-10 所示。

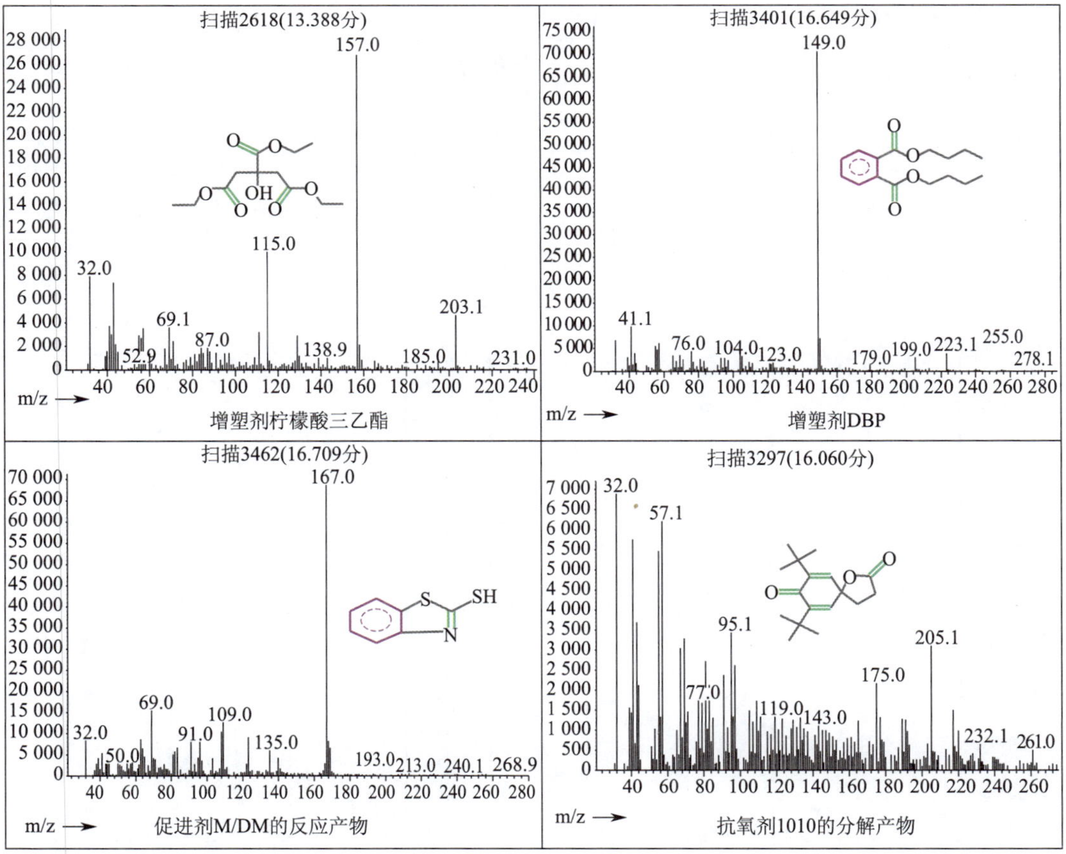

图　4-10

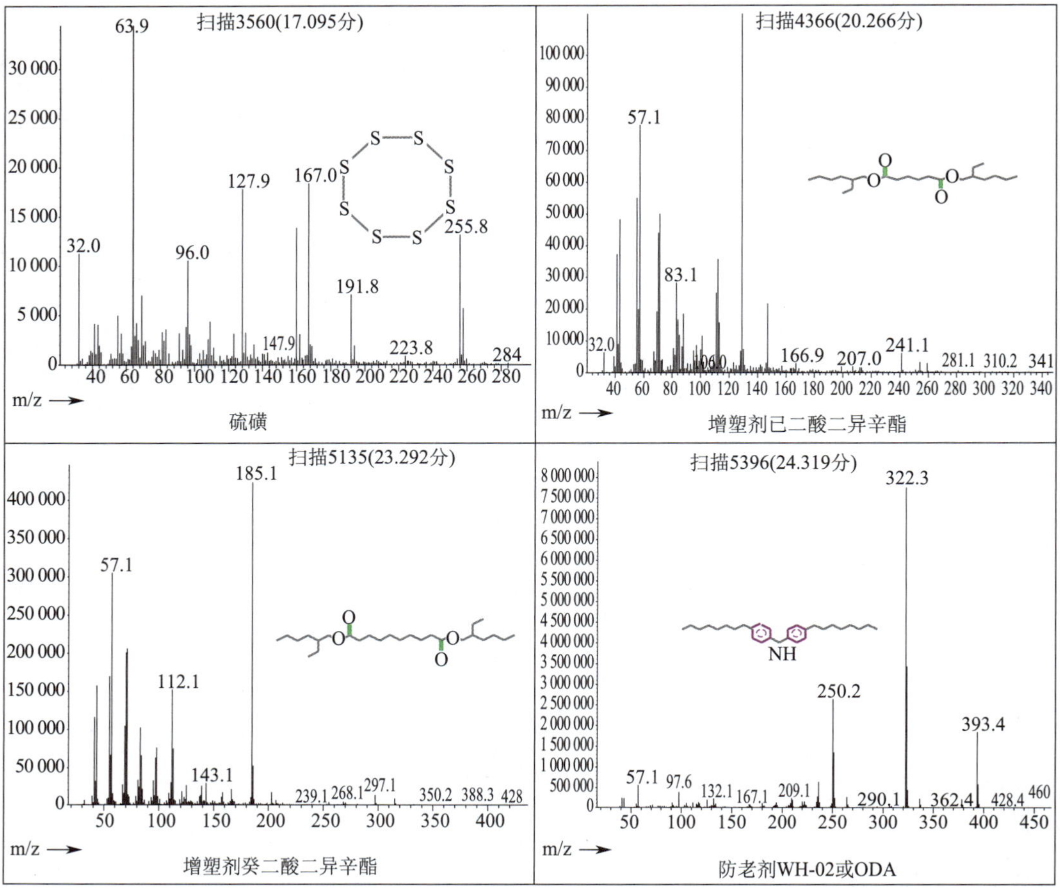

图 4-10　样品(B)助剂质谱图

(2)不同生产厂家产品的差异

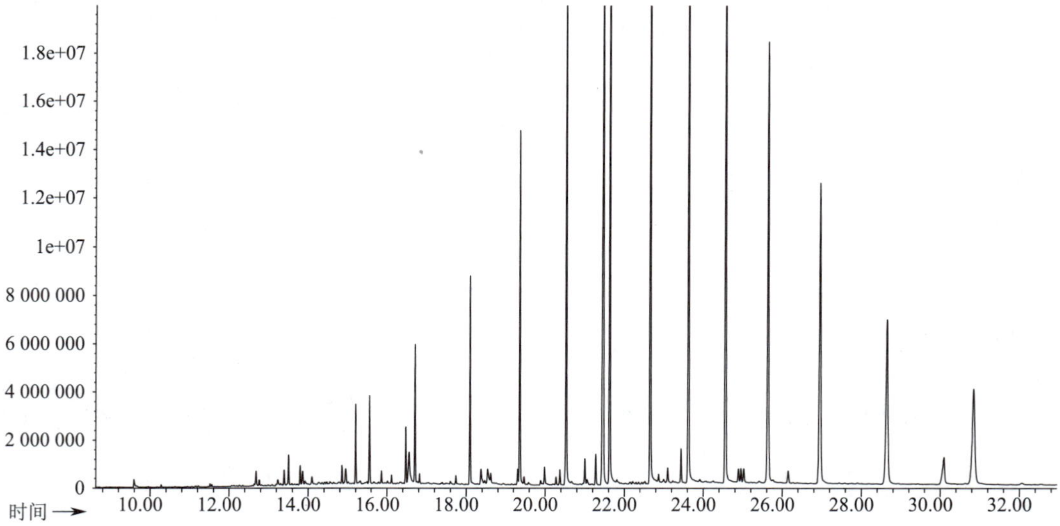

图 4-11　样品(C)的总离子流图

从样品(C)抽提液的总离子流图分析，抽提液的主要成分是低分子量的聚二甲基硅氧烷及大量的邻苯二甲酸酯类的增塑剂，推测产品主要成分是硅橡胶，从 FTIR 分析也证实了这一推测。

(3)已使用产品属于哪一批次？

通过分析样品(D)(已用橡胶制品)的总离子流图(图 4-12)得知与(A)成分一致，由此推测已用橡胶制品与(A)来自同一批次。

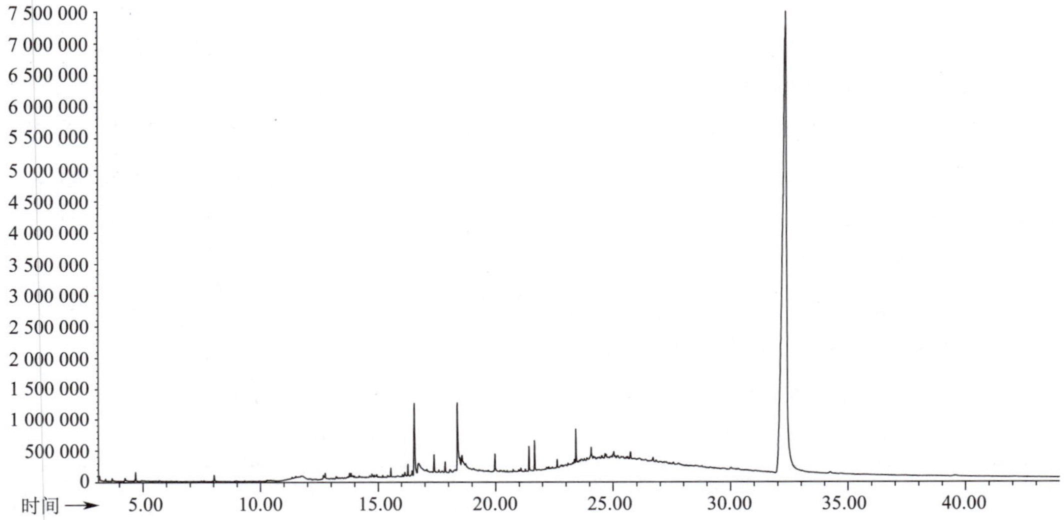

图 4-12　样品(D)的总离子流图

4.3　GC-MS 法定量分析橡胶中的防老剂

4.3.1　仪器

(1)气相色谱质谱联用仪；

(2)旋转蒸馏器，烧瓶。

4.3.2　实验步骤

(1)样品抽提

准确称取剪碎的硫化胶样品 1.5 g(精确至 0.1 mg)，用滤纸包好，置于索氏抽提器中，加入 60 mL 丙酮抽提 6～8 h。抽提液冷却至室温后，转移至 50 mL 的容量瓶中，用少量丙酮洗涤接收瓶数次，洗液全部转移至容量瓶中，用丙酮定容，待测。

(2)仪器条件的设置

色谱柱：30 m×0.25 mm×0.10 μm，BD-5 石英毛细管柱或相当者；

进样口温度：280 ℃；

柱温：100 ℃，稳定 1 min；100 ℃→280 ℃【8 ℃/min】；280 ℃，恒温 10 min；

接口温度：280 ℃；

离子源温度：230 ℃；

四级杆温度：150 ℃；

全扫描 SCAN 模式，质量扫描范围：1.6～1 050 amu；

进样方式：分流，分流比：20∶1；

进样量：1 μL；

溶剂延迟：3 min。

注：可以根据仪器和样品的实际情况调整测定条件。

（3）标准工作曲线的建立

准确称取一定量的配方中所使用的防老剂，用丙酮分别配制成质量浓度为 40、80、120、160 μg/mL的标准溶液，采用 4.3.2 节中的仪器条件进行分析。以溶液质量浓度为横坐标，特征离子积分面积为纵坐标绘制标准曲线。标准工作曲线和线性回归方程如表 4-3所示。

（4）测试和分析

对试样的抽提液进行 GC-MS 分析，根据标准曲线方程，由防老剂的特征离子积分面积计算出抽提液中相应防老剂的含量，再换算成硫化胶中的防老剂含量。

表 4-3　防老剂 RD 和 DTPD 的标准工作曲线和线性回归方程

x：标样的浓度；y：标样定量离子面积响应值

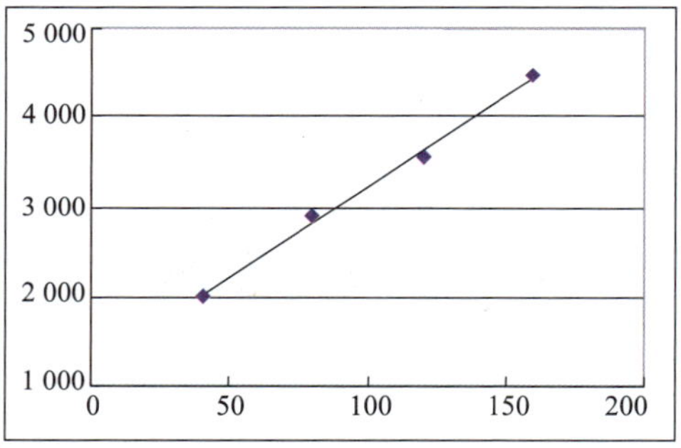 RD 单体的回归方程：$y=20.56x+1\ 204(R^2=0.992\ 1)$	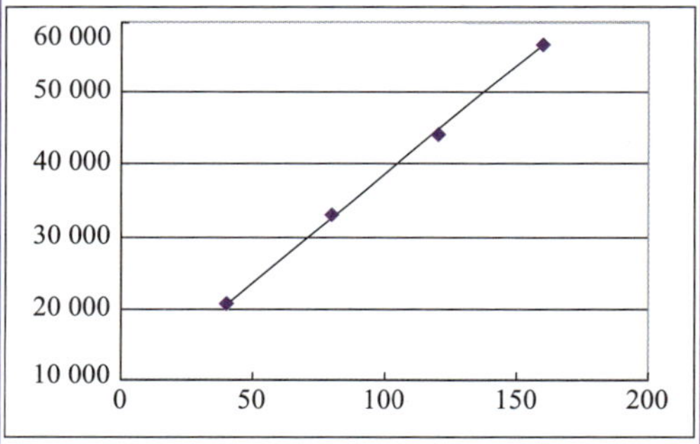 RD 二聚体的回归方程：$y=297.7x+8\ 548(R^2=0.994\ 5)$
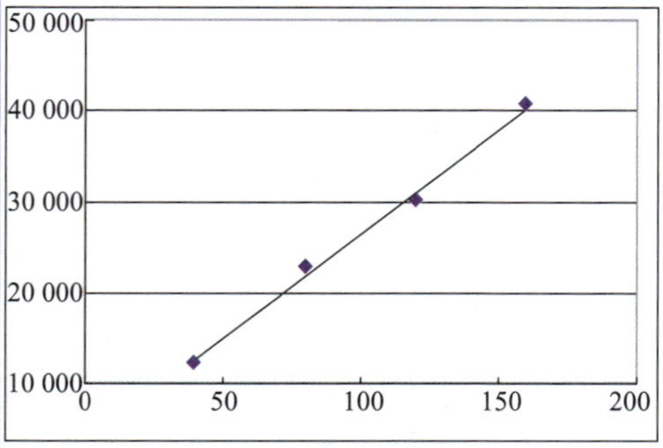 DTPD1 的回归方程：$y=232.5x+3\ 278(R^2=0.991\ 9)$	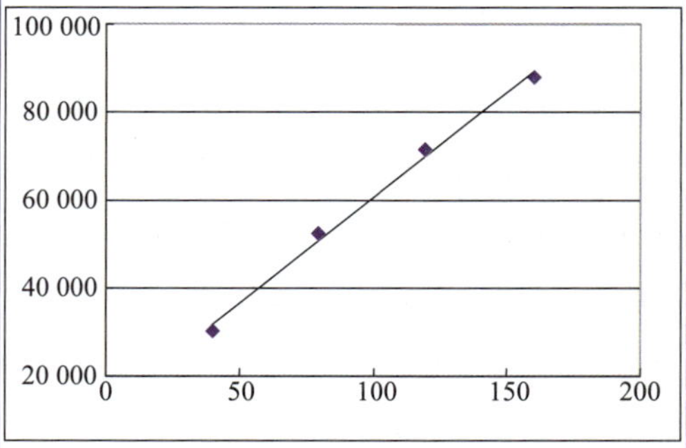 DTPD2 的回归方程：$y=477.6x+12\ 720(R^2=0.995\ 6)$

续上表

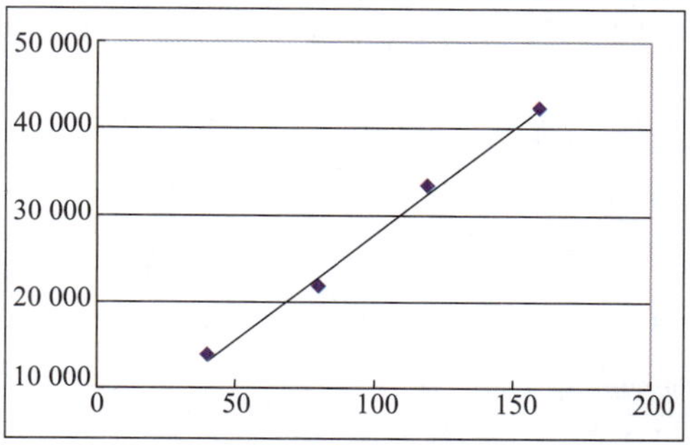

DTPD3 的回归方程：

$y=236.8x+3\ 262(R^2=0.993\ 1)$

4.3.3　分析实例

称取剪碎的某橡胶制品 1.494 9 g，按照 4.3.2 节方法经样品前处理，配置系列标准溶液，经 GC-MS 检测标准工作溶液特征离子的响应值，绘制防老剂 RD、DTPD 这两种防老剂的标准工作曲线，并根据样品溶液特征离子的积分面积，计算出样品中防老剂 RD、DTPD 的含量。计算过程如表 4-4 所示。

表 4-4　某橡胶制品样品中 RD、DTPD 的含量测定

称样量（g）	定容体积（mL）	防老剂名称	线性回归方程	样品溶液的测定值（μg/mL）	平均值（μg/mL）	样品测定值（mg/kg）
1.494 9	50	RD 单体	$y=20.56x+1\ 204$ ($R^2=0.992\ 1$)	92.3	99.4	3 225
		RD 二聚体	$y=297.7x+8\ 548$ ($R^2=0.994\ 5$)	106.5		
1.606 4		DTPD1	$y=232.5x+327\ 8$ ($R^2=0.991\ 9$)	124.7	115.6	3 598
		DTPD2	$y=477.6x+12\ 720$ ($R^2=0.995\ 6$)	113.0		
		DTPD3	$y=236.8x+3\ 262$ ($R^2=0.993\ 1$)	109.0		

注：RD 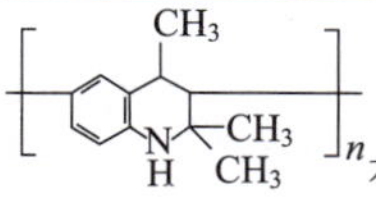 有单体、二聚体、三聚体等形式；

DTPD 的结构式为 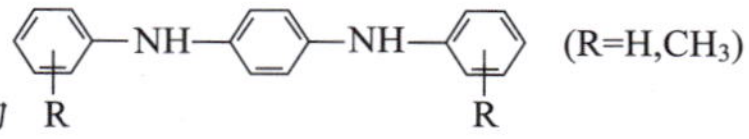 ，有三种形式；

x：浓度响应比值，y：定量离子面积响应值。

4.4　典型有机助剂质谱图

本书中收集了五十多种常用橡胶有机助剂的质谱图，并把一些谱库里没有的物质也添加到 Agilent 自建库里。收集的助剂如表 4-5 所示，各种有机助剂的质谱图分别如

图 4-13～图 4-70 所示。

表 4-5 所收集质谱图的常用橡胶有机助剂列表

防老剂	萘胺系：甲
	喹啉系：RD(单体，二聚体，三聚体)
	二苯胺系：BLE，KY-405，ODA，WH-O2，4010NA，4020，DTPD
	对苯二胺系：4010NA，4020，3100(以三种形式存在)，H
	酚类：SP，264，2246
	杂环类：MB
促进剂	二硫代氨基甲酸盐类：PZ，EZ，BZ
	秋兰姆类：TMTD，TETD，TBTD，TBZTD
	噻唑类：M，DM
	次磺酰胺类：CZ，DZ，NOBS
	胺及醛胺缩合物：H
	胍类：D，DOTG
	硫脲类：NA-22
硫化剂	有机过氧化物：双 25，DCP
	硫磺
增塑剂	石油系列：脂肪烃油(石蜡油)，芳烃油，环烷油
	有机酸类：硬脂酸，油酸，软脂酸
	酯类：DBP，DIBP，BBP，DOP(DEHP)，DOA，DOS
防焦剂	CTP，邻苯二甲酸酐
阻燃剂	TCP，十溴二苯醚
其他	如活性剂 TAIC，发泡剂 OBSH，抗氧剂 1010，HH1076 等

(1)防老剂甲 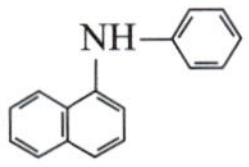

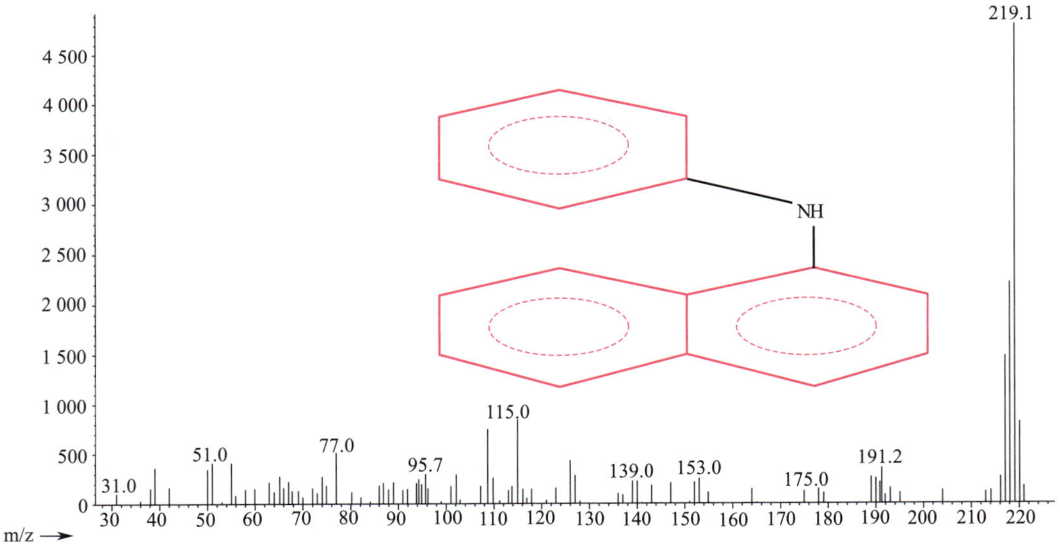

图 4-13 防老剂甲的质谱图

(2)防老剂 RD 单体 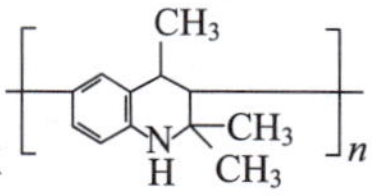

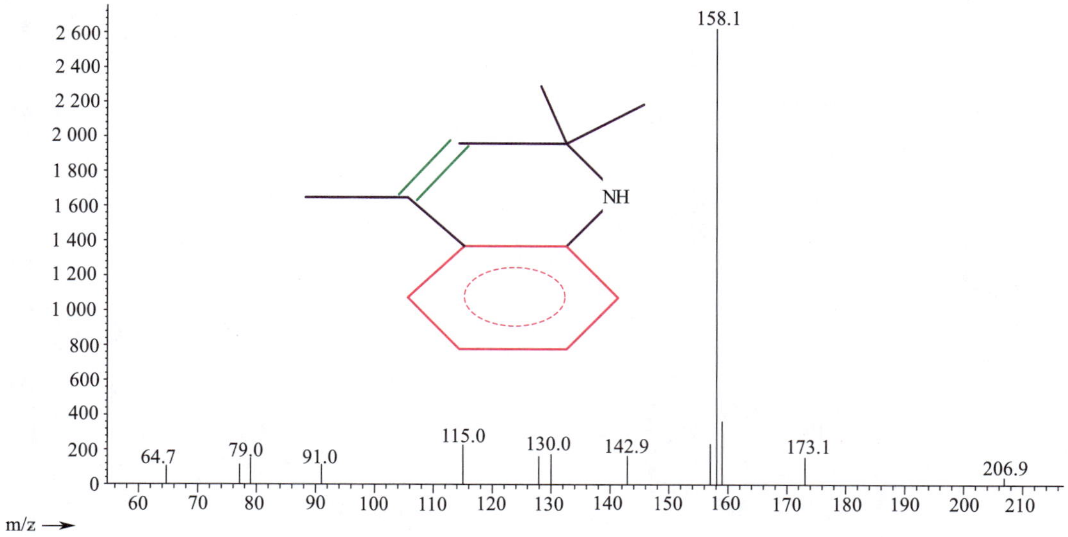

图 4-14　防老剂 RD 的质谱图

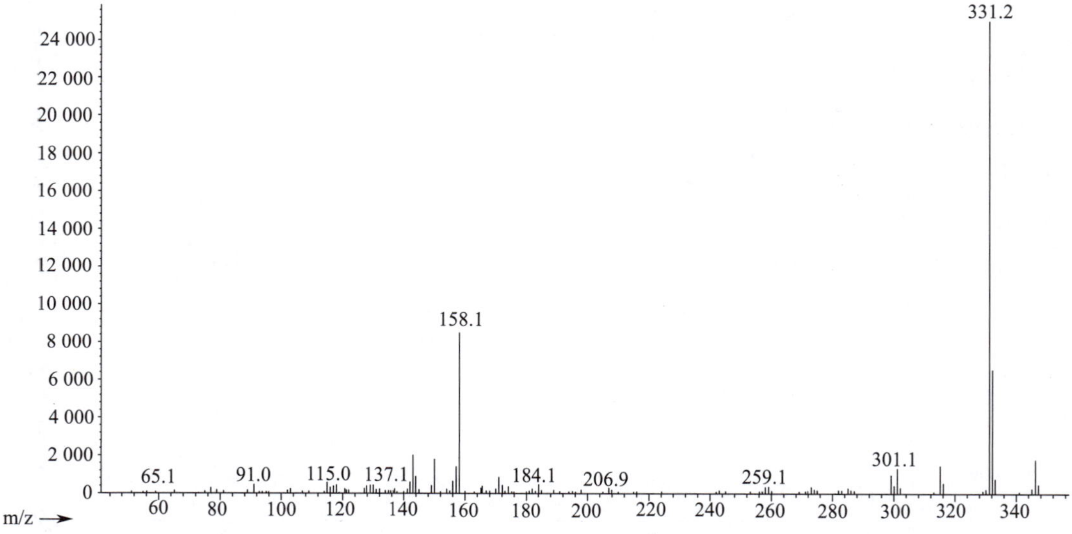

图 4-15　防老剂 RD 二聚体的质谱图

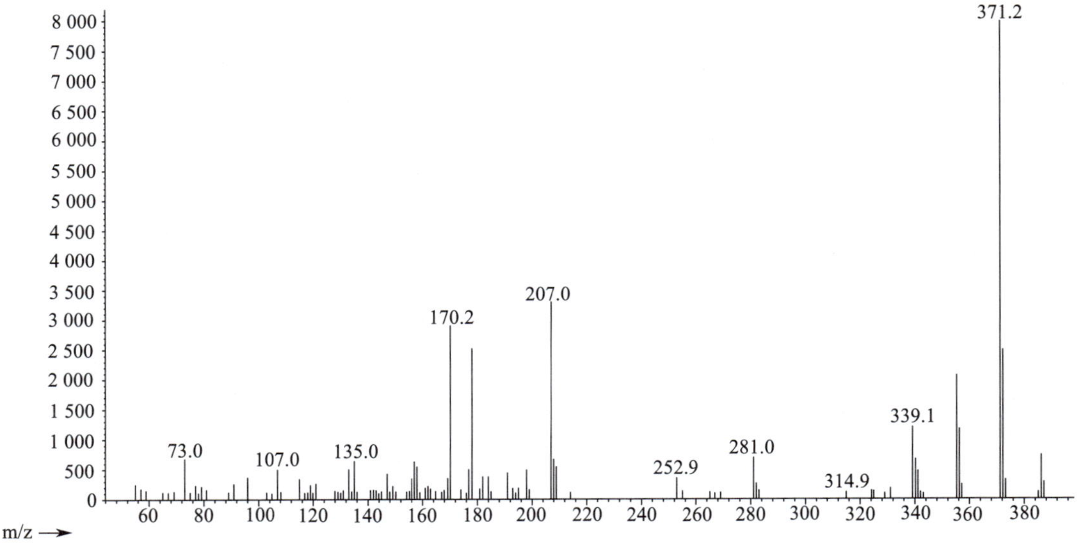

图 4-16 防老剂 RD 三聚体的质谱图

(3)防老剂 4010NA 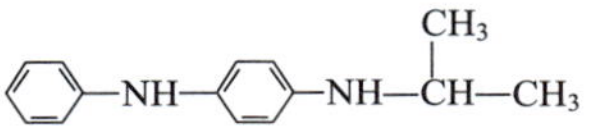

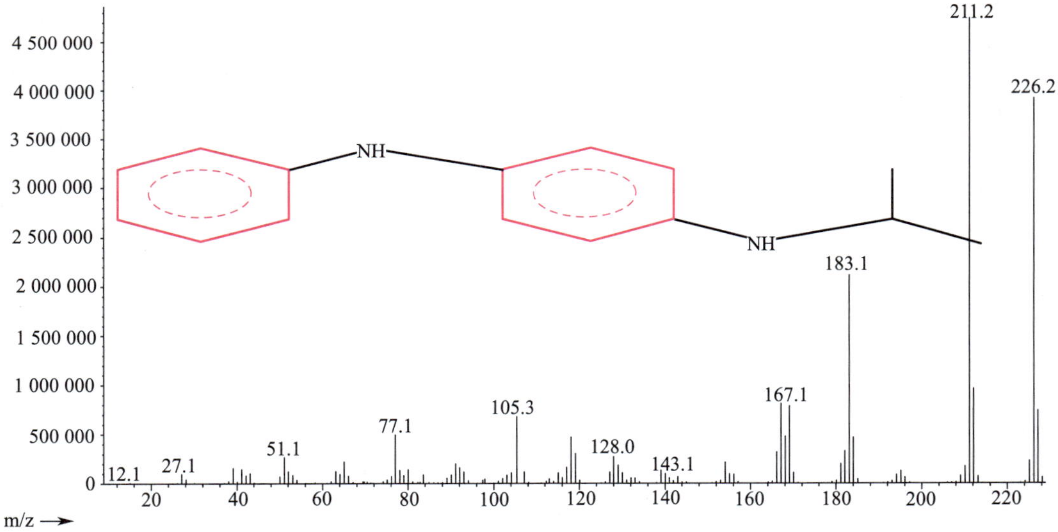

图 4-17 防老剂 4010NA 的质谱图

(4)防老剂 4020 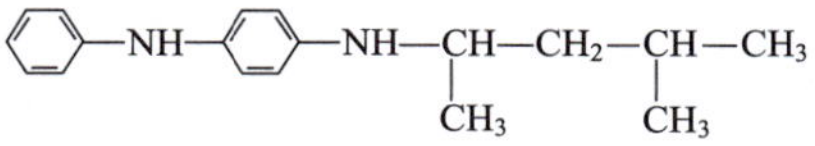

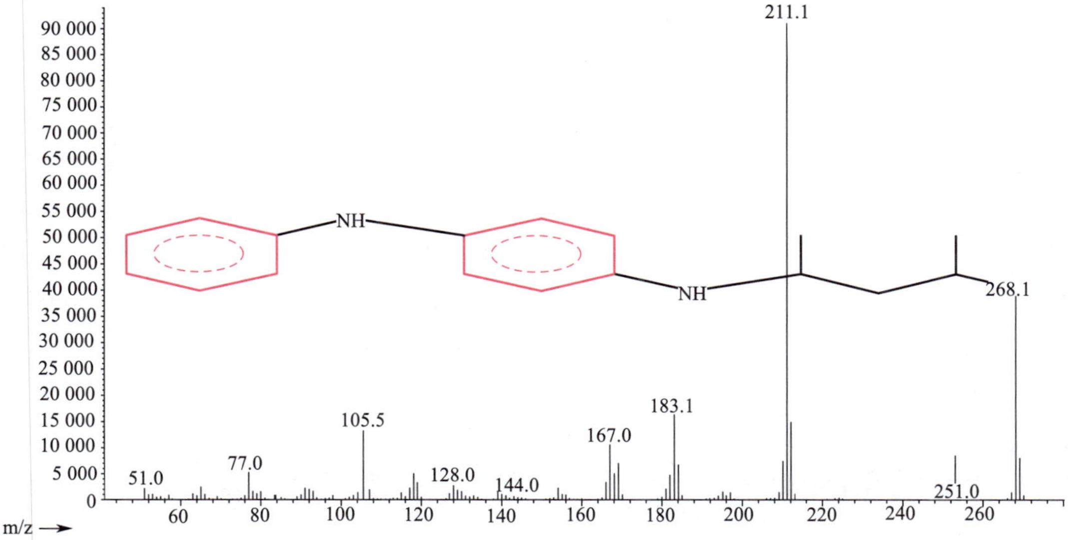

图 4-18　防老剂 4020 的质谱图

(5)防老剂 DTPD 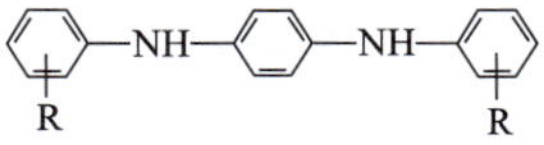 (R=H,CH_3)

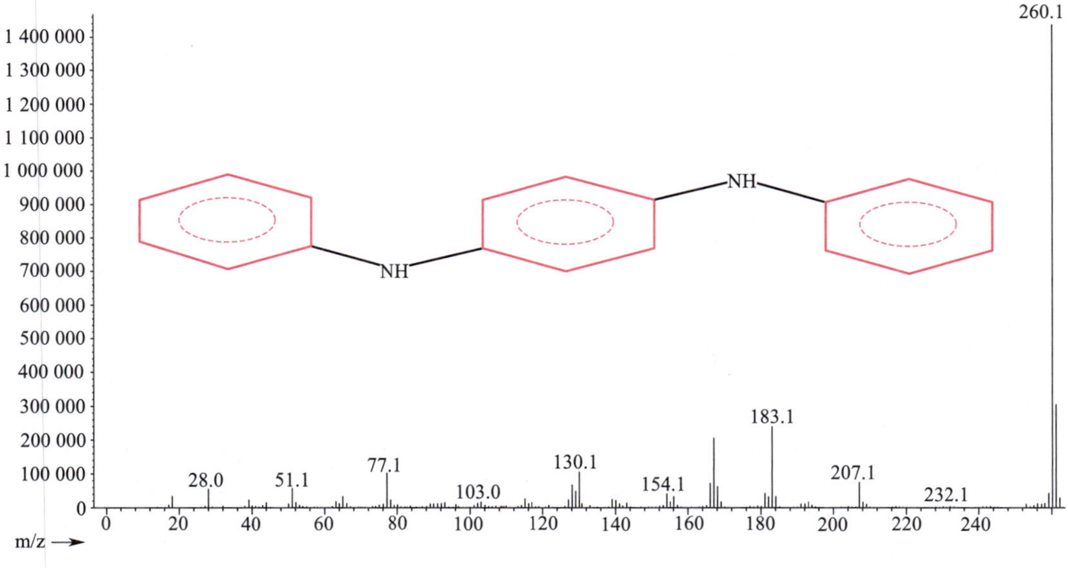

图 4-19　防老剂 DTPD 的质谱图(第一种形式:R＝H,R'＝H)

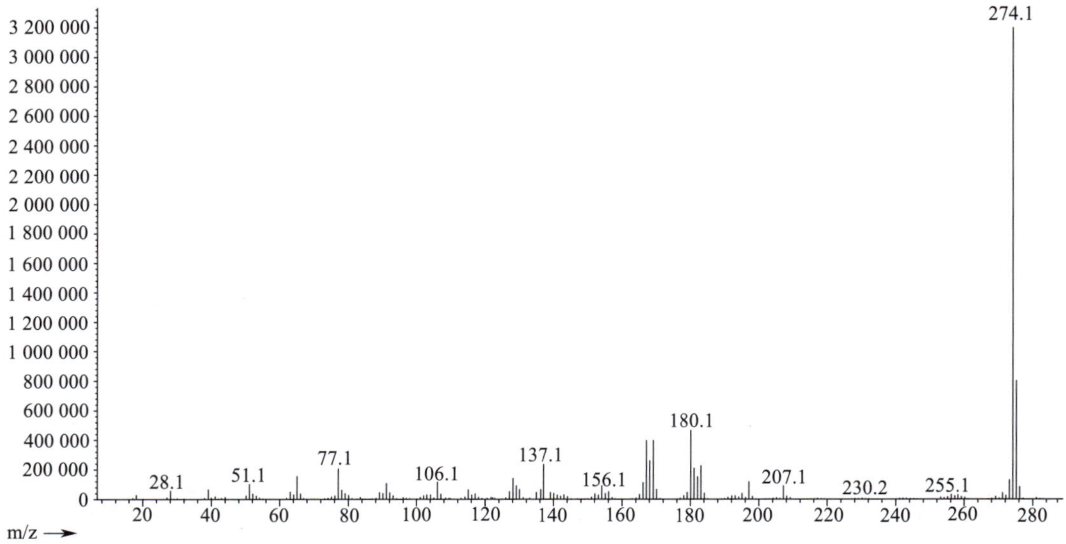

图 4-20　防老剂 DTPD 的质谱图(第二种形式:R=H,R'=CH_3)

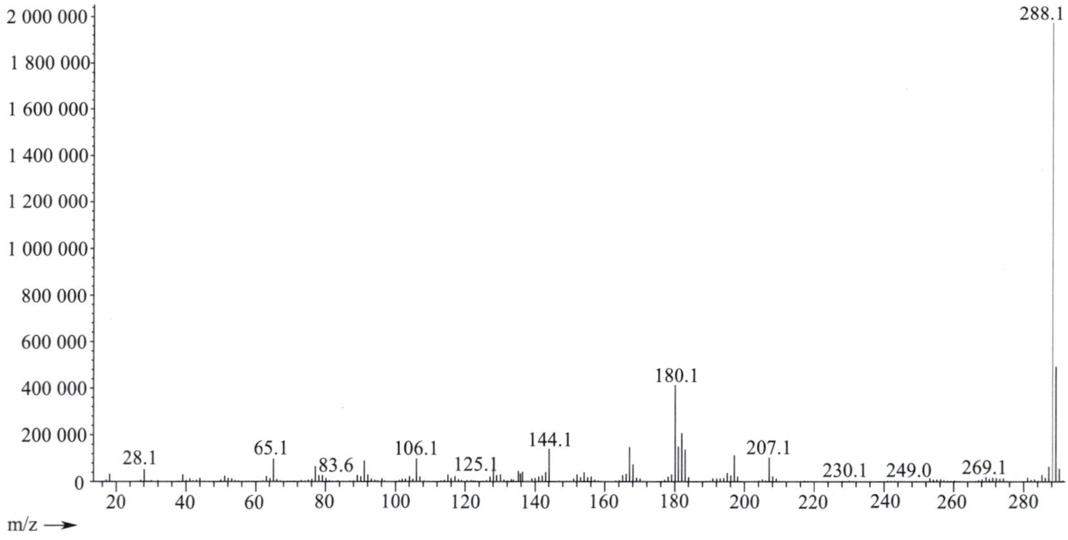

图 4-21　防老剂 DTPD 的质谱图(第三种形式:R=CH_3,R'=CH_3)

(6)防老剂 H 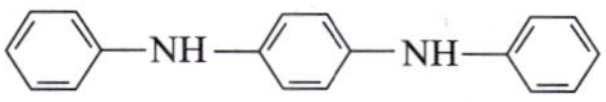

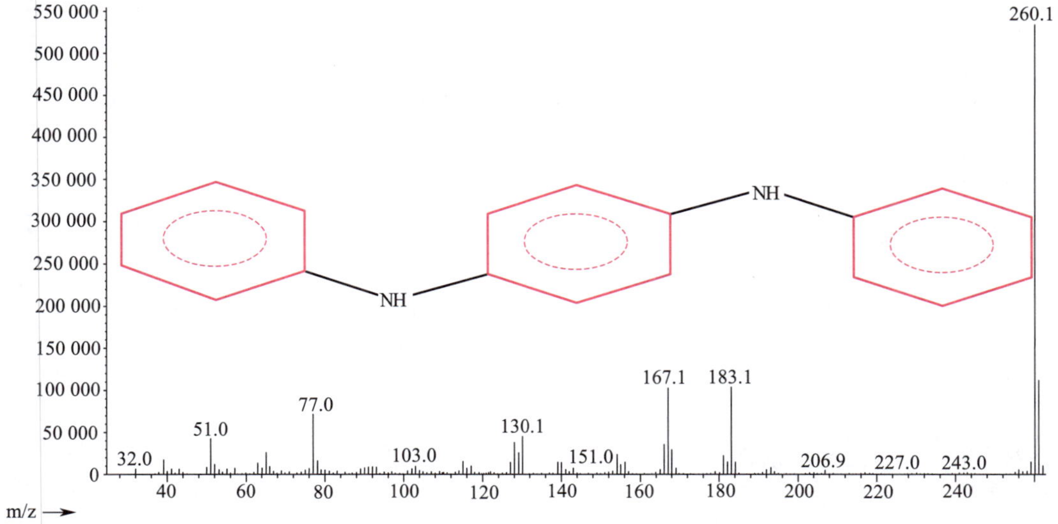

图 4-22　防老剂 H 的质谱图

(7)防老剂 BLE 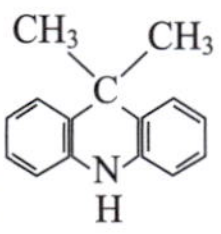

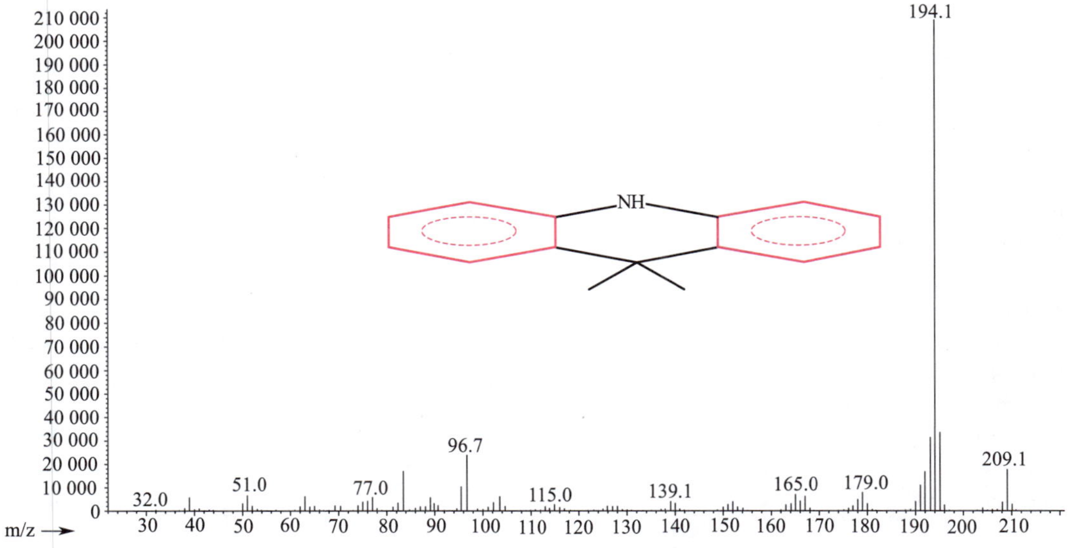

图 4-23　防老剂 BLE 的质谱图

(8)防老剂 KY-405

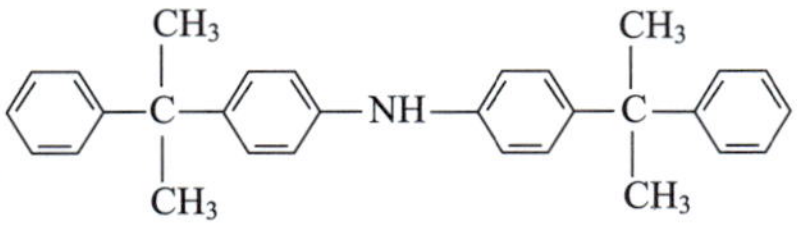

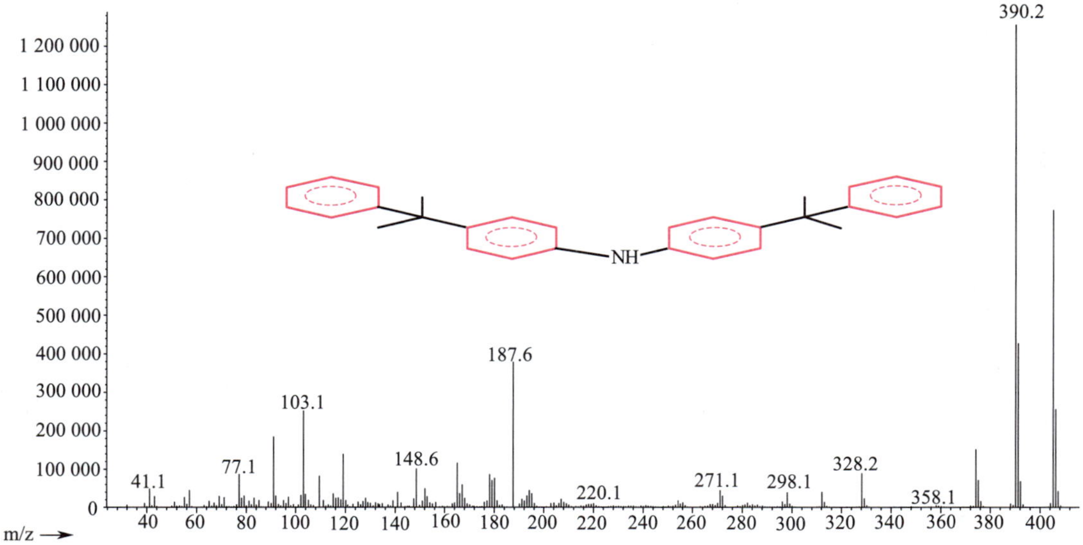

图 4-24　防老剂 KY-405 的质谱图

(9)防老剂 ODA

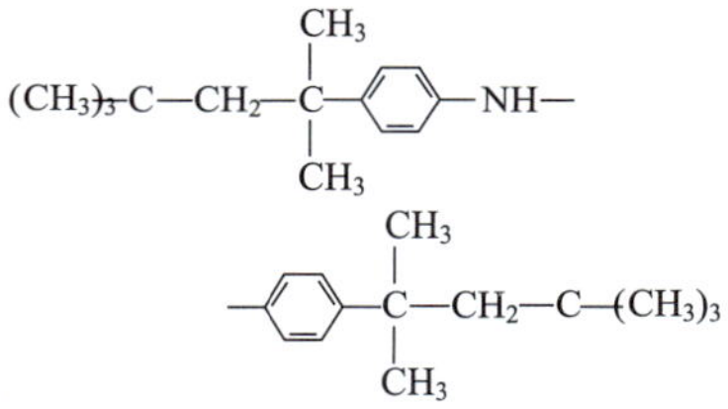

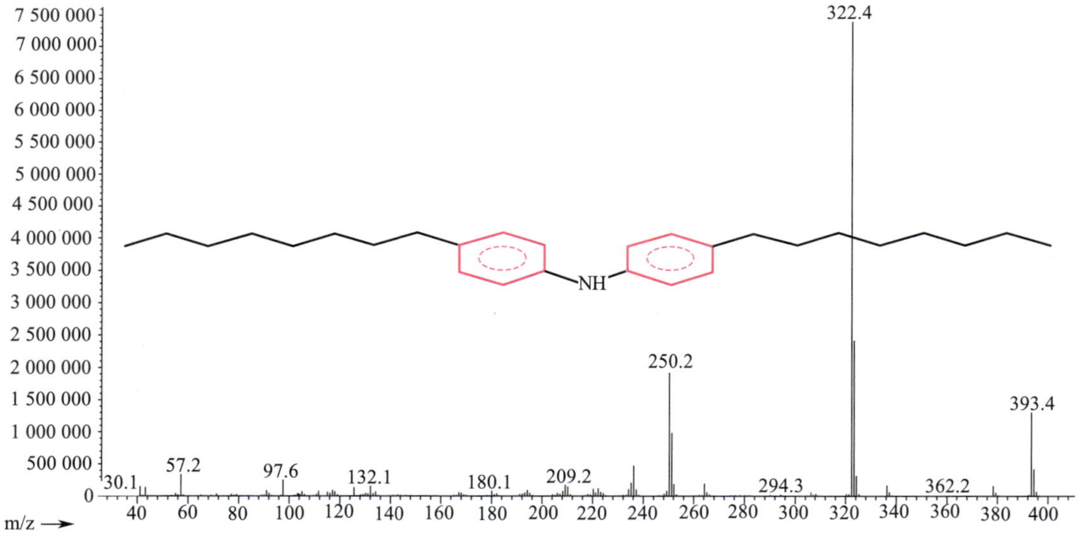

图 4-25　防老剂 ODA 的质谱图

(10)防老剂 WH-02 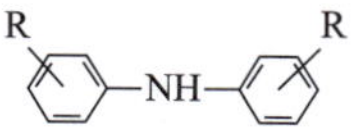

($R=C_7 \sim C_9$烷基)

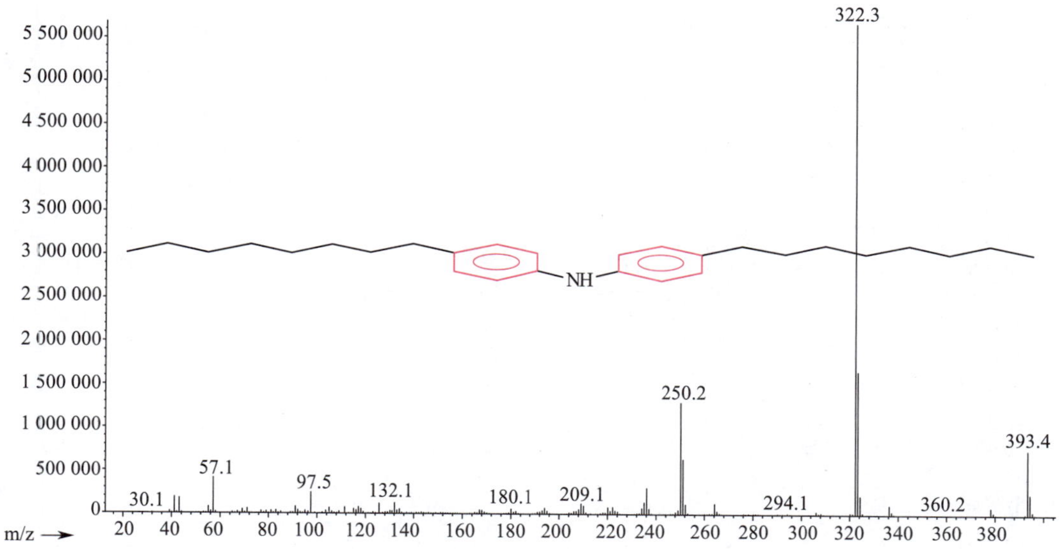

图 4-26　防老剂 WH-02 的质谱图

(11)防老剂 SP 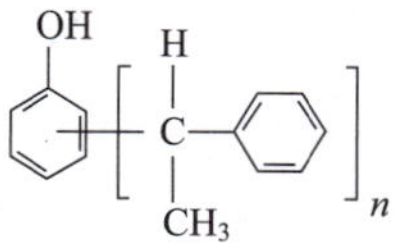

(n=1～3)

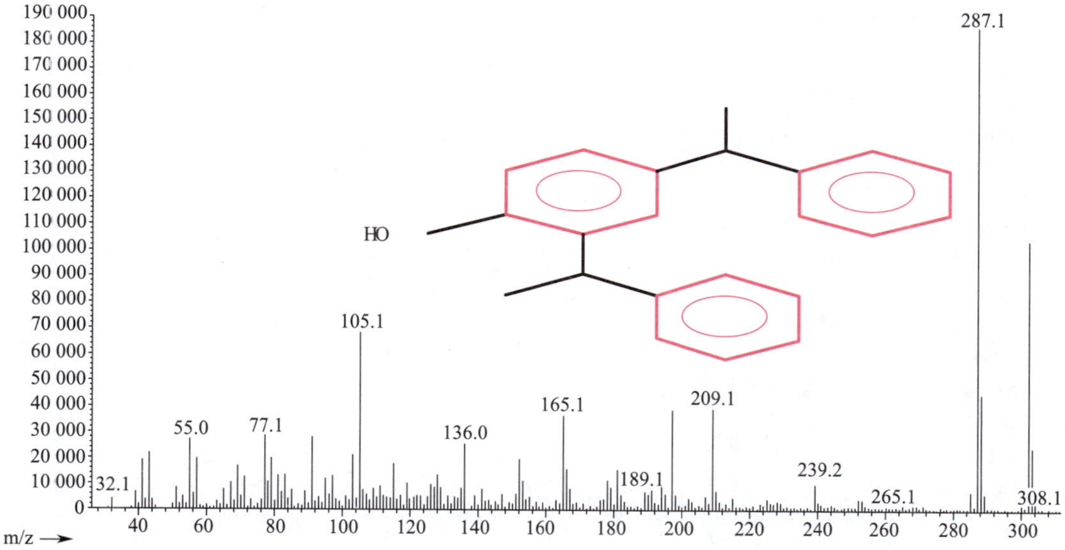

图 4-27　防老剂 SP 的质谱图

(12)防老剂 264

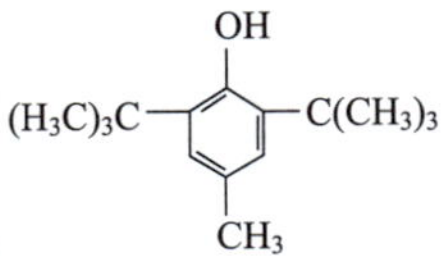

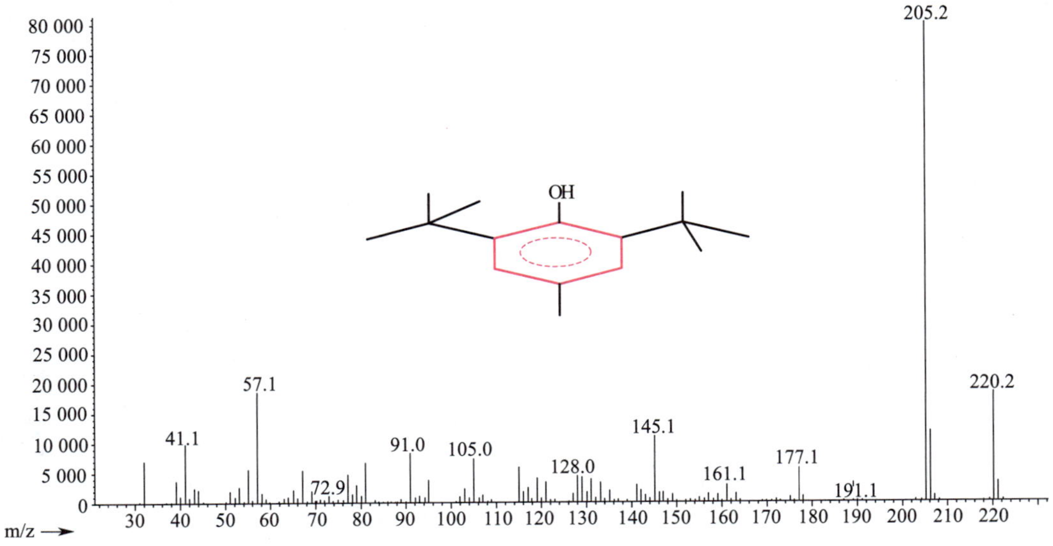

图 4-28 防老剂 264 的质谱图

(13)防老剂 2246

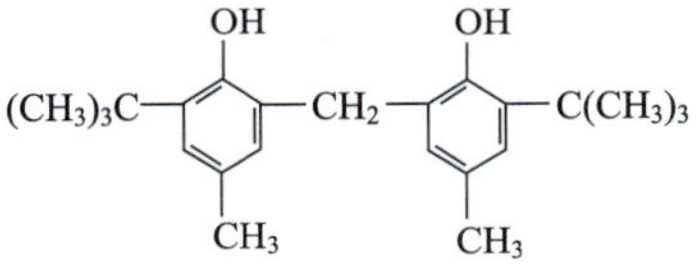

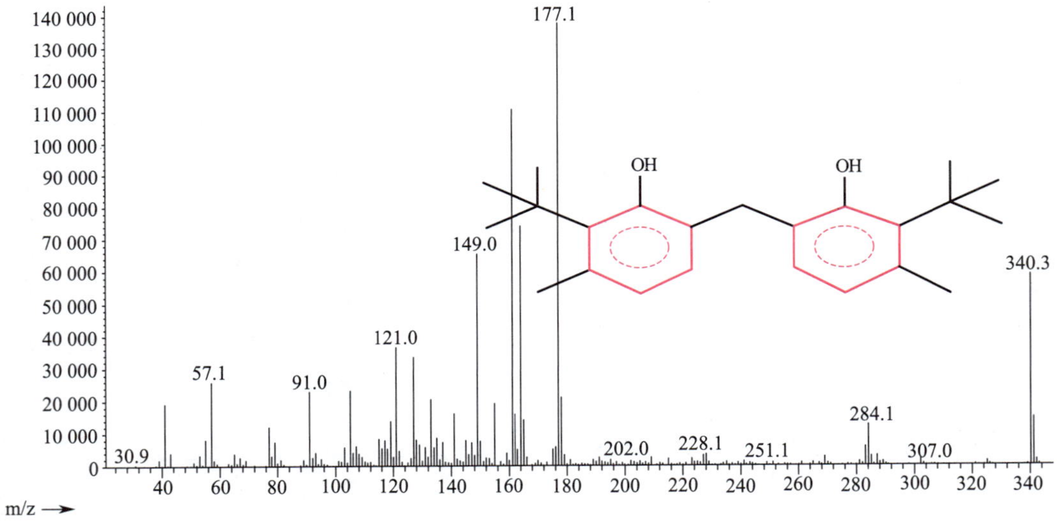

图 4-29 防老剂 2246 的质谱图

(14)防老剂 MB

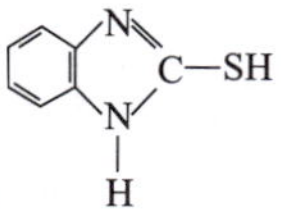

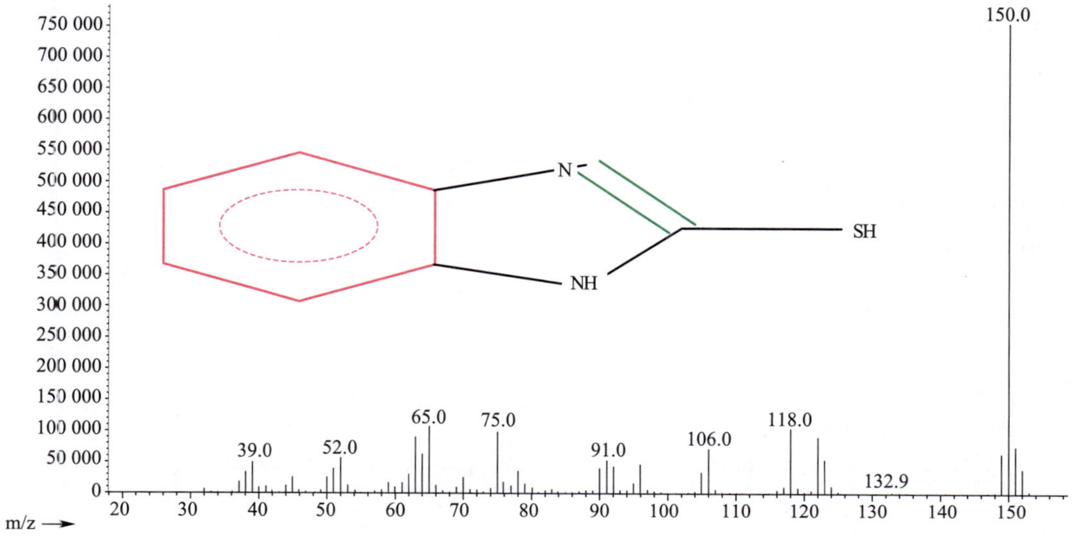

图 4-30　防老剂 MB 的质谱图

(15)促进剂 M

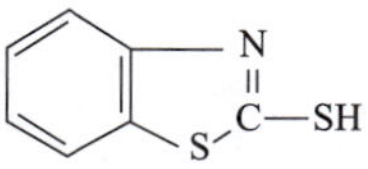

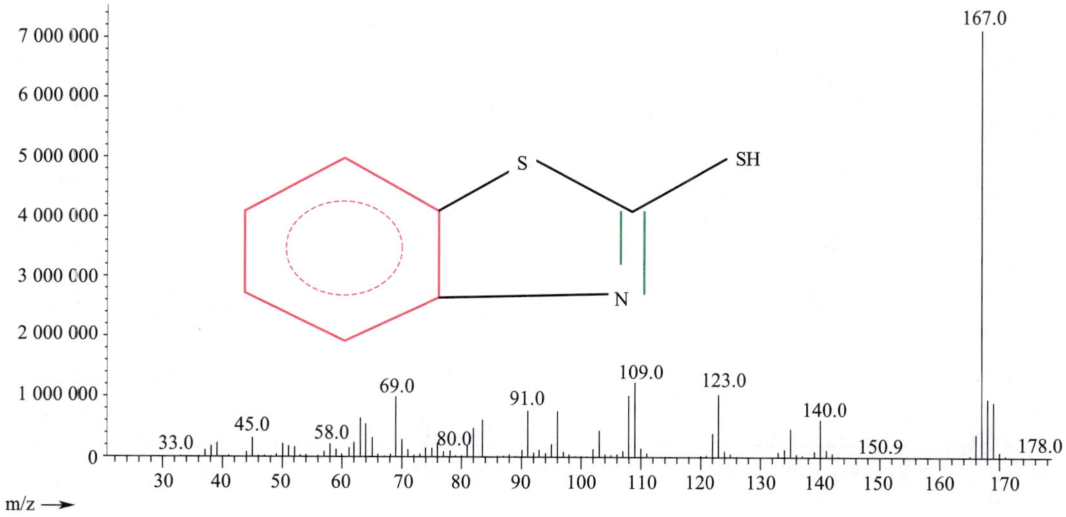

图 4-31　促进剂 M 的质谱图(促进剂 M 硫化反应后无变化)

(16)促进剂 DM 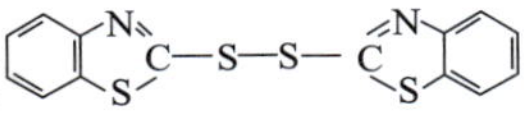

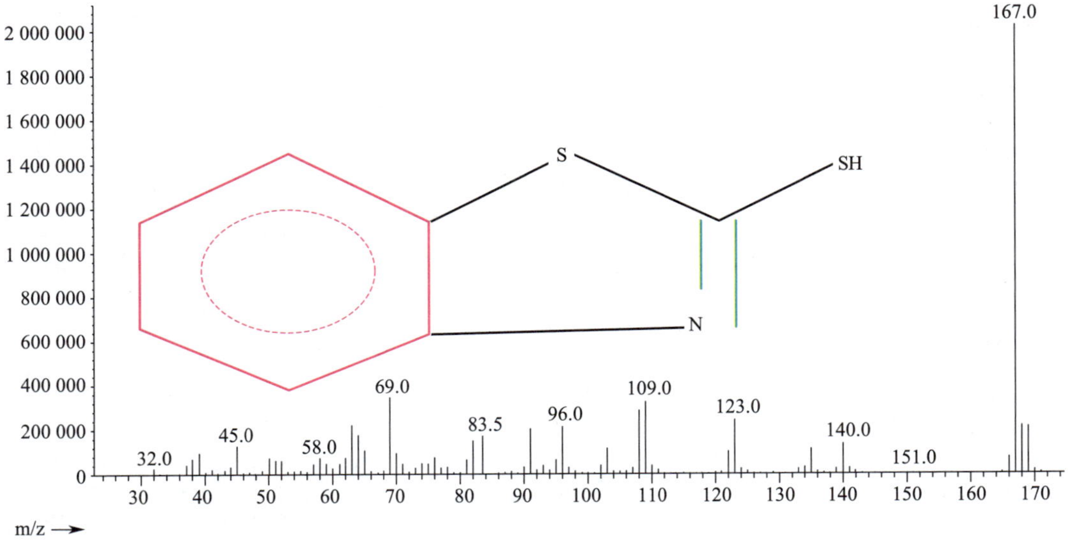

图 4-32　促进剂 DM 的质谱图(促进剂 DM 硫化反应后生成 M)

(17)促进剂 CZ 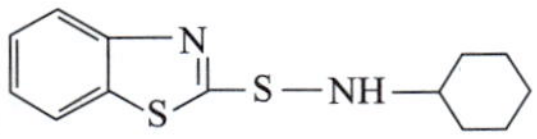

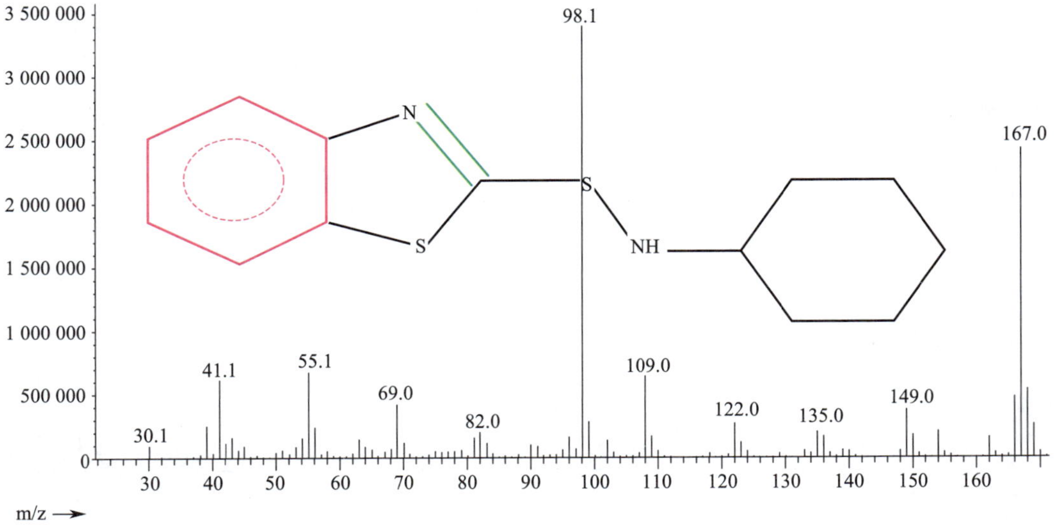

图 4-33　促进剂 CZ 的质谱图

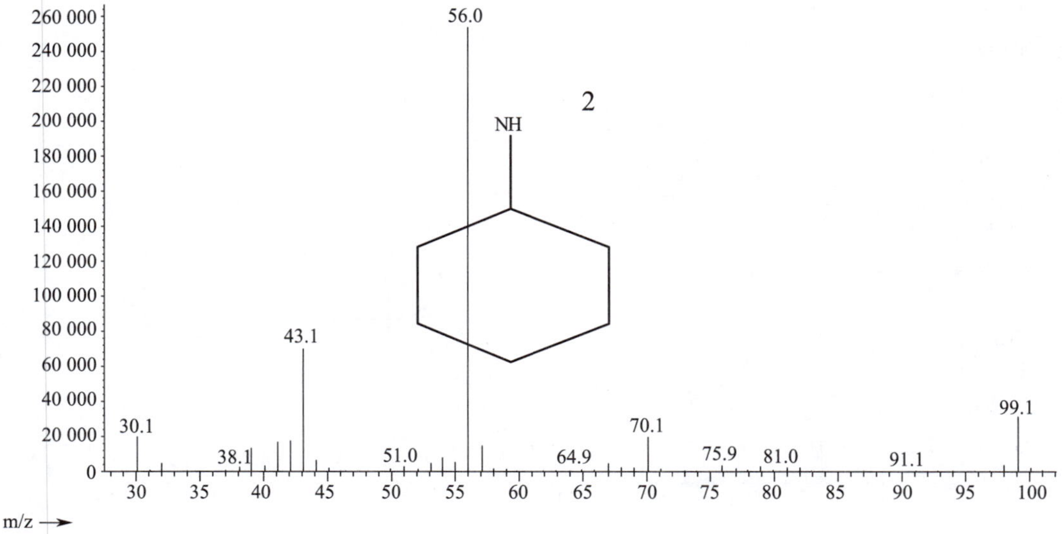

图 4-34　促进剂 CZ 的质谱图(促进剂 CZ 硫化反应后生成对应的胺类)

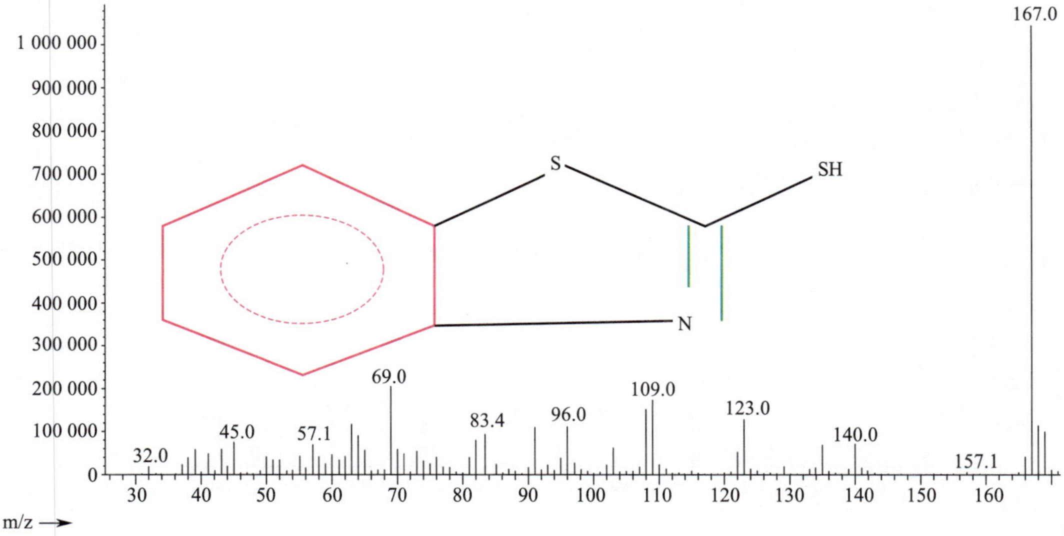

图 4-35　促进剂 CZ 的质谱图(促进剂 CZ 硫化反应后生成对应的巯基苯并噻唑)

(18)促进剂 NOBS 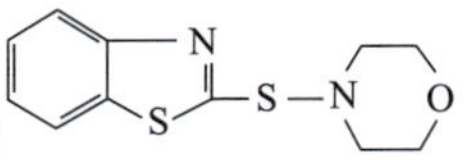

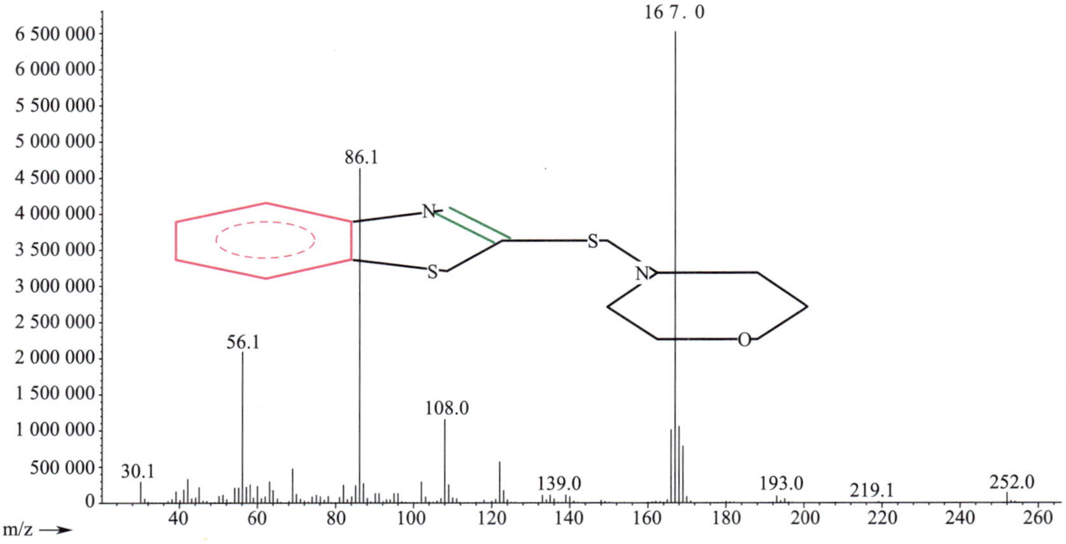

图 4-36　促进剂 NOBS 的质谱图

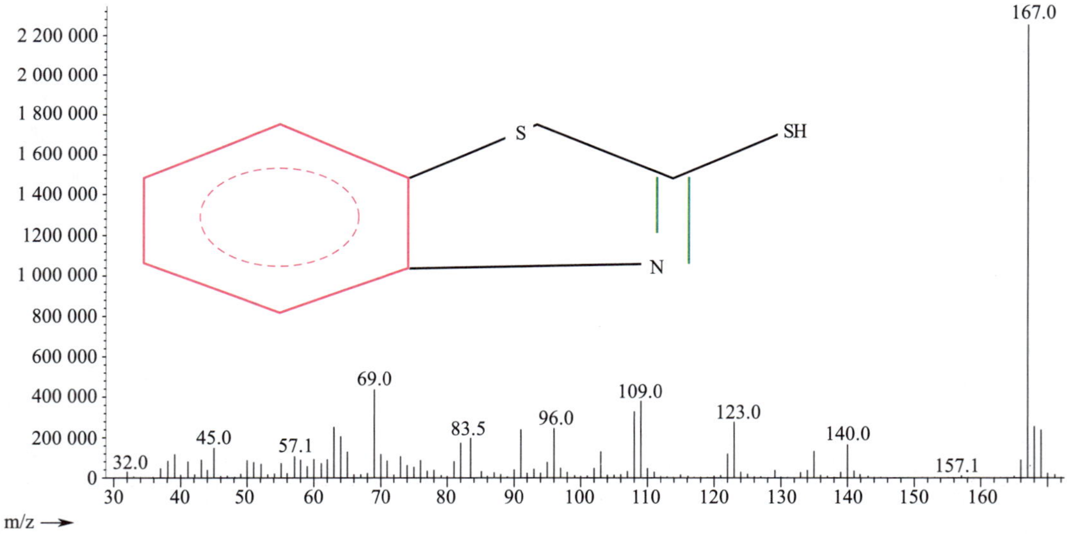

图 4-37　促进剂 NOBS 的质谱图(促进剂 NOBS 硫化反应后生成巯基苯并噻唑)

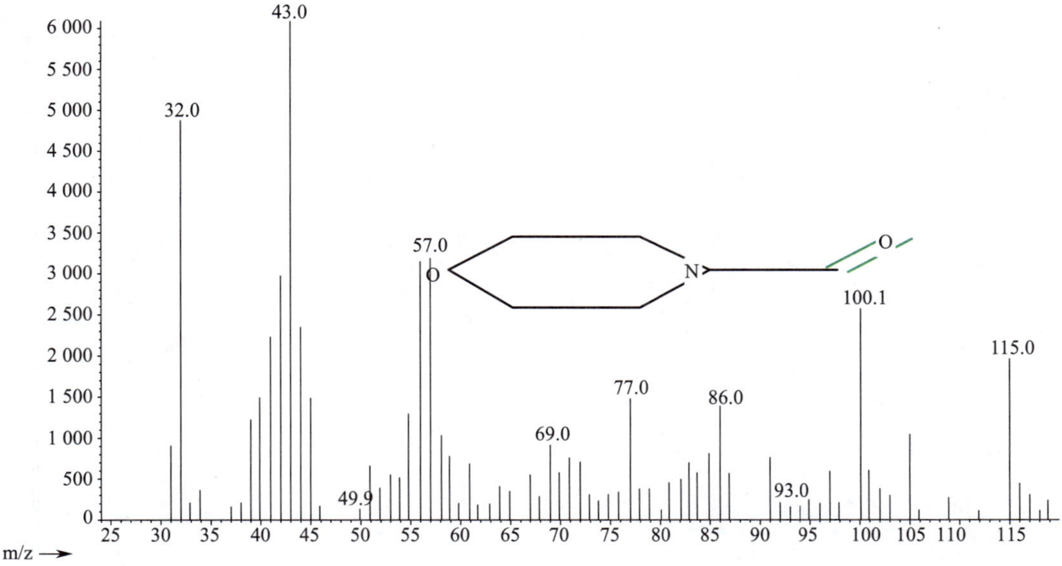

图 4-38　促进剂 NOBS 的质谱图(促进剂 NOBS 硫化反应后生成)

(19)促进剂 PZ
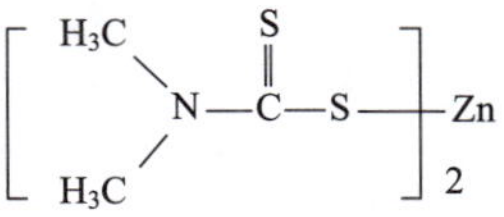

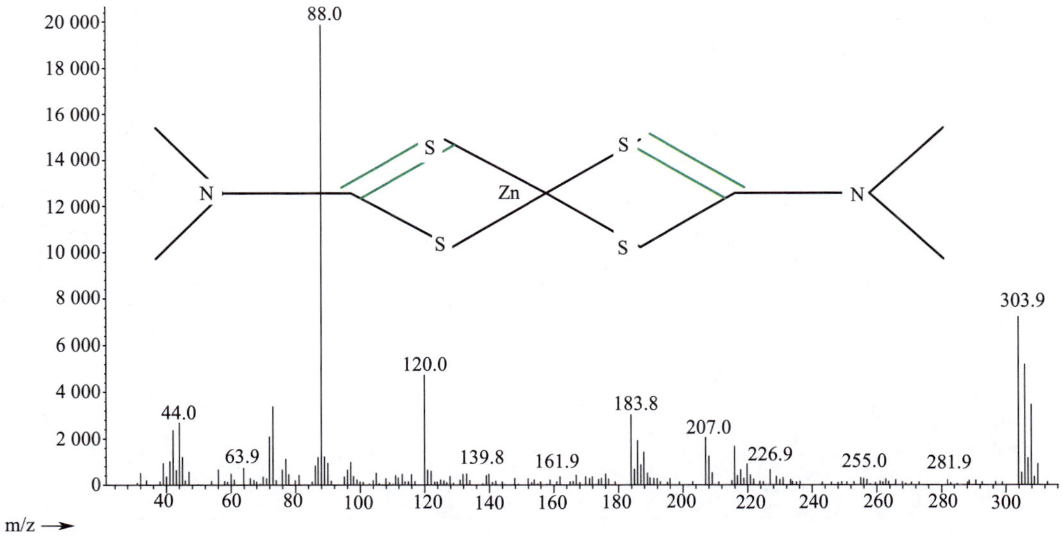

图 4-39　促进剂 PZ 的质谱图

(20)促进剂 EZ 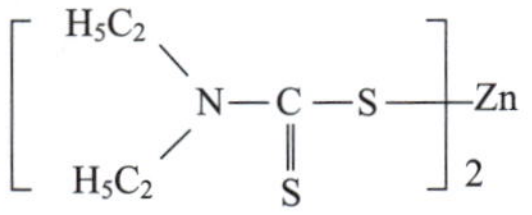

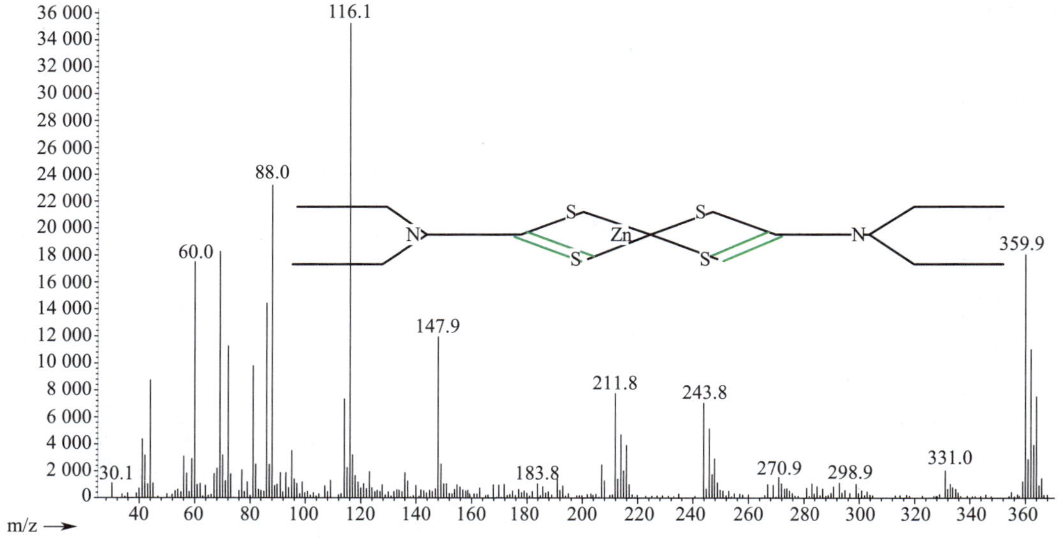

图 4-40 促进剂 EZ 的质谱图

(21)促进剂 BZ 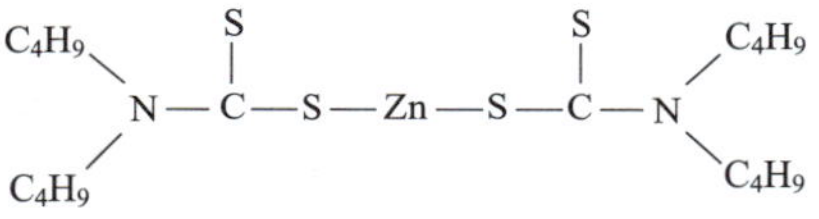

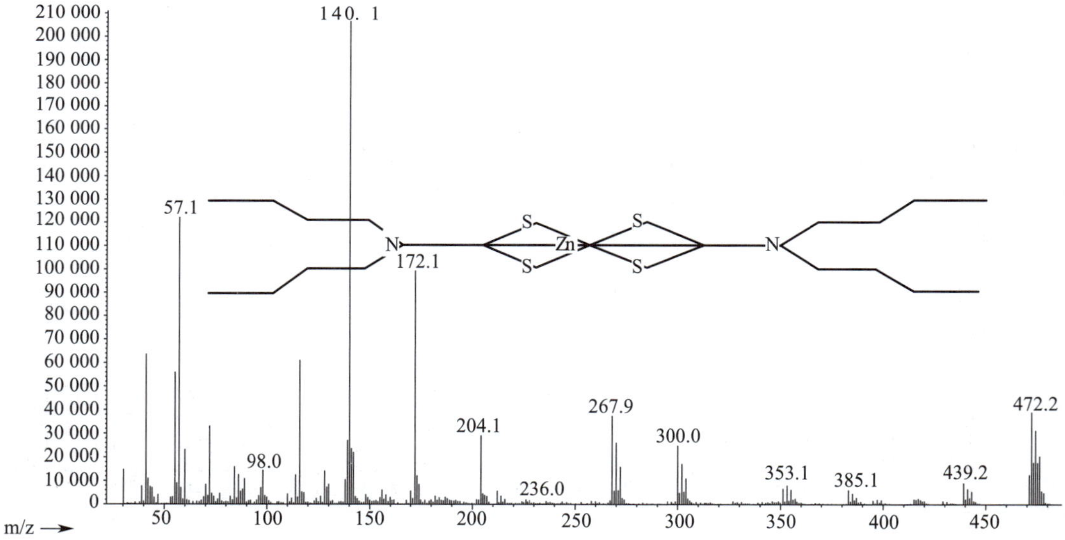

图 4-41 促进剂 BZ 的质谱图

(22)促进剂 TMTD 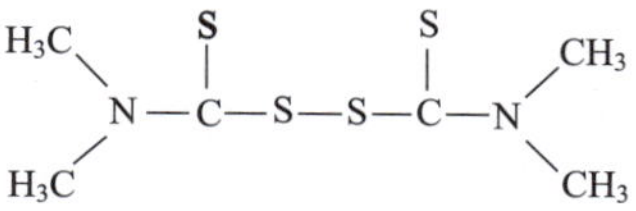

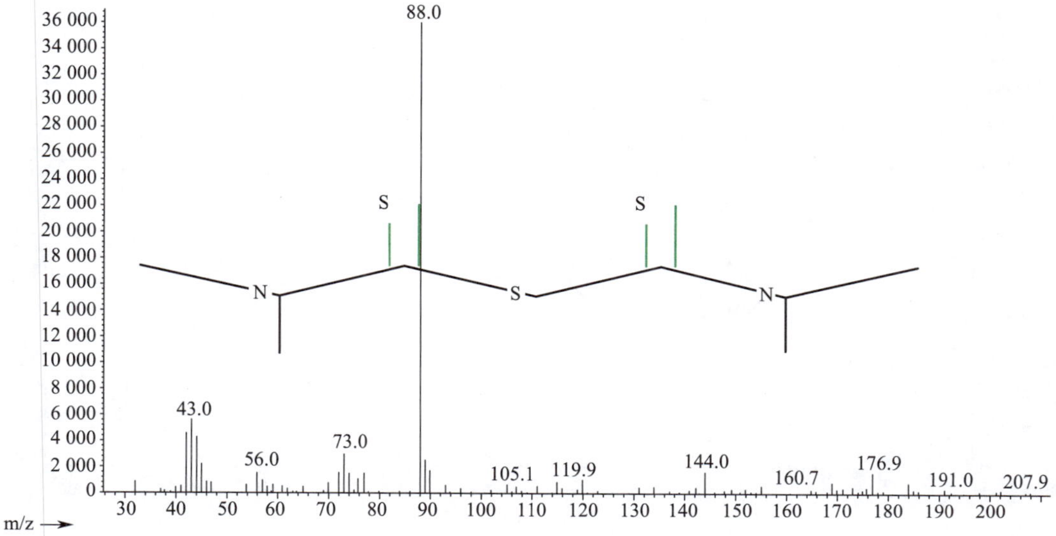

图 4-42　促进剂 TMTD 的质谱图(无氧化锌存在时,发生脱硫反应)

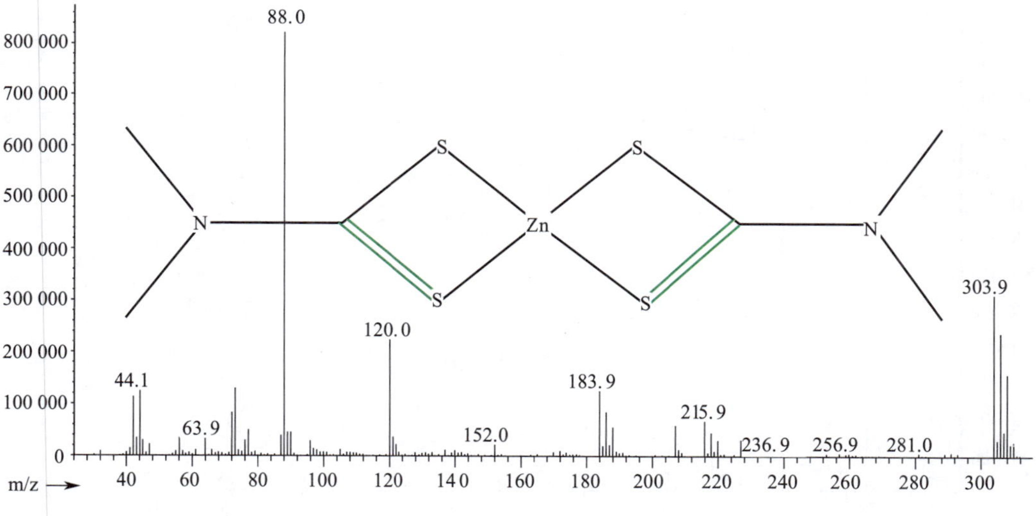

图 4-43　促进剂 TMTD 的质谱图(促进剂 TMTD 在有氧化锌存在时,反应生成二甲基二硫代氨基甲酸锌)

(23)促进剂 NA-22 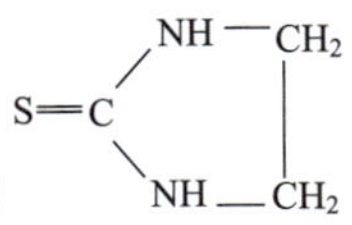

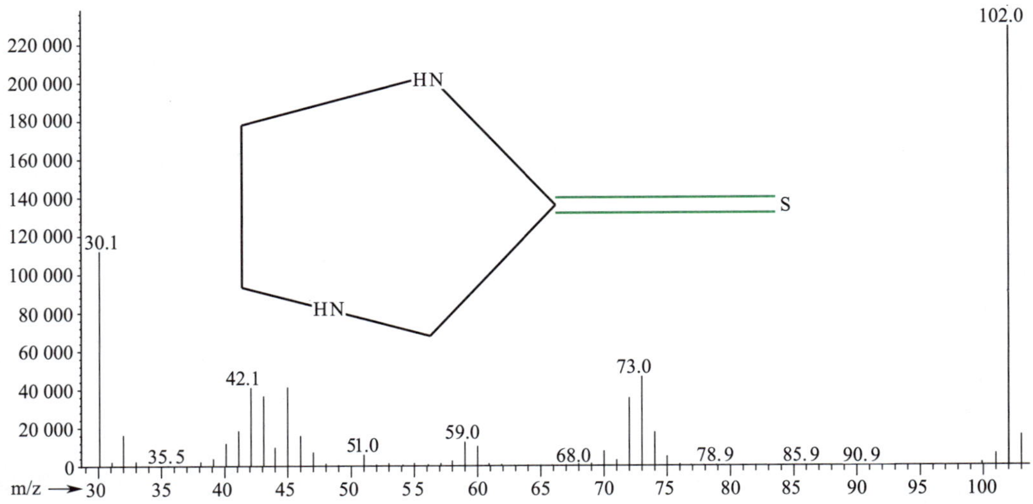

图 4-44 促进剂 NA-22 的质谱图(反应前)

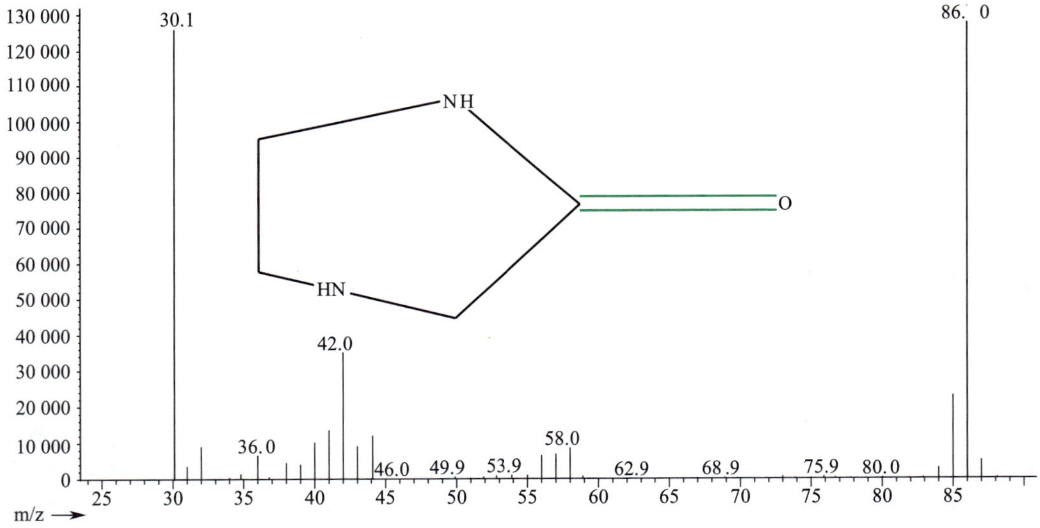

图 4-45 促进剂 NA-22 的质谱图(反应后)

(24)促进剂 D 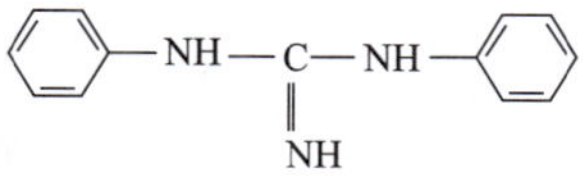

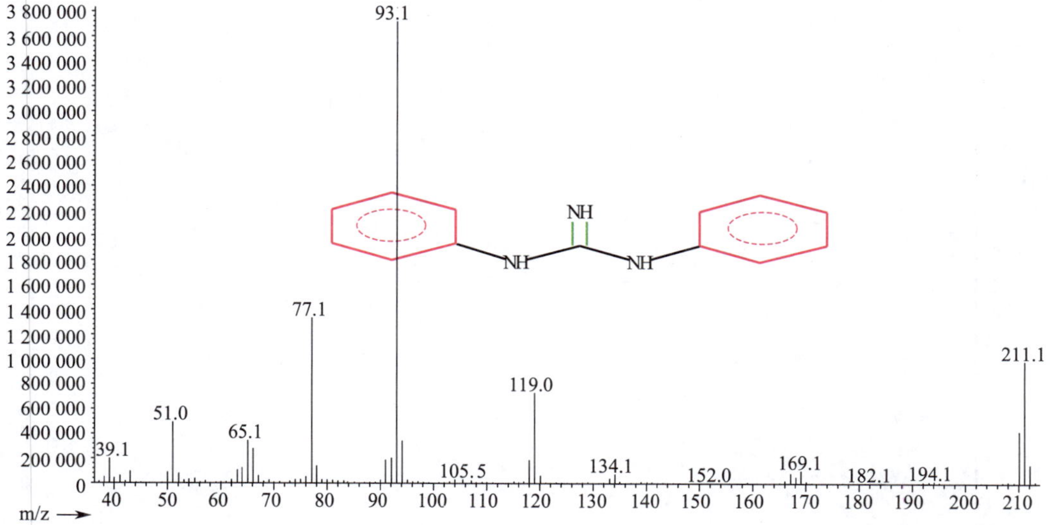

图 4-46　促进剂 D 的质谱图(硫化反应前后无变化)

(25)促进剂 DOTG 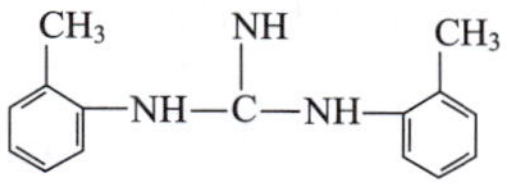

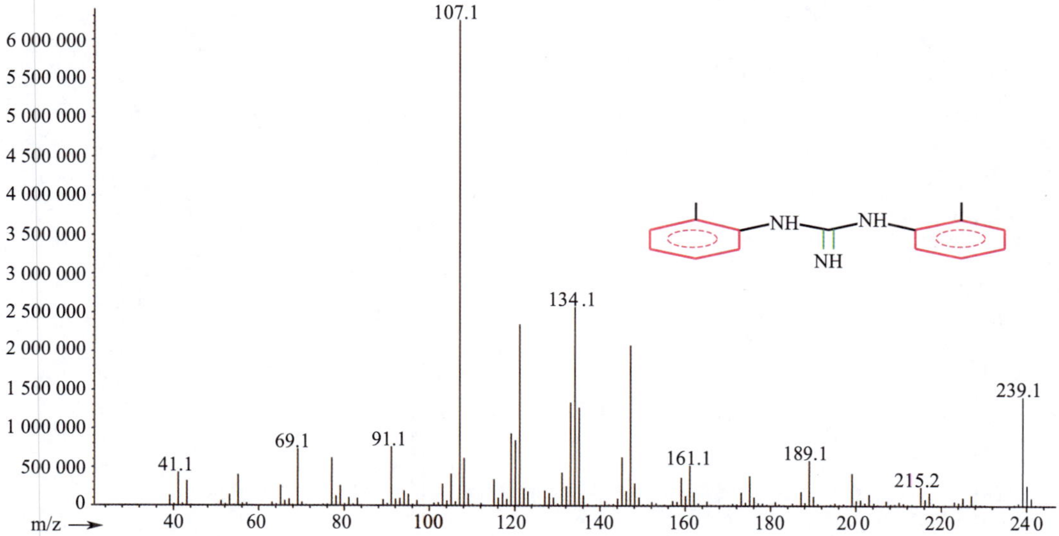

图 4-47　促进剂 DOTG 的质谱图(硫化反应前后无变化)

(26)促进剂 H 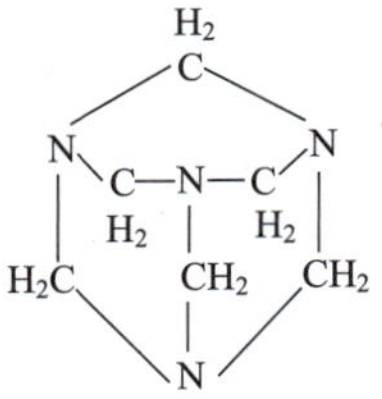

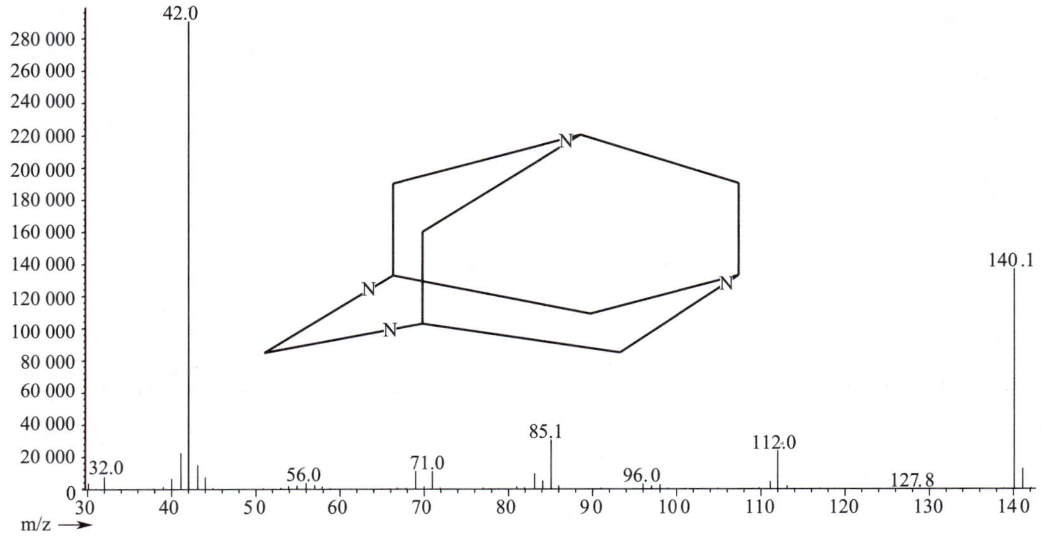

图 4-48　促进剂 H 的质谱图(硫化反应前后无变化)

(27)防焦剂 CTP 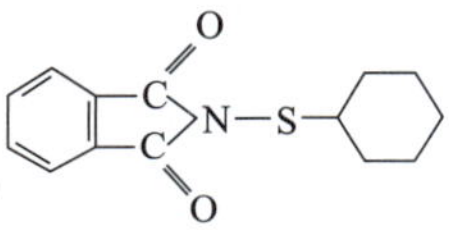

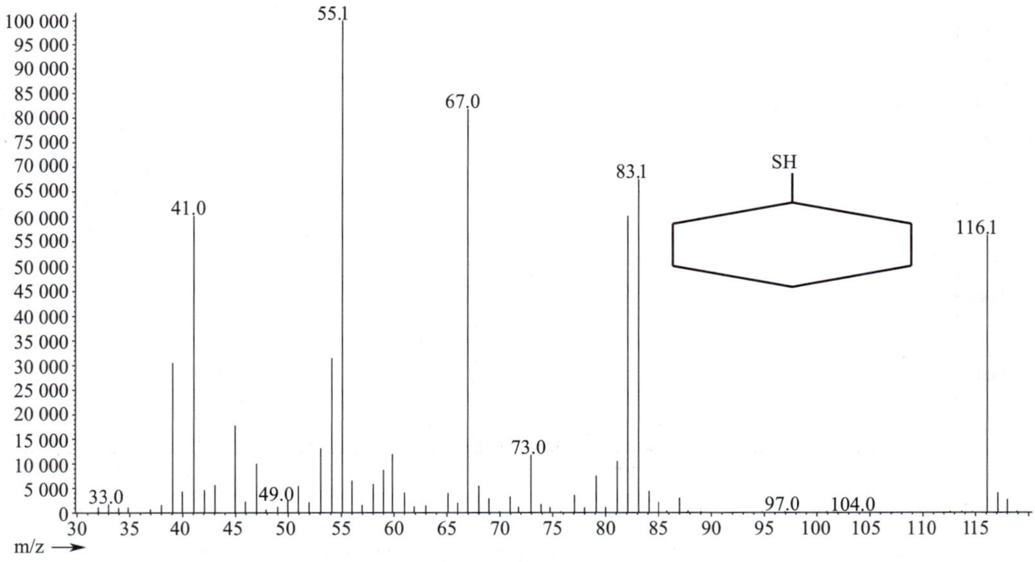

图 4-49　防焦剂 CTP 的质谱图(CTP 硫化后生成)

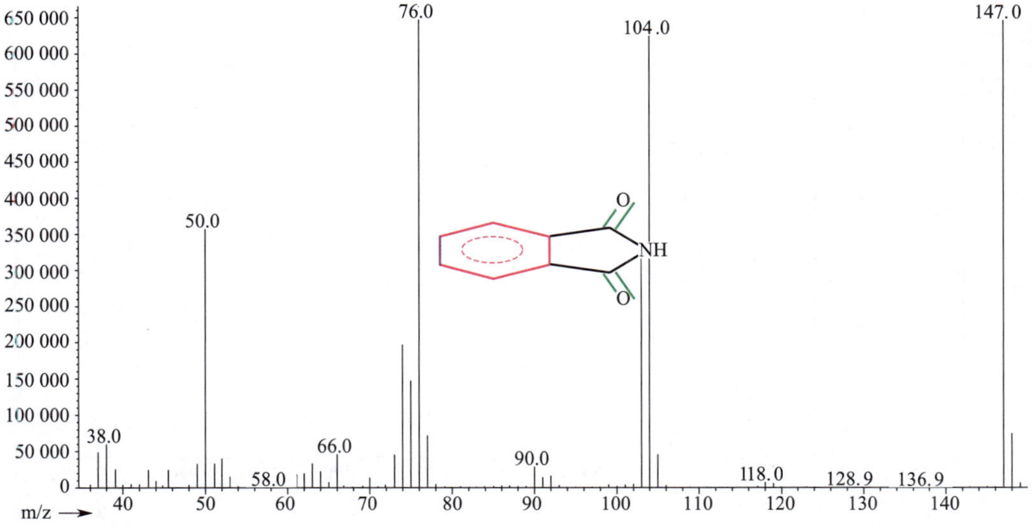

图 4-50　防焦剂 CTP 的质谱图(CTP 硫化后生成)

(28)过氧化硫化剂 DCP

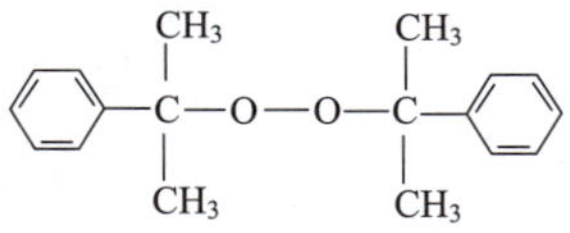

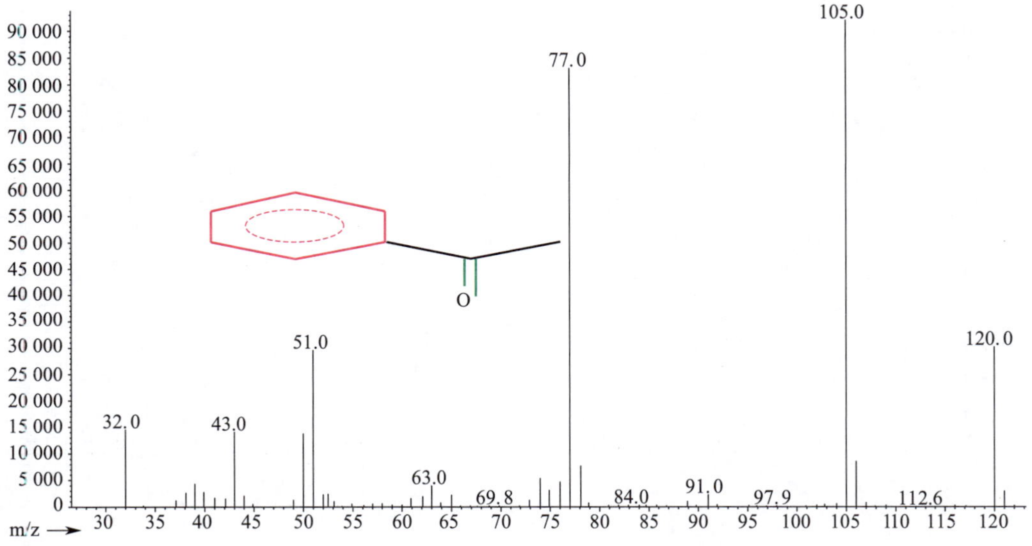

图 4-51　过氧化硫化剂 DCP 的质谱图(DCP 硫化后生成苯甲酮)

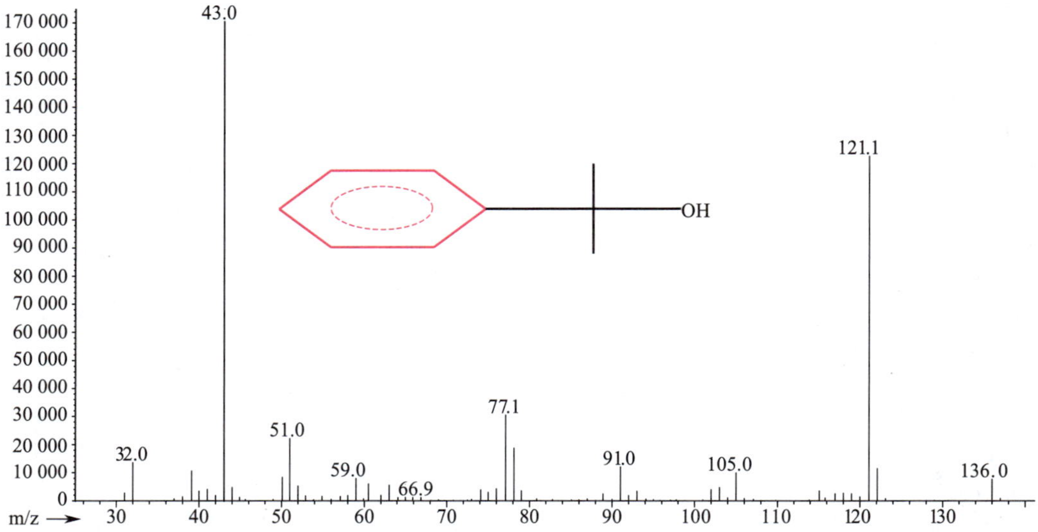

图 4-52　过氧化硫化剂 DCP 的质谱图(DCP 硫化后生成 1,1—二甲基苯甲酚)

(29)过氧化硫化剂双 25

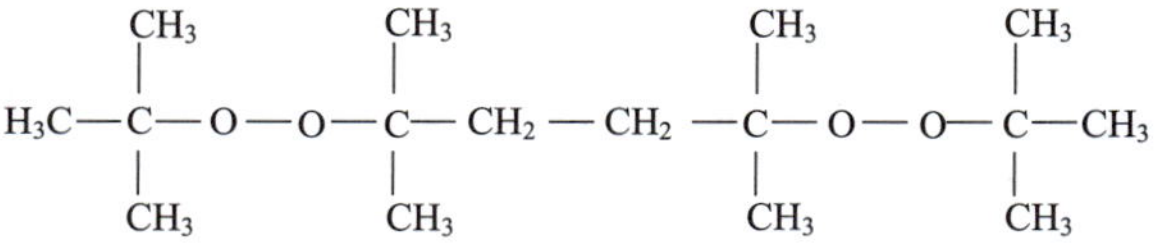

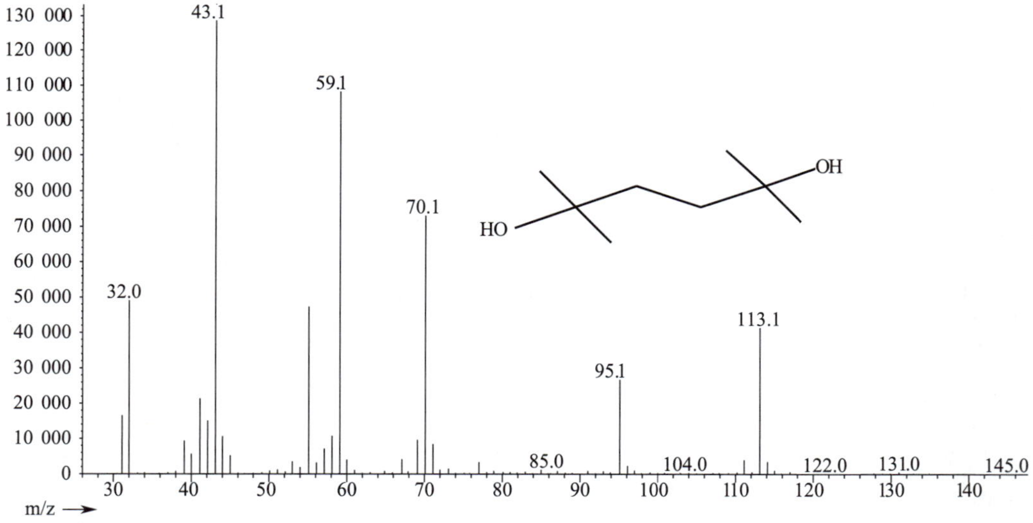

图 4-53　过氧化硫化剂双 25 的质谱图(双 25 硫化后生成)

(30)硫磺

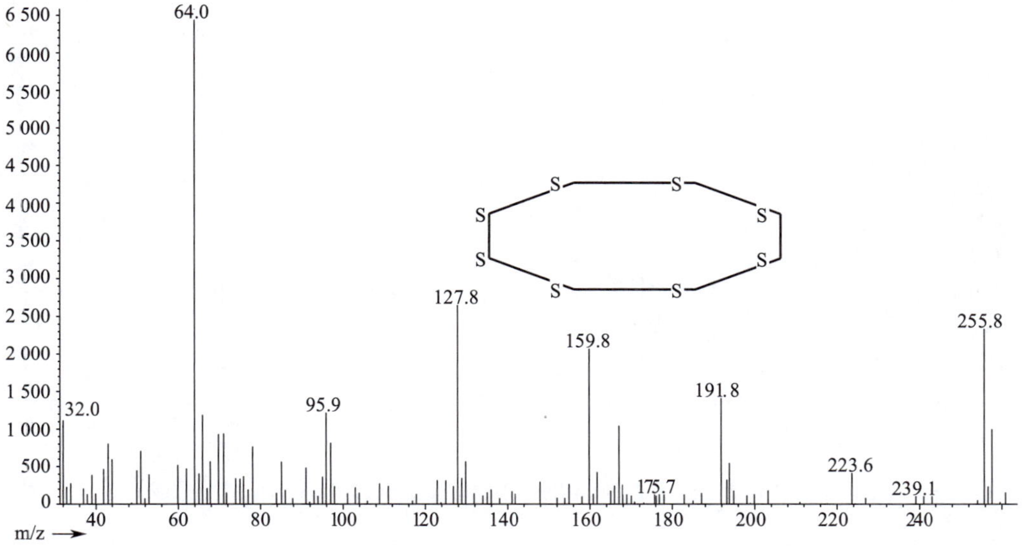

图 4-54　硫磺的质谱图(未硫化反应完全的硫磺)

(31)活性剂 TAIC

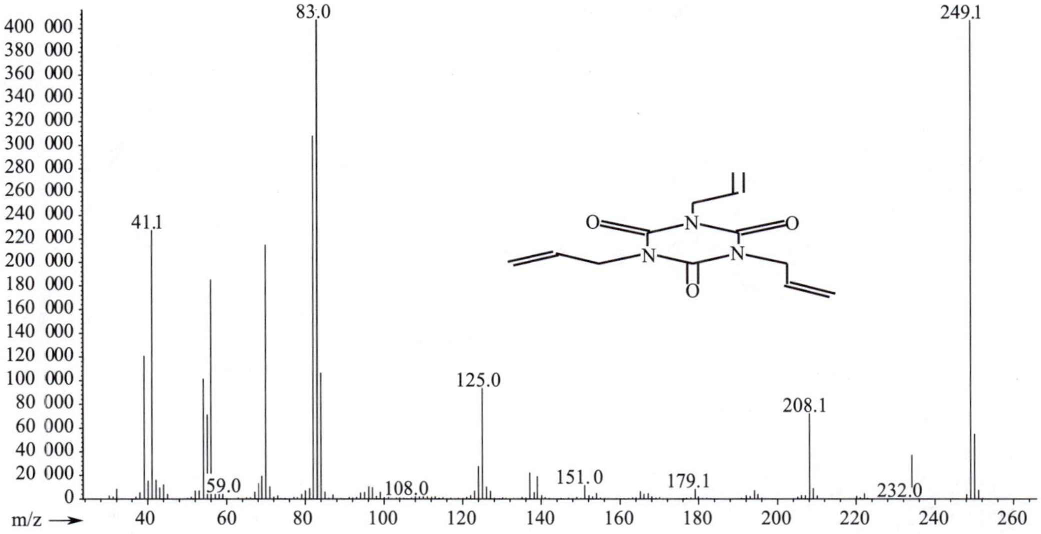

图 4-55　活性剂 TAIC 的质谱图(硫化反应前后无变化)

(32)发泡剂二苯磺酰阱醚 OBSH 

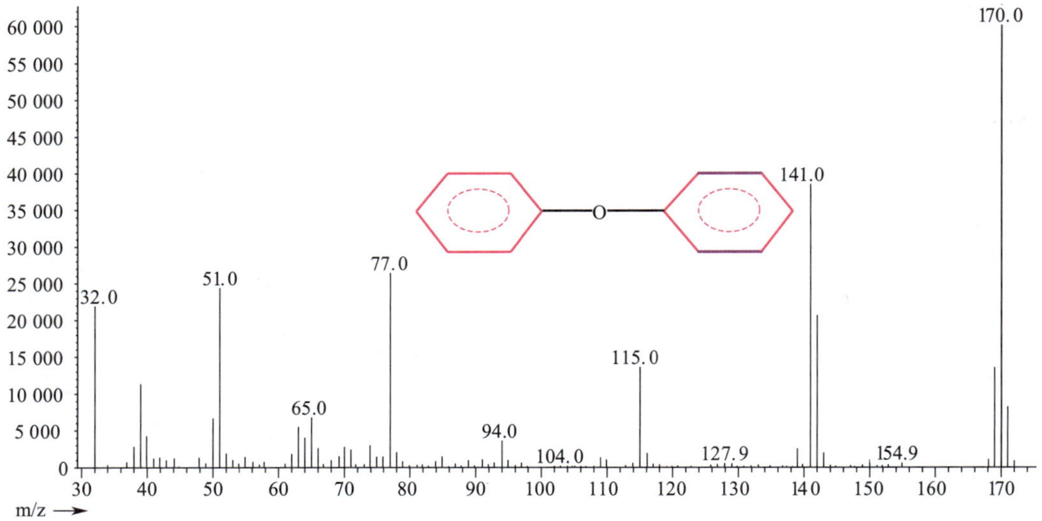

图 4-56 发泡剂二苯磺酰阱醚 OBSH 的质谱图(硫化反应后生成二苯醚)

(33)抗氧剂 1010

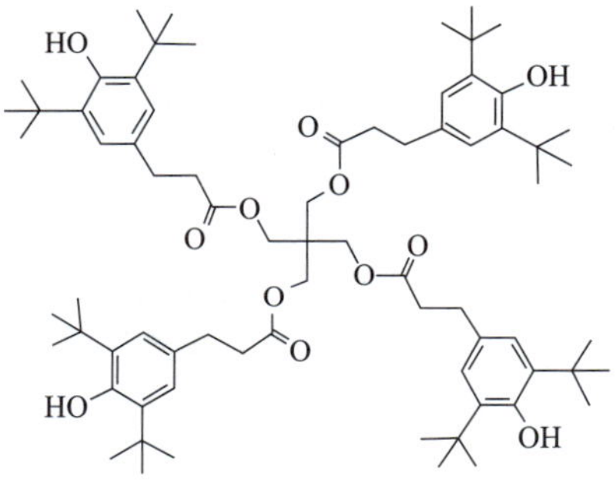

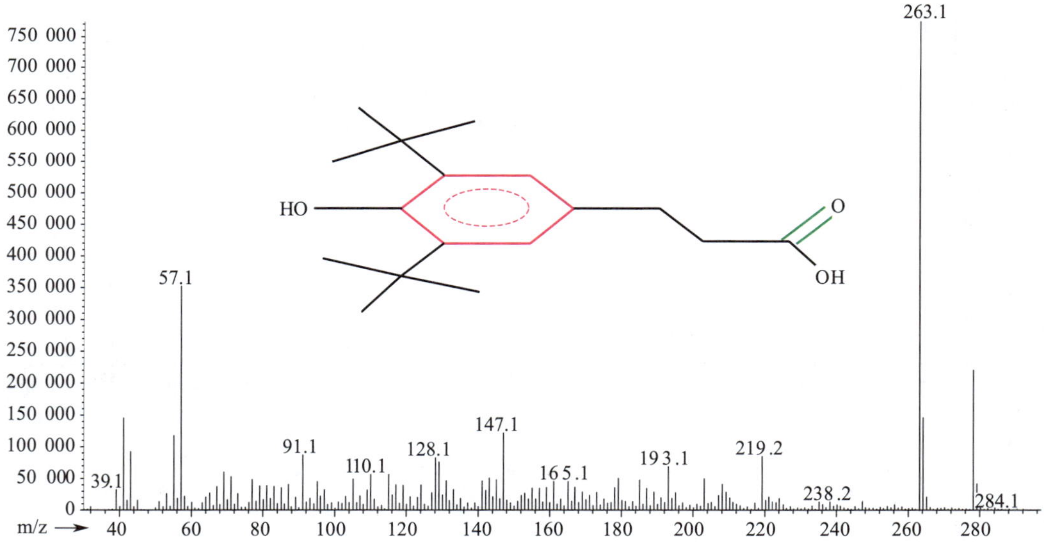

图 4-57 抗氧剂 1010 的质谱图

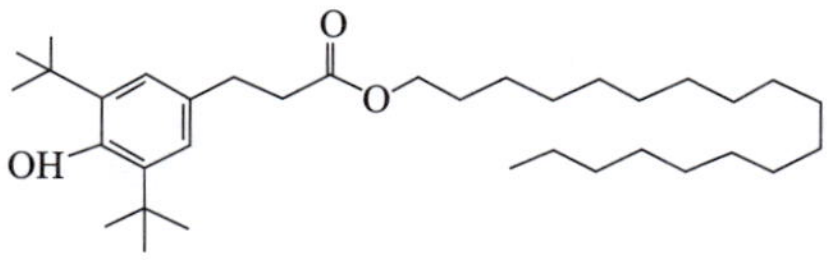

(34)抗氧剂 HH1076

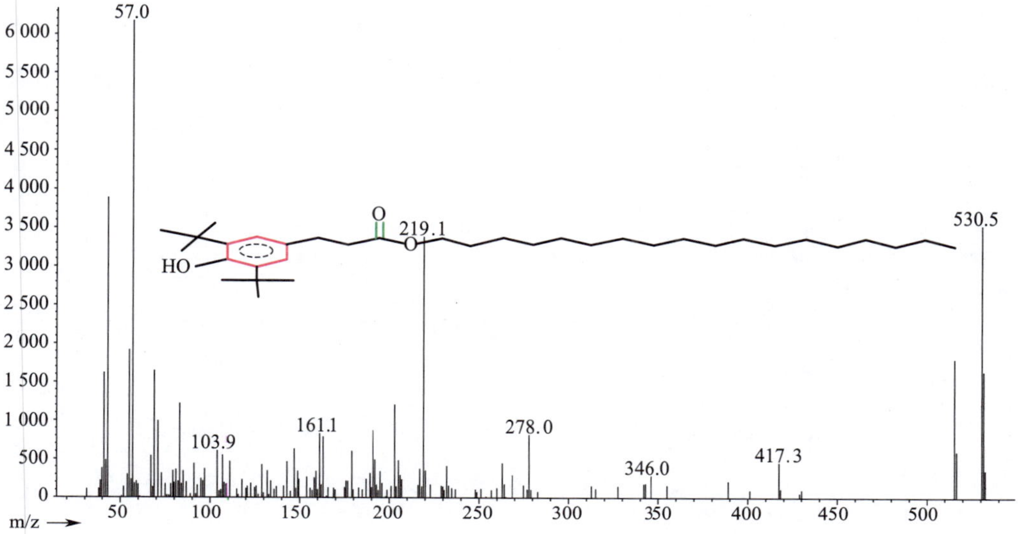

图 4-58　抗氧剂 HH1076 的质谱图

(35)硬脂酸

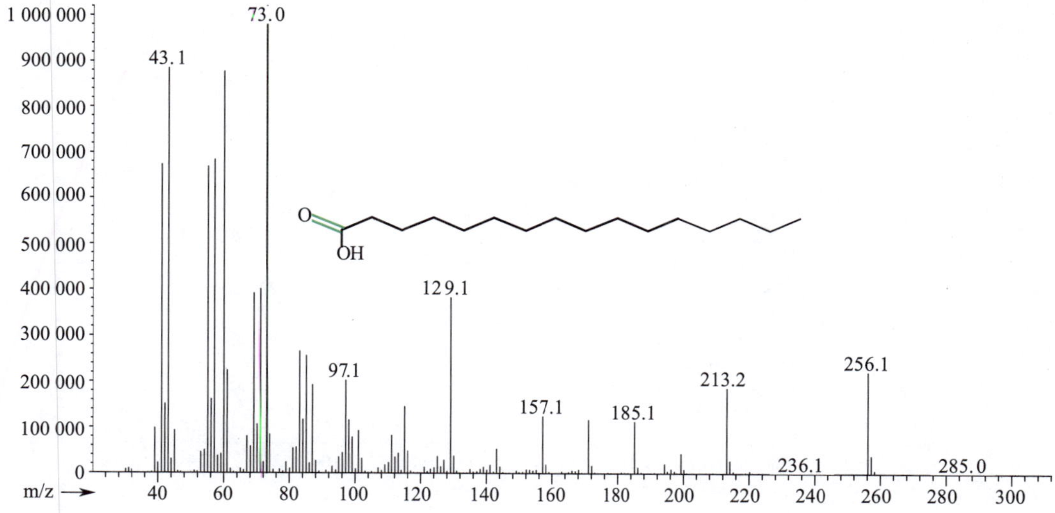

图 4-59　硬脂酸的质谱图(十八烷酸与十六烷酸的混合物,硫化反应前后无变化)

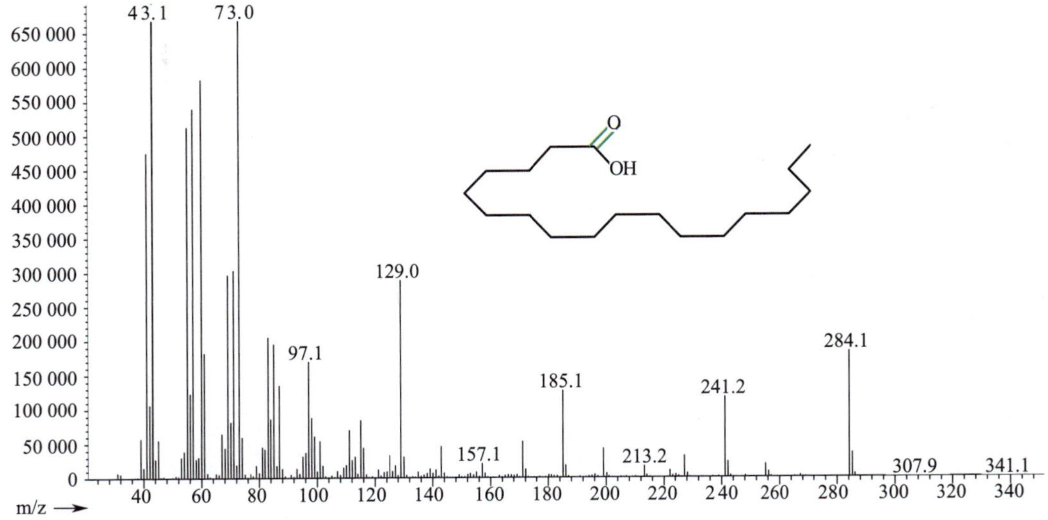

图 4-60　硬脂酸的质谱图（十八烷酸与十六烷酸的混合物，硫化反应前后无变化）

(36)增塑剂 DIBP

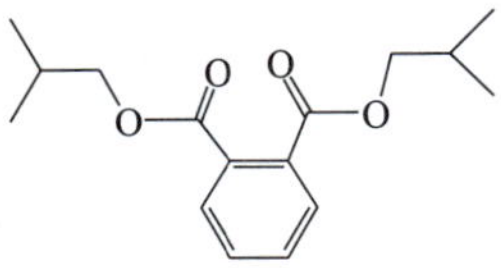

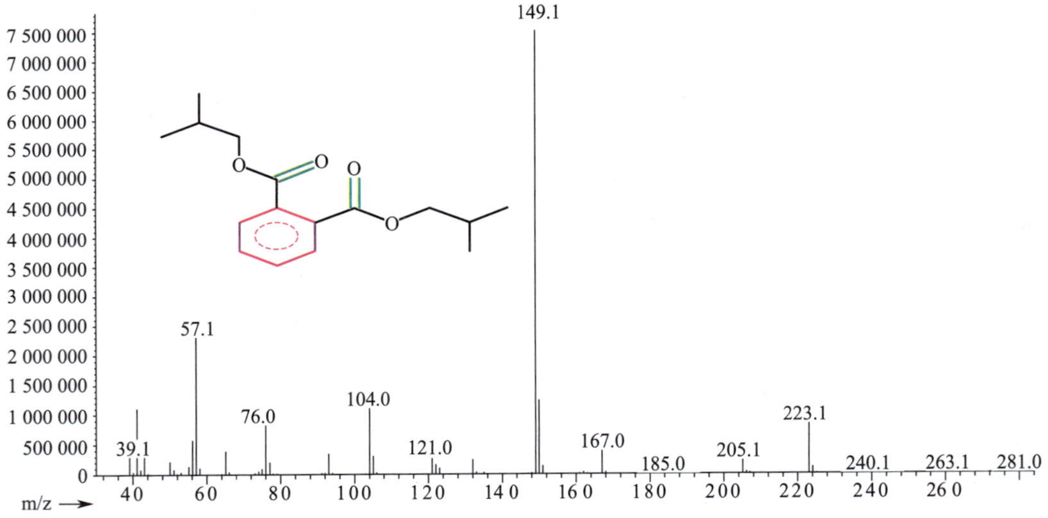

图 4-61　增塑剂 DIBP 的质谱图（硫化反应前后无变化）

(37)增塑剂 DBP

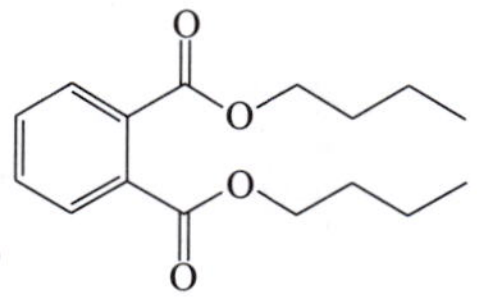

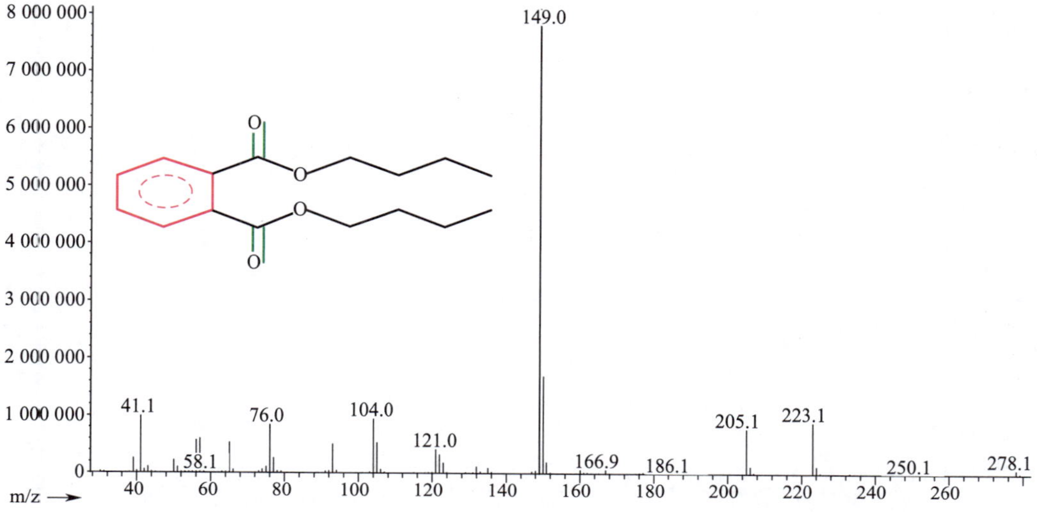

图 4-62　增塑剂 DBP 的质谱图(硫化反应前后无变化)

(38)增塑剂 BBP

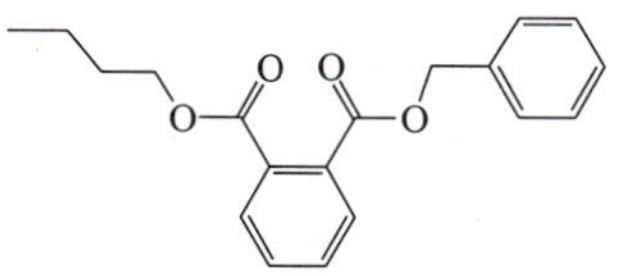

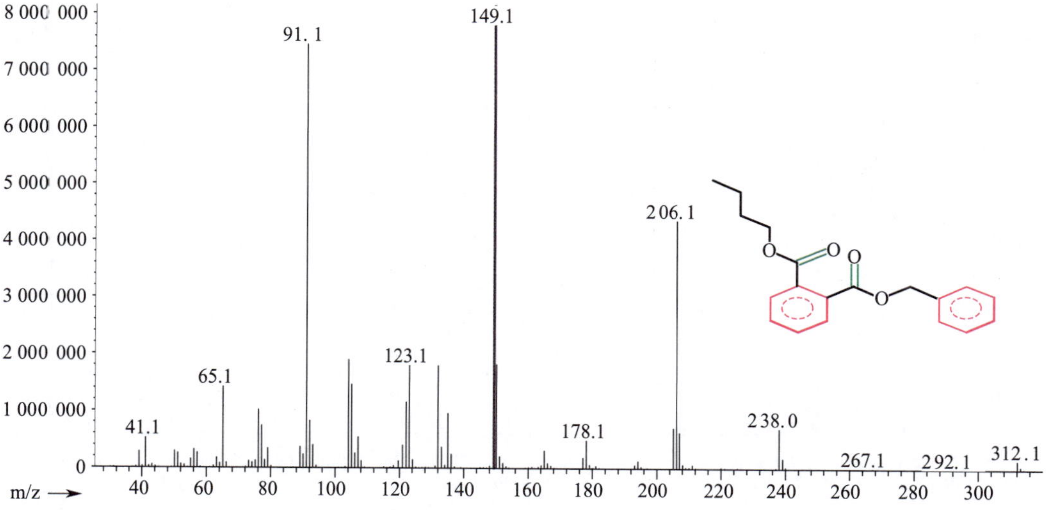

图 4-63　增塑剂 BBP 的质谱图(硫化反应前后无变化)

(39)增塑剂 DEHP

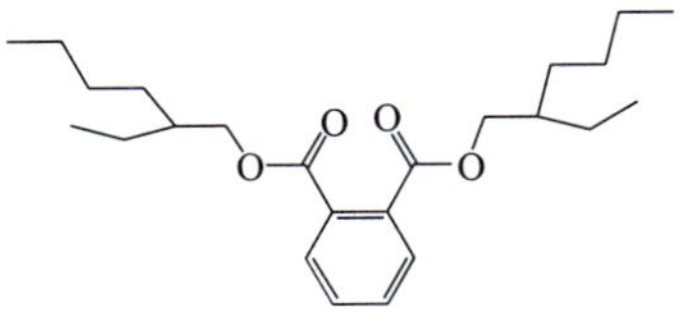

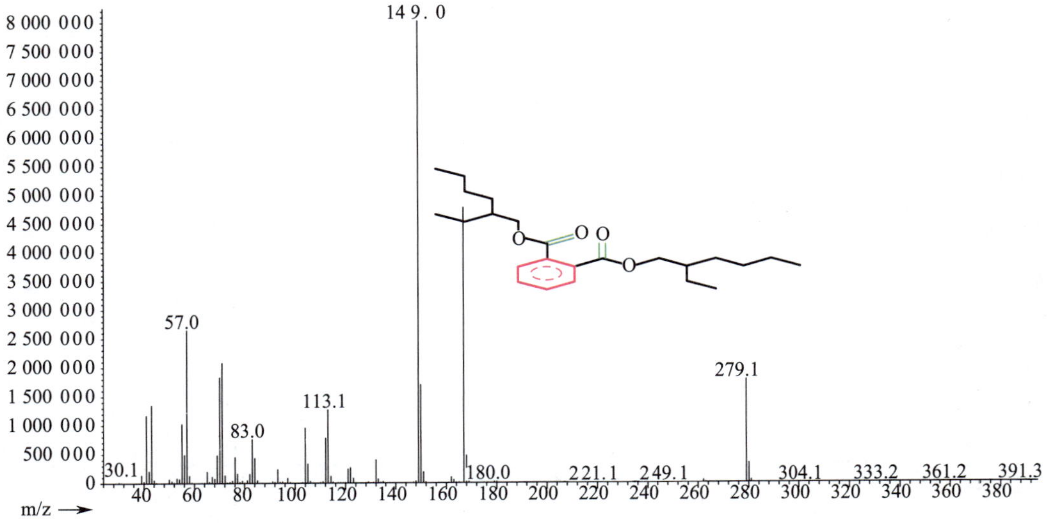

图 4-64　增塑剂 DEHP 的质谱图(硫化反应前后无变化)

(40)增塑剂己二酸二辛酯 DOA

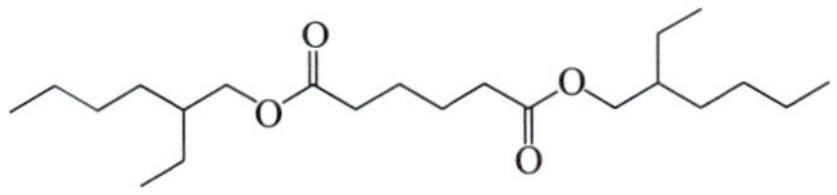

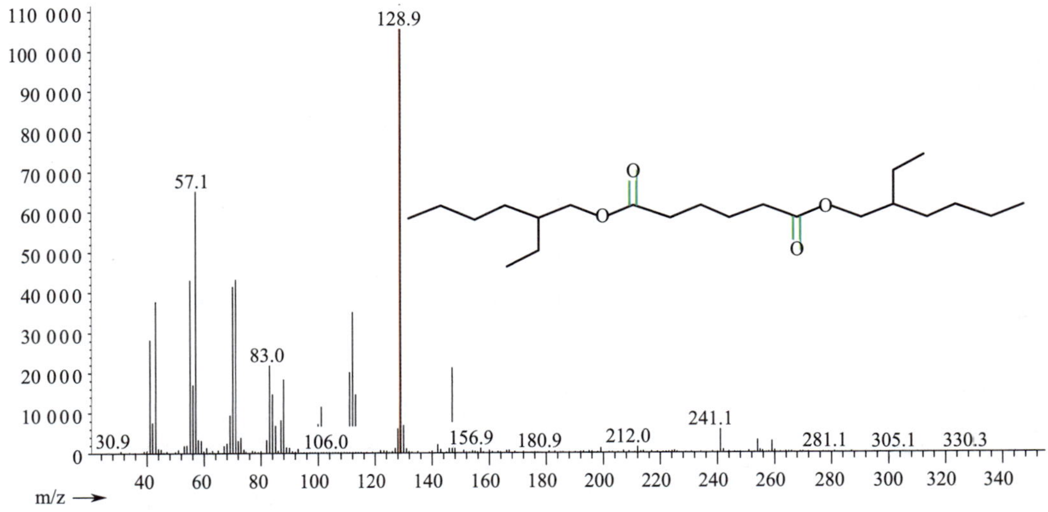

图 4-65　增塑剂 DOA 的质谱图(硫化反应前后无变化)

(41)增塑剂癸二酸二辛酯 DOS 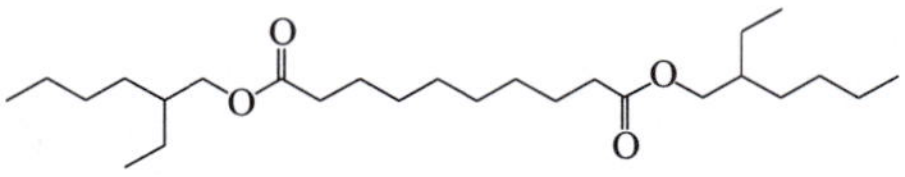

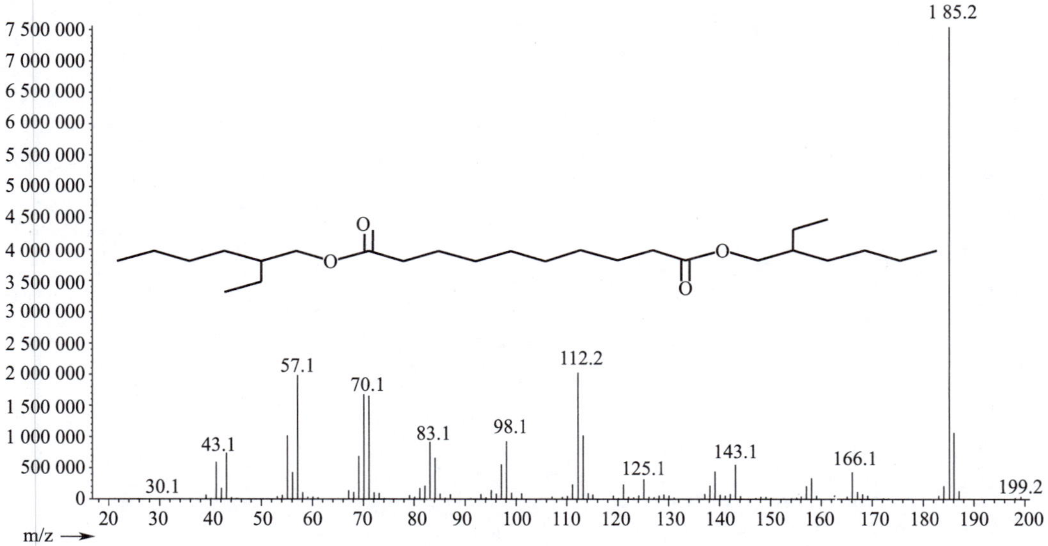

图 4-66　增塑剂 DOS 的质谱图(硫化反应前后无变化)

(42)阻燃剂磷酸三辛酯 TOP 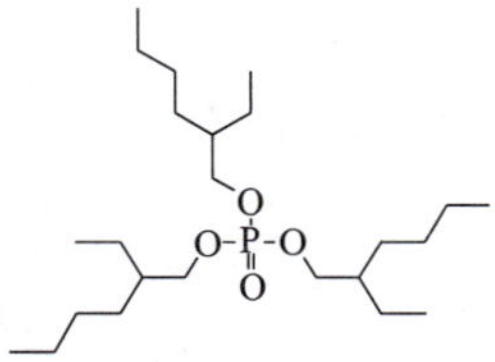

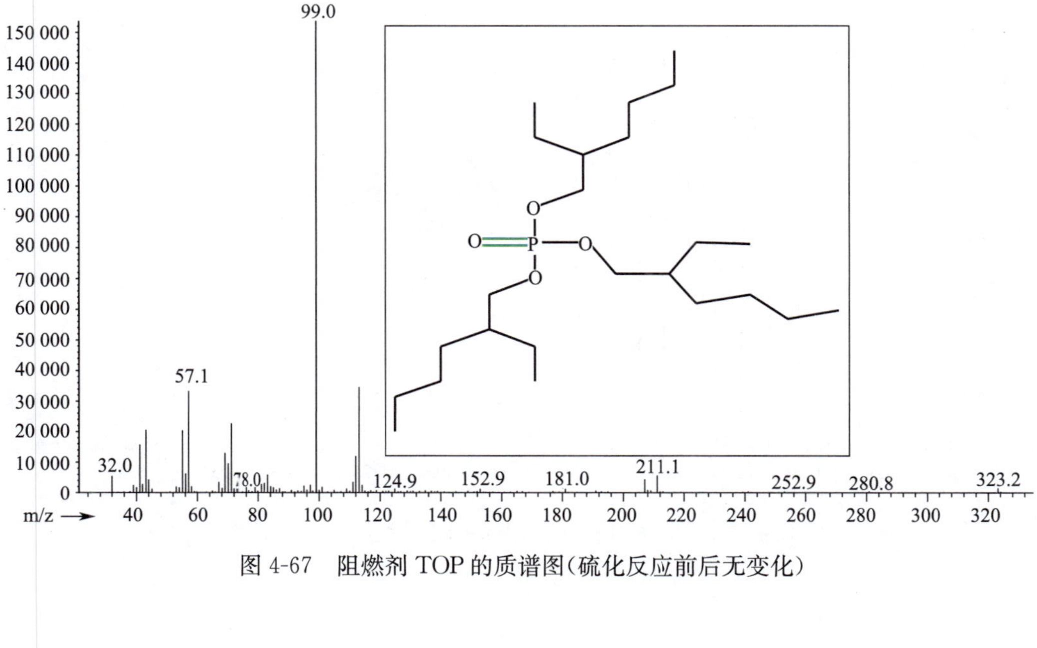

图 4-67　阻燃剂 TOP 的质谱图(硫化反应前后无变化)

(43)磷酸三甲苯酯 TCP 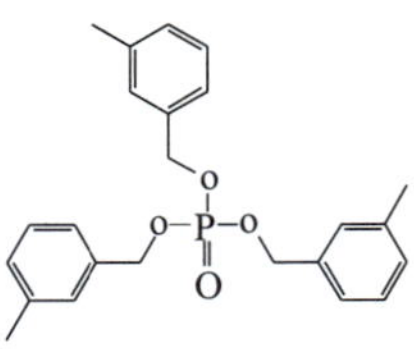

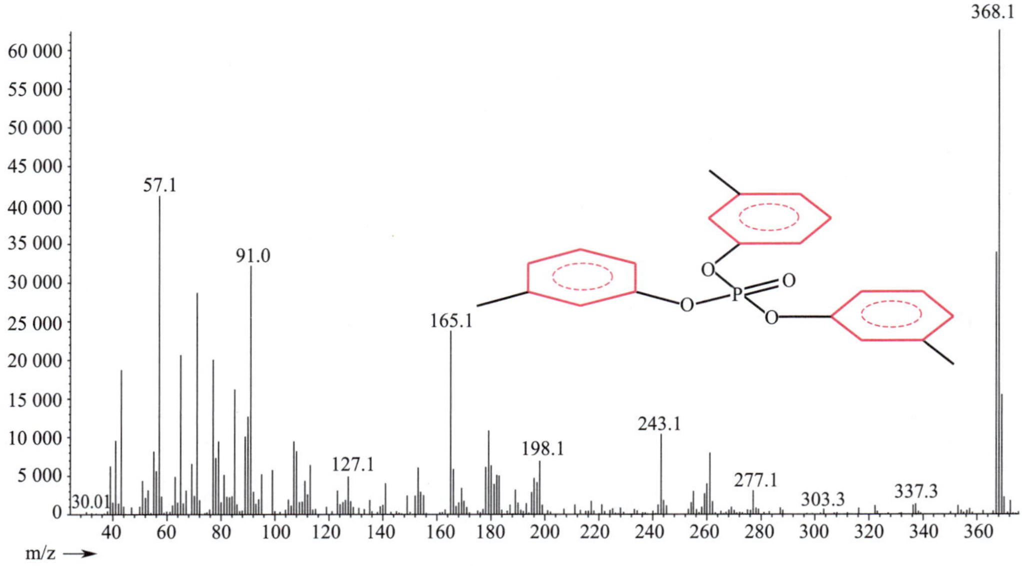

图 4-68　磷酸三甲苯酯 TCP 的质谱图(硫化反应前后无变化)

(44)防护蜡

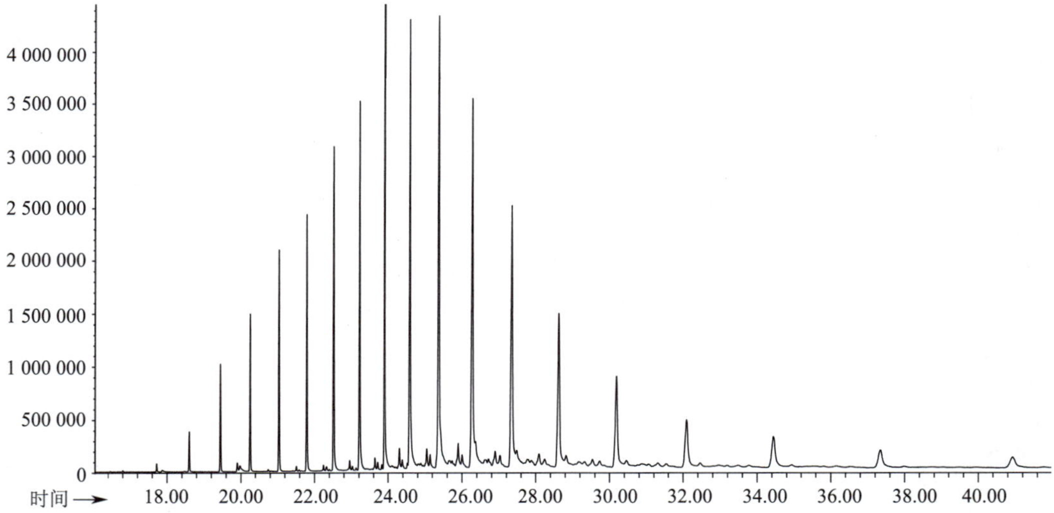

图 4-69　防护蜡的质谱图(防护蜡是由系列正构烷烃及异构烷烃所组成)

(45)芳烃油

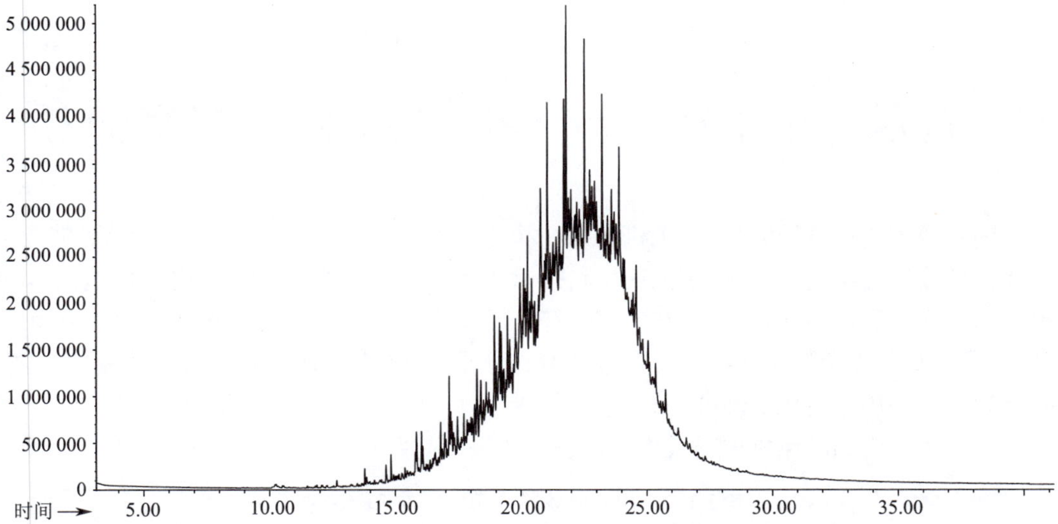

图 4-70　防护蜡的质谱图(芳烃油是由大量多环芳烃及饱和烷烃所组成)

第五章 橡胶中无机助剂的定性定量分析

随着橡胶应用领域的扩展，无机助剂在橡胶工业中的地位越来越突出。特别是随着现代橡胶改性技术的发展，很多无机材料被赋予了独特的物理与化学性能，如耐磨性、导电性、导热性、阻燃性、耐腐蚀性和气密性等。因此定性定量分析橡胶弹性元件中的无机助剂，尤其是各类金属氧化物尽管含量少但十分重要，如氧化钛常被作为抗紫外线剂，氧化锌和氧化镁用作硫化活性剂等。

橡胶中常用到的无机填料及无机促进剂如表 5-1 所示。

表 5-1 常用无机填料及无机促进剂的种类

化学名称	俗　称	成　分
水合硅酸铝	陶土、高岭土	二氧化硅 40%～69%；三氧化二铝 21.5%～40.5%；氧化钾、氧化钠、三氧化二铁、氧化钛、氧化钙、氧化镁、锰等
重质碳酸钙	石灰石粉、大理石粉、白垩粉、贝壳粉	碳酸钙 98%
碳酸钙镁	白云石粉	氧化钙 26.6%，氧化镁 19.3%，氧化硅 11.3%，氧化铝 1.5%，氧化铁等
偏硅酸钙	硅灰石粉	二氧化硅、氧化钙
硅酸镁	滑石粉、海泡石粉、石棉	二氧化硅、氧化镁、氧化铝、氧化铁
硅酸铝钾	云母粉	铝、钾、钠、镁、铁等、主要是硅酸钾、铝
无水碱性硅酸铝	长石粉	二氧化硅 67.8%，氧化铝 19.4%，氧化钠 7%，氧化钾 3.8%，氧化钙 1.7%。根据钠、钾、钙的含量不同分为钠长石、钾长石、钙长石
二氧化硅	硅藻土、硅土粉、硅粉、活性硅粉	二氧化硅
硅酸铝镁钠	凹凸棒土粉	二氧化硅 55.8%～61.4%，氧化铝 12.3%～14.3%，氧化铁 5.6%～6.2%，氧化钙 1.6%～2.1%，氧化锰、氧化镁、氧化钠、氧化钾、二氧化钛少量
硫酸钡	重晶石粉	硫酸钡
硫酸钙	石膏粉	硫酸钙(生石膏二水合硫酸钙，熟石膏半水合硫酸钙)
硅酸铝	粉煤灰	主要是炭黑，其次是二氧化硅、氧化铝
沉淀法水合二氧化硅	白炭黑	二氧化硅
轻质碳酸钙、活性碳酸钙		碳酸钙

续上表

化学名称	俗　称	成　分
水合硅酸铝钠		二氧化硅，氧化铝和氧化钠
硅酸钙	硅白粉	二氧化硅 65%，氧化钙 19%
轻质碳酸镁	碱式碳酸镁	碳酸镁，氢氧化镁
锌钡白	立德粉	硫化锌和硫酸钡
氧化锌		氧化锌
二氧化钛	钛白粉	二氧化钛
氧化镁		氧化镁
氧化铁	铁红	三氧化二铁
磁粉		铝镍钴体、铝镍铁体、钡铁氧体

对于橡胶中的无机物，通常可以采用电感耦合等离子体发射光谱法(ICP-OES)对其中金属元素进行定性定量，但为了定性具体的物质，需结合 FTIR 等方法进一步进行鉴定。

5.1 电感耦合等离子体发射光谱法(ICP-OES)工作原理和分析方法

5.1.1 ICP-OES 工作原理

原子核外的电子在不同状态下所具有的能量，可用能级来表示。离核较远的称为高能级，离核较近的称为低能级。在一般情况下，原子处于最低能量状态，称为基态(即最低能级)。当原子获得足够的能量后，就会使外层电子从低能级跃迁至高能级，这种状态叫激发态。原子外层电子处于激发态时是不稳定的，它的寿命小于 10^{-8} s，当它从激发态跃迁回基态时，就要释放出多余的能量，若此能量以光的形式出现，便得到发射光谱。

由于每一种元素的原子受到激发光源激发时，会发射出特有的原子光谱，检测试样中是否出现该元素的特征谱线，便可以确定该元素的存在，这就是光谱定性分析。光谱定量分析的基础是沙义伯—洛马金公式(Scheihe-Lomakin formula)，该式表明试样中某元素含量 C 与谱线强度 I 之间的关系为：

$$I=aC^b \tag{5-1}$$

式中 a 和 b 在一定含量范围内是常数。常数 a 与试样在光源中的蒸发、原子化及激发过程有关系，b 值与谱线在光源中的自吸有关。

发射光谱仪主要由三部分组成：激发光源、分光系统和检测系统。由激发光源发出的光经分光系统色散后成为单色光，再由检测系统测量光的波长和强度，完成试样成分的定性、定量分析。

原子发射光谱仪的类型，目前常用的光源有以下两种：一类是经典光源（电弧及火花），另一类是等离子体及辉光放电光源，其中以电感耦合等离子体光源（ICP）居多。

电感耦合等离子体具有高温、环状通道、惰性气氛、自吸现象小等特点，因而具有基体效应小、检出限低、线性范围宽等优点，是分析液体试样的最佳光源。目前，此光源可用于测定元素周期表中绝大多数元素（约 70 多种），检出限可达 $10^{-3}\sim10^{-4}$ ppm 级，精密度在 1%左右，并可对百分之几十的高含量元素进行测定。

5.1.2 ICP-OES 操作和分析要点

固体样品经化学方法处理成液体样品应注意以下几点：

（1）称取的固体样品应该是按规定的要求加工的（如粉碎、分样等），均匀且具代表性。

（2）样品中需要测定的被测元素应该完全溶入溶液中（样品是否“全溶”可根据需要来定）。设定一个合理、环节少、易于掌握、适用于处理大量样品的化学处理方法。

（3）在应用化学方法处理时，根据需要可将被测元素进行富集分离，分离的目的是将干扰被测元素测定的基体及其他元素予以分离以提高测定准确度。应注意此处处理的前提是被测元素必须富集完全，不能有损失，而分离的组分，不必分离十分干净。在整个处理过程中应避免样品的污染，包括固体样品的制备（碎样，过筛，分样）、实验室环境、试剂（水）质量、器皿等。

（4）ICP-OES 需要考虑分析试液中总固体溶解量（TDS），高的 TDS 将造成不利影响，如：

①基体效应干扰；

②谱线干扰和背景干扰；

③雾化系统及 ICP 炬的堵塞。

一般来讲，对于 TDS 在 10 mg/mL 左右的试液，在不是长时间连续进样时，是不会堵塞的，但①、②两点将明显的存在。

在常规分析工作中，分析试液的 TDS 希望愈低愈好，一般控制在 1 mg/mL 左右，在测定元素灵敏度满足的情况下，有时 TDS 控制在 0.5 mg/mL 以下。因此，ICP-OES 的样品处理采用酸分解而不用碱融时，稀释倍数为 1 000 倍左右。但针对常压条件下不能为酸（湿法）所溶解的样品，例如刚玉、铬铁矿、锆石等，这时就需要用碱融（干法），碱融时需考虑 TDS 与样品中被测元素含量的关系。这时采用密闭罐增压（湿法）溶样的方法，可以解决很大部分需用碱融的样品的分解。

5.2 ICP-OES 法定性分析橡胶中的元素

5.2.1 仪器

（1）电感耦合等离子体发射光谱仪；

（2）多通道密闭微波化学工作站；

(3)旋转蒸馏器。

5.2.2 实验步骤

(1)样品前处理

①在敞口烧瓶中消化

取约2 g(精确到0.1 mg)剪碎的试样,置于250 mL凯氏烧瓶中,加10 mL硫酸,在凯氏烧瓶上放一个小漏斗,在电热板或调温电炉上缓慢加热至试样完全裂解,冷却至室温,小心加入5 mL硝酸,如果反应过于剧烈,则应将凯氏烧瓶放入盛冷水的烧杯中冷却,并在室温下放置至少2 h以后再重新加热。

注:有些品种的橡胶会引起明显的飞溅,如果出现这种情况,应换一个500 mL的凯氏烧瓶重新进行试验,用硫酸降解,冷却后再加硝酸。且加入硝酸后应放置更长时间(例如:放置过夜),然后再加热。一旦初始反应平静下来,再缓慢加热混合物直至不再发生激烈反应(即没有大量棕红色气体逸出),然后升高温度至有少量白色烟雾冒出。冷却,加1 mL硝酸再次缓慢加热直至不再发生激烈反应,然后升高温度至有少量白色烟雾冒出。重复上述操作,直至消化液变成无色或浅黄色。进一步升高温度,直至消化液颜色不再变深或变黑为止。如果消化操作时间较长,需再加约1 mL硫酸,以防止凯氏烧瓶内的反应物析出。

如果消化液中没有不溶物。冷却后,加0.5 mL过氧化氢和2滴硝酸并加热至有少量白色烟雾冒出。重复上述操作直至溶液的颜色不再褪色为止。冷却,加10 mL水稀释,再加热至有少量白色烟雾冒出。冷却溶液,加20 mL盐酸溶液。将酸消化液转移到100 mL容量瓶中,用水洗涤凯氏烧瓶三次,每次用5 mL,洗涤液并入容量瓶中,并用水稀释至刻度。

如果消化液中含有不溶物。冷却,将消化液连同残渣转移到铂坩埚中,用水洗涤凯氏烧瓶三次,每次用5 mL洗涤液并入铂坩埚中,并在电热板或调温电炉上小心蒸发至干,然后提高加热温度,直到所有的碳消耗掉为止(注某些元素如汞和砷有可能因挥发而损失,如果试样中含有这些元素,则最后不能完全加热至干)。冷却,加几滴硫酸润湿残渣,加入5 mL氢氟酸,在电热板或电炉上用铂棒搅拌并蒸发至干。重复这一操作两次。冷却坩埚和残余物,加入20 mL盐酸溶液。如果溶液是澄清的,则将溶液转移到100 mL容量瓶中,用水洗涤坩埚三次,每次用5 mL,洗涤液并入容量瓶中,用水稀释至刻度;如果溶液是浑浊的,则将溶液过滤到100 mL容量瓶中,用水洗涤坩埚五次,每次用5 mL,将洗涤液也过滤到容量瓶中,然后用水稀释至刻度。

②微波消解

称样约0.2 g,加入8.0 mL硝酸、1.0 mL过氧化氢于消解罐内消解。消解程序为:150 ℃,恒温10 min;150 ℃→180 ℃,恒温6 min;180 ℃→200 ℃,恒温10 min。消解完全后,将其转入50 mL容量瓶中,定容,待测。如果样品中含有二氧化硅(用XRF测试或用TG测试后的灰分做FTIR可得知)时,需再加入1 mL氢氟酸,按照上述消解步骤对样品进行消解,加入14 mL 5%硼酸溶液,并加盖密封,于沸水中加热30 min,以络合过量的氢氟酸。若采用耐氢氟酸的进样系统可免去此步骤。将溶液转移至50 mL容量瓶中,用水稀释至刻度，摇匀，待测。按与样品分解的相同方法制备空白溶液。

(2)仪器条件的设置

ICP-OES 仪器条件的设置：频率 27.12 MHz，功率 1 300 W，等离子体冷却气流量12 L/min，辅助气流量 1 L/min，雾化气流量 1 L/min，冲洗时间 45 s，读数次数 3 次。

(3)测试和分析

定性分析：用样品的元素谱线强度与空白样的元素强度做比对定性。

定量分析：配置 Fe、Co、Mg、Ca、Al、Ni、Ti、Zn、Si、Mn、Ba、Na、K 等 13 种橡胶中常见的无机元素的系列混合标准溶液，浓度范围为 0、0.2、1.0、5.0、10 μg/mL。通过绘制标准工作曲线，对待测样品进行元素的定性或定量分析。

5.2.3 分析实例

实例 1：某耐磨产品的无机元素定性分析

称取样品 0.197 8 g，加入 8.0 mL 硝酸、1.0 mL 过氧化氢于消解罐内消解。消解程序为：150 ℃，恒温 10 min；150 ℃→180 ℃，恒温 6 min；180 ℃→200 ℃，恒温 10 min。消解完全后，将其转入 50 mL 容量瓶中，定容，待测，按与样品分解的相同方法制备空白溶液。

经 ICP-OES 检测，得到各元素的发射光谱图，由图 5-1～图 5-7 可知，该样品中有钙(Ca)、镁(Mg)、钠(Na)、钾(K)、铝(Al)、锌(Zn)和钡(Ba)等无机元素。

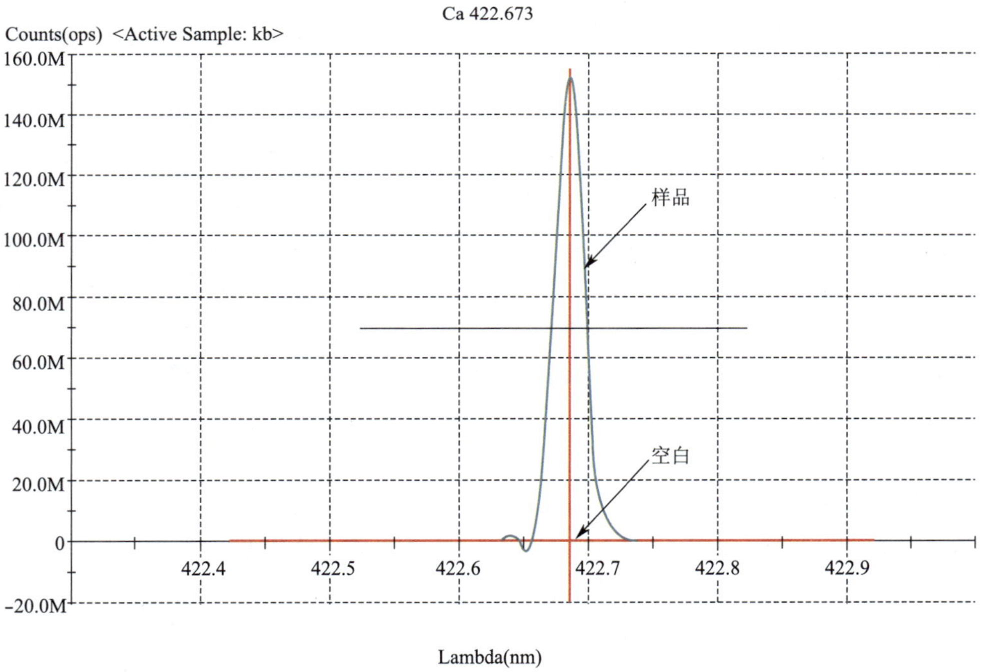

图 5-1 Ca 的 ICP-OES 发射光谱图

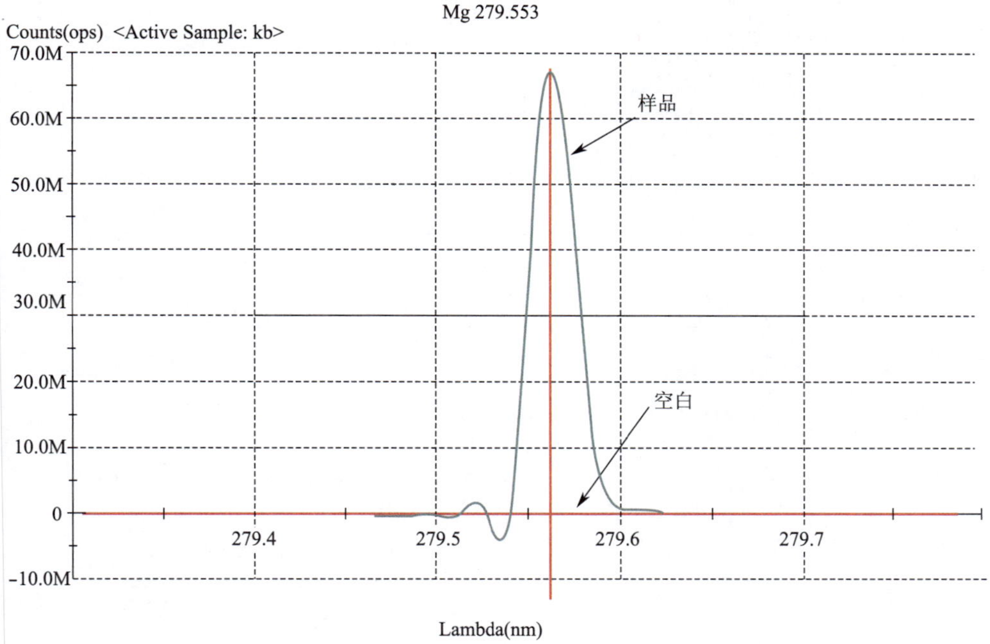

图 5-2　Mg 的 ICP-OES 发射光谱图

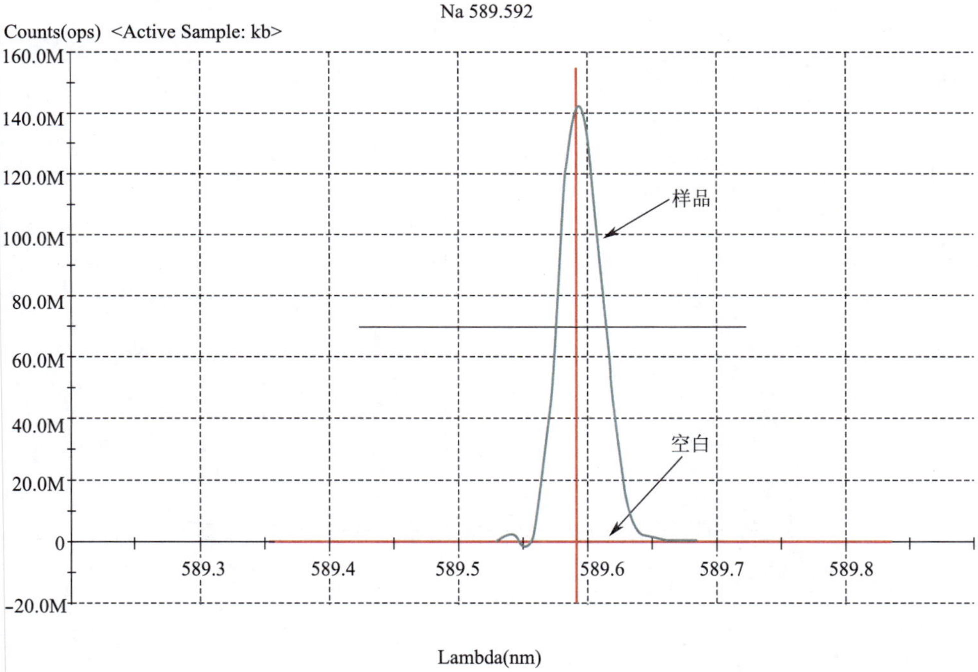

图 5-3　Na 的 ICP-OES 发射光谱图

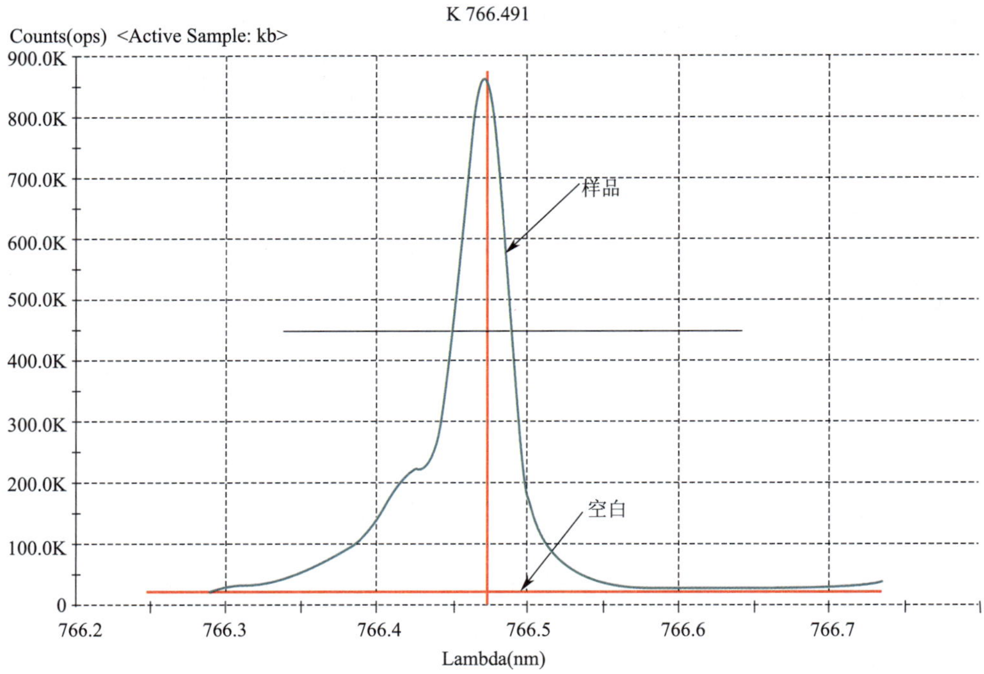

图 5-4　K 的 ICP-OES 发射光谱图

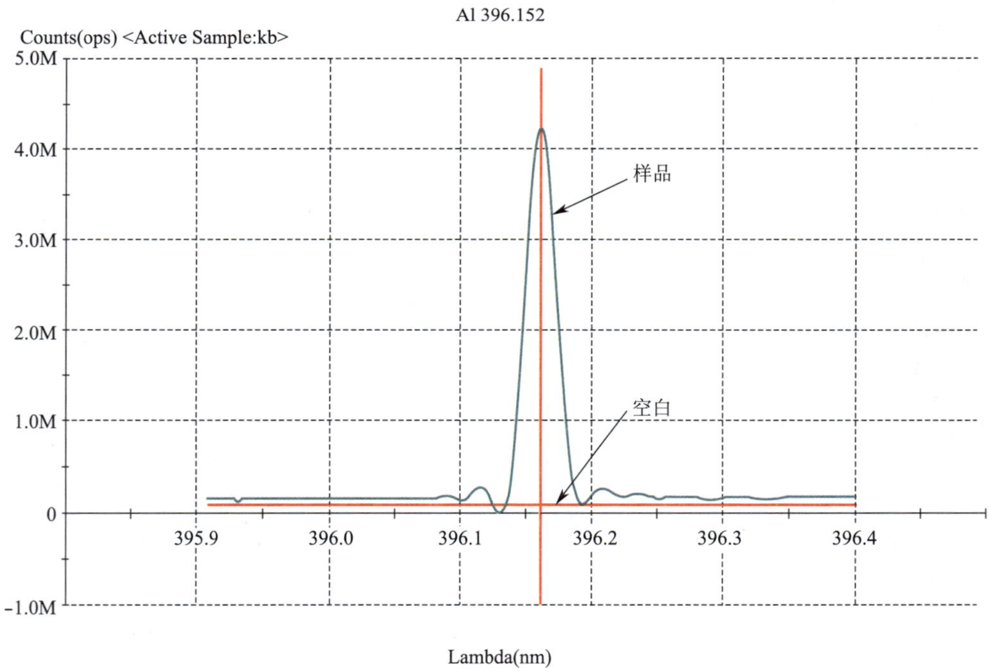

图 5-5　Al 的 ICP-OES 发射光谱图

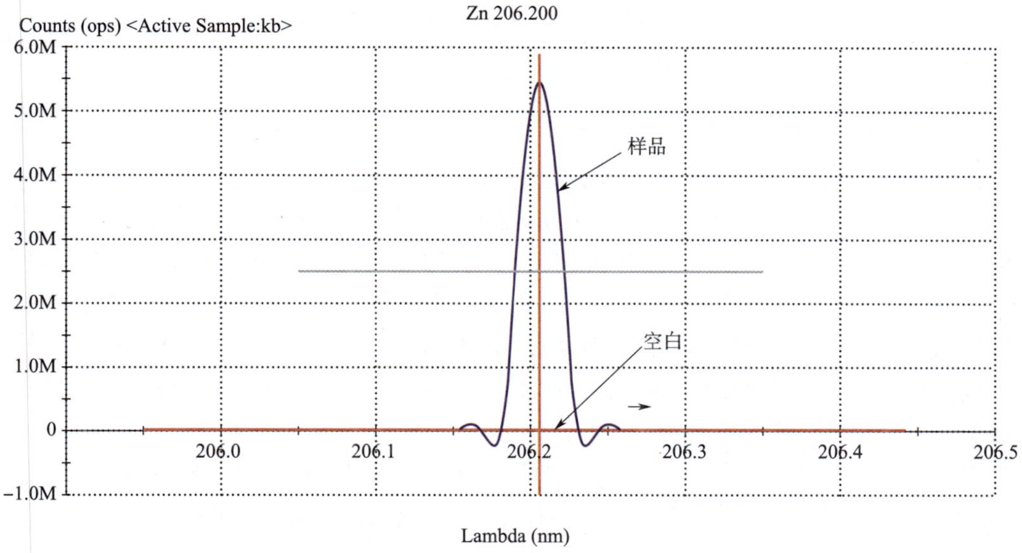

图 5-6　Zn 的 ICP-OES 发射光谱图

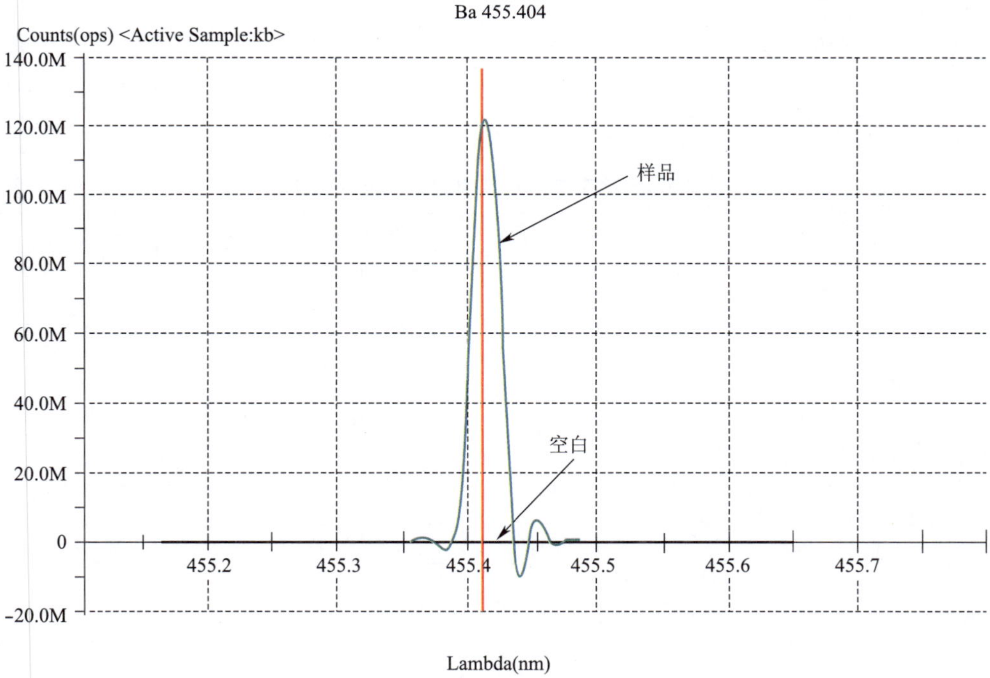

图 5-7　Ba 的 ICP-OES 发射光谱图

整理上述无机元素的特征谱线如表 5-2 所示。

表 5-2 金属元素的 ICP-OES 检测特征谱线

元素	Ca	Mg	Na	K	Al	Zn	Ba
最强特征谱线(nm)	422.67	279.55	589.59	766.49	396.15	206.2	455.4

实例 2:某氯丁胶产品的无机元素定量分析

称取样品 0.228 1 g,经 TG 测试后的灰分做 FTIR 可知,该样品中含有二氧化硅,因此加入 8.0 mL HNO_3,1.0 mL H_2O_2 和 1.0 mL HF 于消解罐内消解。消解程序为:150 ℃,恒温 10 min;150 ℃→180 ℃,恒温 6 min;180 ℃→200 ℃,恒温 10 min。消解完全后加入 14 mL 5% H_3BO_3 溶液,并加盖密封,于沸水中加热 30 min,以络合过量的 HF。将溶液转移至 50 mL 塑料容量瓶中,用水稀释至刻度,摇匀,待测。按与样品分解的相同方法制备空白溶液。

按 5.2.2 节中的方法(b)配置标准工作溶液,采用 5.2.2 节中的仪器条件同时测定系列标准溶液、样品及空白,根据公式(5-2)计算样品中的元素浓度,测定结果如表 5-3 所示。

$$C=(C_S-C_0)\times V\times D/m_S \tag{5-2}$$

式中:C——样品中的元素浓度;

C_S——样品的测定值;

C_0——空白的测定值;

V——定容体积;

D——稀释因子;

m_S——试样质量。

表 5-3 某氯丁胶产品中元素含量的测定

元素	空白(μg/mL)	样品溶液测定值(μg/mL)	样品稀释 50 倍的测定值(μg/mL)	样品中的元素浓度
Fe	0.089	4.647	—	999 mg/kg
Co	0.014	0.164	—	33 mg/kg
Mg	0.323	11.159	—	0.24%
Ca	0.437	>247.921	7.482	8.20%
Al	0.191	>16.849	0.336	0.36%
Ni	ND	ND	—	ND
Ti	ND	>48.674	2.296	2.50%
Zn	ND	>53.433	1.602	1.80%
Si	3.159	>82.463	2.419	2.60%
Mn	ND	0.267	—	58 mg/kg
Ba	ND	9.311	—	0.21%
Na	1.335	3.567	—	489 mg/kg
K	0.339	9.956	—	0.21%

注:“—”表示不需要稀释再测,“ND”表示未检出。

5.3　傅里叶红外光谱(FTIR)分析橡胶中的无机助剂

FTIR 仪器原理见 3.1.1 节，常见的无机物阴离子红外特征吸收如表 5-4 所示。

表 5-4　常见无机物阴离子的红外吸收

基团	吸收位置(cm^{-1})	强度	基团	吸收位置(cm^{-1})	强度
CO_3^{2-}[a]	1 450～1 400	极强	SiO_3^{2-}	1 010～970	强宽
	880～860	中等	SiO_3^{2-}	1 175～860	强宽
SO_4^{2-}[b]	1 150～1 080	极强	PO_4^{3-}	1 120～940	强宽
	680～610	中至强	HPO_4^{2-}	1 100～1 000	强宽
NO_3^{2-}	1 380～1 350	极强	$H_2PO_4^-$	1 150～1 040	强宽
	840～815	中等	MnO_4^-	950～870	强宽
NO_2^-	1 250～1 230	极强	CN^-	2 200～2 000	强
	840～800	弱	SCN^-		
CrO_7^{2-}	990～880	强	OCN^-		
	840～720	强	NH_4^+	3 300～3 030	极强
CrO_4^{2-}	930～850	强宽		1 430～1 390	弱、尖

注：[a]$CaCO_3$ 的两个吸收带出现在 1 430 和 876 cm^{-1}，$PbCO_3$ 是个例外，它出现在 840 cm^{-1}，极弱，很多碳酸盐在 750—700 cm^{-1}还会出现一个弱吸收带。碱式碳酸盐呈复杂吸收。

[b]在 K、Mg、Mn 化合物中，610 cm^{-1}吸收带为单峰，Ca、Cu、Be、Ba 盐为双峰，在碱式硫酸盐中，呈现复杂的吸收。

氧化物的红外光谱都具有较低的透过率，吸收峰较少，短波部分没有吸收，长波部分也只有两三个吸收。尽管如此，常见氧化物的 FTIR 光谱还是不一样的。

表 5-5　常见金属氧化物的特征红外吸收峰

金属氧化物	一些金属氧化物的特征吸收峰(cm^{-1})
CaO	3 600 以前(尖锐)，720(尖，弱)，870、1 420(尖锐)
ZnO	550～400(三个宽吸收带，分辨不好)
TiO2	750～550(两个宽吸收带)
SiO_2(无定形)	～1100(宽、强)，800(弱)，470
SiO_2(结晶、石英)	～1 100(宽、强)，800(双峰)，690(尖锐)
Al_2O_3	900～400(两个宽吸收带，分辨不好)
Sb_2O_3	742
Fe_2O_3	470 和 500～400(两个强吸收)，720(弱吸收)
Fe_3O_4	580

5.3.1　试剂与仪器

(1)试剂：无水乙醇

(2)仪器:傅里叶变换红外光谱仪

红外干燥箱(或红外烘烤灯)

5.3.2 实验步骤

(1)样品前处理

参考标准 GB/T 4498—1997 橡胶灰分含量的测定,针对不同的橡胶分别采用标准中的方法 A 和方法 B 进行灰化。对于常用橡胶,如 NR、IIR、EPM 等采用方法 A,马弗炉中的温度为 550 ℃±25 ℃,对于含氯、溴或碘的混炼胶或硫化橡胶采用方法 B,马弗炉中温度为 950 ℃±25 ℃,得到的灰分备用。

(2)测试

参考标准 GB/T 6040—2002,按溴化钾压片法进行试验,取得到的灰分试样与 KBr 颗粒按 1∶100 的比例进行混合研磨,压片,用透射法进行 FTIR 光谱扫描,得到 FTIR 光谱图进行分析。

(3)分析

无机助剂通常分为离子化合物和金属氧化物,离子化合物可以综合 ICP-OES 法得到的金属元素的种类及 FTIR 光谱图得到的阴离子类型来分析,金属氧化物可以综合 ICP-OES法得到的金属元素的种类及 FTIR 光谱图特征峰来分析。

5.3.3 橡胶中典型无机添加物谱图

橡胶中典型的无机添加物主要有氧化钙(CaO)、氧化锌(ZnO)、二氧化钛(TiO_2)、碳酸钙($CaCO_3$)、硫酸钙($CaSO_4$)、白炭黑二氧化硅(SiO_2)、阻燃剂三氧化二锑(Sb_2O_3)和三氧化二铝(Al_2O_3)等,采用 FTIR 可以获得它们的 FTIR 光谱图,分别如图 5-8～图 5-15 所示,其相应的特征红外吸收峰分析如表 5-5 所示。

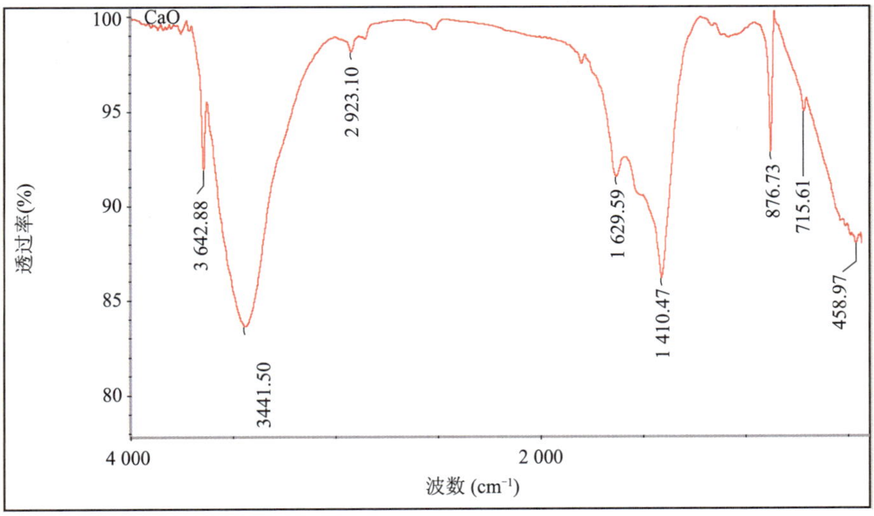

图 5-8 CaO 的 FTIR 光谱图

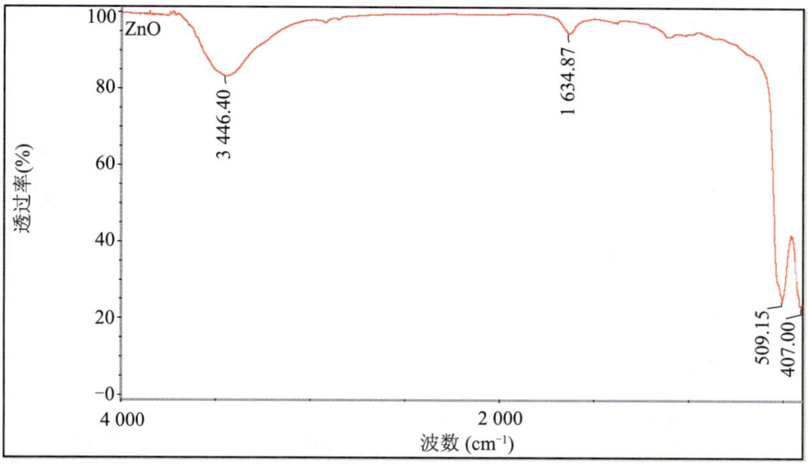

图 5-9　ZnO 的 FTIR 光谱图

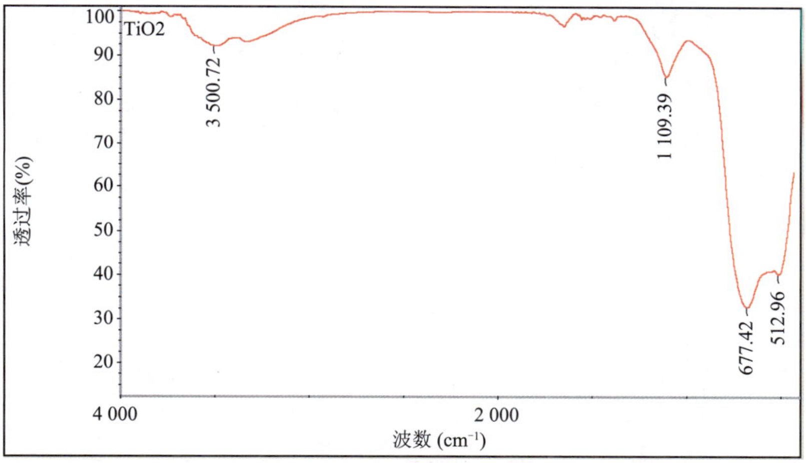

图 5-10　TiO_2 的 FTIR 光谱图

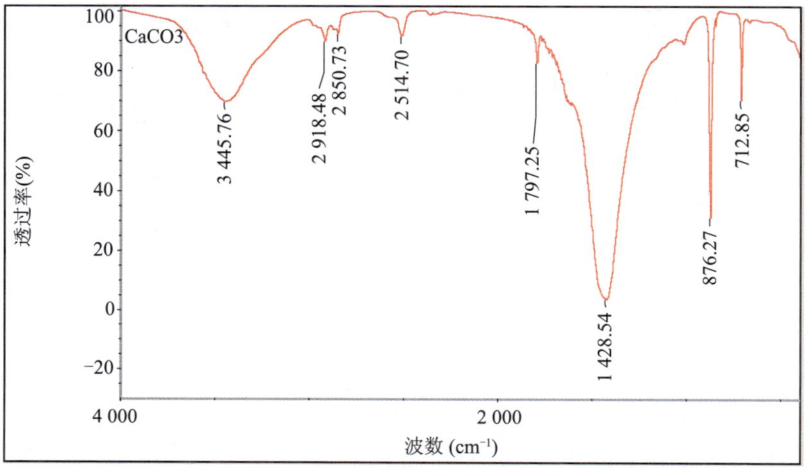

图 5-11　$CaCO_3$ 的 FTIR 光谱图

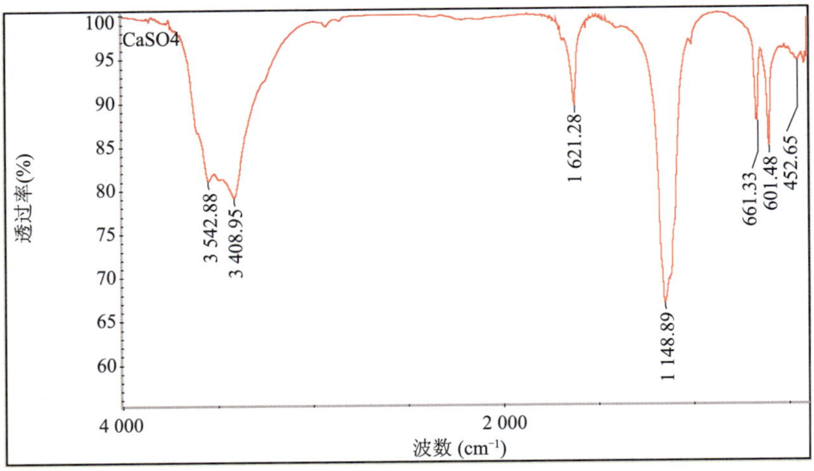

图 5-12 $CaSO_4$ 的 FTIR 光谱图

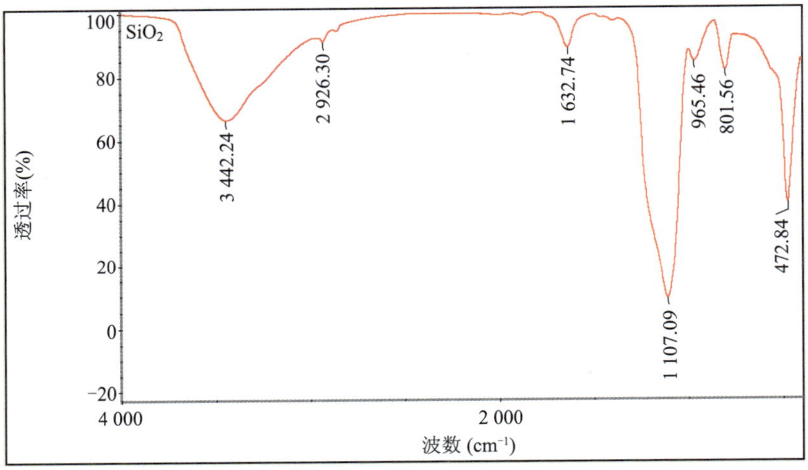

图 5-13 SiO_2 的 FTIR 光谱图

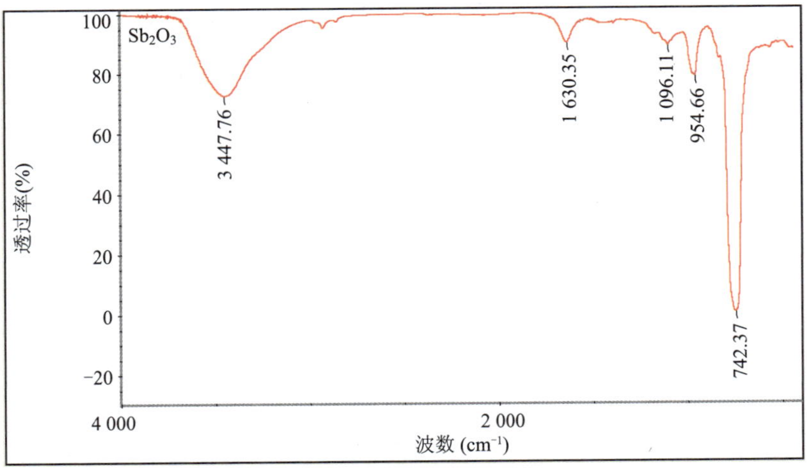

图 5-14 Sb_2O_3 的 FTIR 光谱图

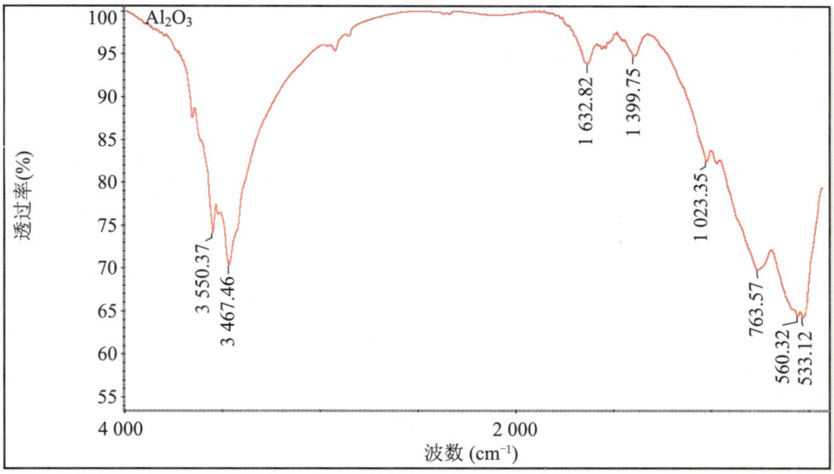

图 5-15　Al_2O_3 的 FTIR 光谱图

5.4　ICP-OES 与 FTIR 结合分析橡胶中的无机助剂实例

5.4.1　实例 1

(1)ICP-OES 法分析某橡胶产品的无机元素

称取橡胶样品 0.213 6 g,加入 7.0 mL 硝酸、1.0 mL 过氧化氢于消解罐内消解。消解程序为:150 ℃,恒温 10 min;150 ℃→180 ℃,恒温 6 min;180 ℃→200 ℃。消解完全后,将其转入 50 mL 容量瓶中,定容,待测。按与样品分解的相同方法制备空白溶液。

依据 5.2.2 节中的仪器条件,进行 ICP-OES 检测,用样品的元素谱线强度与空白样的元素强度做比对定性,得到该样品中主要含有 Ca(422.67 nm)和 Zn(206.20 nm)元素。

(2)FTIR 法分析橡胶的无机成分

经红外裂解制样分析,该橡胶制品为 EPDM。参考标准 GB/T 4498—1997 橡胶灰分含量的测定,碳化后在 550 ℃±25 ℃的马弗炉中烧灰分,2 h 后恒重。得到的灰分参考标准 GB/T 6040—2002,按溴化钾压片法进行试验。取得到的灰分试样与 KBr 颗粒按 1∶100的比例进行混合研磨,压片,用透射法进行 FTIR 光谱扫描,得到光谱图如图 5-16 所示。对照表 5-4、表 5-5 和图 5-9、图 5-12 可知 ICP 检测结果 Zn 元素对应 ZnO,Ca 元素对应 $CaSO_4$ 的特征峰。

5.4.2　实例 2

(1)ICP-OES 法分析橡胶的无机元素

称取橡胶样品 0.131 6 g,加入 7.0 mL 硝酸、1.0 mL 过氧化氢于消解罐内消解。

消解程序为：150 ℃，恒温 10 min；150 ℃→180 ℃，恒温 6 min；180 ℃→200 ℃。消解完全后，将其转入 50 mL 容量瓶中，定容，待测。按与样品分解的相同方法制备空白溶液。

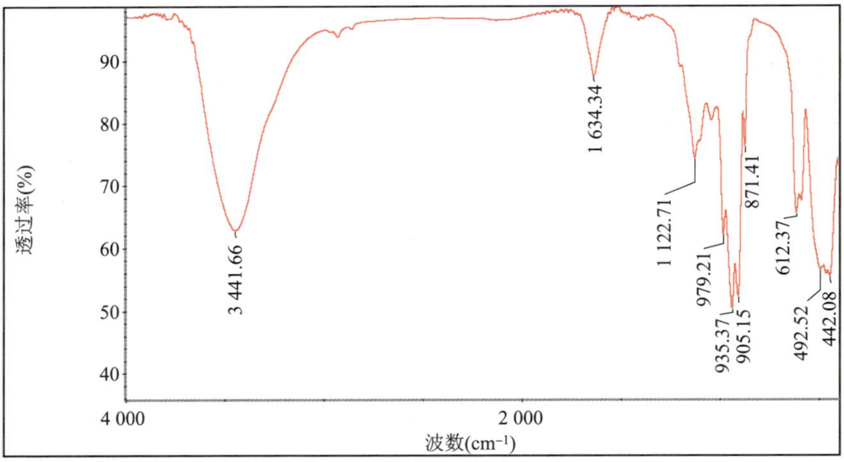

图 5-16 橡胶产品 1 灰分的 FTIR 光谱图

依据 5.2.2 节中的仪器条件，进行 ICP-OES 检测，用样品的元素谱线强度与空白样的元素强度做比对定性，得到该样品中主要含有 Ca(422.67 nm)和 Zn(206.20 nm)元素。

(2)FTIR 法分析橡胶的无机成分

经红外裂解制样分析，该橡胶制品为 NR 并用 BR。参考标准 GB/T 4498—1997 橡胶灰分含量的测定，碳化后在 550 ℃±25 ℃的马弗炉中烧灰分，2 h 后恒重。得到的灰分参考标准 GB/T 6040—2002，按溴化钾压片法进行试验。取得到的灰分试样与 KBr 颗粒按 1∶100 的比例进行混合研磨，压片，用透射法进行 FTIR 光谱扫描，得到光谱图如图 5-17所示。对照表 5-4、表 5-5 和图 5-9、图 5-11 可知 ICP 检测结果 Zn 元素对应 ZnO，Ca 元素对应 $CaCO_3$ 的特征峰，同时存在 CaO 的特征峰，可能材料本身存在生石灰，也可能为 $CaCO_3$ 分解得到。

TG 分析同时证明了这一点，N_2 氛围下，600～800 ℃约有 5.0%的失重，为 $CaCO_3$ 脱 CO_2 失重，得到约含 $CaCO_3$ 11.4%，残余 CaO 6.4%。

5.4.3 实例 3

(1)ICP-OES 法分析橡胶的无机元素

称取橡胶样品 0.100 8 g，加入 5.0 mL 硝酸、1.0 mL 过氧化氢于消解罐内消解。消解程序为：150 ℃，恒温 10 min；150 ℃→180 ℃，恒温 6 min；180 ℃→200 ℃。消解完全后，将其转入 50 mL 容量瓶中，定容，待测。按与样品分解的相同方法制备空白溶液。

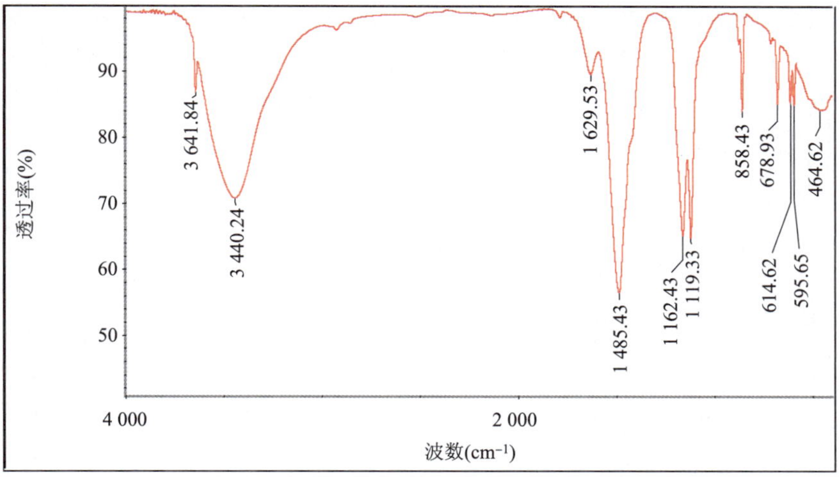

图 5-17　橡胶产品 2 灰分的 FTIR 光谱图

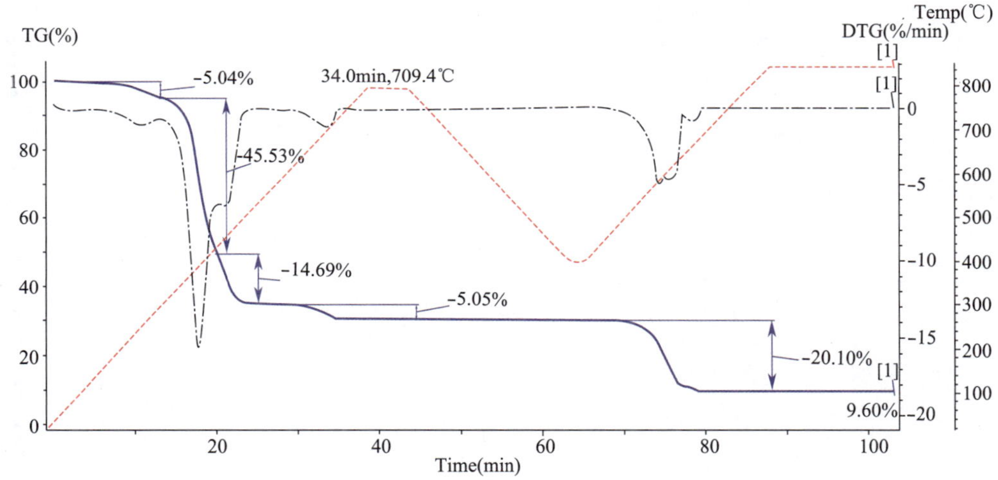

图 5-18　橡胶产品 2 的热重分析图

依据 5.2.2 节中的仪器条件，进行 ICP-OES 检测。用样品的元素谱线强度与空白样的元素强度做比对定性，得到该样品中主要含有 Ca(422.67 nm)和 Zn(206.20 nm)元素。

(2)FTIR 法分析橡胶的无机成分

经红外裂解制样分析，该橡胶制品为 EPDM。参考标准 GB/T 4498—1997 橡胶灰分含量的测定，碳化后在 550 ℃±25 ℃的马弗炉中烧灰分，2 h 后恒重。得到的灰分参考标准 GB/T 6040—2002，按溴化钾压片法进行试验。取得到的灰分试样与 KBr 颗粒按1∶100的比例进行混合研磨，压片，用透射法进行 FTIR 光谱扫描，得到光谱图如图 5-19所示。对照表 5-4、表 5-5 和图 5-8、图 5-13 可知 ICP 检测结果 Ca 元素对应 CaO，同时存在 SiO_2 的特征峰。由于未使用 HF 消解，ICP 未检测到 Si 元素，但 1 107 cm^{-1}强吸收峰为 Si-O-Si 反对称伸缩振动峰，810 cm^{-1}、470 cm^{-1}处的峰为 Si-O 键对称伸缩振动峰，明显存在白炭黑补强。也可能含有 ZnO，但无机灰分含量很小，未见明显特征峰。

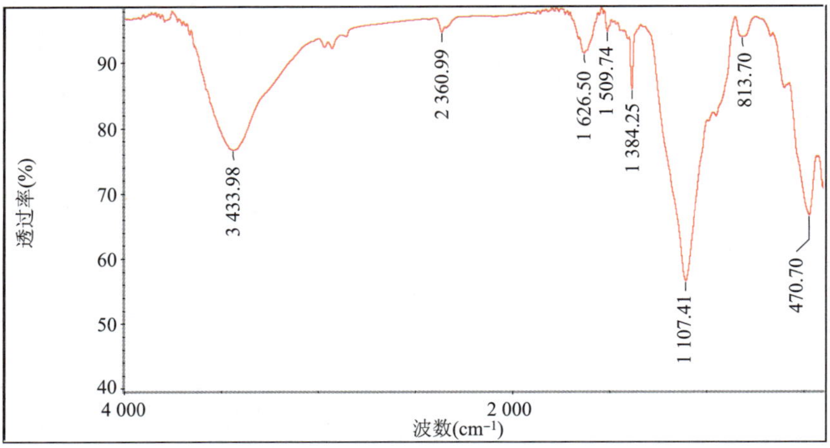

图 5-19　橡胶产品 3 灰分的 FTIR 光谱图

第六章　橡胶及主要原材料中有毒有害物质的测定

近几年，欧盟出台的 ROHS 指令、REACH 法规等一系列的环保法令法规，对我国橡胶制品的出口形成了“绿色壁垒”，使我国的橡胶生产行业面临环保方面的巨大压力，因此对橡胶及主要原材料中的有毒有害物质进行测定并管控具有重要意义。采用气相色谱质谱联用法（GC-MS）可以测定橡胶中的 16 多环芳烃（PAHs），ROHS 指令中限量的多溴联苯、多溴二苯醚，与欧盟高关注度物质（SVHC）有关的四种邻苯二甲酸酯；采用电感耦合等离子体发射光谱法（ICP-OES）可以测定橡胶中与 ROHS 指令中限量的铅、镉、汞三种元素和 SVHC 有关的铅、镉、汞、铬、砷、锡、钴、钼等元素。

6.1　ROHS 指令的检测方法

欧盟出台的 ROHS 指令，要求镉最大质量浓度不超过 100 mg/kg，汞、铅、六价铬、多溴联苯及多溴二苯醚均不超过 1 000 mg/kg。下文分别介绍用 GC-MS 检测橡胶中可能含有的多溴联苯和多溴二苯醚，ICP-OES 检测橡胶中炭黑、氧化锌等原材料中可能引入的铅、镉、汞含量分析方法，及紫外可见分光光度法（UV-vis）测定六价铬。

6.1.1　GC-MS 法定量分析橡胶中多溴联苯（PBB）和多溴联苯醚（PBDE）

6.1.1.1　试剂和仪器

（1）试剂

异辛烷：色谱纯

壬烷：色谱纯

丙酮：色谱纯

二氯甲烷：色谱纯

PBB 和 PBDE 的标准品：AccuStandard、Wellington、Cambridge Isotope 等试剂公司

内标溶液：4，4’-二溴八氟联苯（DBOFB）、AccuStandard

（2）仪器

气相色谱质谱联用仪

固相萃取装置

旋转蒸发仪

索氏抽提装置

6.1.1.2 实验步骤

(1)样品前处理

用剪刀将硫化剂样品尽量剪碎至 1 mm^3 以下,准确称取剪碎的硫化胶样品 1 g(精确至 0.1 mg)用滤纸包好,置于索氏抽提器中,加入丙酮和二氯甲烷混合溶液(体积比1∶1)100 mL 抽提 6 h,每小时至少 4~6 个循环。抽提液完全转移至容量瓶,用丙酮定容至 100 mL,取 1 mL 样品加入 20 uL 浓度为 10 μg/mL 的内标溶液。

(2)标准物质

由于一~十溴联苯与一~十溴二苯醚都分别有 209 种同分异构体,因此每个实验室采用的标准物质都有所区别,表 6-1 为本实验所采用的标准物质。

表 6-1 本实验所采用的多溴联苯和多溴二苯醚的标准物质说明

多溴联苯的代号	化合物名称	多溴二苯醚的代号	化合物名称
B-001S	2-溴联苯	BDE-003S	4-溴二苯醚
B-009S	2,5-二溴联苯	BDE-015S	4,4'-二溴二苯醚
B-030S	2,4,6-三溴联苯	BDE-035S	3,3',4-三溴二苯醚
B-049S	2,2',4,5'-四溴联苯	BDE-047S	2,2',4,4'-四溴二苯醚
B-103S	2,2',4,5',6-五溴联苯	BDE-126-CS	3,3',4,4',5-五溴二苯醚
B-153S	2,2',4,4',5,5'-六溴联苯	BDE-128S	2,2',3,3',4,4'-六溴二苯醚
BB-180	2,2',3,4,4',5,5'-七溴联苯	BDE-183-CS	2,2',3,4,4',5',6-七溴二苯醚
B-250S	八溴联苯	BDE-205-CS	2,3,3',4,4',5,5',6-八溴二苯醚
BB-206	2,2',3,3',4,4',5,5',6-九溴联苯	BDE-208-CS	2,2',3,3',4,5,5',6,6'-九溴二苯醚
B-209S	十溴联苯	PBDE 209	十溴二苯醚

(3)标准溶液的配制

一~十溴联苯校准标准溶液:以异辛烷为溶剂将各种单物质标准溶液配成混合标准溶液(见图 6-1),然后稀释成 70、140、280、420、560 ng/mL 的系列标准溶液,其中每个标样加入浓度为 200 ng/mL 的内标溶液。

一~十溴二苯醚校准标准溶液:以异辛烷为溶剂将各种单物质标准溶液配成混合标准溶液(见图 6-2),然后稀释成 100、200、400、600、800 ng/mL 的系列标准溶液,其中每个标样加入浓度为 200 ng/mL 的内标溶液。

(4)仪器条件的设置

色谱柱:15(或 30)m×0.25 mm×0.10 μm,BD-5HT 石英毛细管柱或相当者;

进样口温度:300 ℃;

柱温:100 ℃,稳定 1 min;100 ℃→320 ℃【30 ℃/min】;320 ℃,恒温 20 min;

接口温度:320 ℃;

离子源温度:300 ℃;

四级杆温度:150 ℃;

定量测定方式:选择离子监测,质量扫描范围:45~1 000 amu;

进样方式:脉冲不分流;

进样量：1 μL；

溶剂延迟：3 min。

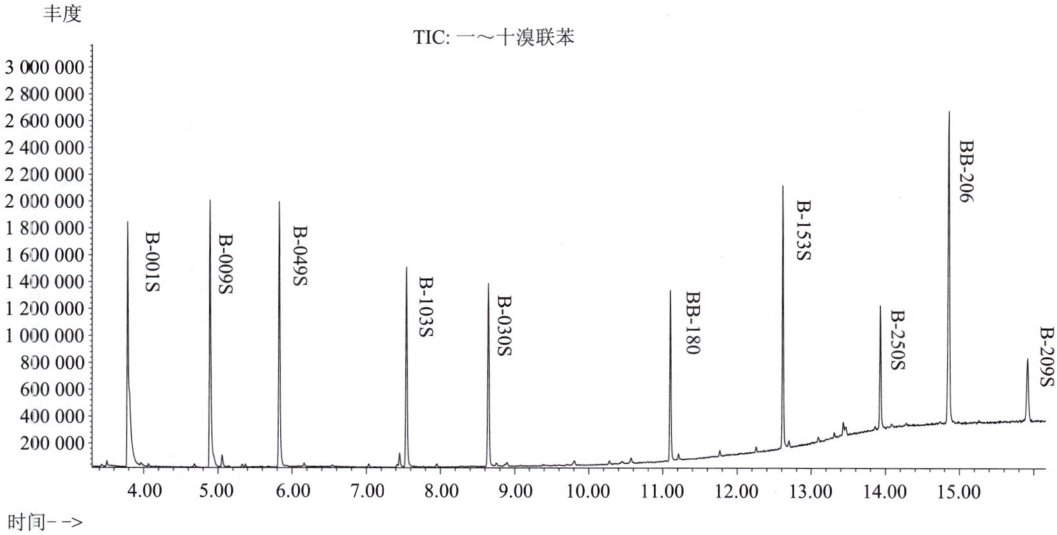

图 6-1　一～十溴联苯混标的总离子流图

（B-001S～B-153S 和 B-209S 的浓度：3.5 μg/mL，BB-180 和 BB-206 的浓度：5 μg/mL，B-250S 的浓度：10 μg/mL）

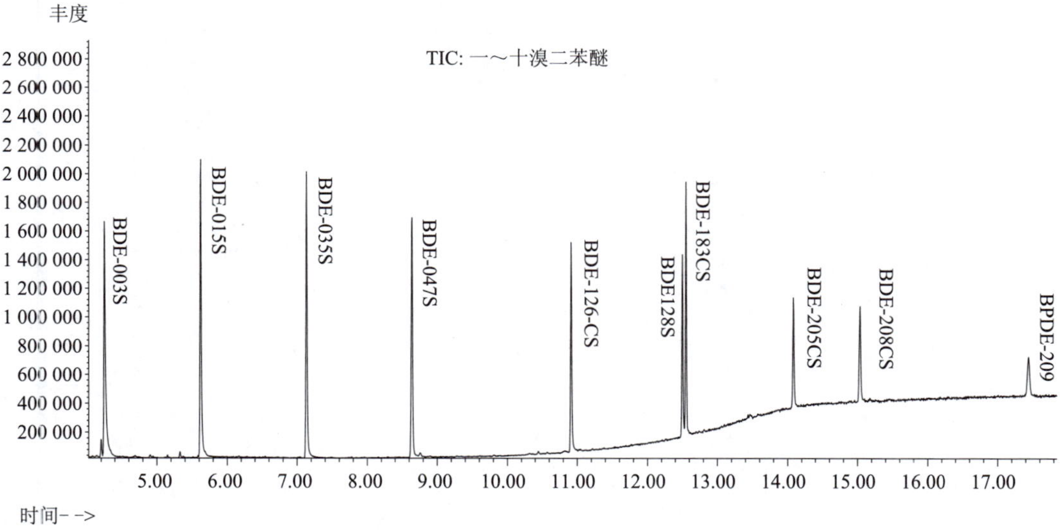

图 6-2　一～十溴二苯醚混标的总离子流图

（BDE-003S～BDE-208CS 的浓度：5 μg/mL，BPDE-209 的浓度：10 μg/mL）

（5）标准工作曲线的建立

按照（4）设定仪器工作条件，对多溴联苯、多溴二苯醚混标上机测试，标准工作曲线和线性回归方程如表 6-2 所示。

表 6-2 标准工作曲线和线性回归方程

x:标样与内标的浓度比值;y:标样与内标的定量离子面积响应比

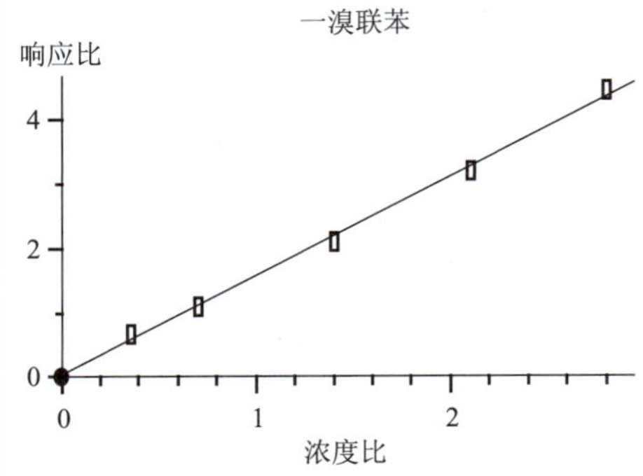

$y=1.532x+0.0323\ 8$
($R^2=0.996\ 4$)

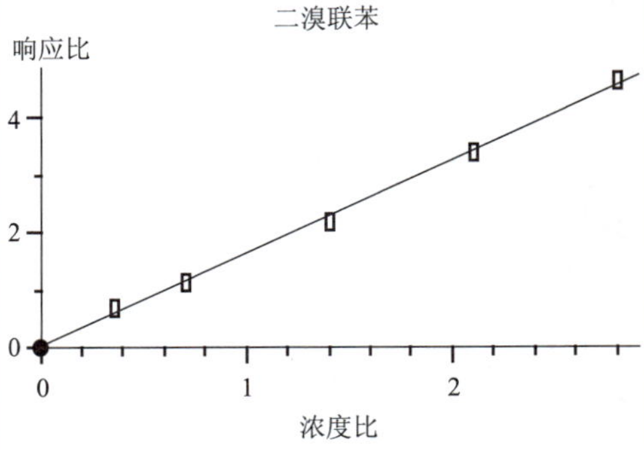

$y=1.609x+0.030\ 78$
($R^2=0.997\ 4$)

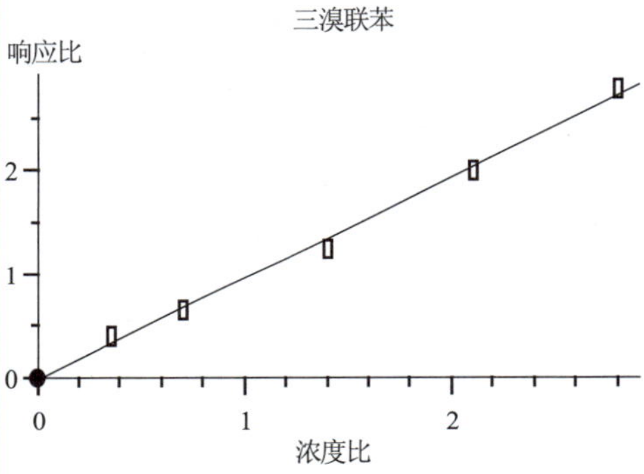

$y=0.993\ 2x-0.037\ 81$
($R^2=0.994\ 8$)

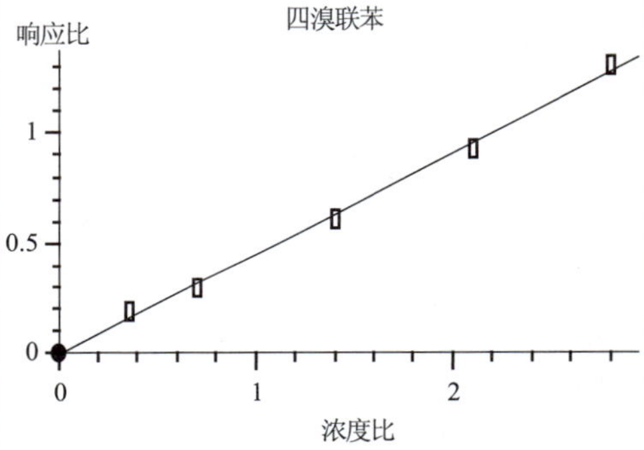

$y=0.455\ 3x-0.007\ 101$
($R^2=0.995\ 7$)

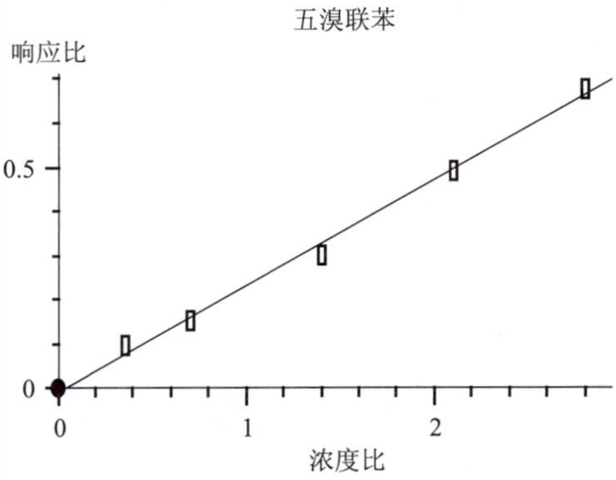

$y=0.240\ 0x-0.009\ 724$
($R^2=0.994\ 4$)

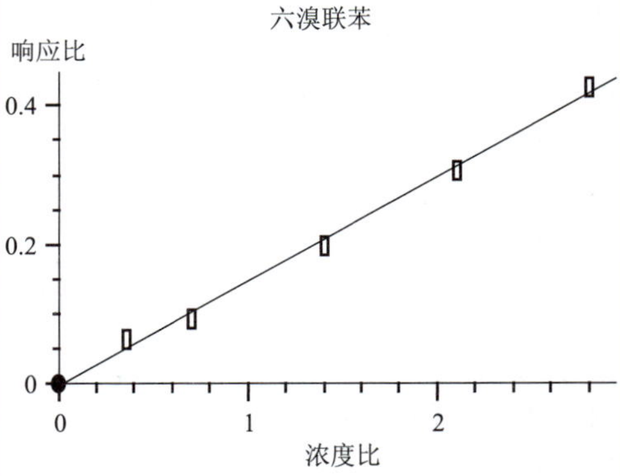

$y=0.149\ 8x-0.003\ 106$
($R^2=0.994\ 8$)

续上表

七溴联苯

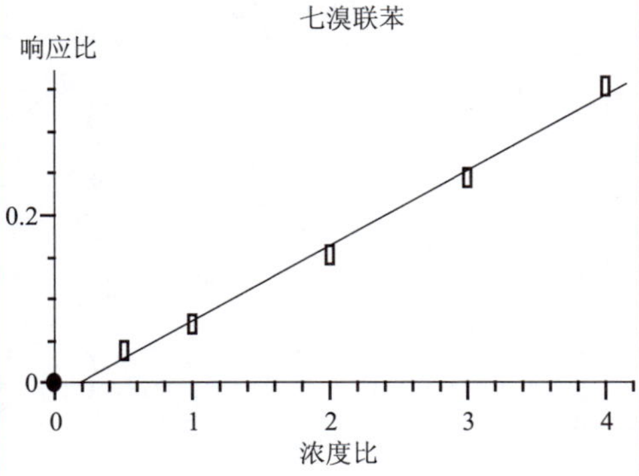

$y=0.089\ 84x-0.016\ 90$

$(R^2=0.993\ 1)$

八溴联苯

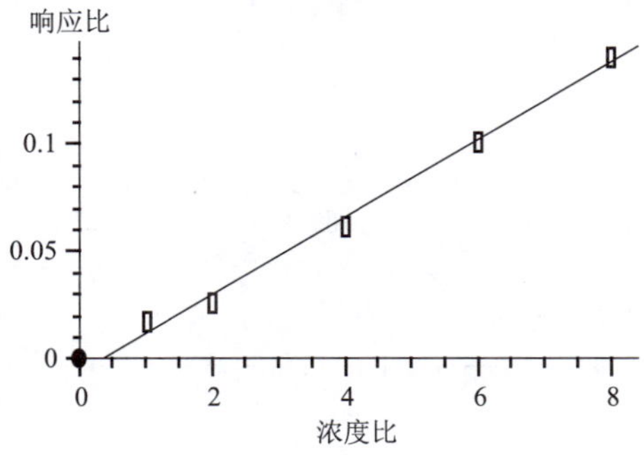

$y=0.018\ 01x-0.0064\ 34$

$(R^2=0.993\ 7)$

九溴联苯

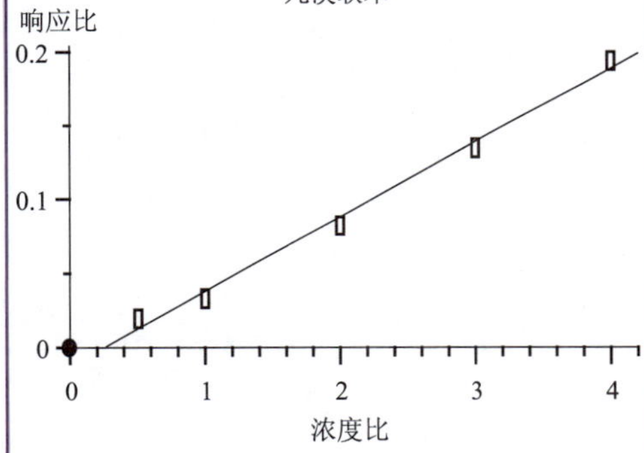

$y=0.050\ 35x-0.012\ 90$

$(R^2=0.992\ 4)$

十溴联苯

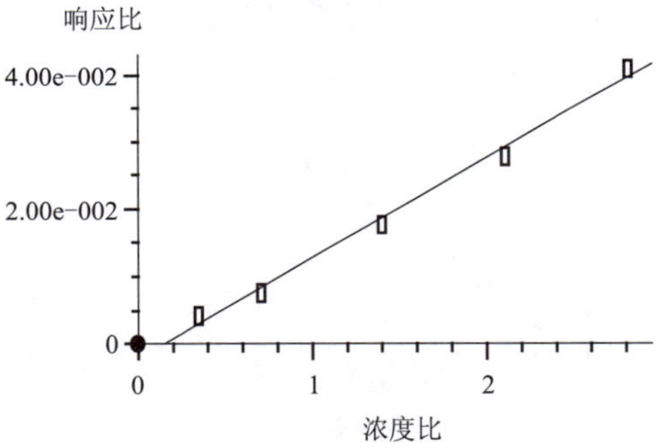

$y=0.014\ 90x-0.002\ 235$

$(R^2=0.992\ 9)$

一溴二苯醚

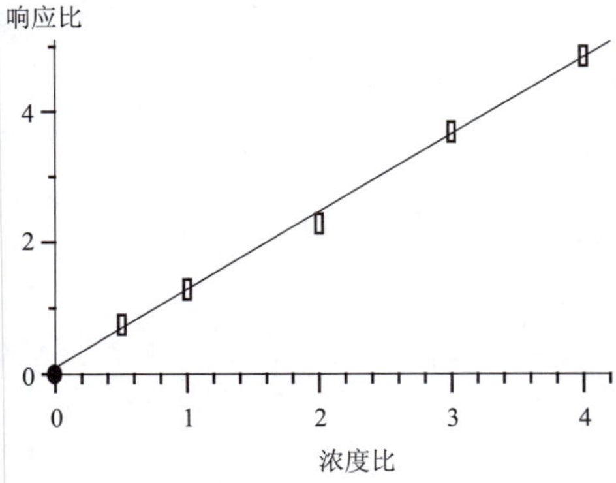

$y=1.177x+0.103\ 3$

$(R^2=0.997\ 0)$

二溴二苯醚

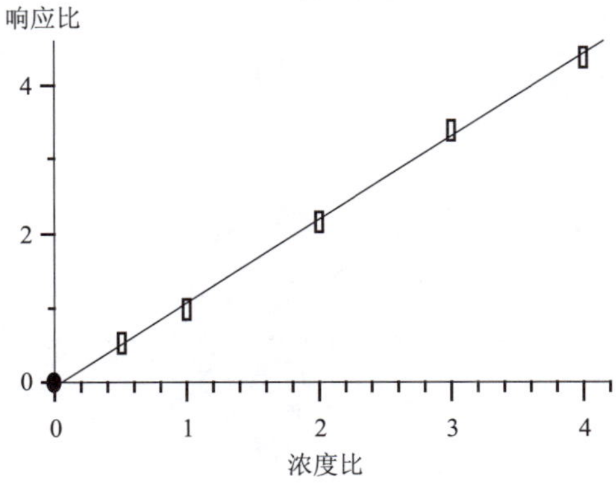

$y=1.117x-0.059\ 2$

$(R^2=0.998\ 4)$

续上表

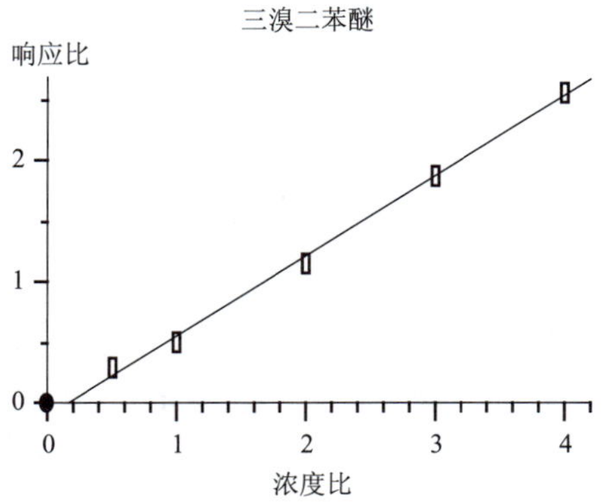

$y=0.659\ 7x-0.109\ 5$
$(R^2=0.997\ 1)$

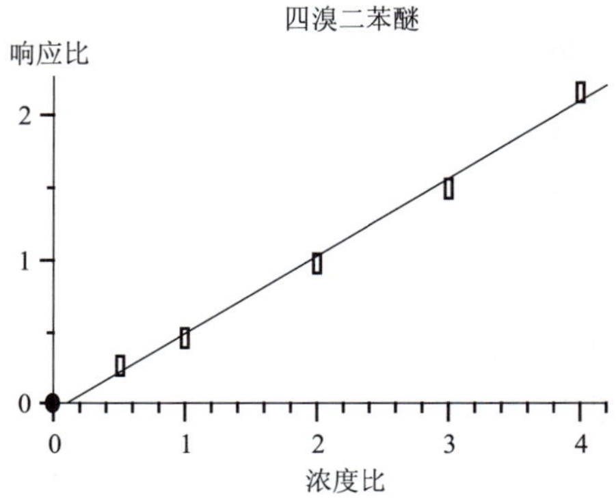

$y=0.536\ 1x-0.055\ 4$
$(R^2=0.994\ 7)$

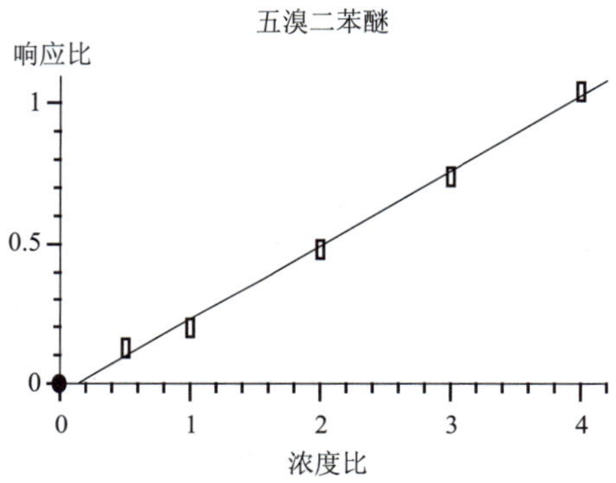

$y=0.263\ 8x-0.036\ 1$
$(R^2=0.996\ 0)$

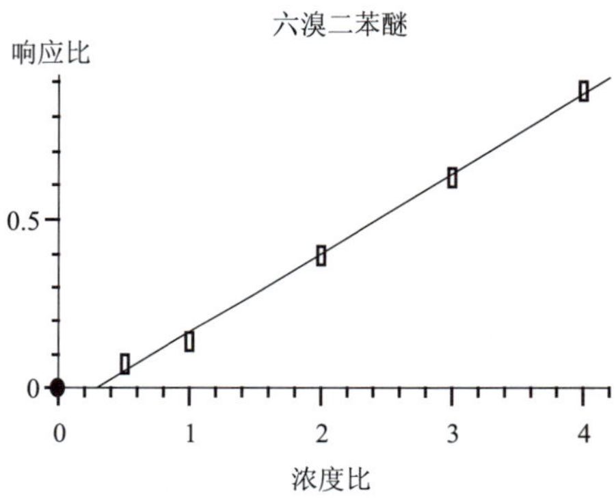

$y=0.233\ 1x-0.068\ 5$
$(R^2=0.996\ 4)$

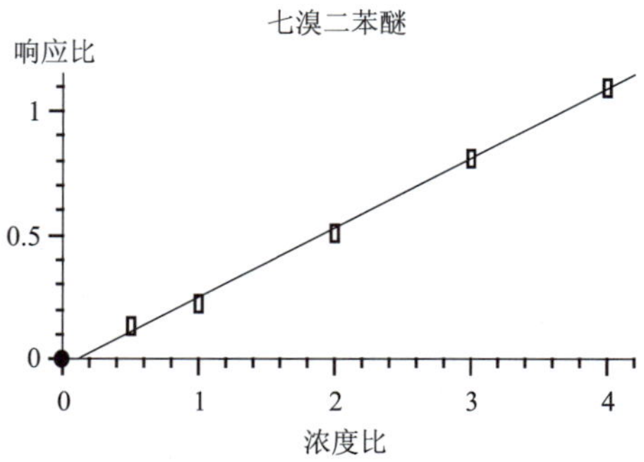

$y=0.279\ 5x-0.032\ 0$
$(R^2=0.997\ 7)$

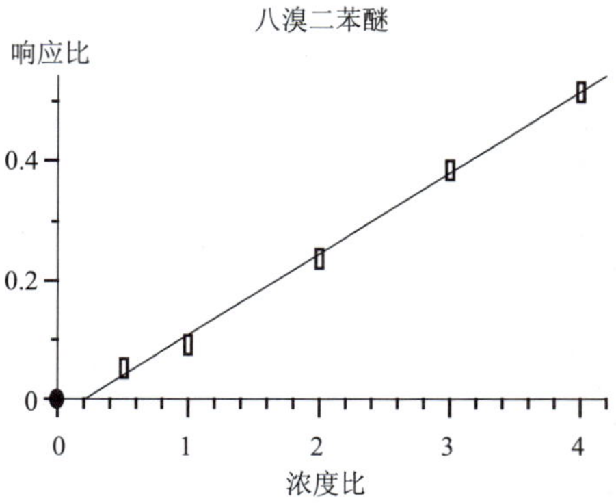

$y=0.135\ 9x-0.028\ 5$
$(R^2=0.996\ 3)$

续上表

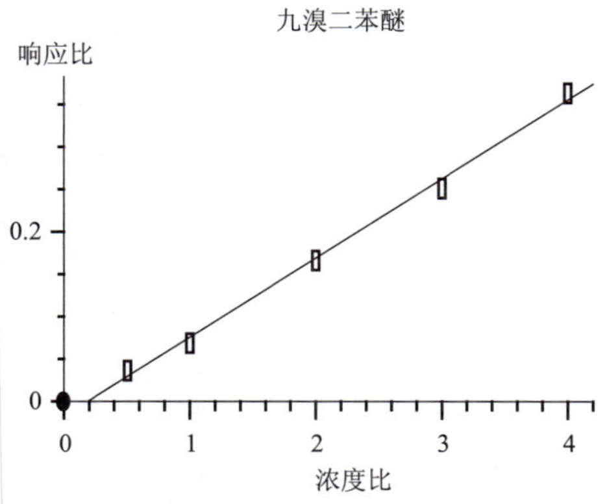

$y=0.0942x-0.0220$

$(R^2=0.9932)$

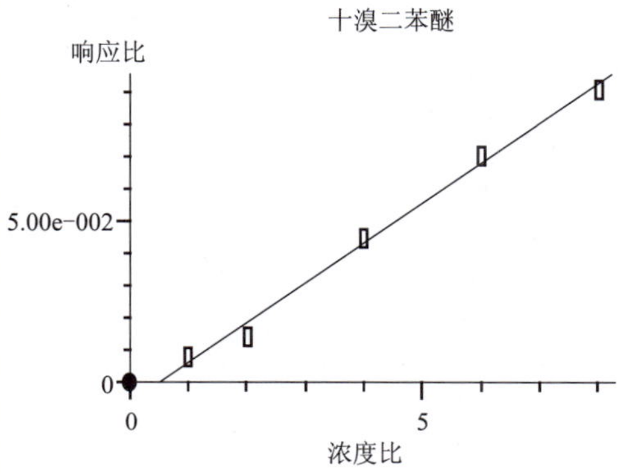

$y=0.0131x-0.0086$

$(R^2=0.9909)$

(6)测试和分析

以面积响应比值(标样对内标的响应比)对浓度比值(标样对内标的浓度比)做标准工作曲线。由于一～十溴联苯与一～十溴二苯醚都分别有 209 种同分异构体,因此建议每个样品先采用全扫描采集总离子流图,以检测那些不是建立标准工作曲线所使用的校准物质或在 SIM 窗口中看不见的同系物。然后根据每种校准物质所建立的标准工作曲线来计算样品中所含有同系物的含量,并计算出各种物质的总和,每种物质的定性定量选择离子如表 6-3 和表 6-4 所示。

表 6-3　PBBs 的分子式、相对分子质量、定性离子和定量选择离子

序号	名称	分子式	分子量	定量离子	定性离子
1	一溴联苯	$C_{12}H_9Br$	233.1	234.0	236.0,232.0,152.2
2	二溴联苯	$C_{12}H_8Br_2$	312.0	312.0	314.0,310.0,152.2
3	三溴联苯	$C_{12}H_7Br_3$	390.9	391.8	393.8,389.8,230.0
4	四溴联苯	$C_{12}H_6Br_4$	469.8	469.8	467.8,309.9,307.9
5	五溴联苯	$C_{12}H_5Br_5$	548.7	549.6	547.6,389.8,387.8
6	六溴联苯	$C_{12}H_4Br_6$	627.6	627.6	625.6,467.7,465.7
7	七溴联苯	$C_{12}H_3Br_7$	706.5	705.5	703.5,545.6,543.6
8	八溴联苯	$C_{12}H_2Br_8$	785.4	785.4	783.4,625.5,627.5
9	九溴联苯	$C_{12}HBr_9$	864.3	703.4	863.2,705.4,703.4
10	十溴联苯	$C_{12}Br_{10}$	943.2	781.3	943.2,783.3,781.3

表 6-4 PBDEs 的分子式、相对分子质量、定性离子和定量选择离子

序号	名称	分子式	分子量	定量离子	定性离子
1	一溴二苯醚	$C_{12}H_9BrO$	249.1	250.0	252.0,248.0,141.0
2	二溴二苯醚	$C_{12}H_8Br_2O$	328.0	328.0	330.0,325.9,168.0
3	三溴二苯醚	$C_{12}H_7Br_3O$	406.9	405.8	403.8,246.0,123.0
4	四溴二苯醚	$C_{12}H_6Br_4O$	485.8	485.7	483.7,325.9,162.9
5	五溴二苯醚	$C_{12}H_5Br_5O$	564.7	564.6	562.6,403.8,201.9
6	六溴二苯醚	$C_{12}H_4Br_6O$	643.6	483.7	643.5,483.7,241.9
7	七溴二苯醚	$C_{12}H_3Br_7O$	722.5	561.6	721.5,561.6,563.6
8	八溴二苯醚	$C_{12}H_2Br_8O$	801.4	641.5	801.4,641.5,320.8
9	九溴二苯醚	$C_{12}HBr_9O$	880.3	719.4	881.3,719.4,360.7
10	十溴二苯醚	$C_{12}Br_{10}O$	959.2	799.3	959.2,799.3,400.3

6.1.1.3 分析实例

检测某橡胶样品中多溴联苯和多溴二苯醚的含量。

定性分析：样品经前处理后定容至 100 mL，用全扫描模式采集得到总离子流图如图 6-3所示，经定性分析可知该样品中含有三种九溴二苯醚和十溴二苯醚，其对应的质谱图如图 6-4 所示。

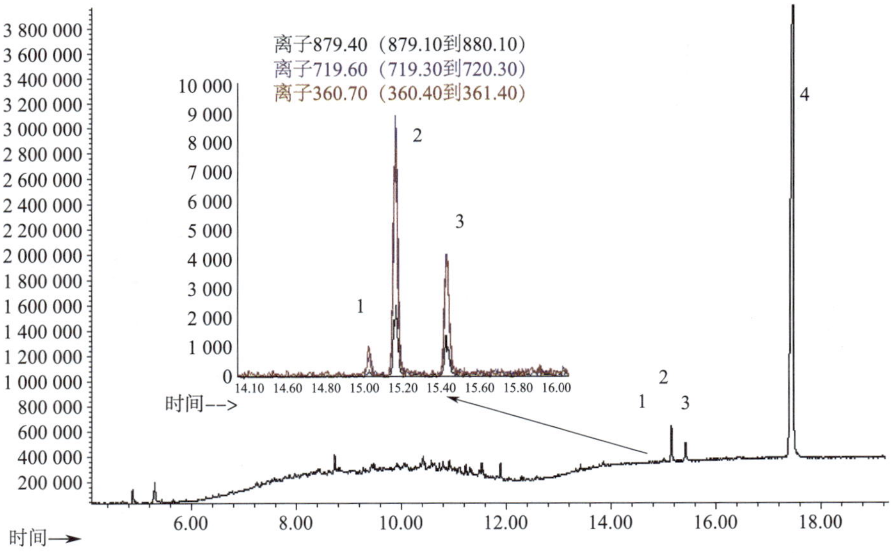

图 6-3 实际样品的总离子流图

1—九溴二苯醚；2—九溴二苯醚；3—九溴二苯醚；4—十溴二苯醚

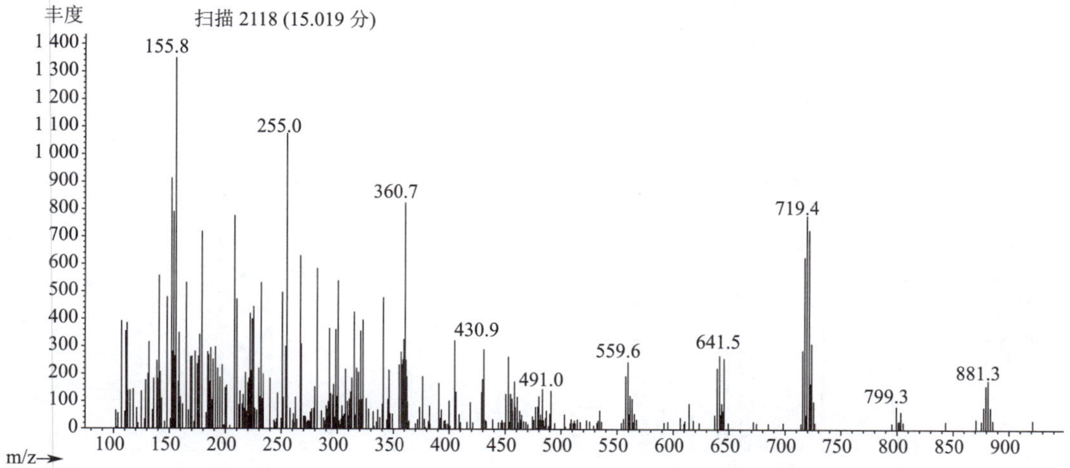

(a)1—九溴二苯醚

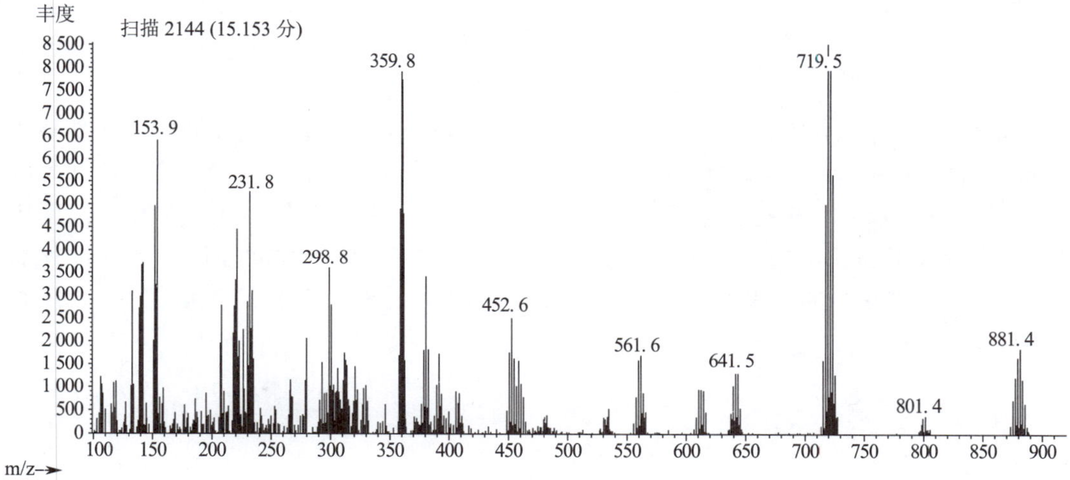

(b)2—九溴二苯醚

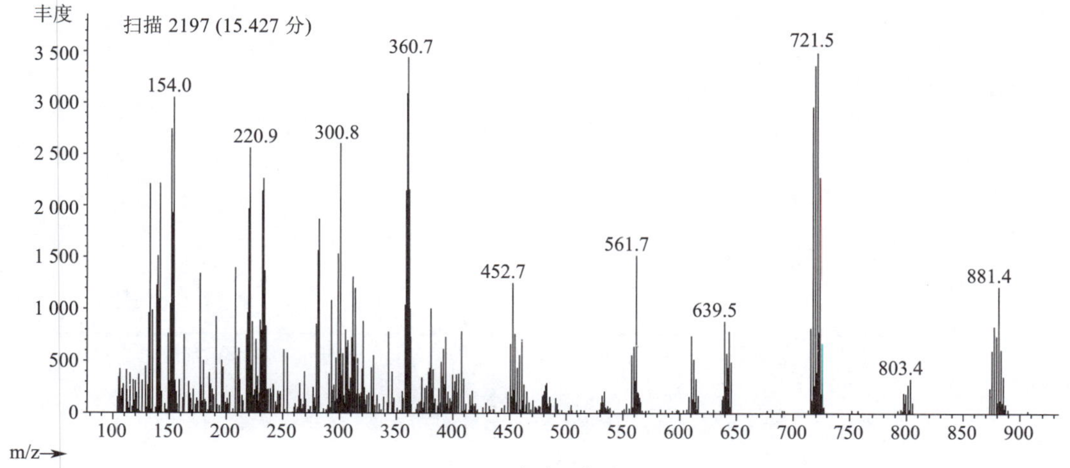

(c)3—九溴二苯醚

图　6-4

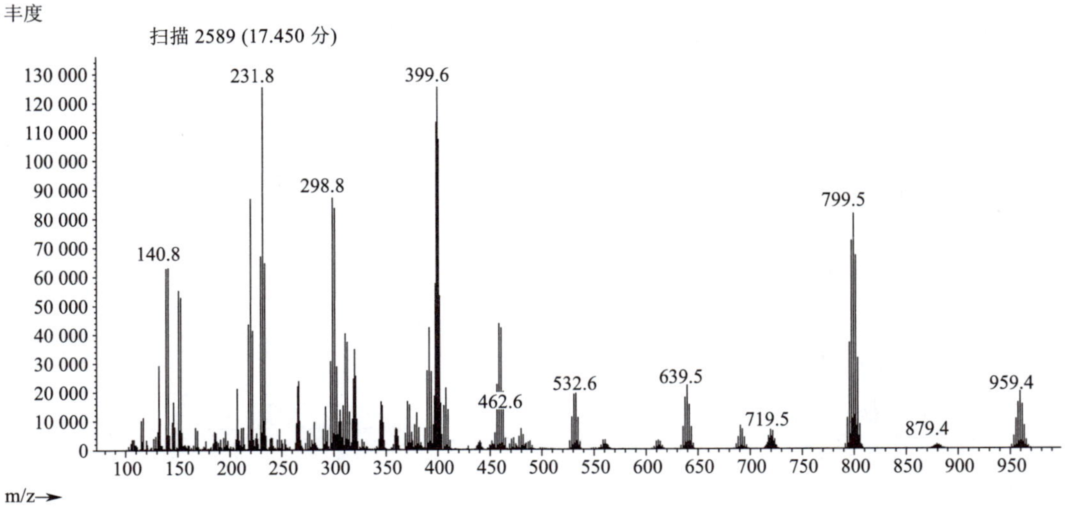

(d)4—十溴二苯醚

图 6-4　多溴二苯醚质谱图

定量分析:取 1 mL 样品加入 20 μL 浓度为 10 μg/mL 的内标物 DBOFB,采用选择离子检测得到三种九溴二苯醚的定量离子 719.4 的响应值和 DBOFB 定量离子 455.9 的响应值,如图 6-5 所示。根据标准工作曲线 $y=0.094\ 2x-0.022$($R^2=0.993\ 2$,x:浓度比值,y:定量离子面积响应比),分别计算出每一种九溴二苯醚的浓度,具体计算过程如表 6-5所示。样品中的九溴二苯醚的含量最终计算为三种同系物的含量加和,共计为 5 010.0 mg/kg。

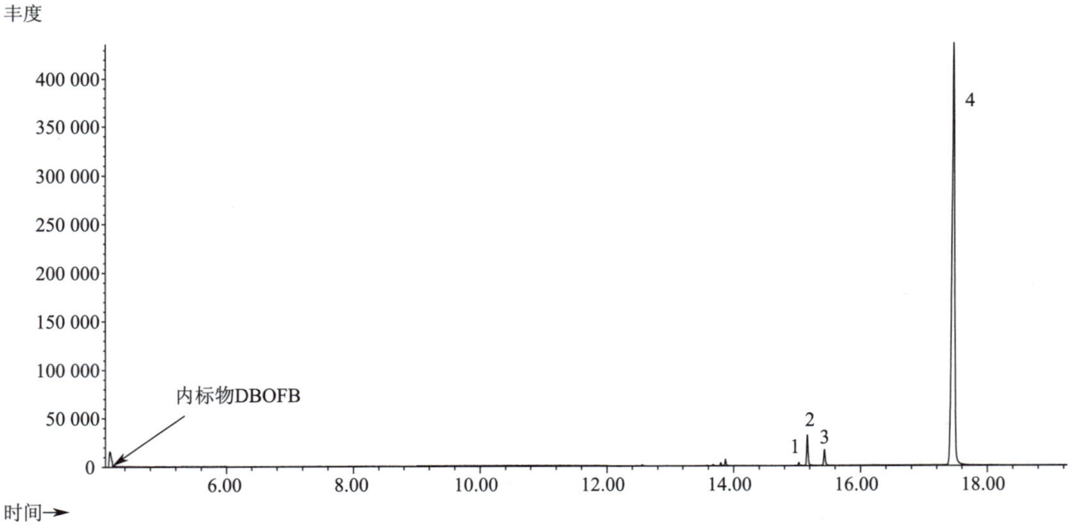

图 6-5　实际样品的选择离子检测的总离子流图

1—九溴二苯醚;2—九溴二苯醚;3—九溴二苯醚;4—十溴二苯醚

表 6-5　橡胶样品中三种九溴二苯醚的结果测定

称样量(g)	定容体积(mL)	样品定量离子响应值	内标定量离子响应值	定量离子面积响应值比(y)	样品浓度/内标浓度(x)	内标物浓度(ng/mL)	溶液中九溴二苯醚的浓度(μg/mL)	样品中九溴二苯醚的浓度(mg/kg)
0.103 5	100	2 676.0	18 518.0	0.145	1.8	200	353.5	341.5
		27 106.0	18 518.0	1.464	15.8	200	3 154.5	3 047.8
		14 222.0	18 518.0	0.768	8.4	200	1 677.3	1 620.6

十溴二苯醚在 100 mL 溶液中的测定结果大大超出标准曲线的线性范围，因此将样品溶液稀释 1 000 倍后，从其中取 1 mL，加入 20 μL 浓度为 10 μg/mL 的内标物 DBOFB，采用选择离子监测得到十溴二苯醚的定量离子 799.5 的响应值和 DBOFB 定量离子 455.9 的响应值，根据标准工作曲线 $y=0.013\ 1x-0.008\ 6$($R^2=0.990\ 9$，x：浓度响应比值，y：定量离子面积响应比)，计算出十溴二苯醚的浓度，具体计算过程如表 6-6 所示，样品中的十溴二苯醚的含量为 23.2%。

表 6-6　橡胶样品中十溴二苯醚的结果测定

称样量(g)	0.103 5
定容体积(mL)	100
稀释倍数	1 000
样品定量离子响应值	141
内标定量离子响应值	19 749
定量离子面积响应值比(y)	0.007 1
样品浓度/内标浓度(x)	1.2
内标物浓度(μg/mL)	200
溶液中十溴二苯醚的浓度(ng/mL)	240
样品中十溴二苯醚的浓度(%)	23.2

6.1.2　ICP-OES 法定量分析氧化锌中的铅、镉、汞

氧化锌是橡胶和轮胎工业必不可少的原材料，常用作天然橡胶、合成橡胶及胶乳的硫化活性剂、补强剂。氧化锌中常含有重金属杂质，铅、镉、汞的含量直接关系到橡胶产品能否通过 ROHS 检测，因此，研究快速测定氧化锌中重金属元素的方法具有重要意义。

6.1.2.1　试剂和仪器

(1)试剂

铅单元素标准溶液：1 000 μg/mL，中国计量科学研究院

镉单元素标准溶液：1 000 μg/mL，中国计量科学研究院

汞单元素标准溶液：1 000 μg/mL，中国计量科学研究院

配制标准溶液所用 HNO_3：优级纯，其余试剂为分析纯

实验室用水为二次蒸馏水

玻璃仪器均在 HNO_3(体积比 1∶1 水稀释)溶液中浸泡 24 h 后使用

(2)仪器

电感耦合等离子体发射光谱仪

旋转蒸馏器

6.1.2.2　实验步骤

(1)样品前处理

准确称取氧化锌样品 0.2 g 于小烧杯中，加入 5 mL 硝酸(1∶1)溶解，转移至25 mL

的容量瓶中，用水定容，待测。同时做空白样品。

(2)标准溶液的配置

锌基体溶液(20.0 g/L)：准确称取 6.223 5 g 高纯氧化锌于烧杯中，加入 40 mL 硝酸(1∶1)溶解，用 5% HNO_3 溶液多次洗涤移入 250 mL 容量瓶中，并稀释至刻度，摇匀。将单元素标准溶液逐级稀释，配制成 Pb 含量为 0、0.5、1.0、5.0、10.0 μg/mL，Cd、Hg 含量为 0、0.5、1.0、1.5、2.0 μg/mL 体积为 25 mL 系列混合标准溶液，并在每个混合标准溶液中分别加入 10 mL 的锌基体溶液，使 Pb、Cd、Hg 配成与样品相当的含锌基体的系列标准溶液，在工作条件下测量标准曲线。

(3)仪器条件的设置

ICP-OES 仪器条件的设置：频率 27.12 MHz，功率 1 300 W，等离子体冷却气流量 12 L/min，辅助气流量 1 L/min，雾化气流量 1 L/min，冲洗时间 45 s，读数次数 3 次。

特征谱线的选择：考察了 Pb、Hg、Cd 的多条灵敏线，综合比较后，选择最佳分析线为：Pb(220.353 nm)、Cd(228.802 nm)和 Hg(194.227 nm)。

(4)标准工作曲线的建立

按照(3)设定仪器工作条件，混和标准溶液上机测试，标准工作曲线和线性回归方程如表 6-7 所示。

表 6-7 氧化锌中铅、镉、汞的标准工作曲线和回归方程

C：浓度(μg/mL)，I：发光强度

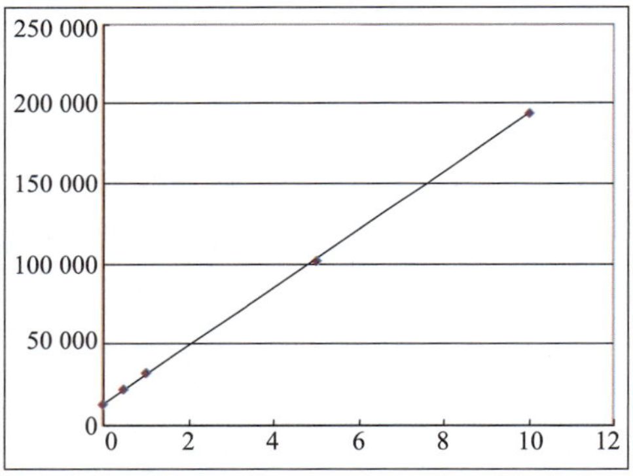

Pb 的回归方程：$I=17\ 932C+13\ 867$ ($R^2=0.999\ 8$)

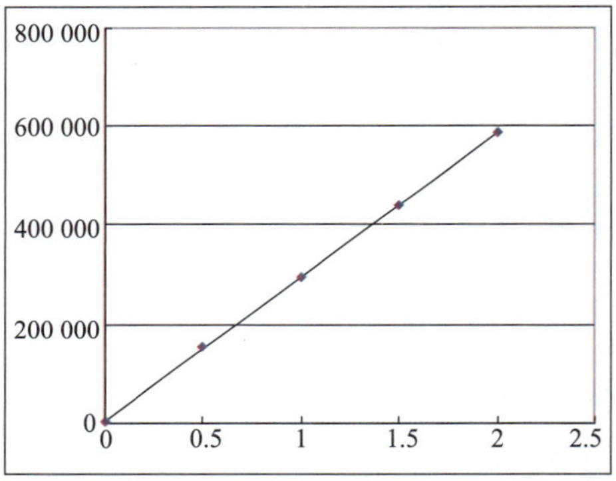

Cd 的回归方程：$I=290\ 679C+4\ 820.5$ ($R^2=0.999\ 8$)

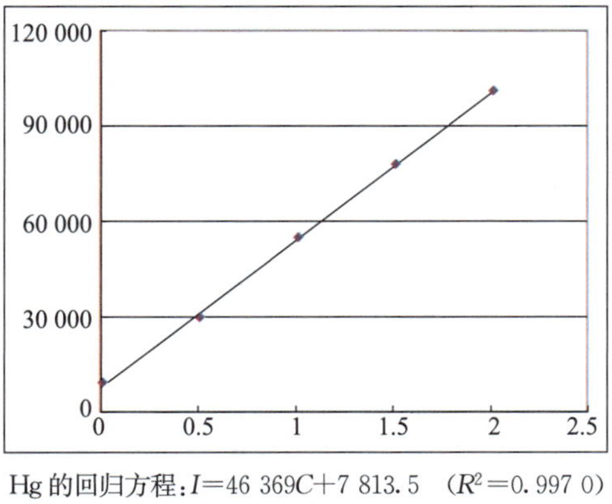

Hg 的回归方程：$I=46\ 369C+7\ 813.5$ ($R^2=0.997\ 0$)

6.1.2.3　分析实例

称取某生产用的 ZnO 样品 0.200 1 g，按照 6.1.2.2 节的要求，经样品前处理和设置仪器工作条件，测定标准溶液和样品溶液的 ICP-OES 光谱。根据 ICP-OES 检测标准工作溶液的发光强度 I，绘制 Pb、Cd 和 Hg 3 种元素的标准工作曲线，并根据样品溶液的发光强度，计算出样品中三种元素的含量，计算过程如表 6-8 所示。该样品中含有 Pb 650.2 mg/kg，Cd 100.0 mg/kg，Hg 22.3 mg/kg。

表 6-8　某生产用 ZnO 样品中 Pb、Cd 和 Hg 的结果测定

称样量(g)	定容体积(mL)	元素	线性回归方程	样品溶液的测定值(μg/mL)	样品测定值(mg/kg)
0.200 3	25	Pb	I=17 932C+13 867 (R^2=0.999 8)	5.209	650.2
		Cd	I=290 679C+4 820.5 (R^2=0.999 8)	0.801	100.0
		Hg	I=46 369C+7 813.5 (R^2=0.997 0)	0.179	22.3

6.1.3　ICP-OES 法分析炭黑中的铅、镉、汞

炭黑在橡胶工业中是仅次于橡胶居第二位的重要原料，是重要的补强填充剂，对于橡胶胶料的物理机械性能和加工工艺都有重要影响。炭黑中含有铅、镉、汞的含量直接关系到橡胶产品能否通过 ROHS 检测，因此测定炭黑中重金属元素同样十分重要。

6.1.3.1　试剂和仪器

(1)试剂

铅单元素标准溶液：1 000 μg/mL，中国计量科学研究院

镉单元素标准溶液：1 000 μg/mL，中国计量科学研究院

汞单元素标准溶液：1 000 μg/mL，中国计量科学研究院

配制标准溶液所用 HNO_3：优级纯，其余试剂为分析纯

实验室用水为二次蒸馏水

(2)仪器

电感耦合等离子体发射光谱仪

旋转蒸馏器

玻璃仪器均在 HNO_3(体积比 1∶1 水稀释)溶液中浸泡 24 h 后使用

6.1.3.2　实验步骤

(1)样品前处理

浸提法对样品进行提取，准确称取约 1 g(精确到 0.000 1 g)的炭黑样品于小烧杯中，加入 25 mL HNO_3(4 mol/L)，浸泡 60 min 后，过滤收集滤液于 50 mL 的容量瓶中，定容，待测。

(2)标准溶液的配置

将单元素标准溶液逐级稀释，配制成 Pb 含量为 0、0.2、0.8、3.2、6.4 μg/mL，Cd、Hg

含量为 0、0.5、1.0、1.5、2.0 μg/mL 的系列混合标准溶液。

(3)仪器条件的设置

ICP-OES 仪器条件的设置：频率 27.12 MHz，功率 1 300 W，等离子体冷却气流量 12 L/min，辅助气流量 1 L/min，雾化气流量 1 L/min，冲洗时间 45 s，读数次数 3 次。

特征谱线的选择：考察了 Pb、Hg、Cd 的多条灵敏线，综合比较后，选择最佳分析线为：Pb(220.353 nm)，Cd(226.502 nm)，Hg(194.227 nm)。

(4)标准工作曲线的建立

按照(3)设定仪器工作条件，混和标准溶液上机测试，标准工作曲线和线性回归方程如表 6-9 所示。

表 6-9　炭黑中铅、镉、汞的标准工作曲线和回归方程

C：浓度(μg/mL)，I：发光强度

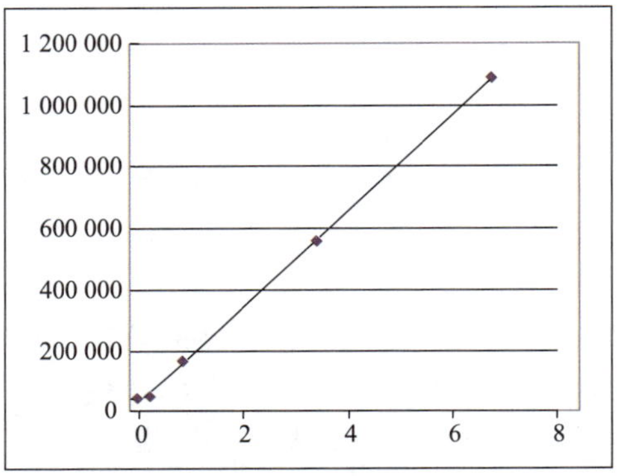

Pb 的回归方程：$I=169\ 059C+5\ 851.0$

($R^2=0.999\ 8$)

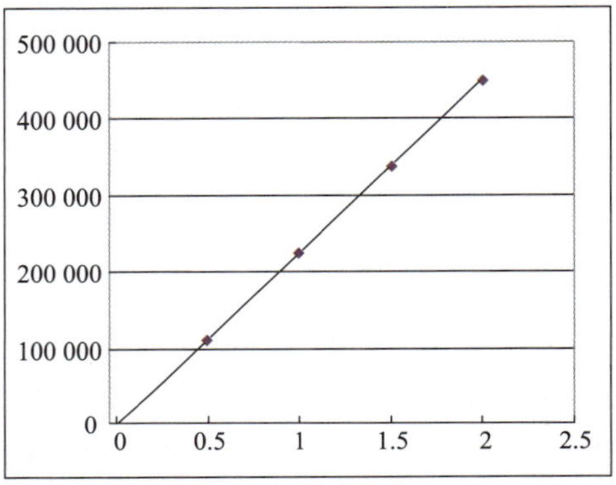

Cd 的回归方程：$I=226\ 511C-1\ 937.0$

($R^2=0.999\ 8$)

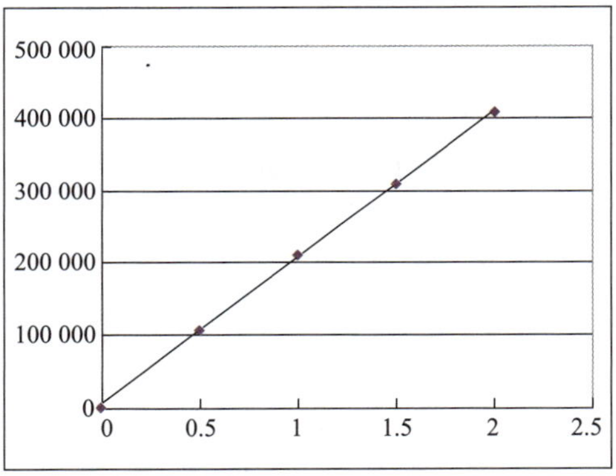

Hg 的回归方程：$I=205\ 330C+5\ 510.2$

($R^2=0.997\ 0$)

6.1.3.3　分析实例

称取某牌号为 DZ-13 的炭黑样品 1.004 9 g，按照 6.1.3.2 节的实验步骤，经样品前处理，设置仪器工作条件，测定标准溶液和样品溶液的 ICP-OES 光谱。根据样品溶液的

发光强度，绘制 Pb、Cd 和 Hg 3 种元素的标准工作曲线，并根据样品溶液的发光强度，计算出样品中三种元素的含量，计算过程如表 6-10 所示。该样品中含有 Pb 111.2 mg/kg，Cd 1.9 mg/kg，不含有 Hg。

表 6-10 DZ-13 炭黑样品中 Pb、Cd 和 Hg 的结果测定

称样量 (g)	定容体积 (mL)	元素	线性回归方程	样品溶液的测定值 (μg/mL)	样品测定值 (mg/kg)
1.004 9	25	Pb	$I=169\ 059C+5\ 851.0$ ($R^2=0.999\ 8$)	4.470	111.2
		Cd	$I=226\ 511C-1\ 937.0$ ($R^2=0.999\ 8$)	0.076	1.9
		Hg	$I=205\ 330C+5\ 510.2$ ($R^2=0.997\ 0$)	ND	ND

6.1.4 UV-vis 法定量分析橡胶中的六价铬

铬是一种变价金属离子，其化合物通常有二价、三价和六价。二价铬的化合物非常不稳定，它们能迅速在空气中氧化为三价铬的化合物。因此常见的为三价铬和六价铬。六价铬常与三价铬共存，而两者的生理毒性完全不同。三价铬是人体所需的一种微量元素，是维持胆固醇正常代谢所必需的；而六价铬具有致癌性，与其他疾病有协同作用。尽管原子吸收光谱法、电感耦合等离子发射光谱质谱联用法能够很方便地检测出总铬的含量，但不能区分铬(Ⅲ)与铬(Ⅵ)。紫外可见分光光度法是利用物质的分子对紫外可见光谱区(一般认为是 200 nm～780 nm)辐射的吸收来进行的一种仪器分析方法。这种分子吸收光谱产生了价电子和分子轨道上的电子在电子能级间的跃迁。它广泛用于无机和有机物质的定性和定量分析。由于六价铬在紫外区有一较强的吸收峰，且分光光度法仪器价廉，操作简单。因此，采用紫外可见分光光度法(UV-vis)是最为经济、有效的方法。UV-vis 的工作原理和分析方法详见本书 7.1 节。

6.1.4.1 试剂和仪器

(1)试剂

重铬酸钾储备液：将 0.141 4 g 在 105 ℃干燥至恒重的重铬酸钾 $K_2Cr_2O_7$ 标准物质溶解于蒸馏水中，然后稀释至 1 000 mL(50 μg/mL 的六价铬)；

重铬酸钾标准液：将上述配置的 10 mL 重铬酸钾储备液稀释至 100 mL(5 μg/mL 的六价铬)；

二苯卡巴肼(DPC)显色剂：0.25 g 溶于 50 mL 丙酮，移入 100 mL 容量瓶中，加入 1% EDTA 2.5 mL，定容，混匀后贮于棕色瓶中，冷藏保存；

磷酸盐缓冲溶液(pH=7.0)：将 87.09 g 磷酸氢二钾和 68.04 g 磷酸二氢钾溶解于 700 mL 蒸馏水中，然后移至 1 L 容量瓶中稀释至刻度线；

磷酸氢二钾溶液：5%(质量比)；

磷酸溶液：1∶1(体积比)；

氯化镁溶液:0.5 mol/L;

氢氧化钠溶液:0.1 mol/L;

酚酞指示剂:1%乙醇溶液。

(2)仪器

双光束紫外可见分光光度仪(B)。

6.1.4.2 实验步骤

(1)样品前处理

制样前,首先除去样品表面污染物、油渍等,可用软布、清洁剂或适合的溶剂除去。样品不能在高于35 ℃条件下强制干燥。若样品表面含有聚合物涂层,可用细砂纸如800号碳化硅砂纸轻轻摩擦除去,还可以选用其他更有效的方法去除表面涂层。拆分工具(剪刀、粉碎机等)使用前用乙醇(95%)进行彻底清洁以防污染。

(2)定性分析

于烧杯中盛入25 mL蒸馏水、1.0 mL氯化镁溶液(0.5 mol/L)和1.0 mL磷酸盐缓冲溶液(87.09 g磷酸氢二钾+68.04 g磷酸二氢钾配置成1 L溶液,此时pH=7.0),置于加热仪上加热至沸腾,然后向其中加入剪碎成约1 mm^3的小块试样2.0 g,并在微沸处保持30 min,取出冷却至室温,再向其中加入2 mL DPC显色剂(0.025 g/L)。当溶液呈红紫色反应则表明试样中有铬(Ⅵ)存在,需进行进一步的定量分析。

(3)定量分析

取2.5 g(精确到0.000 1 g)剪碎成约1 mm^3的小块试样,经过适合的有机溶剂抽提干净以后,放入干净的锥形瓶中。加入磁力搅拌子、50 mL磷酸氢二钾溶液(质量比5%)和4 mL氯化镁溶液(0.5 mol/L),置于磁力搅拌器上,控制不同温度和搅拌速度下加热3 h。待消解完全以后,冷却至室温过滤。取清液于100 mL容量瓶定容。从中抽取5 mL作为试样空白液,剩下95 mL溶液中加入一滴酚酞指示剂(1%乙醇溶液),用氢氧化钠溶液(0.1 mol/L)调节溶液至浅红色,加入2 mL磷酸(体积比1∶1)溶液,摇匀,加入4 mL DPC显色剂溶液(0.025 g/L),用水定容至刻度,摇匀。放置10 min,待测。

(4)标准工作曲线的建立

用移液管移取一定量的六价铬标准溶液置于100 mL的容量瓶中,配制0.1到5 μg/mL六价铬的系列标准溶液。

取不同浓度的标准溶液,放入紫外可见光分光光度计,于λ=540 nm处检测铬(Ⅵ)的吸光值。以不同浓度与吸光值,建立标准曲线。标准曲线如图6-6所示,其回归曲线在低浓度范围(0~200 mg/L)内呈良好的线性关系;线性关系:$y=0.003\ 3x+0.034\ 4$,系数因子达到99.99%。

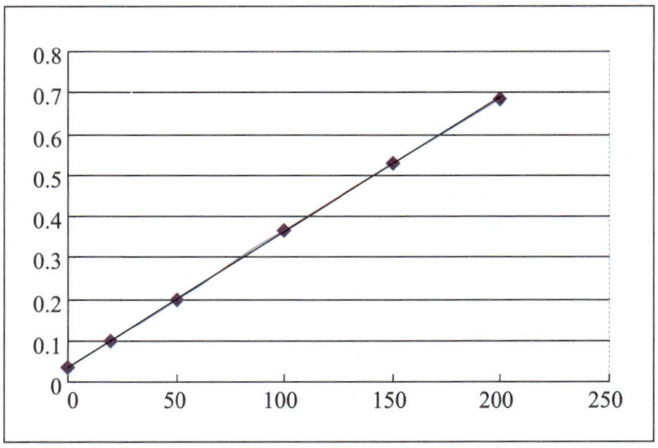

$y=0.003\ 3x+0.034\ 4, R^2=0.999\ 9$

图6-6 标准溶液曲线图

(5)测试和分析

按照 6.1.4.2 节中的实验步骤,进行样品前处理,待溶液显色完全后,放入紫外可见光分光光度计,于 $\lambda = 540$ nm 处检测铬(Ⅵ)的吸光值。并依据 6.1.4.2 节(4)中的方法所建立标准工作曲线,计算出样品中六价铬含量。如果样品溶液中六价铬的浓度超出了原来的标准曲线范围,应利用其他浓度范围的标准曲线。

由于目前橡胶中一般不含有六价铬,此处仅作为方法介绍。可为金属镀层、电子电工产品中六价铬的检测提供指导。

6.2　REACH 法规中与 SVHC 有关的检测项目

橡胶中与 SVHC 有关的检测项目主要有 16 种多环芳烃(PAHs)、4 种邻苯二甲酸酯、铅、镉、汞、镉、砷、锡、钴、钼等元素,下文将分别介绍这些物质或元素的检测方法。

6.2.1　GC-MS 法定量分析橡胶中多环芳烃

PAHs 为多环芳烃(或称稠环芳烃),是一种致癌物质。欧盟对 16 种 PAHs 作出严格限制。在橡胶制品中 PAHs 可能来源于炭黑、加工油、沥青、古马隆树脂、芳烃树脂和石蜡等原材料中。其中问题最大的是炭黑,由于国产炭黑原料油主要是煤焦油,含有多种 PAHs,用其生产的橡胶制品很难达到欧盟环保标准要求。德国 2005 年 8 月 2 日柏林会议专家推荐:与皮肤接触 30 s 以下的,苯并(a)芘小于 20 mg/kg;或 16 种总和小于200 mg/kg。接触皮肤超过 30 s 的:苯并(a)芘小于 1 mg/kg;16 种总和小于 10 mg/kg。对儿童用品有更严格的规定。

6.2.1.1　试剂和仪器

(1)试剂

正己烷:色谱纯

丙酮:色谱纯

二氯甲烷:色谱纯

正己烷和丙酮混合溶液(体积比 1∶1)

正己烷和二氯甲烷混合溶液(体积比 3∶2)

PAHs 标准品,0.2 mg/mL,AccuStandard 公司

(2)仪器

气相色谱质谱联用仪

固相萃取装置

多通道密闭微波化学工作站

旋转蒸发仪

6.2.1.2　实验步骤

(1)样品前处理

①萃取

准确称取 1 g(精确到 0.000 1 g)粉碎后的样品置于微波消解罐中,加入 15 mL 萃取液正己烷和丙酮混合溶液(体积比 1∶1)。设微波消解仪为萃取模式,升温至 100 ℃,保

持 20 min，冷却后，将萃取液完全转移至平底烧瓶中，旋转蒸发至近干。加入 2 mL 正己烷，振荡溶解后进行净化处理。

②净化

先用 3 mL 正己烷活化硅胶固相萃取小柱，流速控制在 2 滴/s。接着将按萃取处理后的样品溶液过硅胶小柱，上样流速控制在 0.5 滴/s。然后用 2 mL 正己烷洗涤平底烧瓶后过硅胶小柱，弃去以上过柱液，用 5 mL 正己烷和二氯甲烷混合溶液（体积比 3∶2）淋洗，收集淋洗液，定容至 10 mL 或稀释到合适的浓度后测定。

(2)标准溶液的配制

以二氯甲烷为溶剂将标准溶液配制成 100、200、500、1 000、2 000 ng/mL 的系列标准溶液。

(3)仪器条件的设置

色谱柱：30 m×0.25 mm×0.10 μm，BD-5HT 石英毛细管柱或相当者；

进样口温度：280 ℃；

柱温：50 ℃，稳定 1 min，50 ℃→200 ℃【25 ℃/min】；200 ℃→315 ℃【8 ℃/min】；315 ℃，恒温 5 min；

接口：315 ℃；

离子源温度：300 ℃；

四级杆：150 ℃；

质量扫描范围：45～450 amu；

定量测定方式：选择离子监测；

进样方式：脉冲不分流；

进样量：1 μL；

溶剂延迟：3 min。

(4)标准工作曲线的建立

按照(3)设定仪器工作条件，对 16 种多环芳烃的混标上机测试，标准工作曲线和线性回归方程如表 6-11 所示。

表 6-11　16 种 PAHs 的标准工作曲线和回归方程

x：浓度(ng/mL)；y：定量离子的响应值

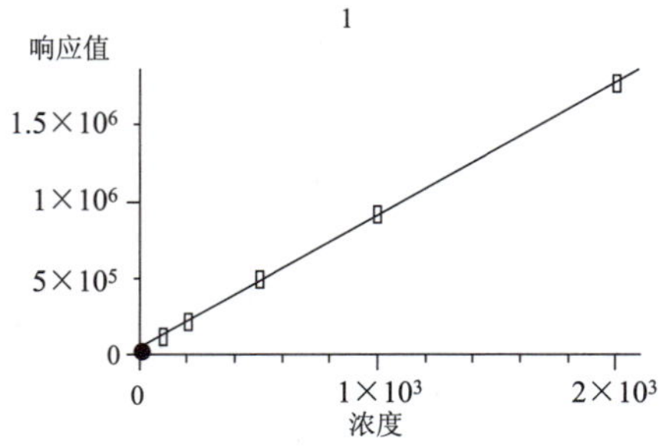

萘的回归方程：

$y=860x+47\ 580$ ($R^2=0.999\ 6$)

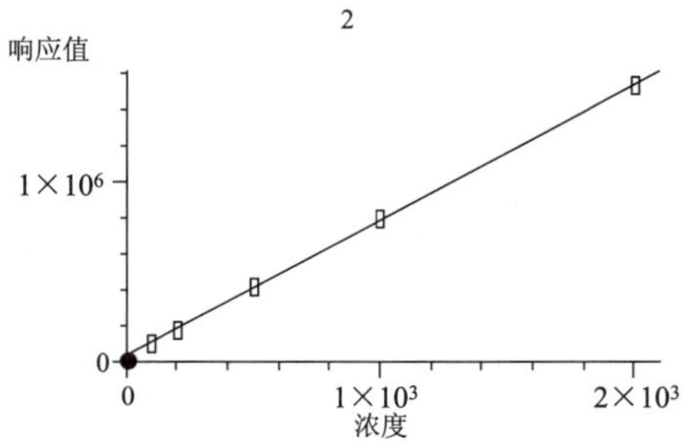

苊烯的回归方程：

$y=749.2x+37\ 370$ ($R^2=0.999\ 8$)

续上表

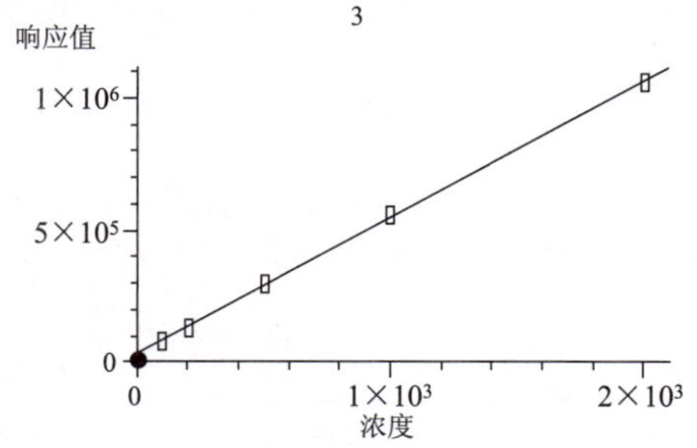

苊的回归方程：

y=516.1x+31 830　(R^2=0.999 7)

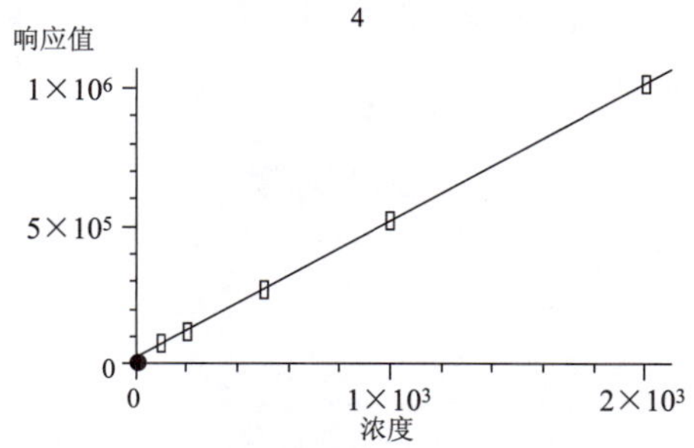

芴的回归方程：

y=497.1x+233 20　(R^2=0.999 9)

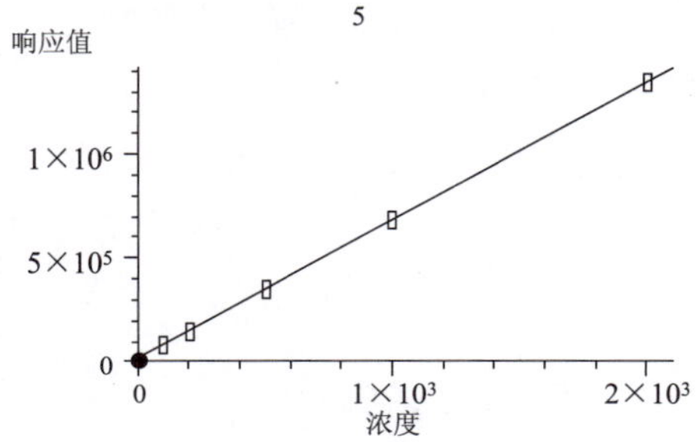

菲的回归方程：

y=663.7x+184 90　(R^2=0.999 9)

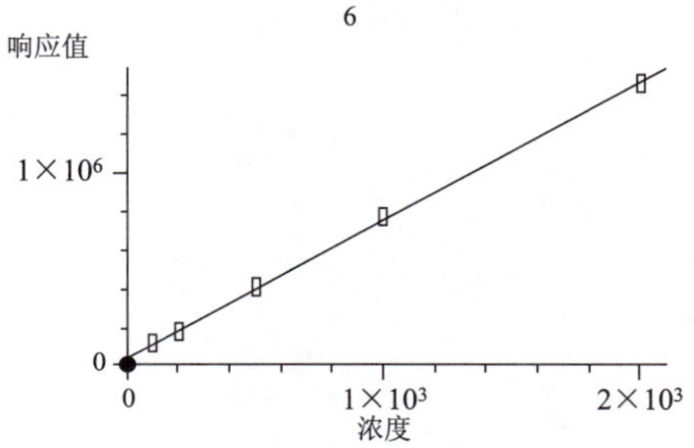

蒽的回归方程：

y=706.4x+50 270　(R^2=0.999 8)

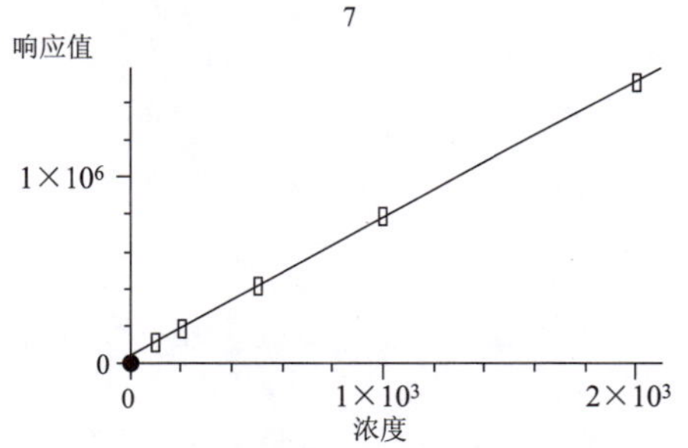

荧蒽的回归方程：

y=736.9x+423 70　(R^2=0.999 8)

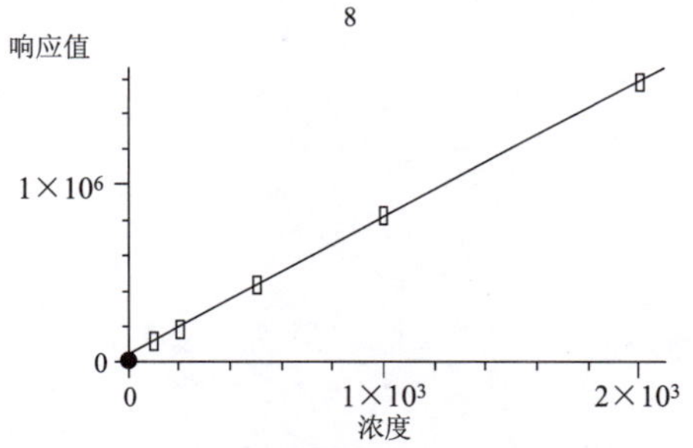

芘的回归方程：

y=770.7x+42 850　(R^2=0.9998)

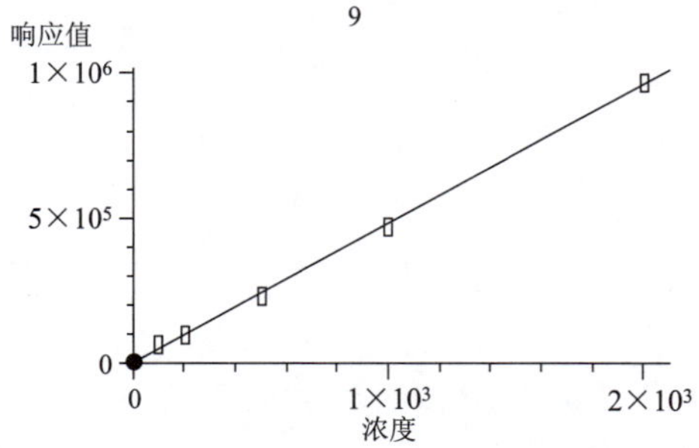

苯并(a)蒽的回归方程：

y=478.0x+2 074　(R^2=0.999 2)

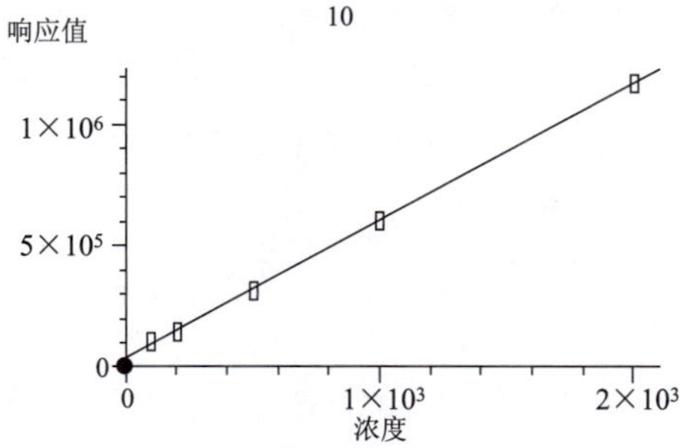

屈的回归方程：

y=566.1x+35 780　(R^2=0.999 8)

续上表

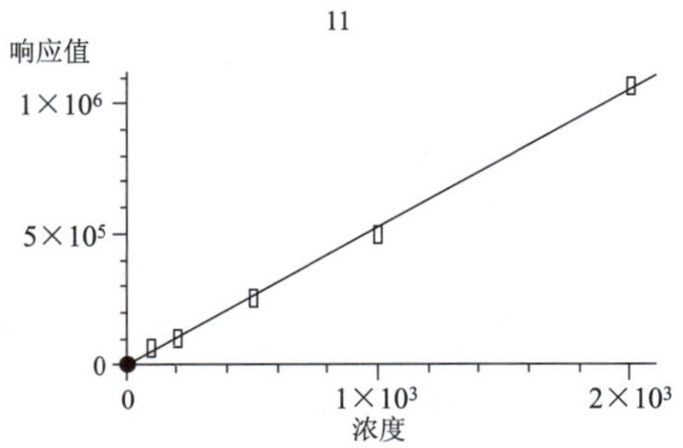

苯并(b)荧蒽的回归方程：

$y=525.7x-2\ 478$　($R^2=0.998\ 3$)

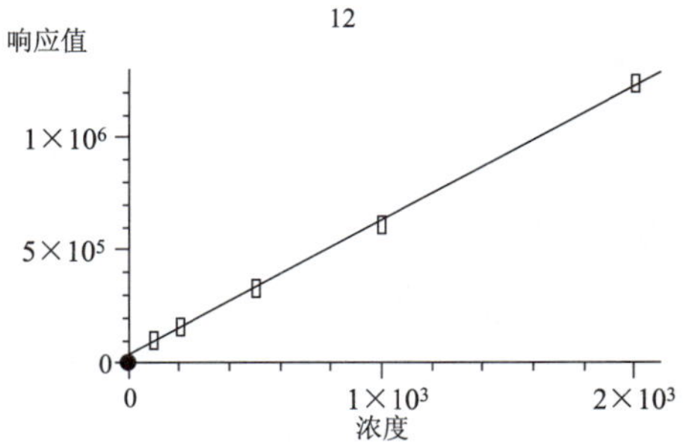

苯并(k)荧蒽的回归方程：

$y=593.3x+36\ 110$　($R^2=0.999\ 2$)

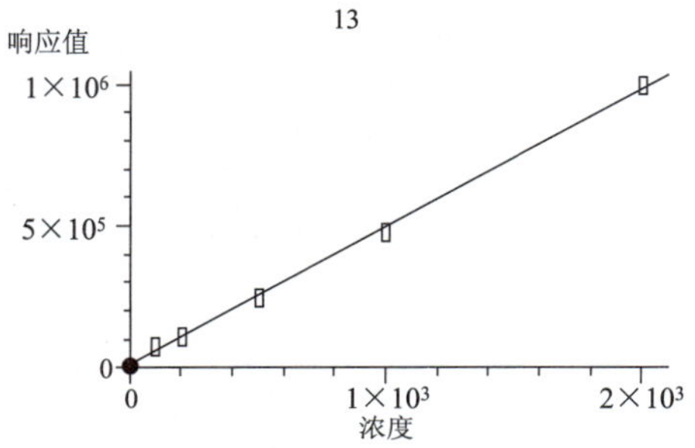

苯并(a)芘的回归方程：

$y=484.7x+11\ 470$　($R^2=0.998\ 3$)

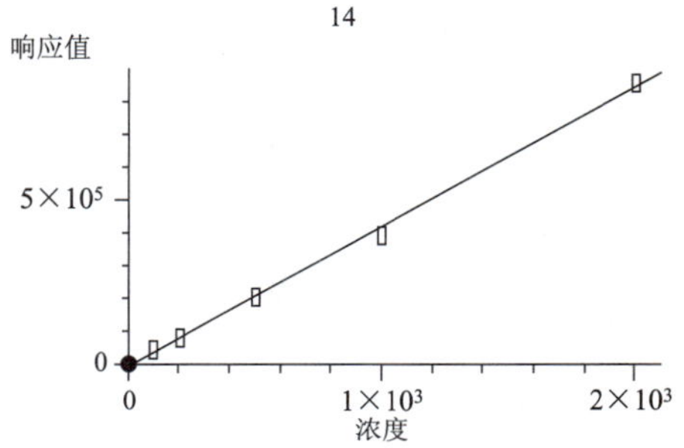

茚并(1,2,3-cd)芘的回归方程：

$y=422.3x-5\ 860$　($R^2=0.997\ 8$)

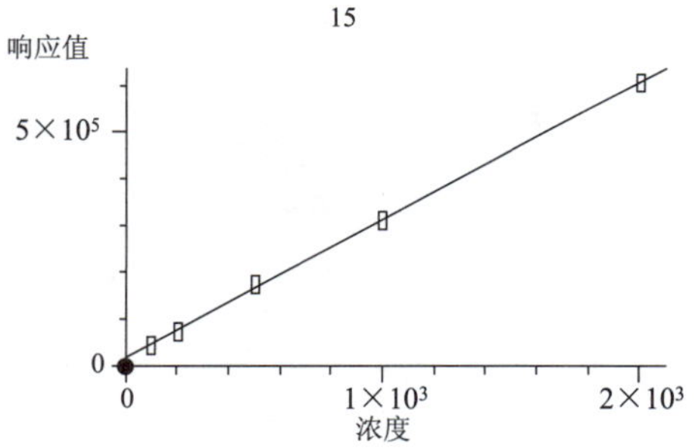

二苯并(a,h)蒽的回归方程：

$y=294.1x+18\ 520$　($R^2=0.999\ 6$)

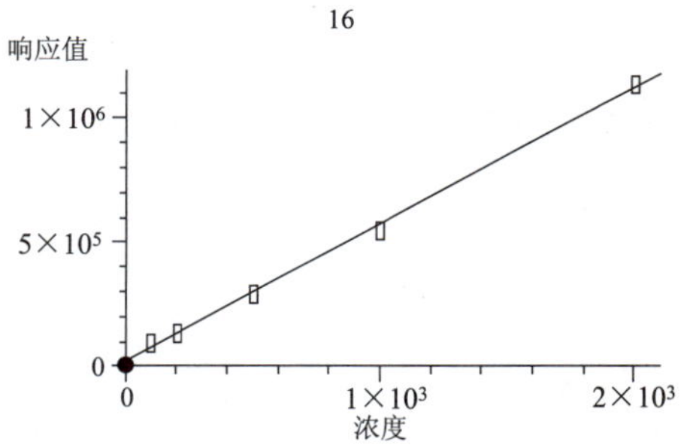

苯并(g,h,i)苝的回归方程：

$y=552.3x+19\ 690$　($R^2=0.998\ 6$)

(5)测试和分析

根据(3)中分析条件对待测液进行分析，按色谱峰的保留时间并参照表 6-12 中多环芳烃的定性离子进行定性分析，用外标法根据定量离子峰进行定量分析。GC-MS 选择离子色谱图参见图 6-7。

表 6-12　16 种多环芳烃的分子式、相对分子质量、定性离子和定量选择离子

序号	名称	分子式	相对分子质量	定性离子	定量离子
1	萘	$C_{10}H_8$	128	129,128,127	128
2	苊烯	$C_{12}H_8$	152	153,152,151	152
3	苊	$C_{12}H_{10}$	154	154,153,152	153
4	芴	$C_{13}H_{10}$	166	167,166,165	165
5	菲	$C_{14}H_{10}$	178	179,178,176	178
6	蒽	$C_{14}H_{10}$	178	179,178,176	178
7	荧蒽	$C_{16}H_{10}$	202	203,202,101	202
8	芘	$C_{16}H_{10}$	202	203,202,101	202
9	苯并(a)蒽	$C_{18}H_{12}$	228	229,228,226	228
10	屈	$C_{18}H_{12}$	228	229,228,226	228
11	苯并(b)荧蒽	$C_{20}H_{12}$	252	253,252,126	252
12	苯并(k)荧蒽	$C_{20}H_{12}$	252	253,252,126	252
13	苯并(a)芘	$C_{20}H_{12}$	252	253,252,126	252
14	茚并(1,2,3-cd)芘	$C_{22}H_{12}$	276	276,227,138	276
15	二苯并(a,h)蒽	$C_{22}H_{14}$	278	279,278,139	278
16	苯并(g,h,i)苝	$C_{22}H_{12}$	276	277,276,138	276

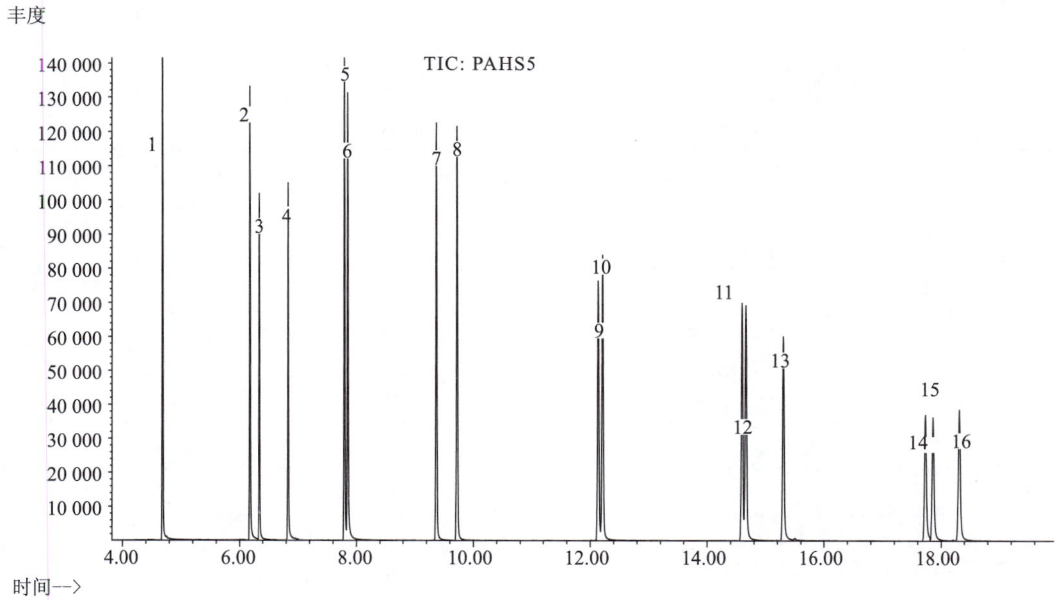

图 6-7　16 种 PAHs 标准样品选择离子色谱图

1—萘;2—苊烯;3—苊;4—芴;5—菲;6—蒽;7—荧蒽;8—芘;9—苯并(a)蒽;10—屈;11—苯并(b)荧蒽;12—苯并(k)荧蒽;13—苯并(a)芘;14—茚并(1,2,3-cd)芘;15—二苯并(a,h)蒽;16—苯并(g,h,i)苝

6.2.1.3 分析实例

检测某个橡胶样品中 PAHs 含量。

称取 1.0187 g 样品经前处理后定容至 25 mL，用选择离子检测模式采集得到总离子流图如图 6-8 所示，经定性分析可知该样品中含有除二苯并(a,h)蒽外的 15 种 PAHs，根据标准工作曲线及待测样品定量离子的响应值，可以计算出该样品中所含各种多环芳烃的含量，其中菲超出了标准工作曲线的线性范围，将待测样品稀释 10 倍后再行进测定。表 6-13 总结了该样品中的 16 种多环芳烃的测定含量。

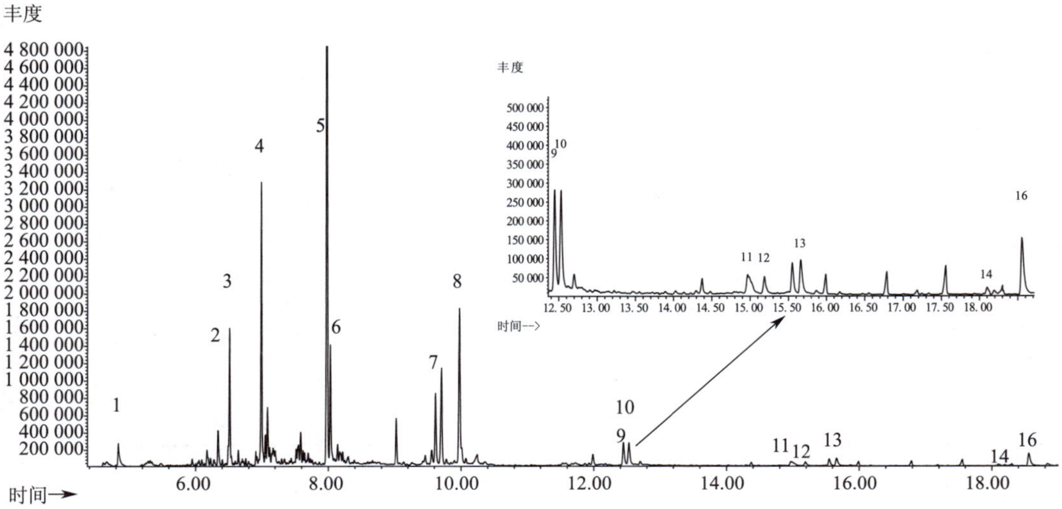

图 6-8 某实际样品的选择离子色谱图

表 6-13 实际样品中 16 种 PAHs 的测定含量

PAHs	1 号样品溶液的单项测量值 (ng/mL)	1 号样品的单项测量值 (mg/kg)
1. 萘	486.2	11.9
2. 苊烯	465.0	11.4
3. 苊	1 364.4	33.5
4. 芴	1 883.8	46.2
5. 菲	7 128.2	174.9
6. 蒽	1 593.4	39.1
7. 荧蒽	1 148.1	28.2
8. 芘	1 759.7	43.2
9. 苯并(a)蒽	786.5	19.3
10. 屈	604.6	14.8

续上表

PAHs	1号样品溶液的单项测量值(ng/mL)	1号样品的单项测量值(mg/kg)
11. 苯并(b)荧蒽	313.4	7.7
12. 苯并(k)荧蒽	212.7	5.2
13. 苯并(a)芘	319.3	7.8
14. 茚并(1,2,3-cd)芘	116.4	2.9
15. 二苯并(a,h)蒽	ND	ND
16. 苯并(g,h,i)北	476.7	11.7
样品中16种PAHs总和(mg/kg)	/	457.9

6.2.2　GC-MS法定量分析硫化胶中四种邻苯二甲酸酯

邻苯二甲酸酯(PAEs,又称酞酸酯)是一类常用增塑剂的统称,广泛应用于高分子材料、染料、涂料、食品包装等各种行业。研究表明,PAEs具有雌激素的特征及抗雄激素生物效应,会干扰动物和人体正常的内分泌功能,引起动物与人体内分泌系统紊乱,在体内长期积累会导致畸形、癌变和突变。因此,欧盟REACH法规中将邻苯二甲酸二丁酯(DBP)、邻苯二甲酸双(2-乙基己酯)(DEHP)、邻苯二甲酸丁苄酯(BBP)和邻苯二甲酸二异丁酯(DIBP)四种邻苯二甲酸酯列入到SVHC(Substances of Very High Concern,高关注度物质)清单中,并规定这四种物质若含量大于0.1%就必须按要求进行通告。

由于邻苯二甲酸酯的广泛存在以及对人体的危害,使得对PAEs的研究与控制受到世界各国的普遍重视。目前水质、塑料制品和纺织品已有相关的检测标准,但橡胶制品暂时还未出台相关标准。以下采用固相萃取—GC-MS法测定硫化胶中4种PAEs,对橡胶行业的环保检测具有参考价值。

6.2.2.1　试剂及仪器

(1)试剂

配制标准溶液用二氯甲烷:色谱纯

抽提用丙酮和二氯甲烷:分析纯

二氯甲烷和丙酮混合溶液(体积比:1∶1)

邻苯二甲酸二丁酯(DBP),纯度99.1%,市售

邻苯二甲酸双(2-乙基己酯)(DEHP),纯度99.6%,市售

邻苯二甲酸丁苄酯(BBP),纯度99.0%,市售

邻苯二甲酸二异丁酯(DIBP),纯度99.0%,购于白灵威

(2)仪器

气相色谱质谱联用仪

固相萃取装置

旋转蒸发仪

索氏抽提装置

6.2.2.2 实验步骤

(1)样品前处理

①萃取

用剪刀将硫化剂样品尽量剪碎至 1 mm^3 以下。准确称取剪碎的硫化胶样品 1 g(精确至 0.1 mg)用滤纸包好,置于索氏抽提器中,加入丙酮和二氯甲烷混合溶液(体积比1∶1)100 mL 抽提 6 h,每小时至少 4～6 个循环。抽提液用旋转蒸发仪浓缩至约10 mL左右,准备定容。若浓缩液出现黏稠、浑浊的情况,按下面的步骤进行净化处理。

②净化

先用 3 mL 的二氯甲烷活化硅胶小柱,流速控制在 2 滴/s。接着上样,流速控制在 1 滴/s。然后采用 3 mL 的丙酮和二氯甲烷混合溶液(体积比 1∶1)作为洗脱液淋洗三次。收集合并过柱液及洗脱液,用二氯甲烷定容至 25 mL 或定容至合适体积,待测。

(2)标准溶液的配制

分别准确称取 DIBP、DBP、BBP 和 DEHP 各 0.05 g,精确到 0.000 1 g,用二氯甲烷定容至 10 mL。此时四种邻苯二甲酸酯混合标准储备液的浓度为 5 g/L。采用逐级稀释的方法配制 DIBP、DBP、BBP 和 DEHP 浓度为 0.50、1.25、2.50、5.0、10.0 μg/mL 的系列标准溶液,以溶液质量浓度为横坐标,定量离子积分面积为纵坐标绘制标准曲线。

(3)仪器条件的设置

色谱柱:30 m×0.25 mm×0.10 μm,BD-5HT 石英毛细管柱或相当者;

进样口温度:260 ℃;

柱温:180 ℃,稳定 1 min;180 ℃→280 ℃【20 ℃/min】;280 ℃,恒温 20 min;

接口:280 ℃;

离子源温度:300 ℃;

四级杆:150 ℃;

全扫描质量扫描范围:30～500 amu;

定量测定方式:选择离子监测;

进样方式:分流,分流比:20∶1;

进样量:1 μL;

溶剂延迟:3 min。

(4)标准工作曲线的建立

按照(3)设定仪器工作条件,对 16 种多环芳烃的混标上机测试,标准工作曲线和线性回归方程如表 6-14 所示。

表 6-14　标准工作曲线和线性回归方程

x:标样与内标的浓度比值;y:标样与内标的定量离子面积响应比

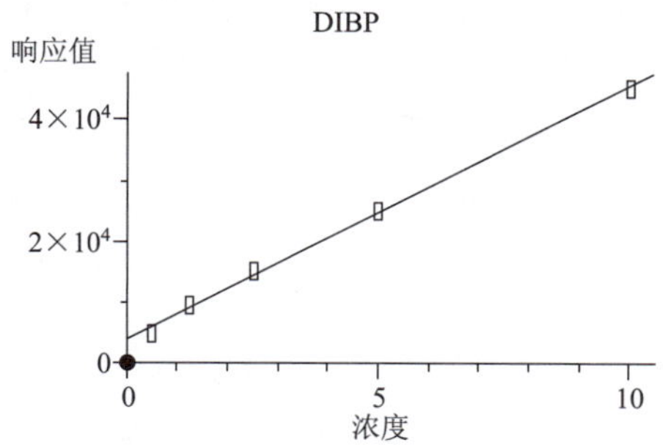

DIBP 的回归方程:$y=4\ 137.6x+4\ 837.9$

($R^2=0.998\ 6$)

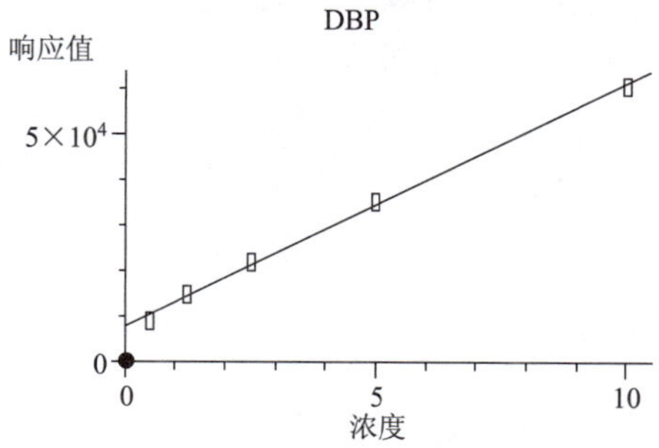

DBP 的回归方程:$y=5\ 467.4x+7\ 125.4$

($R^2=0.998\ 9$)

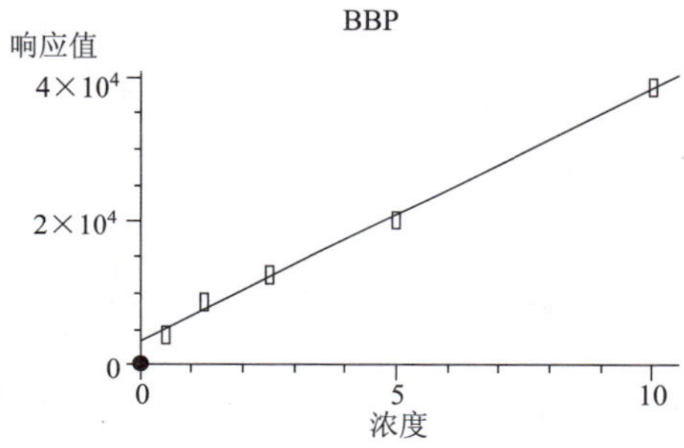

BBP 的回归方程:$y=3\ 511.7x+3\ 287$

($R^2=0.998\ 2$)

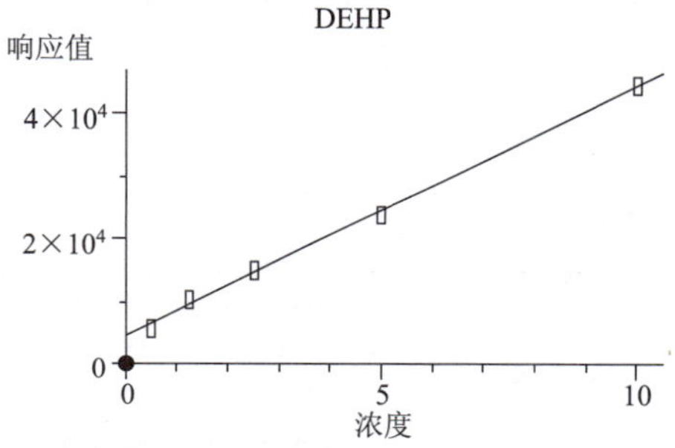

DEHP 的回归方程:$y=3\ 934.6x+4\ 948.8$

($R^2=0.998\ 6$)

(5)测试和分析

根据(3)分析条件对待测液进行分析,按色谱峰的保留时间并参照表 6-15 中四种邻苯二甲酸酯的定性离子进行定性分析,用外标法根据定量离子峰进行定量分析。GC-MS 全扫描的总离子流图参见图 6-9。

表 6-15　四种邻苯二甲酸酯的保留时间,定性离子、定量离子

序号	名称	保留时间(min)	定性离子(m/z)	丰度比(m/z)	定量离子(m/z)
1	DIBP	3.202	149,152,223,205	100∶17∶13∶4	149
2	DBP	3.562	149,150,223,205	100∶22∶13∶11	149
3	BBP	5.155	149,91,206,238	100∶73∶24∶3	149
4	DEHP	5.883	149,167,150,279	100∶33∶11∶9	149

6.2.2.3　分析实例

检测某橡胶样品中邻苯二甲酸酯含量。

称取 1.003 0 g 样品经前处理后定容至 25 mL，用选择离子检测模式采集得到总离子流图如图 6-10 所示，经定性分析可知该样品中含有四种邻苯二甲酸酯，根据标准工作曲线及待测样品定量离子的响应值，可以计算出抽提液中所含各种邻苯二甲酸酯的含量，再换算成硫化胶中的邻苯二甲酸酯的含量。表 6-16 为该样品中的四种邻苯二甲酸酯的测定含量，样品中含有 DIBP 2.7 mg/kg，DBP 35.6 mg/kg，BBP 2.5 mg/kg，DEHP 44.9 mg/kg。

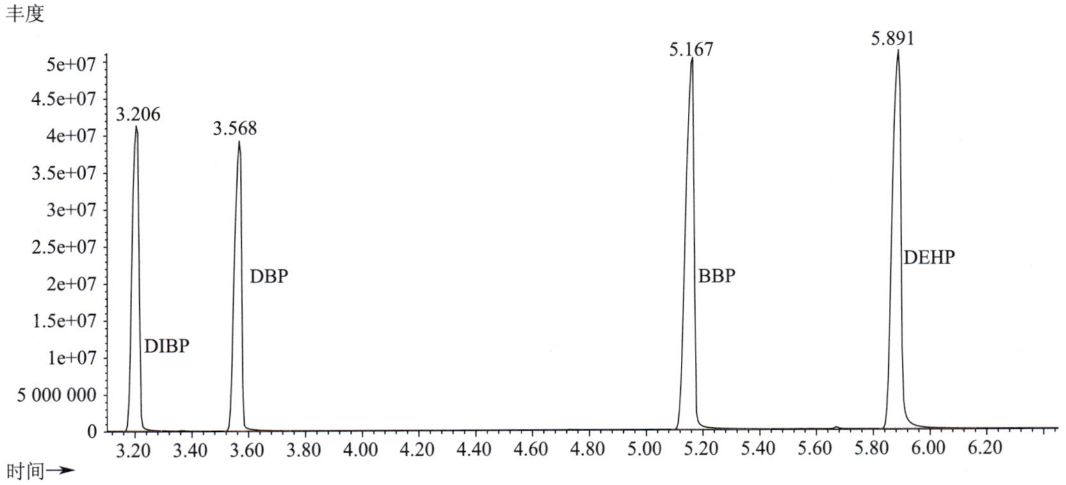

（四种邻苯二甲酸酯的浓度分别为 5 g/L）

图 6-9 四种邻苯二甲酸酯标样的总离子流图

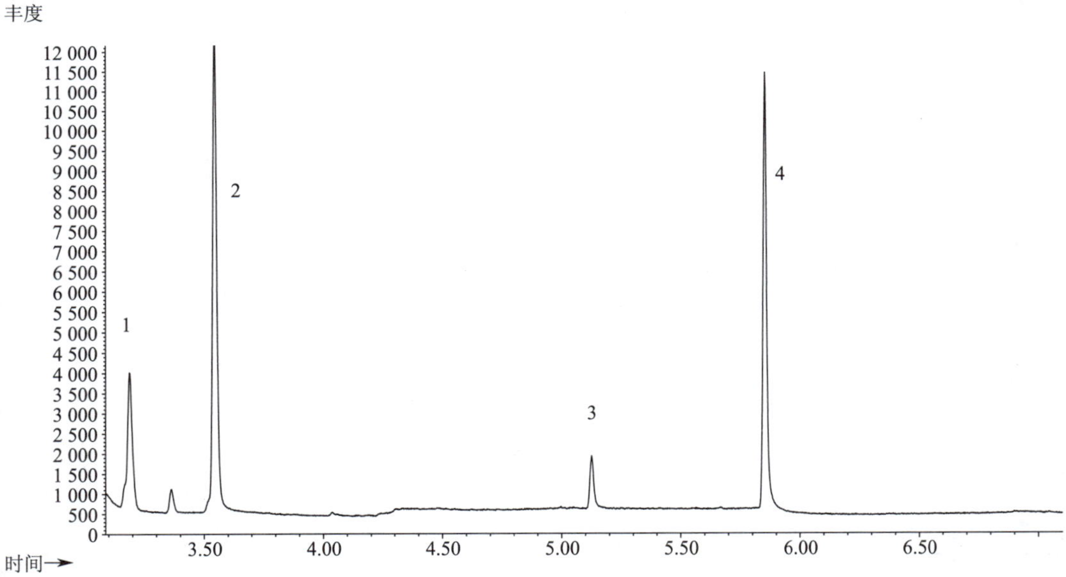

（1-DIBP，2-DBP，3-BBP，4-DEHP）

图 6-10 某橡胶样品的选择离子检测流图

表 6-16　某橡胶样品中四种邻苯二甲酸酯的测定

称样量(g)	定容体积(mL)	名称	标准工作曲线	抽提液中的含量(μg/mL)	样品中各种邻苯二甲酸酯的含量(mg/kg)
1.003 0	25	DIBP	$y=4\,137.6x+4\,837.9$ ($R^2=0.990\,8$)	0.11	2.7
		DBP	$y=5\,467.4x+7\,125.4$ ($R^2=0.991\,6$)	1.43	35.6
		BBP	$y=3\,511.7x+3\,287$ ($R^2=0.996\,5$)	0.10	2.5
		DEHP	$y=3\,934.6x+4\,948.8$ ($R^2=0.991\,4$)	1.80	44.9

6.2.3　ICP-OES 法定量分析橡胶中铅、镉、汞、铬、砷、锡、钴、钼八大元素

ROHS 指令中所提到的橡胶中铅、镉、汞等的测定可参考本部分内容。

6.2.3.1　试剂和仪器

(1)试剂

镉、汞、铬、砷、钴单元素标准溶液，浓度均为 1 000 μg/mL，中国计量科学研究院

锡、钼、铅单元素标准溶液，浓度均为 100 μg/mL，中国计量科学研究院

硝酸：优级纯

硼酸：分析纯

实验室用水为二次蒸馏水

(2)仪器及装置

电感耦合等离子体发射光谱仪；

多通道密闭微波化学工作站；

旋转蒸馏器；

溶样杯、密封杯盖和玻璃仪器均在 HNO_3 溶液(体积比 1∶1 水稀释)中浸泡 24 h 后使用。

6.2.3.2　实验步骤

(1)样品前处理

准确称取剪碎的橡胶样品约 0.1 g(精确到 0.1 mg)于溶样杯中，分别加入 8.0 mL 硝酸和 1.0 mL 过氧化氢，采用微波(温控)消解，连接温控、压控传感器，消解程序为：150 ℃，恒温 10 min；150 ℃→180 ℃，恒温 6 min；180 ℃→200 ℃，恒温 10 min。消解完毕后系统自动进行风冷却，待罐内温度降至室温时，取出消化罐，溶液呈淡黄色、透明。将溶液转入50 mL 容量瓶中，用水稀释至刻度，摇匀，待测。按与样品分解的相同方法制备空白溶液。

若样品中含有硅分成，则须要采用以下方案。准确称取剪碎的橡胶样品 0.100 0 g 于溶样杯中，分别加入 8.0 mL 硝酸、1.0 mL 过氧化氢和 1.0 mL 氢氟酸，采用微波(温控)消解，连接温控、压控传感器，也根据表 6-17 设置加热程序。消解完毕后系统自动进

行风冷却，待罐内温度降至室温时，取出消化罐，溶液呈淡黄色、透明。加入 14 mL 5%硼酸溶液，并加盖密封，于沸水中加热 30 min，以络合过量的 HF，若采用耐 HF 酸的进样系统可免去此步骤，将溶液转移至 50 mL 容量瓶中，用水稀释至刻度，摇匀，待测。按与样品分解的相同方法制备空白溶液。

(2)标准溶液的配制

配制砷、钴、镉、铬、汞标准溶液(100 μg/mL)：分别准确移取 5 mL 1 000 μg/mL 砷、钴、镉、铬、汞标准贮备液于 50 mL 容量瓶中，各加入 2 mL 硝酸，蒸馏水定容。此时为砷、钴、镉、铬、汞含量分别为 100 μg/mL，摇匀，备用。

配制砷、锡、钴、钼、铅、铬、汞、镉标准溶液(10 μg/mL)：分别准确移取 2.5 mL 100 μg/mL砷、锡、钴、钼、铅、铬、汞、镉标准溶液于 25 mL 容量瓶中，硝酸定容。此时得到砷、锡、钴、钼、铅、铬、汞、镉混合标液浓度为 10 μg/mL。

砷、锡、钴、钼、铅、铬、汞、镉混合标液系列工作标准溶液由砷、锡、钴、钼、铅、铬、汞、镉混合标液逐级稀释而成。分别移取 0、1.25、2.5、5、10 mL 10 μg/mL 混合标准使用液于 5 个 25 mL 容量瓶中，各加入 1 mL 硝酸，蒸馏水定容。此时分别得到 0、0.5、1、2、4 μg/mL 砷、锡、钴、钼、铅、铬、汞、镉混合标液。按试验方法测定各元素标准工作曲线。

(3)仪器条件的设置

ICP-OES 仪器条件的设置：频率 27.12 MHz，功率 1 300 W，等离子体冷却气流量 12 L/min，辅助气流量 1 L/min，雾化气流量 1 L/min，冲洗时间 45 s，读数次数 3 次。

特征谱线的选择：考察了 Pb、Hg、Cd 的多条灵敏线，综合比较后，选择最佳分析线为：Pb(220.353 nm)、Cd(214.438 nm)、Hg(184.950 nm)、Cr(267.716 nm)、As(189.042 nm)、Sn(189.991 nm)、Co(228.616 nm)、Mo(202.095 nm)。

(4)标准工作曲线的建立

根据(3)设定仪器工作条件，对混和标准溶液上机测试，标准工作曲线和线性回归方程如表 6-17 所示。

表 6-17 橡胶中八种元素的标准工作曲线和回归方程

C:浓度(μg/mL)，I:发光强度

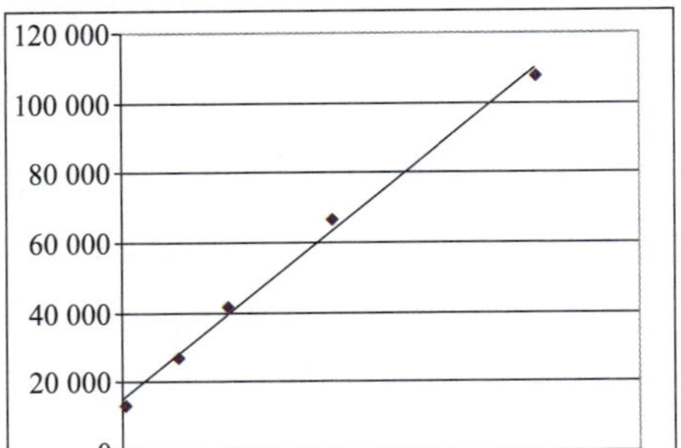

Pb 的回归方程：$I=23\ 786C+14\ 945$

($R^2=0.993\ 4$)

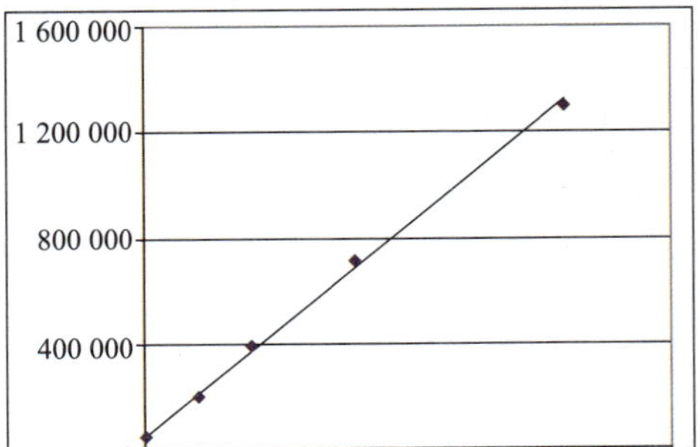

Cd 的回归方程：$I=321\ 399C+41\ 502$

($R^2=0.996\ 8$)

续上表

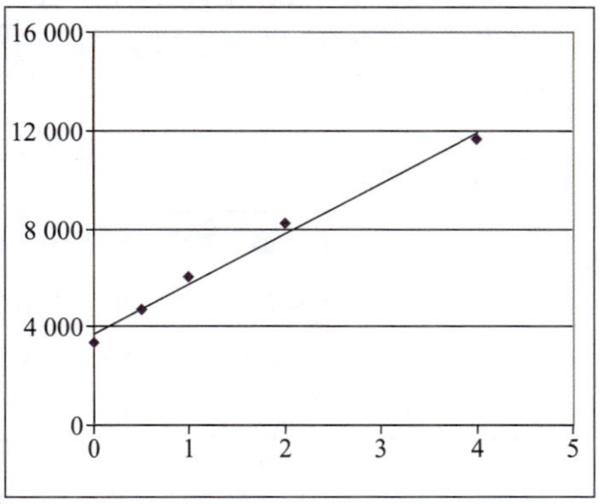 Hg 的回归方程：I=2 076C+3 671 (R^2=0.993 0)	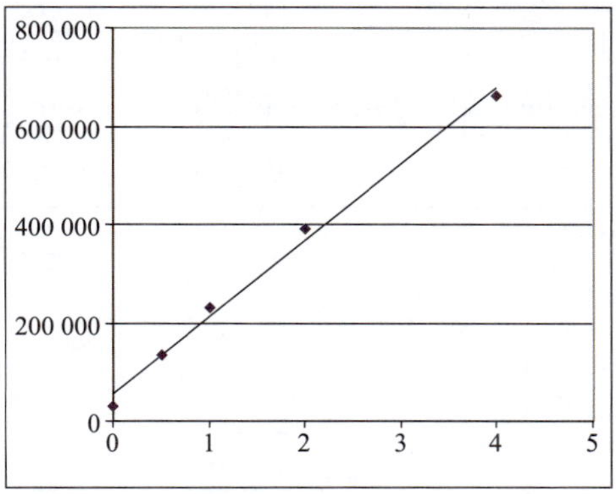 Cr 的回归方程：I=156 700C+54 447 (R^2=0.992 4)
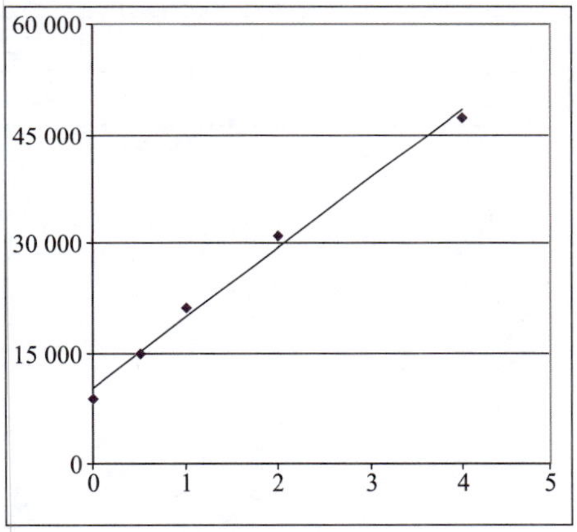 As 的回归方程：I=9 626C+10 103 (R^2=0.992 0)	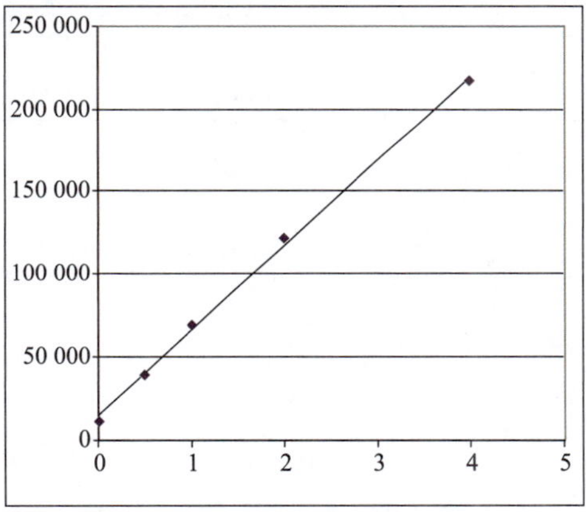 Sn 的回归方程：I=51 653C+13 852 (R^2=0.997 2)
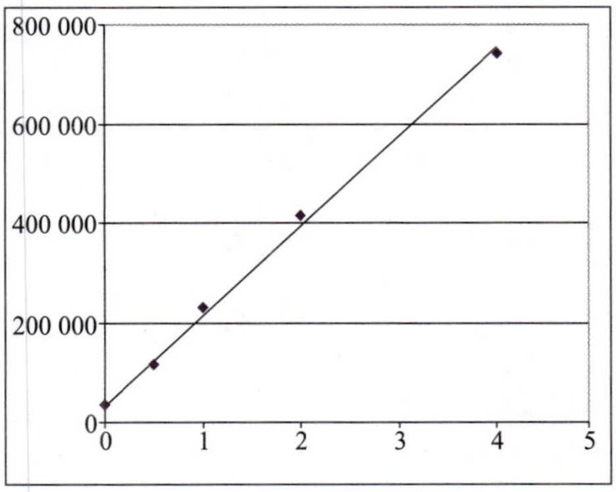 Co 的回归方程：I=181 271C+30 896 (R^2=0.996 4)	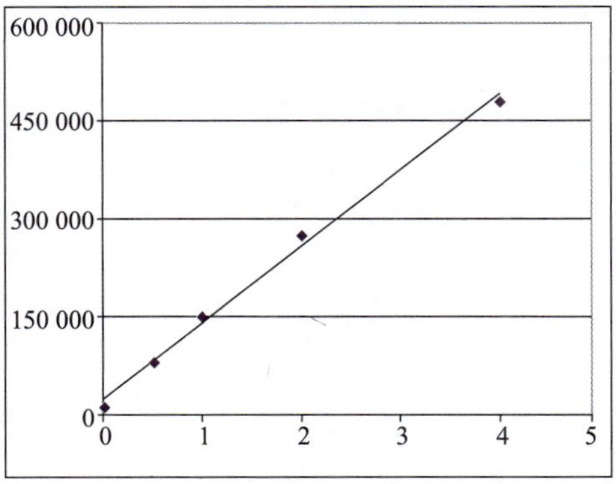 Mo 的回归方程：I=117 033C+23 508 (R^2=0.995 6)

6.2.3.3 分析实例

称取某橡胶样品 0.100 0 g，按照 6.2.3.2 节的试验步骤，对样品前处理，设置仪器工作条件，测得 ICP-OES 光谱，并根据样品溶液的发光强度，计算出样品中这八种元素的含量。该样品中相应元素含量测试结果如表 6-18 所示。

表 6-18 某橡胶样品中八种元素的结果测定

称样量(g)	定容体积(mL)	元素	线性回归方程	样品溶液的测定值(μg/mL)	样品测定值(mg/kg)
0.100 0	25	Pb	$I=23\ 786C+14\ 945$	0.094	23.5
		Cd	$I=321\ 399C+41\ 502$	ND	ND
		Hg	$I=2\ 076C+3\ 671$	0.248	62.0
		Cr	$I=156\ 700C+54\ 447$	0.017	4.3
		As	$I=9\ 626C+10\ 103$	0.096	24.0
		Sn	$I=51\ 653C+13\ 852$	ND	ND
		Co	$I=181\ 271C+30\ 896$	ND	ND
		Mo	$I=117\ 033C+23\ 508$	0.016	4.0

第七章　橡胶中炭黑的定性定量分析

炭黑是橡胶的重要补强剂，炭黑生产总量的 90%～95% 用于橡胶工业，其耗用量约为橡胶耗用量的 40%～50%，因此对橡胶产品进行分析时，有必要对其硫化橡胶中的炭黑类型进行分析判断。利用炭黑悬浮液的比色指数进行鉴定是一种常用的方法。同时炭黑作为补强材料，其用量多少也将影响到橡胶性能。利用 TG 分析法，在氮气氛围下不分解，空气氛围下迅速分解可以对炭黑进行定量。

7.1　紫外可见分光光度法(UV-vis)的工作原理和分析方法

7.1.1　UV-vis 工作原理

当分子中的电子吸收能量后会从基态跃迁到激发态，而后回到基态而辐射出特征谱线的波长在紫外区中就叫做紫外光谱。目前使用的紫外光谱仪波长范围是 200～780 nm。基于物质对光的选择吸收而建立的分析方法称为分光光度法，其中可见分光光度法为 400～780 nm，紫外分光光度法为 200～400 nm。其基本原理是用不同波长的紫外可见光 200～780 nm 依次照一定浓度的被测样品溶液时，就会发现部分波长的光被吸收。如果以波长 λ 为横坐标(单位 nm)，吸收度(absorbance) A 为纵坐标作图，即得到紫外吸收光谱(ultra violet spectra，简称 UV)。

7.1.2　UV-vis 的定性定量分析

紫外吸收光谱定性分析是利用光谱吸收峰的数目、峰位置、吸收强度等特征来进行物质的鉴定。在研究分子的结构中，可利用紫外光谱推定分子的骨架，判断生色团之间的共轭关系及估计共轭体系中取代基的种类、位置和数目，以及判断顺反异构体和互变异构体等。但是由于紫外吸收光谱的吸收峰一般比较宽而平缓，因此特征性较差，在分子结构推测方面所能提供的信息不如红外吸收光谱、质谱和核磁共振等方面多。但紫外吸收光谱能与这些方法在应用上互相补充和验证。

紫外分光光度定量分析和可见分光光度定量分析的定量依据和定量方法都是相同的，均具有快速、简便、灵敏度高、重现性好等优点，广泛应用于微量和痕量分析中，也可用于常量组分的测定。

7.2 UV-vis 法定性烃类硫化胶中的炭黑类型

7.2.1 试剂和仪器

(1)试剂:四氢呋喃,浓硫酸,20%OP 乳化剂,丙酮,硝酸铵

(2)仪器:紫外可见光分光光度计(A)

热重分析仪

7.2.2 实验步骤

(1) 样品前处理:炭黑的回收

热裂解法:称取剪碎的硫化胶约 20 mg,用热重分析仪氮气氛围下分解有机物得到炭黑样品备用。温度程序:25 ℃→650 ℃【20 ℃/min】,恒温 20 min。该方法适用于 NR、BR 和 SBR 等中的炭黑类型分析。

硝酸氧化法:将适量剪碎的硫化胶用硝酸在低于 80 ℃温度下分解约 1 h,回收的炭黑用硝酸铵溶液洗涤,调节 pH≈5 后离心弃去清液,用丙酮浸泡后干燥备用。

注:热裂解法和硝酸氧化法适应于烷烃类橡胶,如天然胶、顺丁胶、丁苯胶等中的炭黑种类分析,但不适应于氯丁橡胶等含杂原子易形成残炭的橡胶样品。试验发现氯丁橡胶的硫化橡胶热裂解后得到的炭黑呈灰色焦炭状,不能直接分散;研磨又破坏了炭黑本身的结构,影响比色指数值无法正确判断炭黑类型。采用浓硝酸也不能使氯丁橡胶完全分解。因此,热裂解法和硝酸氧化法均不能使氯丁橡胶完全分解。

硫硝混酸消解法:在适量剪碎的硫化胶试样中加入一定量的硫酸铵和浓硫酸,在80 ℃水浴中加热 30 min,冷却后,再加入一定量的浓硝酸继续在 80 ℃水浴中加热分解;硝解完全后回收得到的炭黑干燥备用。该方法适应于氯丁橡胶等含杂原子易形成残炭的橡胶样品。

(2)比色指数测定及炭黑类型分析

称取上述回收炭黑试样 5 mg (准确到 0.1 mg),与 10 mL 20% OP 乳化剂溶液混合,用超声波分散,并用蒸馏水转移到 500 mL 容量瓶中定容,待测。

以蒸馏水做空白,测定在 430nm 和 750nm 处的吸光度,计算出比色指数 Ic($Ic=A_{430}/A_{750}$)。

7.2.3 单一炭黑分析

通过 7.2.2 方法对单一原料炭黑进行回收制样后测定其比色指数,热裂解法和硝酸氧化法所得到的比色指数范围见表 7-1。

表 7-1 原料炭黑的比色指数

炭黑类型	中文名称	品种	比色指数
SAF	超耐磨炉黑	N110	1.72～1.73
ISAF	中超耐磨炉黑	N220	1.64～1.66
HAF	高耐磨炉黑	N330	1.59～1.61
FEF	快压出炉黑	N550	1.13～1.15
GPF	通用炉黑	N660	1.11～1.12

续上表

炭黑类型	中文名称	品种	比色指数
SRF	半补强炉黑	N774	1.00～1.02
MT	总粒子热裂解法炉黑	N990	0.97～0.99

注:比色指数与试验设备相关,一般对于不同设备需要采用已知炭黑对比色指数范围进行标定。由于本章所用设备与第九章的设备非同一台设备,因此比色指数范围稍有差异。

进一步对 NR、BR 和 SBR 中的炭黑分别采用热裂解法和硝酸氧化法回收得到的炭黑进行比色指数检测,结果如表 7-2 所示。由表 7-2 可见,对于 NR、BR 和 SBR 中的炭黑,热裂解法和硝酸氧化法所制试样的比色指数基本一致,且都在原料炭黑的比色指数范围内。说明两种制样方法对这些胶种都适用。

表 7-2 硫化胶中炭黑的比色指数

序号	橡胶种类	炭黑类型	I_c(热裂解)	I_c(硝酸氧化)
1	SBR	FEF	1.14	1.13
2	BR	ISAF	1.64	1.65
3	NR	HAF	1.61	1.60

注:FEF—快压出炉黑;ISAF—中超耐磨炉黑;HAF—高耐磨炉黑;GPF—通用炉黑;SRF—半补强炉黑。

7.2.4 并用炭黑分析

橡胶制品中炭黑的选择,一般需要兼顾炭黑的补强作用和橡胶本身的性质,有时为了平衡硫化胶的工艺性能和物理机械性能及成本,常常采用不同品种的炭黑搭配使用,即炭黑并用。因此,在进行产品质量分析时有必要对硫化胶中并用炭黑的并用比进行分析。

在对并用炭黑的比色指数的测定中发现,并用炭黑的比色指数值位于两种单一炭黑的比色指数之间。通过一系列的实验发现对于并用炭黑的并用比与比色指数之间存在一定的关系:

$$A\% = E\times(I_0 - I_2)/(I_1 - I_2) \tag{7-1}$$

式中:$A\%$——高比色指数炭黑含量;

I_0——未知样品的比色指数值;

I_1——高比色指数炭黑的比色指数值;

I_2——低比色指数炭黑的比色指数值;

E——经验常数(由实验结果求得)。

对几种已知并用比的炭黑比色指数进行测定,比色指数的理论值与测定值对比如表 7-3所示。“测定值”为硫化胶中的测定值,“理论值”为根据炭黑的实际并用比按上述公式计算的比色指数。不难看出,理论值与实际值很相近,由此可见,经验公式(7-1)对于并用炭黑的并用比的分析有效可行。

表 7-3 并用炭黑 Ic 的实际值与理论值

炭黑类型及配比	I_c(测定值)	I_c(理论值)
SRF∶HAF(4∶1)	1.14	1.13
ISAF∶SRF(1∶1)	1.39	1.36
HAF∶SRF(1∶1)	1.34	1.33
GPF∶HAF(1∶1)	1.32	1.31

实例：对于一主体材料为 SBR，回收炭黑的比色指数值为 $I_c=1.34$，对照表 7-1，不在任何一种炭黑的比色指数的范围内，因此推测可能为并用炭黑。根据比色指数的值，运用经验公式可以大致推测有以下两种可能：

ISAF＋SRF

HAF＋SRF

考虑到 SBR 在动态变形时生热较大。而 ISAF 炭黑粒子太细，生热较高；虽然 HAF 炭黑的耐磨性能稍低于 ISAF 炭黑，但它的粒子大，生热较低。综合评价，HAF＋SRF 的可能性较大，按公式计算约为 HAF∶SRF＝1∶1，与实际并用比（HAF∶SRF＝1∶1）很相近。

7.3 UV-vis 法定性存在裂解残炭的硫化胶中的炭黑类型

7.2 节所采用方法对于 NR、BR 和 SBR 橡胶中的炭黑类型鉴定有效可行，但对于一些复杂胶种或者树脂复合材料，尤其是炭黑回收过程中存在残炭干扰的时候，对结果影响较大。因此在炭黑的回收中应选用适当的前处理方法排除残炭影响。

7.3.1 实例 1：CR 中炭黑类型的分析

采用硫硝混酸消解法，将适量剪碎的 CR 样品用一定量的硫酸铵和 3 mL 浓硫酸在 80 ℃水浴中加热约 30 min。冷却后再加入 6 mL 浓硝酸继续在 80 ℃水浴中加热分解。消解完全后回收炭黑。称取回收炭黑试样 5 mg（准确到 0. 1 mg），与 10 mL 20％ OP 乳化剂溶液混合，用超声波分散，用蒸馏水转移到 500 mL 容量瓶中定容。测定其在 430 nm 和 750 nm 处的吸光度，计算出比色指数 Ic（$Ic=A_{430}/A_{750}$）为 $I_C=1.02$。根据原料炭黑的比色指数范围（表 7-1）判定其为半补强炉黑，而实际加入的炭黑就为半补强炉黑。因此，此种鉴定 CR 的硫化橡胶中的炭黑类型的方法准确可行。

7.3.2 实例 2：EPDM 中炭黑类型的分析

EPDM 是乙烯、丙烯以及非共轭二烯烃的三元共聚物。目前，EPDM 的第三单体主要采用双环戊二烯、乙叉降冰片烯和 1,4-己二烯这三种。由于前两种第三单体都带有环状结构，通过热裂解法回收得到的炭黑均含有残炭，对炭黑类型的鉴定有很大的影响。因此不能用热裂解法回收以 EPDM 为主体材料的硫化橡胶中的炭黑。同时，由于 EPDM 对极性溶液和化学物具有抗性，硝酸氧化法也不能使三元乙丙橡胶的硫化橡胶完全分解。同样，硫酸的浓度对 EPDM 的消解影响也很大。在此考虑用硫硝混酸对三元乙丙橡胶进行消解，进而用 UV-vis 鉴定炭黑类型。

在适量剪碎的硫化橡胶试样中加入一定量的硫酸铵和 6 mL 浓硫酸在 80 ℃水浴中加热 30 min。冷却后再加入 2 mL 浓硝酸在 80 ℃水浴中加热分解。试样溶解后，添加适量浓硝酸继续消解直至试样完全分解。消解完全后回收炭黑。称取上述回收炭黑试样 5 mg（准确到 0.1 mg），与 10 mL 20％ OP 乳化剂溶液混合，用超声波分散，用蒸馏水转移到 500 mL 容量瓶中定容。以蒸馏水做空白，测定在 430 nm 和 750 nm 处的吸光度，计算出

比色指数 I_C=1.07，不在任何一种炭黑的比色指数的范围内，因此只有可能为并用炭黑。

根据比色指数的值，以及以往运用的经验公式可以推测为 FEF＋SRF，按公式计算 FEF∶SRF=1∶1，与实际并用比一致。

7.3.3 实例 3：NBR/PVC 并用体系中炭黑类型的分析

丁腈橡胶 NBR、聚氯乙烯 PVC 共混胶是以 NBR 为主掺入 30%～50%的 PVC 树脂共混制得。由于 NBR 与 PVC 通过热裂解法回收得到的炭黑均含有残炭，因此热裂解法不适合 NBR/PVC 并用体系中炭黑的回收。同样，强酸对于 PVC 树脂基本上不侵蚀或只是稍微侵蚀，因此，PVC 树脂也不能直接用浓硝酸来分解。此处用四氢呋喃溶剂溶胀后消解回收炭黑。

在适量剪碎的硫化橡胶试样中加入适量的四氢呋喃试剂(以覆盖住试样为准)，浸泡试样直至溶胀软化后，加入浓硝酸在 80 ℃水浴中加热分解，直至分解完全；消解完全后回收得到的炭黑，再依据比色指数测定方法鉴定炭黑类型以及并用炭黑的并用比。回收后炭黑的比色指数 I_C= 1.56；根据原料炭黑的比色指数范围判定其为高耐磨炉黑，与实际炭黑类型一致。

7.4 热重分析法(TG)定量分析炭黑

TG 法的原理见本书第 3.3 节。利用 TG 分析法，在氮气氛围下炭黑不分解，空气氛围下迅速分解可以对炭黑进行定量。对于不同类型炭黑起始分解温度和分解速率会稍有不同。

7.4.1 对于不含裂解碳的烃类橡胶中炭黑含量分析

对于不存在残炭的烃类橡胶，可直接采取 GB 14837 或 ISO 9924-1，转换空气气氛后，温度上升至 500 ℃附近即迅速分解，其失重台阶即为炭黑含量。

如图 7-1 所示，某 NR 按 GB 14837 温度程序进行 TG 分析。温度程序如下：

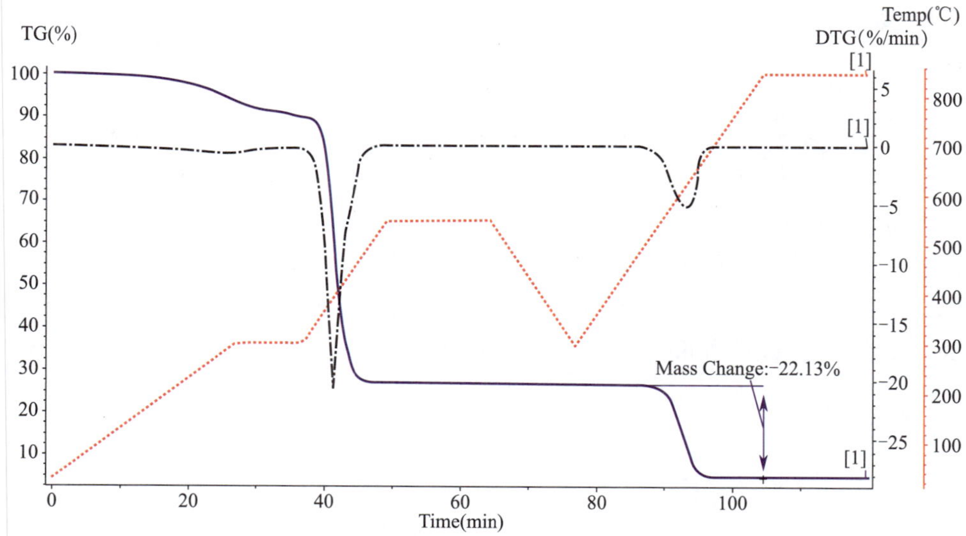

图 7-1 NR 的 TG 曲线

N_2：室温→300 ℃【10 ℃/min】;300 ℃,恒温 10 min;300 ℃→550 ℃【20 ℃/min】;550 ℃,恒温 15 min;

Air:550 ℃→650 ℃【20 ℃/min】,恒温 15 min;650 ℃→850 ℃【20 ℃/min】。

图 7-1 中可知转换为 Air 氛围后,升温过程中 500℃附近的失重即为燃烧失重,可知炭黑含量为 22.1%。

7.4.2 对于含裂解碳的橡胶中炭黑含量分析

对于存在残炭的烃类橡胶,由于裂解碳在胶料分解过程中生成,通常颗粒更小,分解温度更低,所以为使得裂解碳和炭黑台阶分开。转换空气气氛后,升温速率应尽可能小,可采用 ISO 9924-2,10 ℃/min 温度程序进行 TG 实验。

如图 7-2 所示,某 CR 按 ISO 9924-2 温度程序进行 TG 分析。温度程序如下:

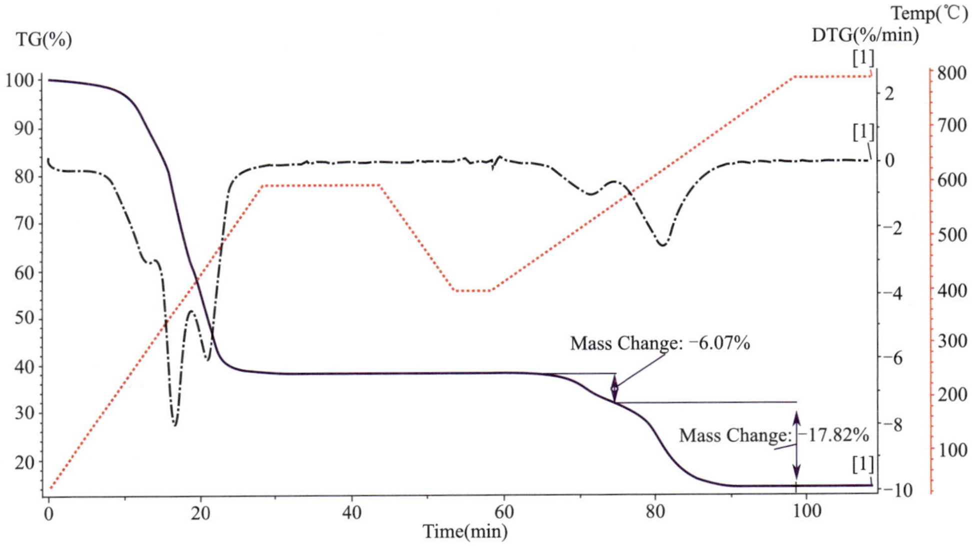

图 7-2 CR 的 TG 曲线

注:上述方法若残炭和炭黑无法分开,需采用本书第三章 3.3.3.3 节方法进行计算得到炭黑含量。

N_2：室温→600 ℃【20 ℃/min】;600 ℃,恒温 15 min;600 ℃→400 ℃【20 ℃/min】,400 ℃,恒温 5 min;

Air:400 ℃→800 ℃【10 ℃/min】,800 ℃,恒温 10 min。

图 7-2 中可知转换为 Air 氛围后,升温过程中出现两个失重速率台阶,第一个失重速率即为 CR 残炭失重,约为 6.7% ,第二个失重速率为炭黑失重,炭黑含量为 17.9%。

第八章　橡胶中全硫和卤素含量的分析

在橡胶硫化体系中，最早使用的硫化剂是硫磺。尽管随着橡胶科学的发展，新的硫化剂如过氧化物、金属氧化物、树脂化合物、醌类衍生物及其他非硫磺类硫化剂陆续出现，但硫磺作为协同体系仍然广泛使用。此外，硫化体系中也大量采用含硫化合物，如二硫化四甲基秋兰姆，四硫化四甲基秋兰姆、二硫化四乙基秋兰姆、二硫化二吗啡啉等，因此，建立一个普遍适用于橡胶制品中全硫含量测定的分析方法对技术研发和生产管理都十分必要。

同时卤素化合物作为一种阻燃剂，常运用于各种高分子材料制品。然而卤素的危害也是众所周知。有机卤化合物在人体中可导致癌症，其低生物降解率可导致在生态系统中的积累，一些挥发性的有机卤化物也对臭氧层有极大的破坏作用，进而对环境和人类健康造成严重影响，因此卤素化合物被列为对人类和环境有害的化学品，禁止或限量使用。国际大公司如：Apple、DELL 等都相继于 2006 年底公布无卤要求规范，明确定义其产品内不含卤素（溴、氯）相关物质。Apple 关于卤素的限制是以 IEC 61249-2-21：2003《Materials for printed boards and other interconnecting structures-Part 2-21：Reinforced base materials，clad and unclad-non-halogenated epoxide woven E-glass reinforced laminated sheets of defined flammability（vertical burning test），copper-clad》（以下简称 IEC61249）标准为基础。根据 IEC 61249 无卤工业标准，卤素的限制适用于氯和溴。其余的氟、碘和砹没有受到管制。

离子色谱法作为一种快速灵敏的测试方法，选择性好、操作简单、能排除各种离子的干扰，能解决滴定等方法对低含量硫、氯、溴的定量误差问题，适合橡胶中全硫和卤素含量的测定。

8.1　离子色谱法(IC)的工作原理和分析方法

8.1.1　IC 分析原理

离子色谱仪以低交换容量的离子交换树脂为固定相对离子性物质进行分离，用电导检测器连续检测流出物电导变化的一种色谱方法。

在离子色谱法中，各种离子根据对交换树脂的相对亲和力，即离子交换而分离开。阴离子是在阴离子交换树脂柱（分离柱）上分离，当阴离子分离柱的出水再流过一个阳离子交换树脂柱（抑制柱）时，阴离子就转变成其相应的酸。阳离子是在阳离子交换树脂柱（分离柱）上被分离，阳离子交换柱的出水在经过一个阴离子交换树脂柱（抑制柱）时，阳离子就转变成氢氧化物，而阴离子则转变成为低电导率的组分。

在离子色谱仪中，高压输液泵将流动相以稳定的流速（或压力）输送至分析体系。在色谱柱之前通过进样器将样品导入，流动相将样品带入色谱柱。在色谱柱中各组分被分离，并依次随流相流至检测器。抑制型离子色谱则在电导检测器之前增加一个抑制系统，即用另一个高压输液泵将再生液输送到抑制器。在抑制器中，流动相背景电导被降低，然后将流出物导入电导池，检测到的信号送至数据处理系统记录、处理或保存。根据信号出峰时间（保留时间）和信号强度，即可定性定量分析一系列离子。

离子色谱在橡胶制品中的应用主要体现在对于无卤检测需求及全硫含量检测等，同时可转换计算，橡胶中氮含量的检测等。

8.1.2 IC 的定性分析方法

在一定的 IC 色谱系统和操作条件下，每种物质都有一定的保留时间。如果在相同色谱条件下，未知物的保留时间与标准物质相同，则可初步认为他们为同一物质。为了提高定性分析的可靠性，还可进一步改变色谱条件（分离柱、流动相、柱温、流速等）或在样品中添加标准物质，如果被测物的保留时间仍然与标准物质一致，则可认为他们为同一物质。

对于 IC 色谱，一般有 F^-、Cl^-、Br^-、NO_3^- 和 SO_4^{2-} 等的混合标样，如图 8-1 所示，也可以通过混标的相对峰位进行定性分析。

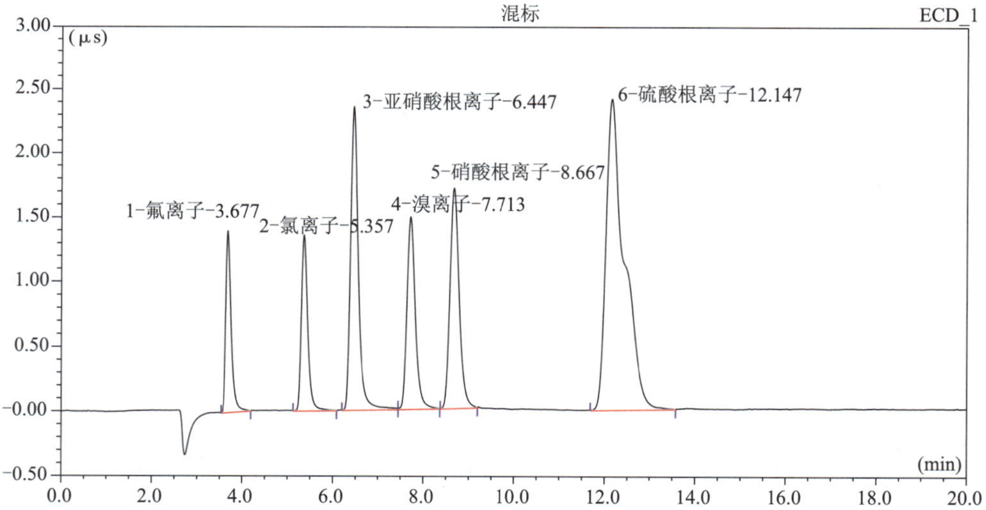

1—氟离子 F^-；2—氯离子 Cl^-；3—亚硝酸根离子 NO_2^-；

4—溴离子 Br^-；5—硝酸根离子 NO_3^-；6—硫酸根离子 SO_4^{2-}

图 8-1 阴离子标样色谱图

8.1.3 IC 的定量分析方法

色谱定量分析的理论基础是待测组分的量与它在色谱图上的峰面积（或峰高）成正比。数据处理软件可以给出包括峰高和峰面积在内的多种色谱数据。但峰高比峰面积更容易受分析条件波动的影响，且峰高标准曲线的线性范围也较峰面积的窄，因此通常采用峰面积进行定量分析。

具体的定量分析方法一般有标准曲线法、外标法、内标法、校正因子定量和归一化法等。一般推荐采用标准曲线法，即将被测组分的标准物质配置成不同浓度的标准溶液，经IC分析后制作一条标准曲线，及物质浓度与其峰面积的关系曲线。根据样品中待测组分的色谱峰面积，即可从标准曲线计算得到相应的浓度。标准曲线的斜率与物质的性质和检测器的特性相关，相当于待测组分的校正因子。

8.2　IC法分析橡胶中全硫含量

8.2.1　试剂和仪器

(1)试剂

SO_4^{2-} 标准物质(中国计量科学研究院，1 000 mg/L)

过氧化氢：优级纯

无水对氨基苯磺酸：基准试剂

工业氧气：纯度>99.5%

试验用水采用实验室级专用超纯水机(电阻率为18.2 MΩ·cm)纯化

(2)仪器及装置

离子色谱仪

氧弹燃烧装置

电子分析天平

8.2.2　实验步骤

(1)样品前处理

准确称取剪碎成1 mm^3 的小块试样0.10～0.15 g(精确至0.1 mg)于定量滤纸中，加入助燃剂(丙三醇)，将试样包裹好，放入燃烧皿中。装在已准确加入20 mL 2%过氧化氢水溶液为吸收液的氧弹内。使镍铬点火丝与样品保持良好接触，并连接到两个电极柱。小心拧紧氧弹盖，向氧弹中缓慢冲入氧气，切勿使气流将样品从燃烧皿中吹起，直至压力为2.0 MPa，继续保持充氧时间1～3 min。将氧弹浸入冷却水中，连接点火电极，通电点火，燃烧。燃烧结束后，氧弹在冷水中冷却以吸收可溶气体直至吸收完全。将氧弹从水中取出，轻微摇动瓶身，使可溶气体充分吸收，用减压阀缓慢、均匀减至常压，打开氧弹筒(检查氧弹筒和燃烧皿内部，如果有试样燃烧不完全的迹象，重做实验)，用大约50 mL纯水清洗氧弹筒内壁和燃烧皿，收集全部试液于100 mL烧杯中，将烧杯置于加热板上煮沸10～15 min后冷却至室温。将试液定容至250 mL，混匀。用定性滤纸过滤试液，取过滤中段溶液备用。

按常规取10μL中段滤液进行离子色谱分析，以外标法峰面积定量测定 SO_4^{2-} 含量。

(2)仪器条件的设置

色谱柱：Dionex Ionpac AS22柱阴离子分析柱；

柱温：常温；

抑制器：电解自动再生离子交换抑制器；

检测器：数字式信号输出电导检测器；

淋洗液：4.5 mmol/L Na_2CO_3 和 1.4 mmol/L $NaHCO_3$ 混合水溶液；流速 1.0 mL/min；

进样量：10μL。

(3)标准工作曲线的建立

将 SO_4^{2-} 标准物质用超纯水配制成 200 mg/L 标准储备液。分别准确移取 5.0、10.0、15.0、20.0 和 25.0 mL 的 200 mg/L 的 SO_4^{2-} 标准溶液于 100 mL 容量瓶中，以超纯水定容至刻度，则得质量浓度分别为 10、20、30、40 和 50 mg/L 的系列混合标准溶液。精确移取标准储备液配制成 10、20、30、40 和 50 mg/L 的系列混合标准溶液，根据(2)设定仪器条件，依次进样。以峰面积 y 为纵坐标、标准溶液的质量浓度 x(mg/L)为横坐标进行线性回归，其回归曲线均呈良好的线性关系，SO_4^{2-} 系数因子为 99.93%(见图 8-2)。可见采用此法对橡胶制品中全硫含量检测具有较高灵敏度。

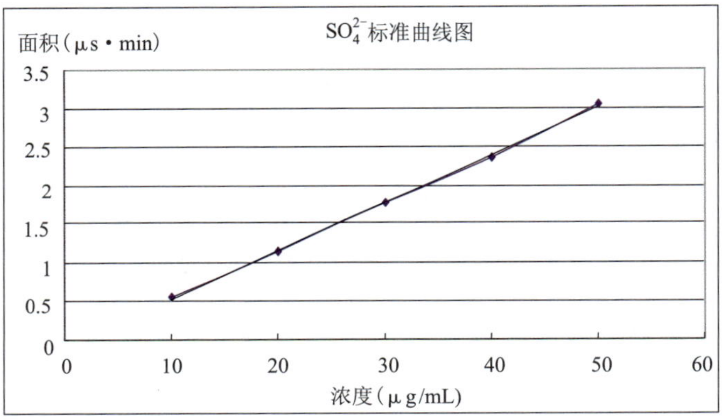

图 8-2 SO_4^{2-} 标准曲线图 线性关系：$y=0.062\ x-0.088(R^2=0.9993)$

(4)全硫含量计算

以保留时间定性，外标法峰面积定量。根据公式(8-1)可计算得到全硫含量。

$$全硫含量(\%)=(C\times V\times 0.033\ 38/m)\times 10^{-6} \tag{8-1}$$

式中：C——SO_4^{2-} 含量，mg/L；

V——定容体积，mL；

0.033 38——SO_4^{2-} 含量换算成硫含量系数；

m——称取样品的质量，g。

8.2.3 分析实例

在所建立标准工作曲线相同的色谱条件下，对橡胶样品中 SO_4^{2-} 含量进行测定。并在样品中准确加入无水对氨基苯磺酸混合控制物，进行回收率试验，试验结果列于

表 8-1。由表 8-1 可知，本方法的回收率在 95%～105%之间，表明该方法测量准确度高，有效可行。

表 8-1　方法加标回收试验结果

编　号	加入标准值(mg/L)	实测值(mg/L)	回复率(%)
1	1 759	1 775	100.9
2	1 973	1 937	98.2
3	1 998	1 927	96.4

8.3　IC 法分析橡胶中氯、溴含量

8.3.1　试剂和仪器

(1)试剂

氢氧化钾：优级纯

4-氯苯甲酸：分析纯

4-溴苯甲酸：分析纯

工业氧气：纯度>99.5%

1 000 mg/L Cl^- 标准溶液，100 mg/L Br^- 标准溶液：中国计量科学研究院

试验用水采用实验室级专用超纯水机(电阻率为 18.2 MΩ·cm)纯化

(2)仪器

DIONEX ICS-900 离子色谱仪

电子分析天平

氧弹燃烧装置

8.3.2　实验步骤

(1)样品前处理

制样前，首先除去样品表面污染物、油渍等，可用软布、清洁剂或适合的溶剂除去。样品不能在高于 35 ℃条件下强制干燥。若样品表面含有聚合物涂层，可用细砂纸如 800 号碳化硅砂纸轻轻摩擦除去，还可以选用其他更有效的方法去除表面涂层。拆分工具使用前用乙醇(95%)进行彻底清洁以防污染。

准确称取剪碎成 1 mm^3 的小块试样 1.0 g(精确至 0.1 mg)于定量滤纸中，加入助燃剂，将试样包裹好，放入燃烧皿中；装在已准确加入 20 mL 0.04 mol/L 氢氧化钾溶液的氧弹内；使用相同长度的点火丝连接到两个电极柱，弯曲点火丝使其与试样保持良好接触。小心拧紧氧弹盖，向氧弹中缓慢冲入氧气，切勿使气流将样品从燃烧皿中吹起，直至压力为 2.0 MPa，充氧时间不得少于 1 min。将氧弹浸入冷却水中，连接点火电极，通电点火，燃烧；燃烧结束后，氧弹在冷水中冷却以吸收可溶气体直至吸收完全。将氧弹从水中取

出，缓慢、均匀的减压，使压力减至常压，打开氧弹筒(检查氧弹筒和燃烧皿内部，如果有试样燃烧不完全的迹象，试验作废)，用大约 30～40 mL 热水清洗氧弹筒内壁和燃烧皿，收集全部试液于 100 mL 容量瓶中，定容至 100 mL，混匀；用定性滤纸过滤试液，取中段滤液备用。

(2)仪器条件的配置和设置

色谱柱：Dionex Ionpac AS23 柱阴离子分析柱，Ionpac AG23 阴离子保护柱

电解自动再生离子交换抑制器

数字式信号输出电导检测器

柱温：25 ℃

进样量：10 μL

淋洗液：由 RFC-30 淋洗液自动发生器生成 8 mmol/L KOH 等度淋洗液，流速 1.0 mL/min

(3)标准工作曲线的建立

将 Cl^- 标准物质用超纯水配制成 100 mg/L 标准储备液。分别准确移取 2.5、5.0、10.0、15.0 和 20.0 mL 的 100 mg/L 的 Cl^-、Br^- 标准溶液于 100 mL 容量瓶中，以超纯水定容至刻度，则得质量浓度分别为 2.5、5、10、15 和 20 mg/L 的系列混合标准溶液。

精确移取标准储备液配制成 5、10、15、20 和 25 mg/L 的系列混合标准溶液，根据(2)设定仪器条件，依次进样，以峰面积 y 为纵坐标、标准溶液的质量浓度 x(mg/L)为横坐标进行线性回归，其回归曲线均呈良好的线性关系，相关系数因子均达到 99.99%(见图 8-3、图 8-4)。因此采用此法对橡胶中痕量氯、溴含量检测具有较高灵敏度。

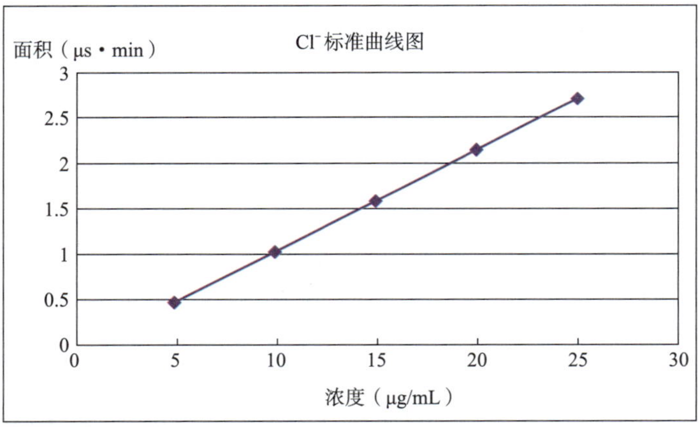

线性关系：$y=0.112x-0.098$，($R^2=0.999\ 9$)

图 8-3 Cl^- 标准工作曲线图

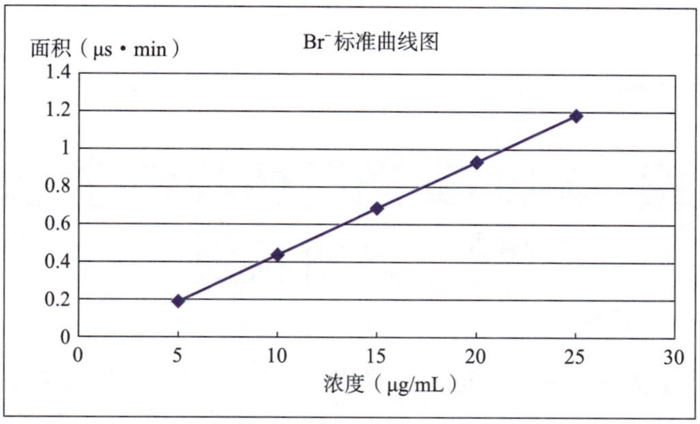

线性关系：$y=0.049x-0.056$，($R^2=0.9999$)

图 8-4　Br^- 标准工作曲线图

(4)氯、溴含量测定

以保留时间定性，外标法峰面积定量。

8.3.3　分析实例

在所建立标准工作曲线相同的色谱条件下，对橡胶样品中 Cl^-、Br^- 含量进行测定，并在样品中准确加入 4-溴苯甲酸和 4-氯苯甲酸混合控制物，进行了回收率试验，试验结果列于表 8-2。由表 8-2 可知，本方法的回收率在 95%～105%之间，表明该方法测量准确度高，有效可行。

表 8-2　方法加标回收试验结果

编号	检测项目	加入标准值(mg/L)	实测值(mg/L)	回复率(%)
1	Cl^-	522	531	101.2
	Br^-	884	861	97.4
2	Cl^-	1 042	1 087	104.3
	Br^-	1 146	1 120	97.7
3	Cl^-	1 966	1 910	97.2
	Br^-	4 746	4 833	101.8

第九章 轨道交通用橡胶弹性元件的配方分析实例

综合上述各章节关于胶种、有机助剂、无机助剂分析方法，对轨道交通用橡胶弹性元件进行配方剖析。

9.1 单一胶种的橡胶配方分析

9.1.1 某橡胶球绞产品样品（NR）

9.1.1.1 胶种的定性分析

该样品为一黑色橡胶。首先采用 FTIR 光谱法对硫化橡胶样品进行定性分析。应用本书第三章 3.1 节的方法，为了减少有机配合剂影响，对硫化胶样品进行索式抽提处理：称取剪碎的试样约 2 g 用滤纸包好，用丙酮和二氯甲烷混合溶液（体积比 1∶1）100 mL 在索氏抽提器中抽提 8 h，抽提液冷却至室温后，胶料在 80 ℃烘箱中烘干备用，记录抽提前后胶料质量。抽提液用旋转蒸发仪浓缩至 2 mL，备用。参考 ISO 4650：2005 的方法将抽提后的胶料放入裂解管中于酒精灯上加热裂解，用湿润的 pH 试纸测试裂解气的酸碱性，裂解气呈中性，取裂解液均匀涂在抛光 KBr 盐片上进行透射 FTIR 光谱分析，得到 FTIR 光谱图如图 9-1 所示。

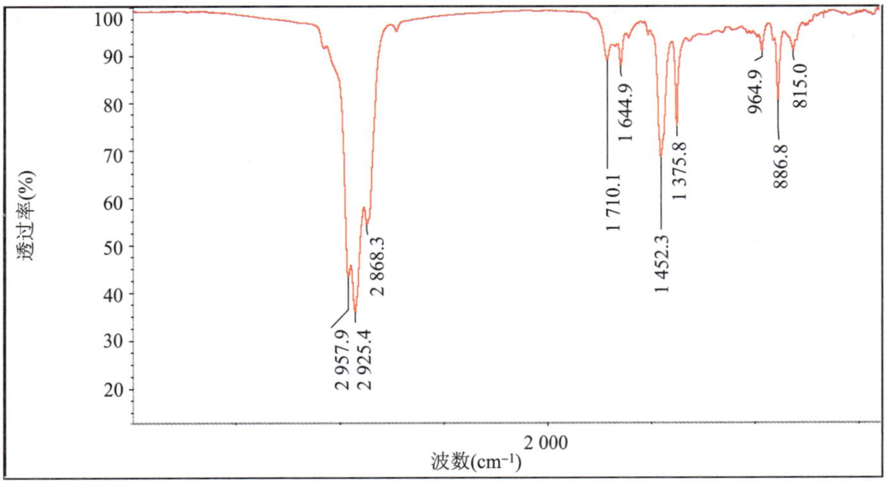

图 9-1 样品 1 的 FTIR 光谱图

从谱图分析，存在 NR 的所有特征峰，如表 9-1 所示，可判断该橡胶为 NR。

9.1.1.2　有机助剂的定性分析

将 9.1.1 节中制得的抽提液继续用旋转蒸发仪浓缩至近干，按照第四章 4.1.2.1 节的仪器条件进行固相萃取。加 2 mL 丙酮，过 C18 小柱，分别用 2 mL 丙酮和 2 mL 丙酮和二氯甲烷混合溶液（体积比 1∶1）做淋洗液，取 丙酮洗脱液 及 丙酮和二氯甲烷洗脱液 各 1μL 测试。

按照 4.1.2.2 节设置仪器条件，进行 GC-MS 分析。

表 9-1　样品 1 的 FTIR 光谱特征峰分析

NR		
波数(cm^{-1})	峰强度	有关结构
1 645	中	脂族(—CH=CH_2)
1 376	强	—CH_3
965	中	—CH=CH_2
886	很强	乙烯叉($>C=CH_2$)
815	中	芳香族取代物

色谱柱：30 m×0.25 mm×0.10 μm，BD-5 石英毛细管柱；
进样口温度：300 ℃；
柱温：50 ℃，稳定 1 min；50 ℃→280 ℃【10 ℃/min】；280 ℃，恒温 20 min；
接口温度：280 ℃；
离子源温度：230 ℃；
四级杆温度：150 ℃；
全扫描模式，质量扫描范围：45～800 amu；
进样方式：分流；分流比：50∶1；
进样量：1μL；
溶剂延迟：3 min。

丙酮洗脱抽提液的 GC-MS 分析总离子流图如图 9-2 所示。

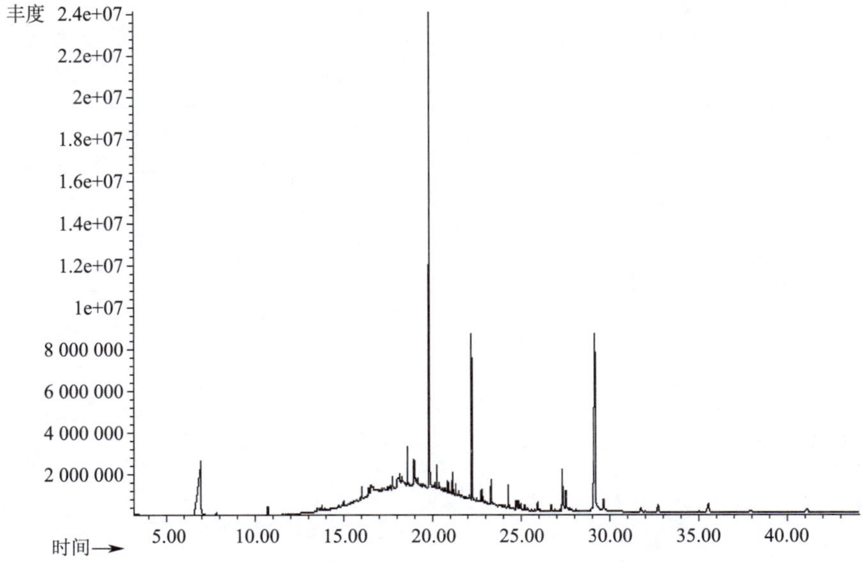

图 9-2　样品 1 丙酮洗脱液的 GC-MS 分析总离子流图

丙酮和二氯甲烷洗脱抽提液的 GC-MS 分析总离子流图如图 9-3 所示。

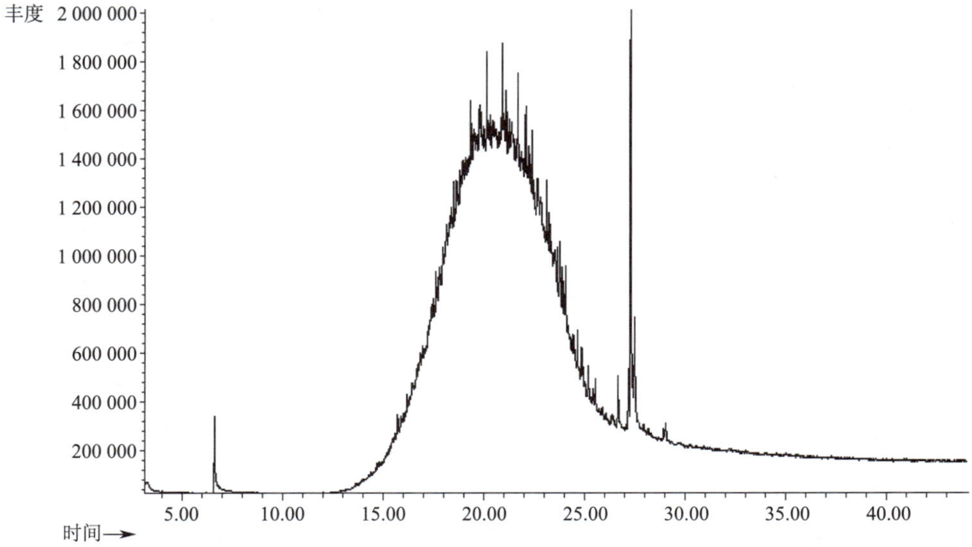

图 9-3　样品 1 丙酮和二氯甲烷洗脱液的 GC-MS 分析总离子流图

结合质谱分析功能，分析质谱碎片，如表 9-2 和图 9-4 所示，判断该材料中有机配合剂含有：防老剂：4020、RD、264、SP；促进剂：M/DM 或两者并用；增塑剂：1，2，4-苯三甲酸(2-乙基己酯)；操作油(内含大量的烷烃和环烷烃)。

表 9-2　样品 1 的 GC-MS 质谱碎片分析

保留时间(min)	比总数(%)	质谱碎片	可能助剂及应用	可能助剂的结构式
丙酮洗脱液				
7.8	0.20	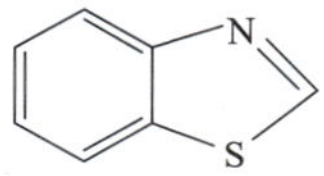	次磺酰胺类促进剂的反应产物	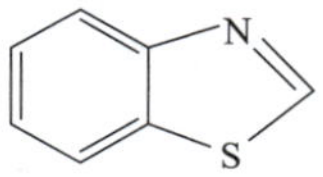
10.7	0.36	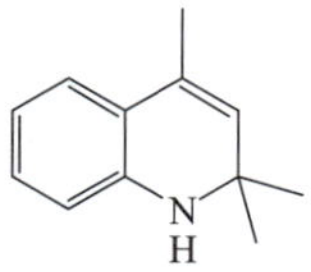	防老剂 RD	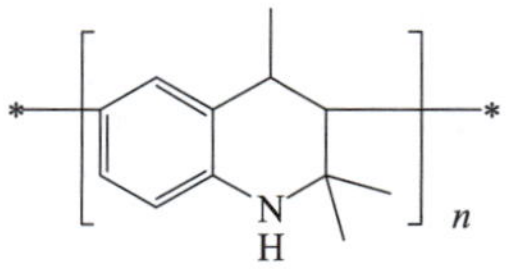
11.5	0.07	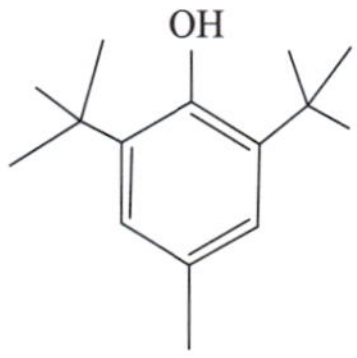	防老剂 264	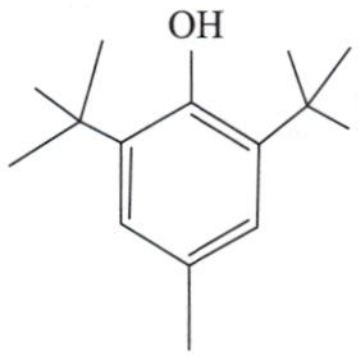
16.5	0.99	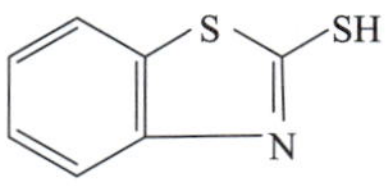	促进剂 M 或 DM(促进剂 DM 硫化后生成 M)	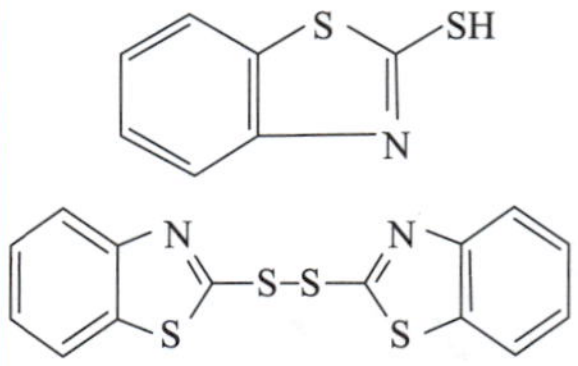

续上表

保留时间（min）	比总数（%）	质谱碎片	可能助剂及应用	可能助剂的结构式
18.5	1.27	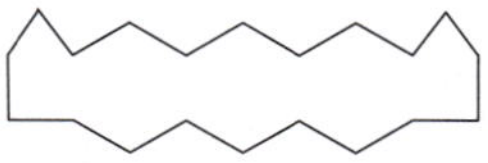	环烷烃	
19.8	27.30	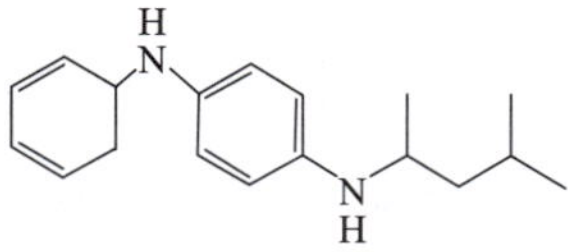	防老剂 4020	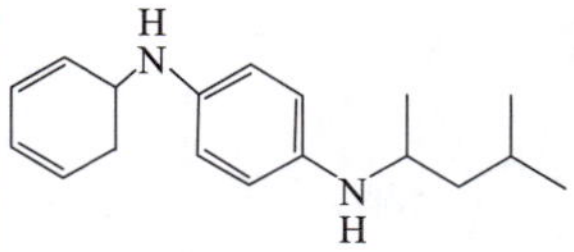
20.3	0.26	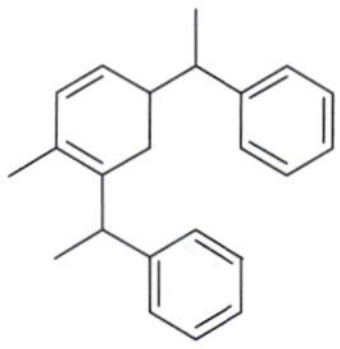	防老剂 SP(n=2)	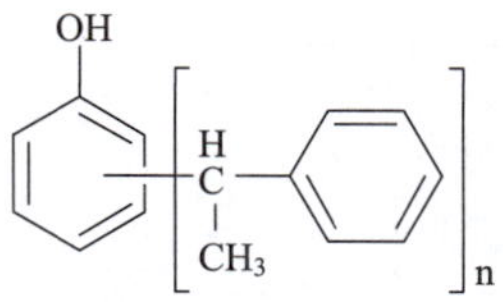
22.2	23.09	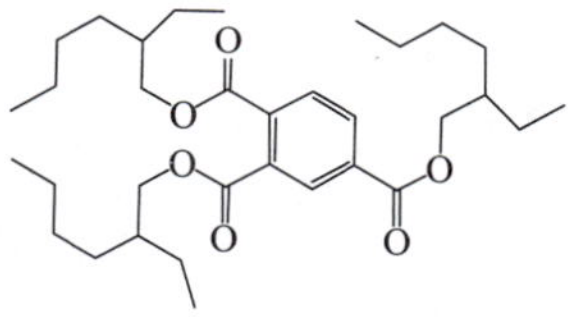	增塑剂:1,2,4-苯三甲酸(2-乙基己基)酯	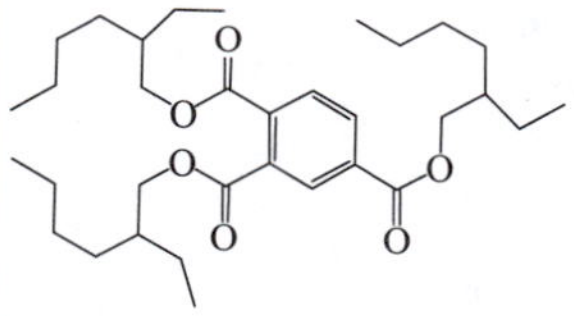
丙酮和二氯甲烷洗脱液				
21.6	—		蜡	

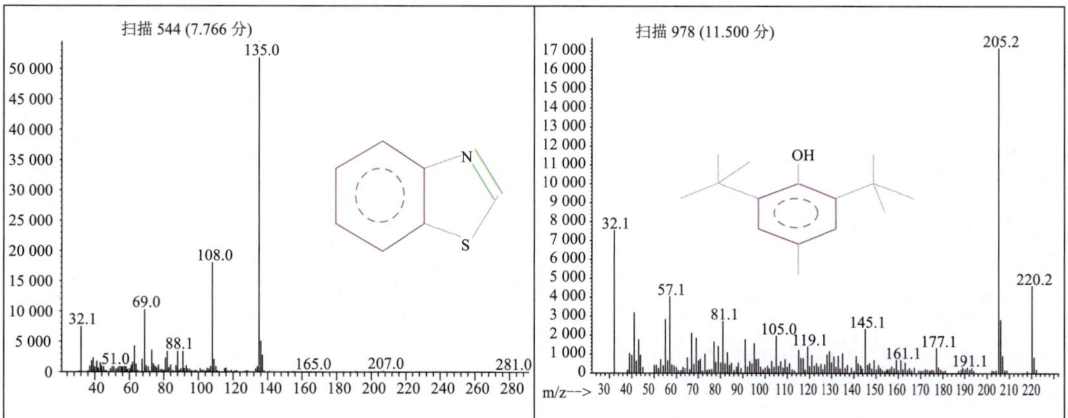

次磺酰胺类促进剂的反应产物　　防老剂264

图　9-4

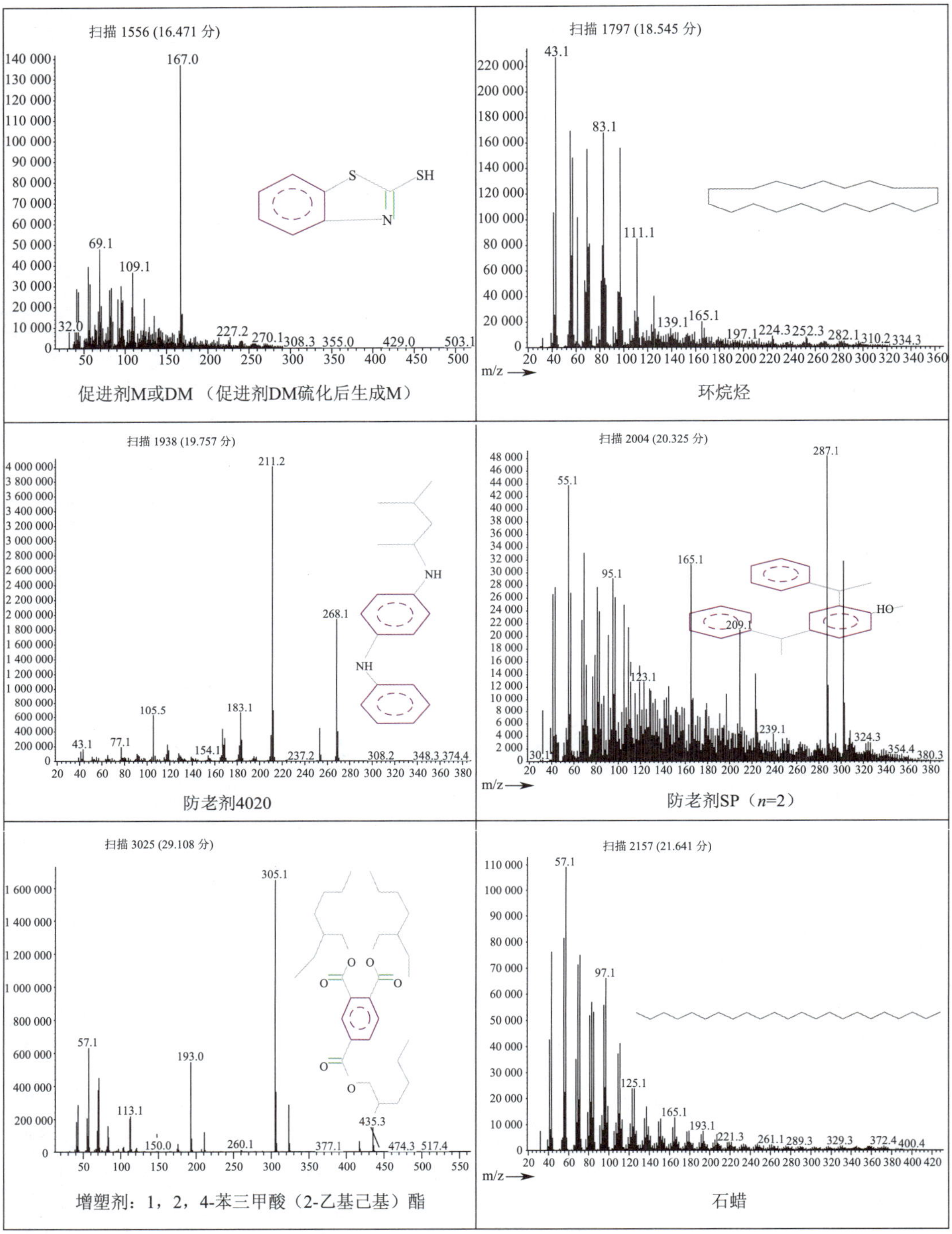

图 9-4　样品 1 的助剂质谱图

9.1.1.3　无机助剂的元素分析

用 ICP-OES 光谱法对材料的无机助剂元素进行分析。采用 5.2.2 节微波消解法对样品进行前处理。称量样品 0.129 2 g，加入 8.0 mL 硝酸和 1.0 mL 双氧水于消解罐内微波消解，消解程序为：150 ℃，恒温 10 min；150 ℃→180 ℃，恒温 6 min；180 ℃→200 ℃，恒温 10 min。消解完全后，过滤，将其转入 50 mL 容量瓶中，定容。采用 ICP-OES 光谱法对胶料无机助剂元素进行测定。

设置仪器条件：频率 27.12 MHz，RF 功率 1 300 W，等离子体冷却气流量 12 L/min，辅助气流量 1 L/min，雾化气流量 1 L/min，氩气压 0.8 MPa，冲洗时间 45 s，读数次数 3 次。

用样品的元素谱线强度与空白样的元素强度做比对定性，得到该样品中主要含有 Zn(206.20nm)、Ba(455.404 nm)和 Ca(422.67 nm)元素。

推测对应无机助剂可能为 ZnO、$BaSO_4$、$CaCO_3$ 或 $CaSO_4$。

ZnO 在橡胶工业生产中是主要的无机活性剂、补强剂，常与硬脂酸、硫磺、促进剂一起组成硫化体系，加快硫化速度，提高交联密度。

$BaSO_4$ 用于橡胶制品作为填料，可降低成本，提高制品硬度，耐酸碱性和耐水性等，并对天然橡胶有良好的补强作用。

$CaCO_3$ 是橡胶工业中使用最早量最大的填充剂之一。碳酸钙大量填充在橡胶之中，可以增加制品的溶剂，从而节约昂贵的天然橡胶达到降低成本的目的。碳酸钙填入橡胶能获得比纯橡胶硫化物更高的抗张强度耐磨性，撕裂强度，并在天然橡胶中有显著的补强作用，同时可以调节稠度。

$CaSO_4 \cdot 2H_2O$，也叫石膏粉，适应于天然橡胶做填充剂，价格便宜。使用水合硫酸钙的胶料加工容易，而且不影响硫化速度。

9.1.1.4　炭黑类型的定性分析

用 UV-vis 法定性分析炭黑类型，依据本书第七章 7.2.2 节方法，将适量剪碎的硫化胶用硝酸在低于 80 ℃温度下分解约 1 h，回收的炭黑用硝酸铵溶液洗涤，调节 pH≈5 后离心弃去清液，用丙酮浸泡后干燥备用。

称取上述回收炭黑试样 5 mg(准确到 0.1 mg)，与 10 mL 20% OP 乳化剂溶液混合，用超声波分散，用蒸馏水转移到 500 mL 容量瓶中定容，以蒸馏水做空白，测定在 430 nm 和 750 nm 处的吸光度，计算出比色指数 $Ic(Ic=A_{430}/A_{750})$ 为 1.66。

从表 9-3 可判定炭黑类型为：N330 或 N220：N660＝4：1。

表 9-3　原料炭黑的比色指数

炭黑类型	中文名称	品种	比色指数
SAF	超耐磨炉黑	N110	1.74
ISAF	中超耐磨炉黑	N220	1.70
HAF	高耐磨炉黑	N330	1.65
FEF	快压出炉黑	N550	1.18
GPF	通用炉黑	N660	1.15
SRF	半补强炉黑	N774	1.09
MT	总粒子热裂解法炉黑	N990	0.99

注：本章所用紫外可见分光光度计为北京普析通用仪器有限责任公司生产，型号为 TU-1901，与第七章采用的设备有所不同，因此比色指数对应炭黑类型与第七章结论稍有不同。

9.1.1.5 组分的定量分析

采用 TG 法测试橡胶的组分含量，取剪碎的试样约 7 mg，采用本书第三章 3.3 节方法和 GB/T 14837—1993 温度程序：

N_2：室温→300 ℃【10 ℃/min】；300 ℃，恒温 10 min；300 ℃→550 ℃【20 ℃/min】，550 ℃，恒温 15 min；550 ℃→300 ℃【20 ℃/min】；

Air：300 ℃→850 ℃【20 ℃/min】；850 ℃，恒温 15 min。

得到 TG 曲线如图 9-5 所示。

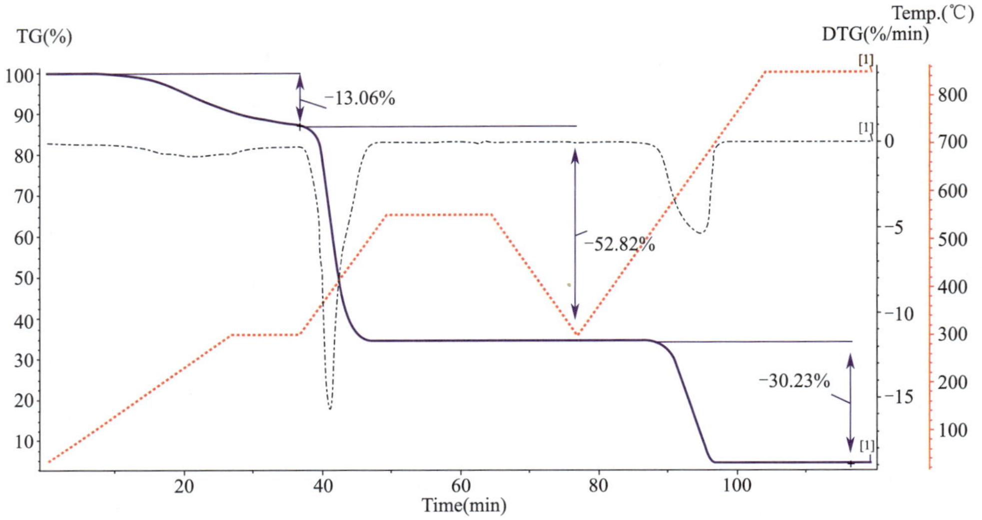

图 9-5 样品 1 的 TG 曲线

从图 9-5 中可直接读出：有机配合剂含量为 13.1%，橡胶含量为 52.8%、炭黑含量为 30.2%、灰分和无机填料含量为 3.9%。

9.1.1.6 分析总结

综合以上分析，该样品成分及含量如表 9-4 所示。

表 9-4 样品 1 各成分及含量

成　分	分析方法	分析结论	含量(%)
胶种	FTIR	天然橡胶(NR)	52.8
有机配合剂	GC-MS	防老剂：4020、RD、264、SP	13.1
		促进剂：M/DM 或两者并用	
		增塑剂：1,2,4-苯三甲酸(2-乙基己酯)，操作油(内含大量的烷烃和环烷烃)	
炭黑	UV-vis	N330 或 N220∶N660≈4∶1	30.2
无机元素	ICP-OES	锌、钡、硅、钙元素	
灰分	TG 或马弗炉	/	3.9

9.1.2　某抗老化橡胶产品样品(EPDM)

9.1.2.1　胶种的定性分析

该样品同样为一黑色橡胶。首先采用 FTIR 光谱法对硫化橡胶样品进行定性分析。采用 9.1.1 节方法,用丙酮和二氯甲烷混合溶液(体积比 1∶1)100 mL 在索氏抽提器中抽提,并烘干后的胶料放入裂解管中于酒精灯上加热裂解。用湿润的 pH 试纸测试裂解气的酸碱性,裂解气呈酸性。取裂解液均匀涂在抛光 KBr 盐片上进行透射 FTIR 光谱分析,得到 FTIR 光谱图如 9-6 所示。

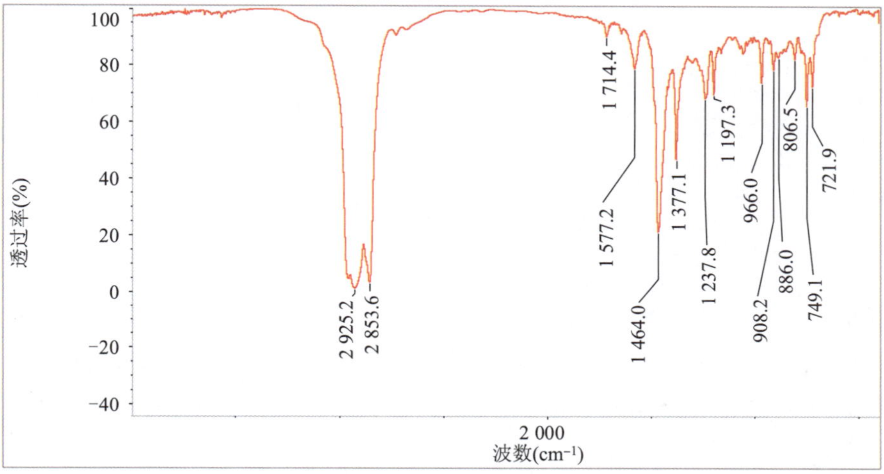

图 9-6　样品 2 的 FTIR 光谱图

从谱图分析,存在 EPDM 的所有特征峰,如表 9-5 所示,因此判断该橡胶为 EPDM。但这与常规 EPDM 裂解表现不同,EPDM 裂解气一般呈中性,而本例呈酸性。因此,后续进一步分析。

表 9-5　样品 2 的 FTIR 光谱特征峰分析

波数(cm^{-1})	峰强度	有关结构	波数(cm^{-1})	峰强度	有关结构
1 377	强	$—CH_3$	966	中	反式(—CH=CH—)
908	强	$—CH=CH_2$	722	中	
886	强	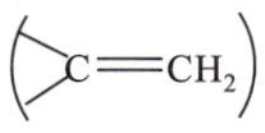			

9.1.2.2　有机助剂的定性分析

将 9.1.2.1 中制得的抽提液继续用旋转蒸发仪浓缩至近干,发现析出一些淡黄色物体,进行 FTIR 检测,如图 9-7 所示,显示为十溴联苯醚。由于芳环上的氢全被溴取代,FTIR 光谱图中 3 100～3 000 cm^{-1}看不见 C-H 伸缩振动吸收峰,Br 和芳环相连也看不到单纯的 C-Br 吸收峰。而十溴联苯醚的对称性,使得在 1 496 cm^{-1}处的苯环 C=C 伸缩振动强度较弱。9.1.2.1 硫化胶裂解气呈酸性，也正因为抽提后胶料中残存十溴联苯醚裂解出 HBr 所致。

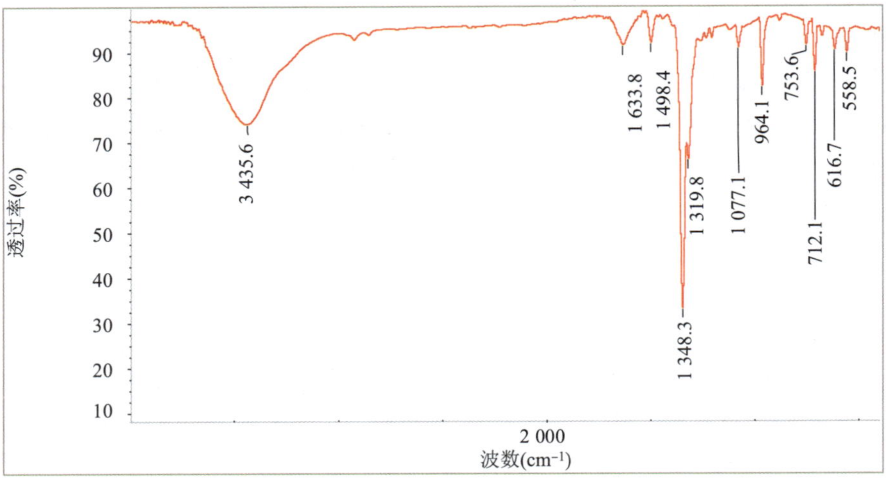

图 9-7 样品 2 抽提浓缩析出物的 FTIR 光谱图

继续向旋转蒸发仪浓缩至近干的溶液中加入 3 mL 正己烷。采用湿法上样，过硅胶小柱，活化试剂(6 mL)：正己烷，流速：(2 滴/s)；洗脱液 1 洗脱(2 mL)；正己烷＋二氯甲烷(体积比 1∶1)，流速：(2 滴/s)；而后洗脱液 2 洗脱(2 mL)：丙酮，流速：(2 滴/s)。收集洗脱液 2 测试。

按照本书第四章 4.1.2.2 节的仪器条件进行 GC-MS 分析。正己烷洗脱抽提液的 GC-MS 分析总离子流图如图 9-8 所示。

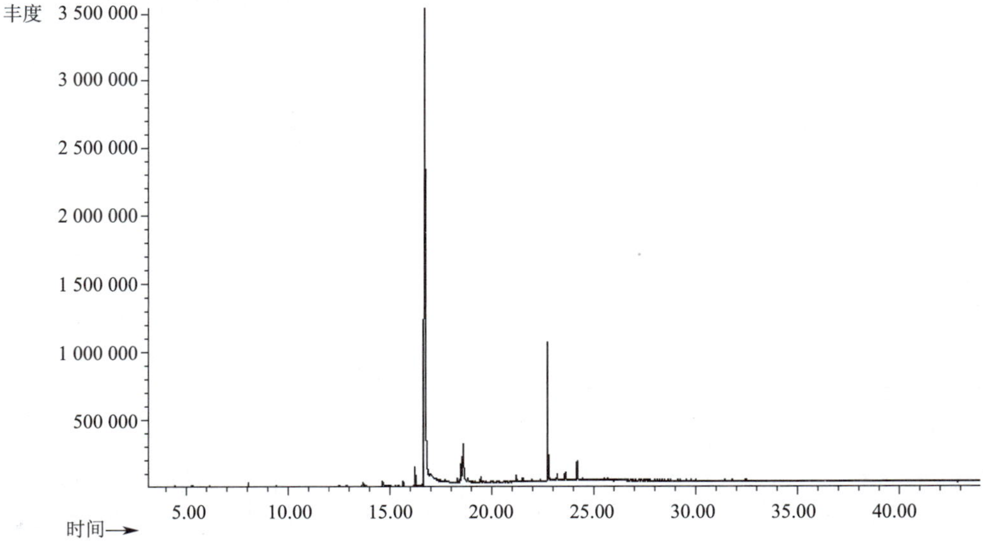

图 9-8 样品 2 正己烷洗脱液的 GC-MS 分析总离子流图

结合质谱分析功能，分析质谱碎片如表 9-6 和图 9-9 所示，判断该材料中有机配合剂含有：促进剂 M 或 DM、CZ；防焦剂 CTP；硬脂酸；油类物质等。

表 9-6　样品 2 的 GC-MS 质谱碎片分析

保留时间（min）	比总数（%）	质谱碎片	可能助剂及应用	可能助剂的结构式
正己烷洗脱液				
8.0	0.38	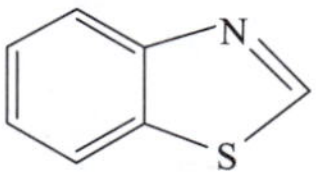	次磺酰胺类促进剂的反应产物	
15.6	0.42	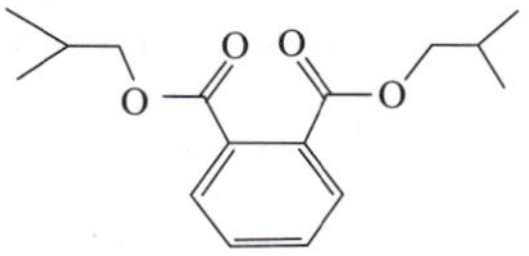	增塑剂：DIBP	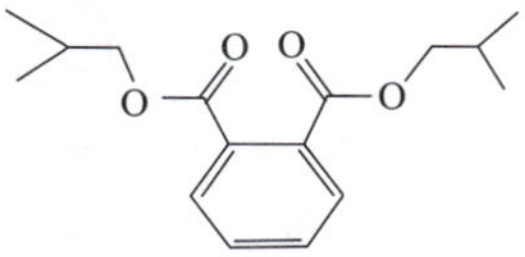
16.7	44.09		增塑剂：软脂酸	
16.7	26.67	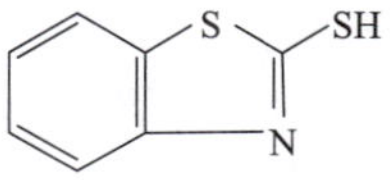	促进剂 M 或 DM（促进剂 DM 硫化后生成 M）	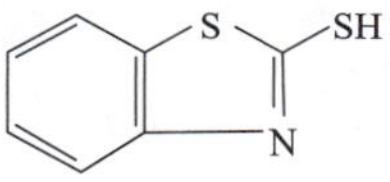 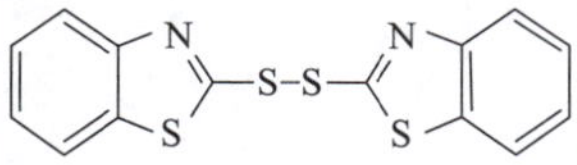
18.5	1.59	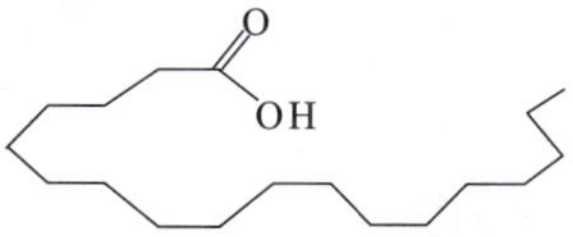	增塑剂：硬脂酸 十八烷酸	

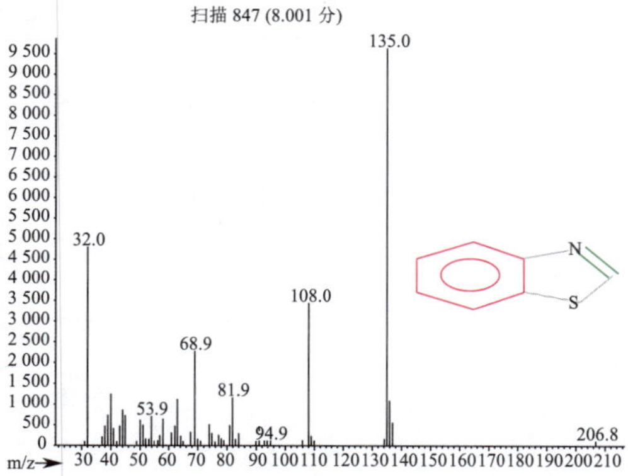

次磺酰胺类促进剂的反应产物

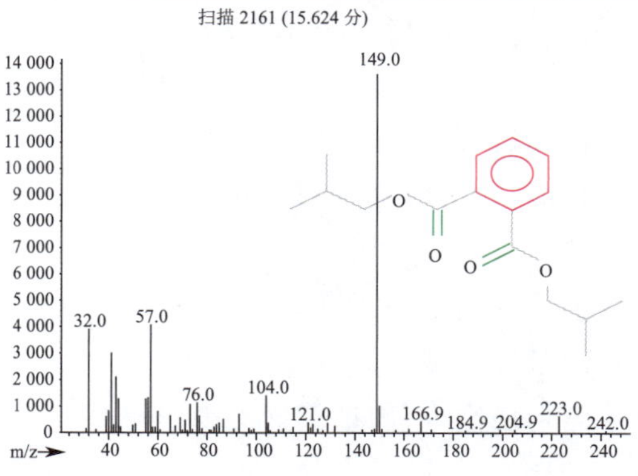

增塑剂：DIBP

图　9-9

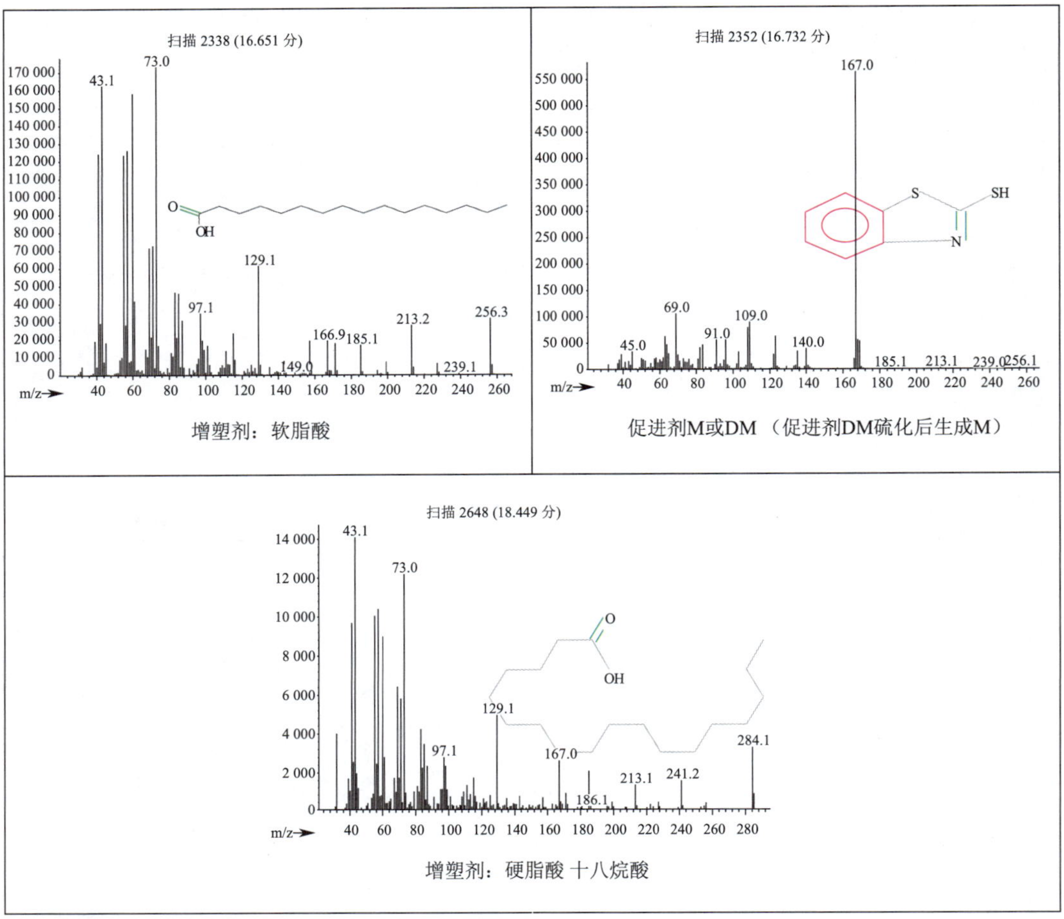

图 9-9　样品 2 的助剂质谱图

为验证多溴联苯醚的存在，将抽提液多次稀释后，以第六章 6.1.1.2 节规定的工作条件，全扫描方式进行 GC-MS 检测。色谱柱：30 m×0.25 mm×0.10μm，BD-5HT 石英毛细管柱；

进样口温度：300 ℃；

柱温：100 ℃，稳定 1 min；100 ℃→320 ℃【30 ℃/min】；320 ℃，恒温 20 min；

接口温度：320 ℃；

离子源温度：300 ℃；

四级杆温度：150 ℃；

全扫描模式，质量扫描范围：45～800 amu；

进样方式：脉冲不分流；

进样量：1μL；

溶剂延迟：3 min。

得到总离子图所图 9-10 所示。

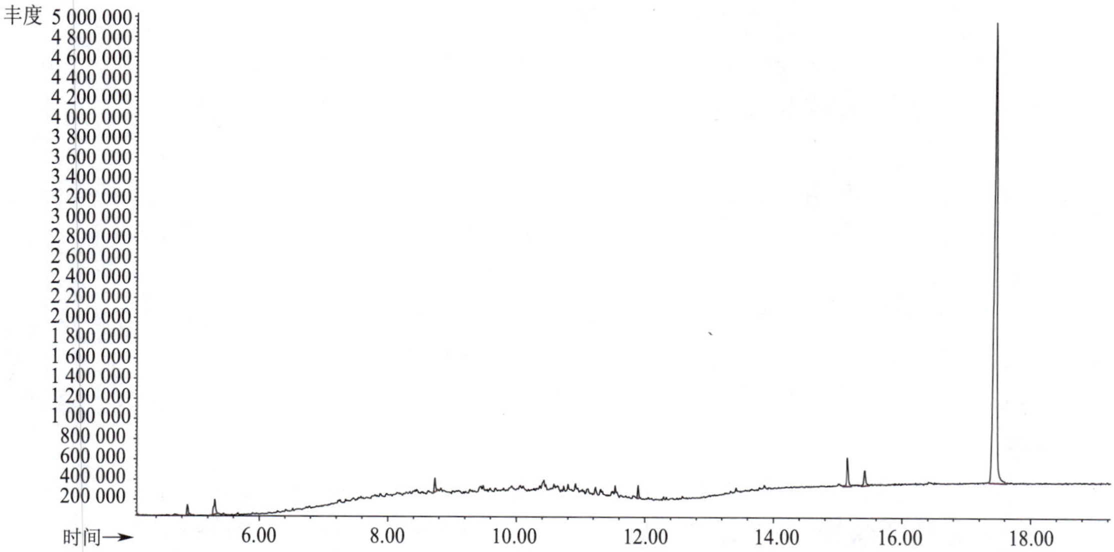

图 9-10　样品 2 正己烷和二氯甲烷洗脱液的 GC-MS 分析总离子流图

17.5 min 对应的质谱图(图 9-11)与 6.1.1.3 节实例中质谱图一致,出现了十溴联苯醚的分子离子簇群,证实该橡胶材料中存在十溴联苯醚。

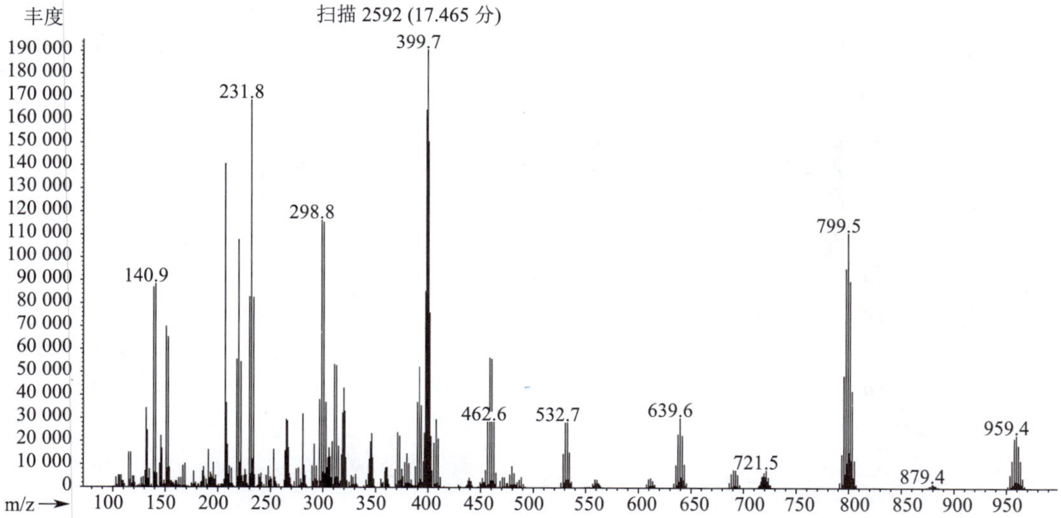

图 9-11　十溴联苯醚质谱图

9.1.2.3　无机助剂的定性分析

首先用 ICP-OES 光谱法对材料的无机助剂元素进行分析。采用本书第五章 5.2.2 节微波消解法对样品进行前处理,准确称量样品 0.109 2 g,加入 7.0 mL 硝酸和 1.0 mL 双氧水于消解罐内微波消解,消解程序为:150 ℃,恒温 10 min;150 ℃→180 ℃,恒温 6 min;180 ℃→200 ℃,恒温 10 min。消解完全后,过滤,将其转入 50 mL 容量瓶中,定容。采用 ICP-OES 对胶料无机助剂元素进行测定。

设置仪器条件：频率 27.12 MHz，RF 功率 1 300 W，等离子体冷却气流量 12 L/min，辅助气流量 1 L/min，雾化气流量 1 L/min，氩气压 0.8 MPa，冲洗时间 45 s，读数次数 3 次。

用样品的元素谱线强度与空白样的元素强度做比对定性，得到该样品中主要含有 Zn（213.856 nm）、Ca（183.801 nm）和 Sb（206.833 nm）元素。可能为 ZnO、CaO 或 $CaCO_3$、Sb_2O_3。

CaO 在橡胶工业生产中主要作为消泡剂，在橡胶中用量为 2.0～5.0 份，也有用量更大的，与门尼有关，门尼高的用量少些，对物性和流速有影响。

Sb_2O_3 在橡胶工业生产中主要作为填充剂和阻燃剂。常与十溴联苯醚作为复合阻燃体系使用。

为进一步定性元素对应的物质，用 FTIR 光谱法分析灰分。经裂解制样红外分析，该橡胶制品为烷烃橡胶，参考标准 GB/T 4498—1997 橡胶灰分含量的测定，碳化后在 550 ℃±25 ℃的马弗炉中烧灰分，2 h 后恒重，得到的灰分参考标准 GB/T 6040—2002 按溴化钾压片法进行试验，取得到的灰分试样与 KBr 颗粒按 1∶100 的比例进行混合研磨，压片，用透射法进行 FTIR 光谱扫描，得到 FTIR 光谱图如 9-12 所示。470 cm^{-1}附近出现宽峰，并且 ICP-OES 检测有大量锌存在，对照第五章表 5-5 及图 5-9 可知 ICP-OES 检测结果 Zn 元素对应 ZnO。同时 1 109 cm^{-1}强吸收峰可能为 Si-O-Si 反对称伸缩振动峰，470 cm^{-1}处可能为 Si-O 键对称伸缩振动峰。由于未使用 HF 消解，ICP-OES 未检测到 Si 元素。

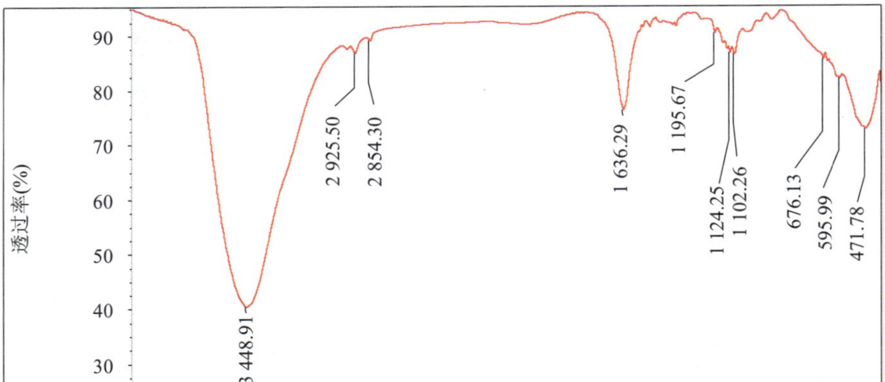

图 9-12　样品 2 灰分的 FTIR 光谱图

进一步用盐酸和硝酸对灰分进行消解处理后过滤沉淀物干燥，溴化钾压片，进行 FT-IR 检测如图 9-13 所示。此时白炭黑的特征峰更为明显，没有 ZnO 的存在，470 cm^{-1}处峰仍很强，进一步验证存在白炭黑补强。

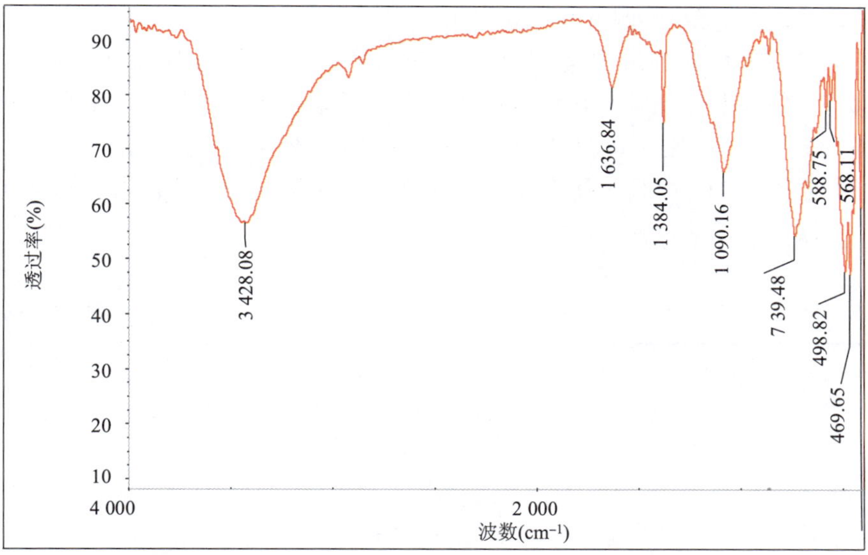

图 9-13　样品 2 灰分经盐酸和硝酸处理后的 FTIR 光谱图

9.1.2.4　组分的定量分析

采用 TG 法测试橡胶的组分含量：取剪碎的试样约 7 mg，采用本书 3.3 节方法和 GB/T 14837 温度程序：

N_2：室温→300 ℃【10 ℃/min】；300 ℃，恒温 10 min；300 ℃→550 ℃【20 ℃/min】，550 ℃，恒温 15 min；550 ℃→300 ℃【20 ℃/min】，300 ℃；

Air：300 ℃→850 ℃【20 ℃/min】，850 ℃，恒温 15 min。

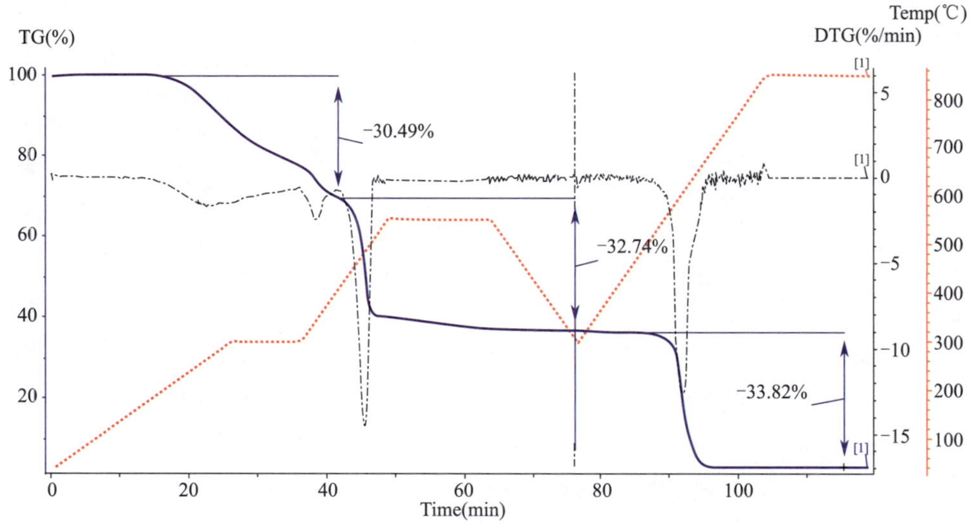

图 9-14　样品 2 的 TG 曲线

从图 9-14 中可直接读出：有机配合剂组分含量为 30.5%、橡胶成分含量为 32.8%、碳黑含量为 34.0%、无机填料和灰分含量为 2.7%。

由于十溴联苯醚的分解温度(如图 9-15)与乙丙橡胶的分解温度十分相近,均在 300～500 ℃之间,上述判定胶料含量中还含有溴系阻燃物的含量。三氧化二锑的分解温度在 520～700 ℃之间(如图 9-16),而 $CaCO_3$ 分解温度一般在 650 ℃以上(图 9-17),也进一步证明了三氧化二锑的存在。作为阻燃剂,三氧化二锑常与十溴联苯醚协同使用。

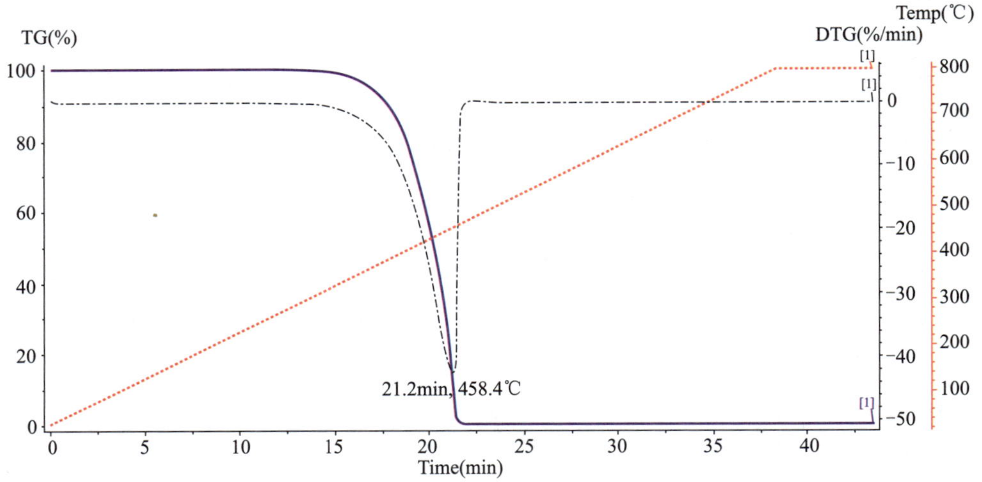

图 9-15 十溴联苯醚氮气氛围下的 TG 曲线

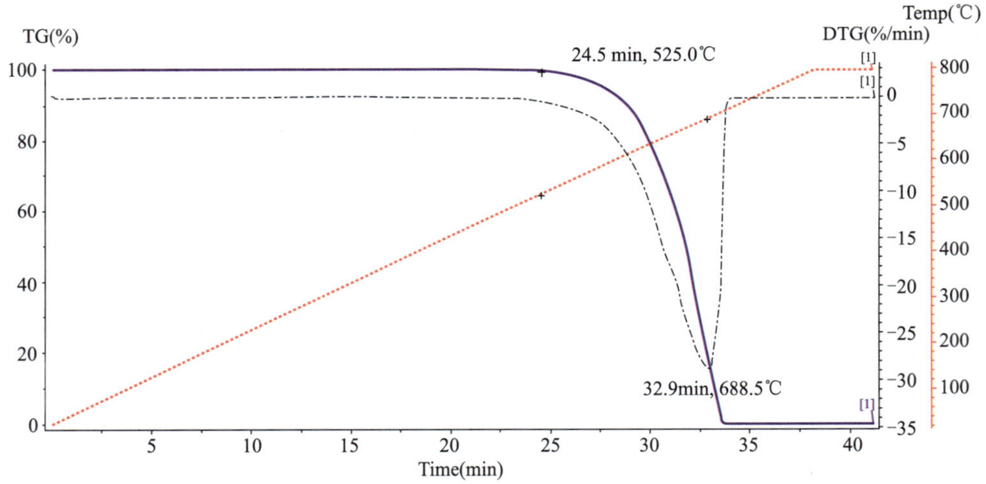

图 9-16 三氧化二锑氮气氛围下的 TG 曲线

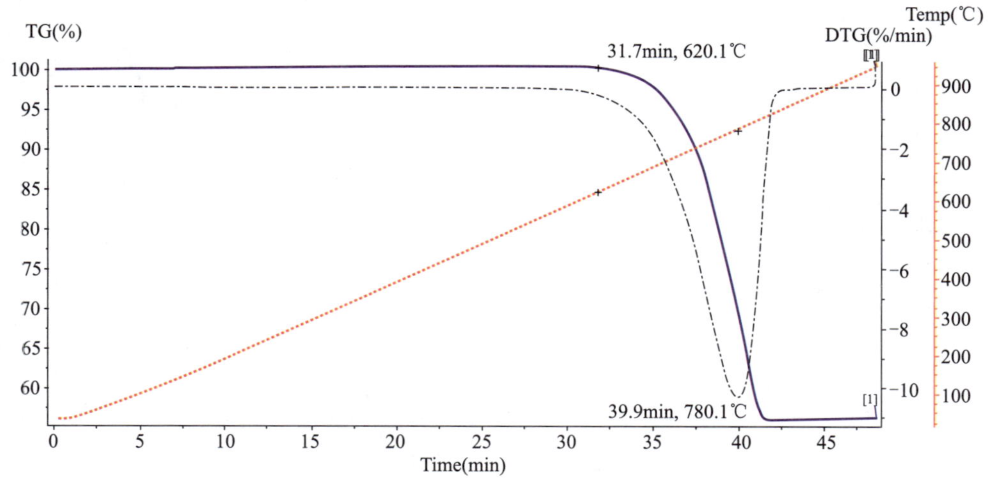

图 9-17　碳酸钙氮气氛围下的 TG 曲线

注：材料中所加物质的热重区间与纯物质稍有差别，比如 $CaCO_3$ 加入 EPDM 中的失重区间一般在 630～730 ℃之间，此处纯 $CaCO_3$ 热分解温度表现更高。

9.1.2.5　分析总结

综合以上分析，该样品成分及含量如表 9-7 所示。

表 9-7　样品 2 各成分及含量

成　　分	分析方法	分析结论	含量(%)
胶种	FTIR	三元乙丙橡胶(EPDM)	32.8
有机配合剂	GC-MS	阻燃剂：十溴联苯醚(与 Sb_2O_3 配合使用)	
		增塑剂：硬脂酸、油类物质	30.5
		促进剂：M 或 DM、CZ 等	
炭黑	UV-vis	N330 或 N220：N660＝4：1	34.0
无机元素	ICP-OES	锌、钡、钙、锑	
无机助剂	马弗炉、FTIR 和 TG	Sb_2O_3、ZnO、SiO_2	2.7

9.2　并用胶种的橡胶配方分析

9.2.1　某耐磨产品样品(NR/BR)

9.2.1.1　胶种的定性分析

首先采用 FTIR 光谱法对硫化橡胶样品进行定性分析。采用 9.1.1 节方法，用丙酮和二氯甲烷混合溶液(体积比 1：1)100 mL 在索氏抽提器中抽提，并烘干后的胶料放入裂解管中于酒精灯上加热裂解。用湿润的 pH 试纸测试裂解气的酸碱性，裂解气呈中性。取裂解液均匀涂在抛光 KBr 盐片上进行透射 FTIR 光谱分析，得到 FTIR 光谱图如图 9-18所示。

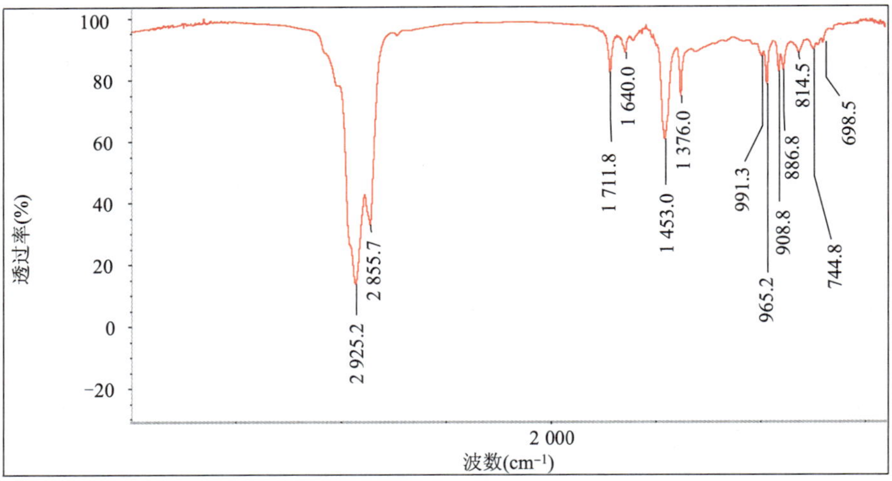

图 9-18　样品 3 的 FTIR 光谱图

从谱图分析，同时存在天然橡胶和顺丁橡胶的特征峰，如表 9-8 所示，判断该橡胶为天然橡胶和顺丁橡胶的并用体系。

表 9-8　样品 3 的 FTIR 光谱特征峰分析

NR			BR		
波数(cm^{-1})	峰强度	有关结构	波数(cm^{-1})	峰强度	有关结构
1 640	中	脂族($-CH=CH_2$)	1 376	中	$-CH_3$
1 376	强	$-CH_3$	991	中	$-CH=CH_2$
965	中	$-CH=CH_2$	965	强	反式($-CH=CH-$)
886	很强	乙烯叉($>C=CH_2$)	909	强	$-CH=CH_2$
814	中	芳香族取代物	744	与顺丁胶的反式结构度相关	顺式($-CH=CH$)
			699	弱	Aromatic

9.2.1.2　有机助剂的定性分析

将 9.2.1.1 中制得的抽提液继续用旋转蒸发仪浓缩至约 2 mL 左右，未出现黏稠、浑浊的情况，因此未进一步进行固相萃取，浓缩后浓缩液备用。按照 4.1.2.2 节的仪器条件进行 GC-MS 分析。分析总离子流图如图 9-19 所示。

结合质谱分析功能，分析质谱碎片如表 9-9 和图 9-20 所示，判断该材料中有机配合剂含有：CTP、RD、4020、WH02、SP、硬脂酸、次磺酰胺类促进剂(可能为 NOBS)。

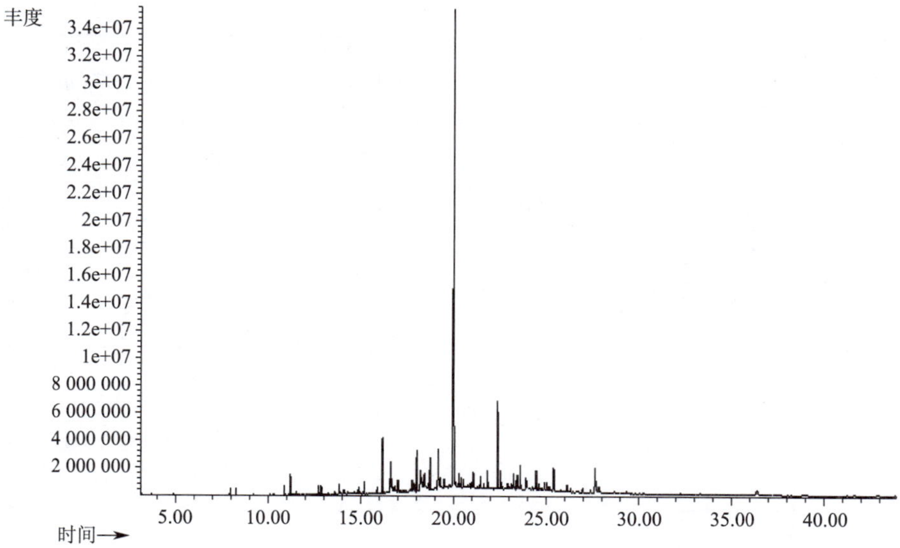

图 9-19　样品 3 抽提液的 GC-MS 分析总离子流图

表 9-9　样品 3 的 GC-MS 质谱碎片分析

保留时间(min)	比总数(%)	质谱碎片	可能助剂及应用	可能助剂的结构式
4.0	0.04	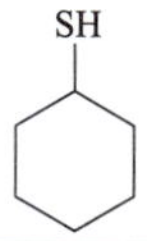	防焦剂:CTP	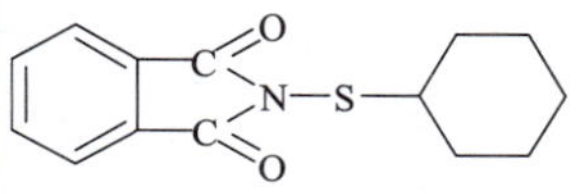
7.9	0.37	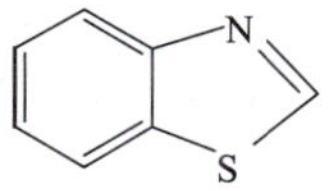	次磺酰胺类促进剂的反应产物(可能为 NOBS)	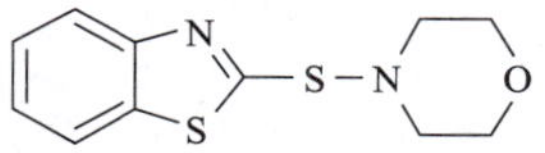
10.9	0.44	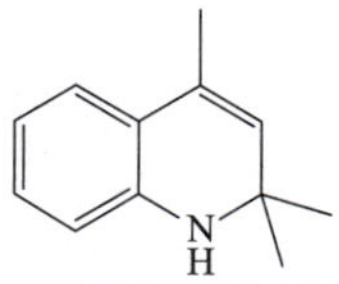	防老剂 RD	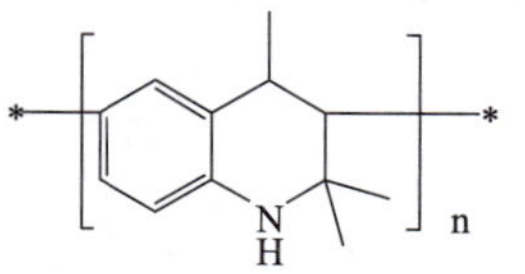
11.2	1.72	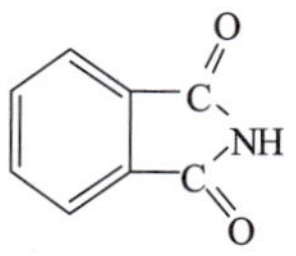	防焦剂:CTP	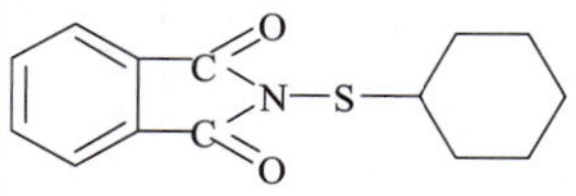
15.2	0.50	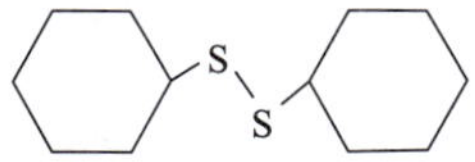	防焦剂:CTP	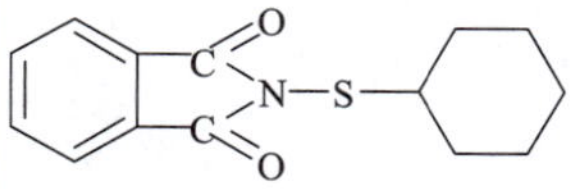
16.6	2.30	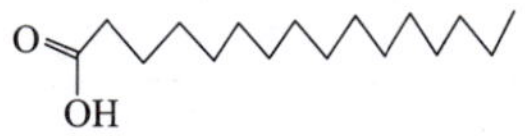	增塑剂:软脂酸	

续上表

保留时间(min)	比总数(%)	质谱碎片	可能助剂及应用	可能助剂的结构式
16.7	1.41	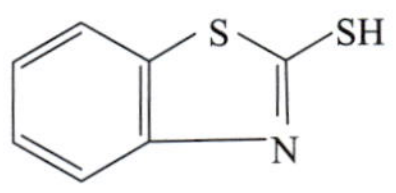	促进剂 M 或 DM(促进剂 DM 硫化后生成 M)	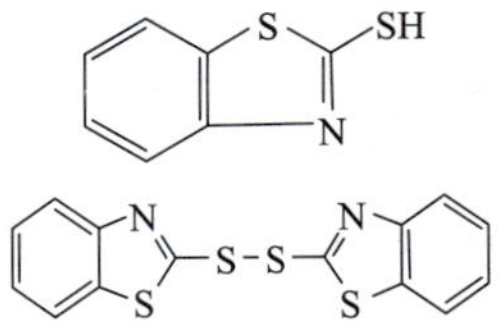
18.2	2.01	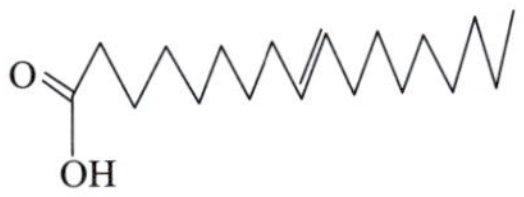	有机酸	
18.4	1.53	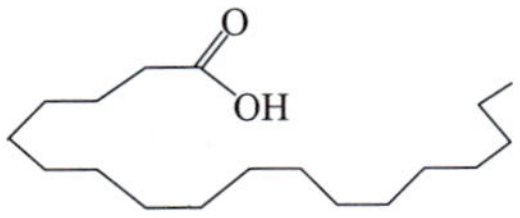	增塑剂:硬脂酸十八烷酸	
20.0	40.98	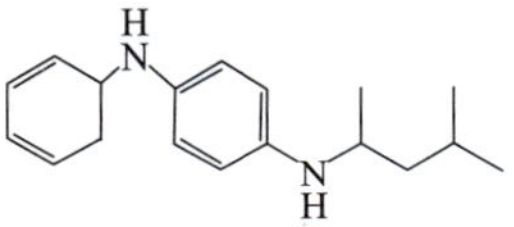	防老剂 4020	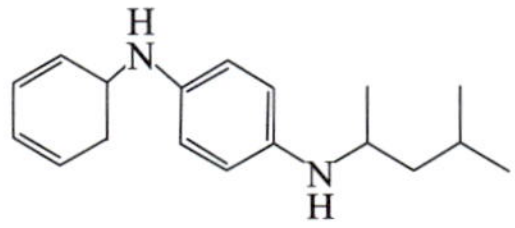
20.5	0.34	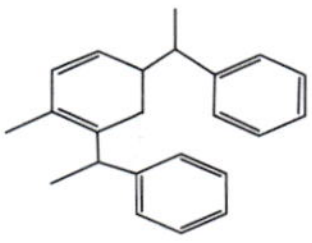	防老剂 SP(n=2)	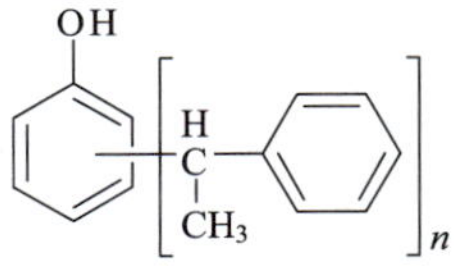
21.9	0.43	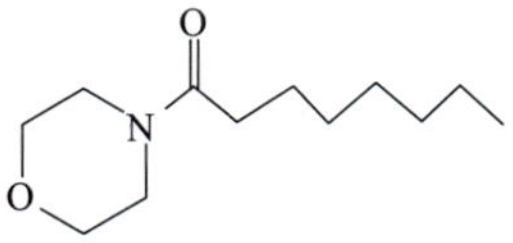	促进剂 NOBS 硫化后的反应物	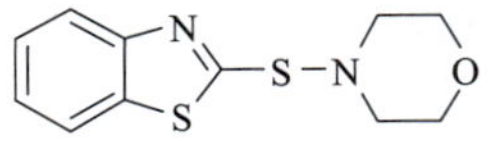
22.4	3.73		RD 二聚体	
24.3	0.61	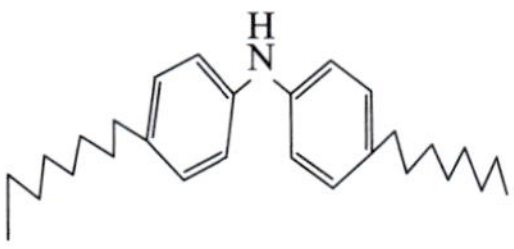	WH-02	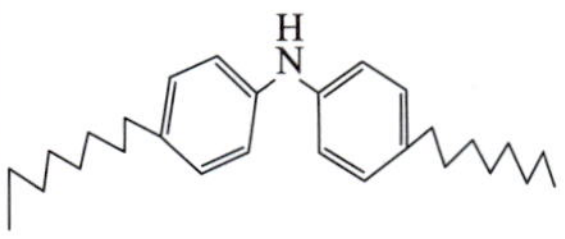
24.5	1.07		RD 三聚体	

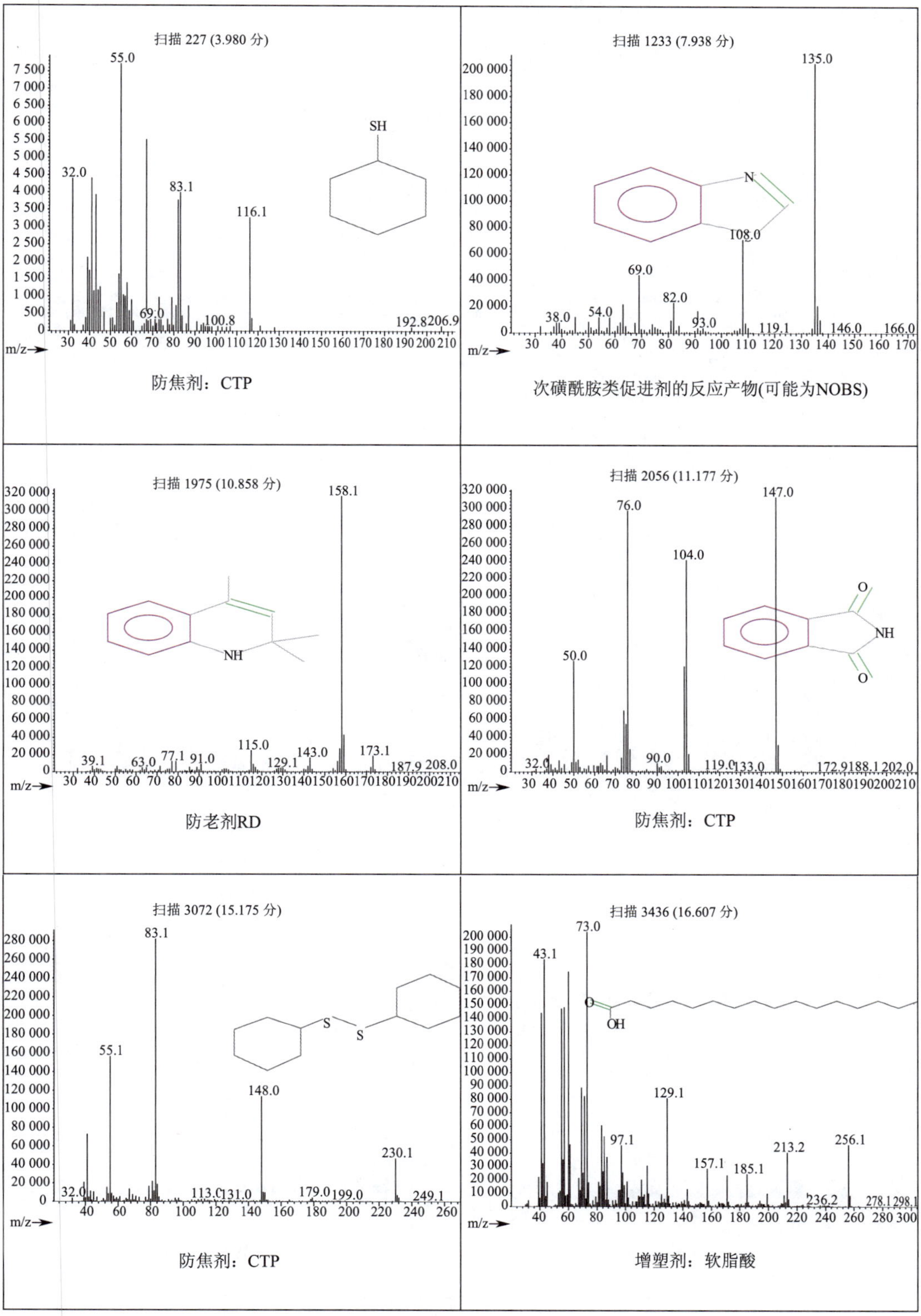
扫描 227 (3.980 分)
55.0
32.0
83.1
116.1
69.0
100.8
192.8
206.9
SH
m/z
防焦剂：CTP
扫描 1233 (7.938 分)
135.0
N
108.0
69.0
82.0
38.0
54.0
93.0
119.1
146.0
166.0
m/z
次磺酰胺类促进剂的反应产物(可能为NOBS)
扫描 1975 (10.858 分)
158.1
NH
115.0
143.0
173.1
39.1
63.0
77.1
91.0
129.1
187.9
208.0
m/z
防老剂RD
扫描 2056 (11.177 分)
147.0
76.0
104.0
50.0
O
NH
O
32.0
90.0
119.0
133.0
172.9
188.1
202.0
m/z
防焦剂：CTP
扫描 3072 (15.175 分)
83.1
55.1
S
S
148.0
230.1
32.0
113.0
131.0
179.0
199.0
249.1
m/z
防焦剂：CTP
扫描 3436 (16.607 分)
73.0
43.1
O
OH
129.1
97.1
157.1
185.1
213.2
256.1
236.2
278.1
298.1
m/z
增塑剂：软脂酸

图　9-20

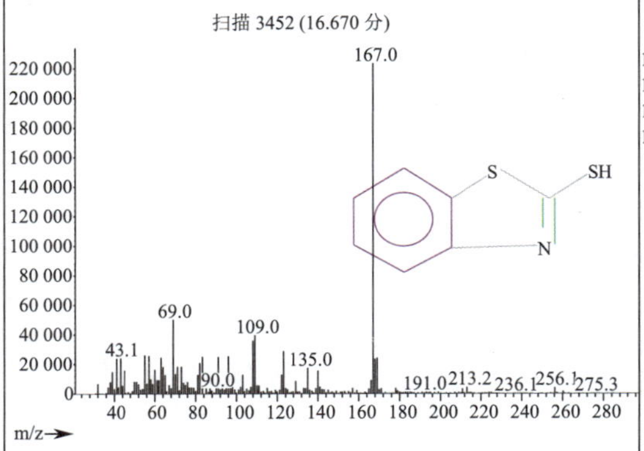

促进剂M或DM（促进剂DM硫化后生成M）

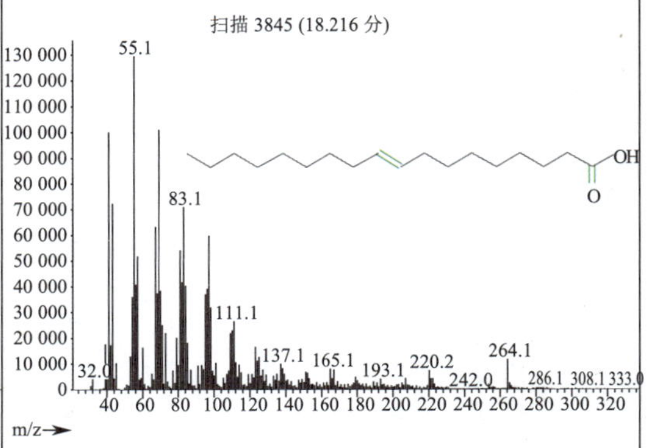

有机酸

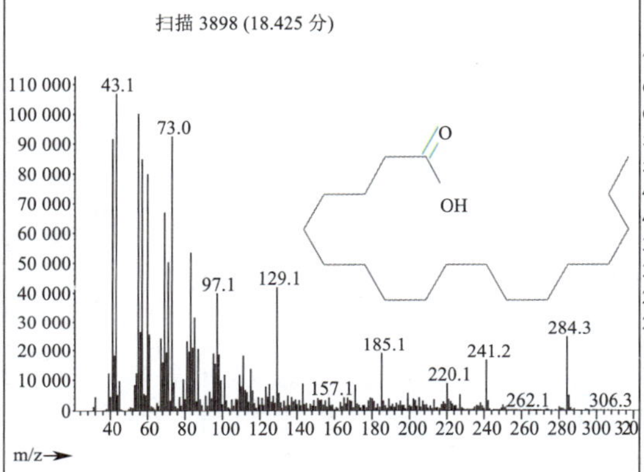

增塑剂：硬脂酸 十八烷酸

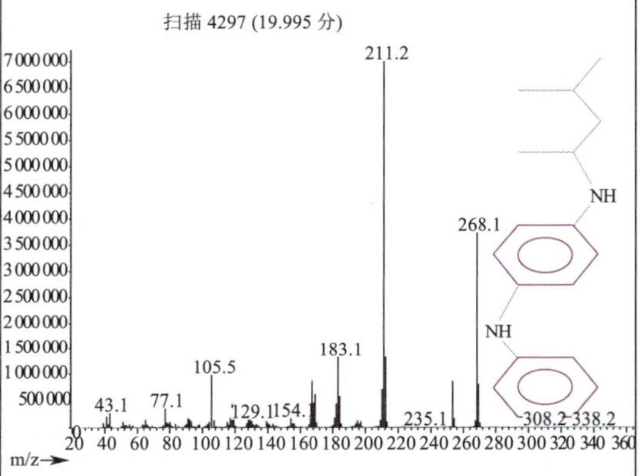

防老剂4020

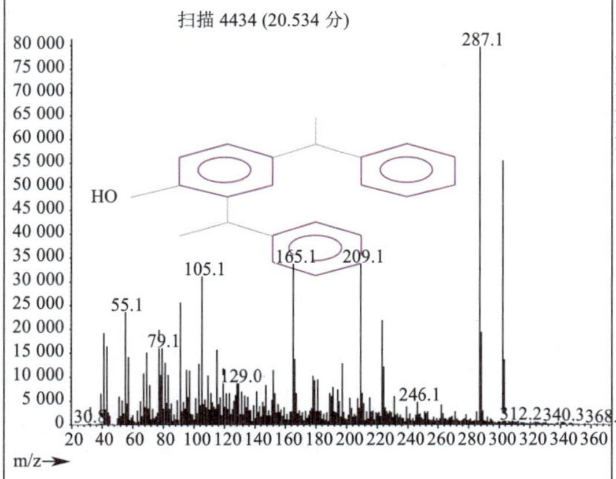

防老剂SP（n=2）

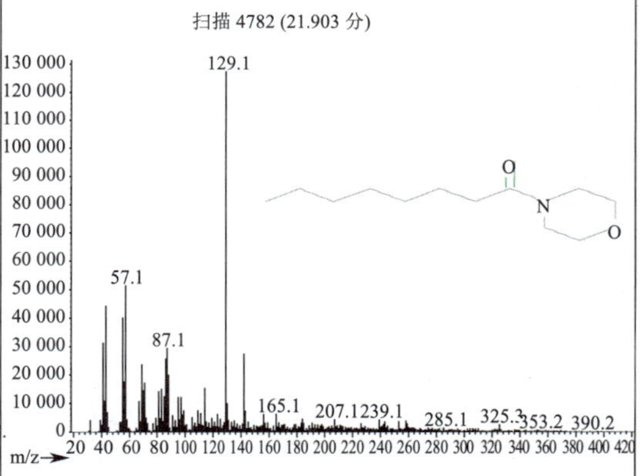

促进剂NOBS硫化后的反应物

图 9-20

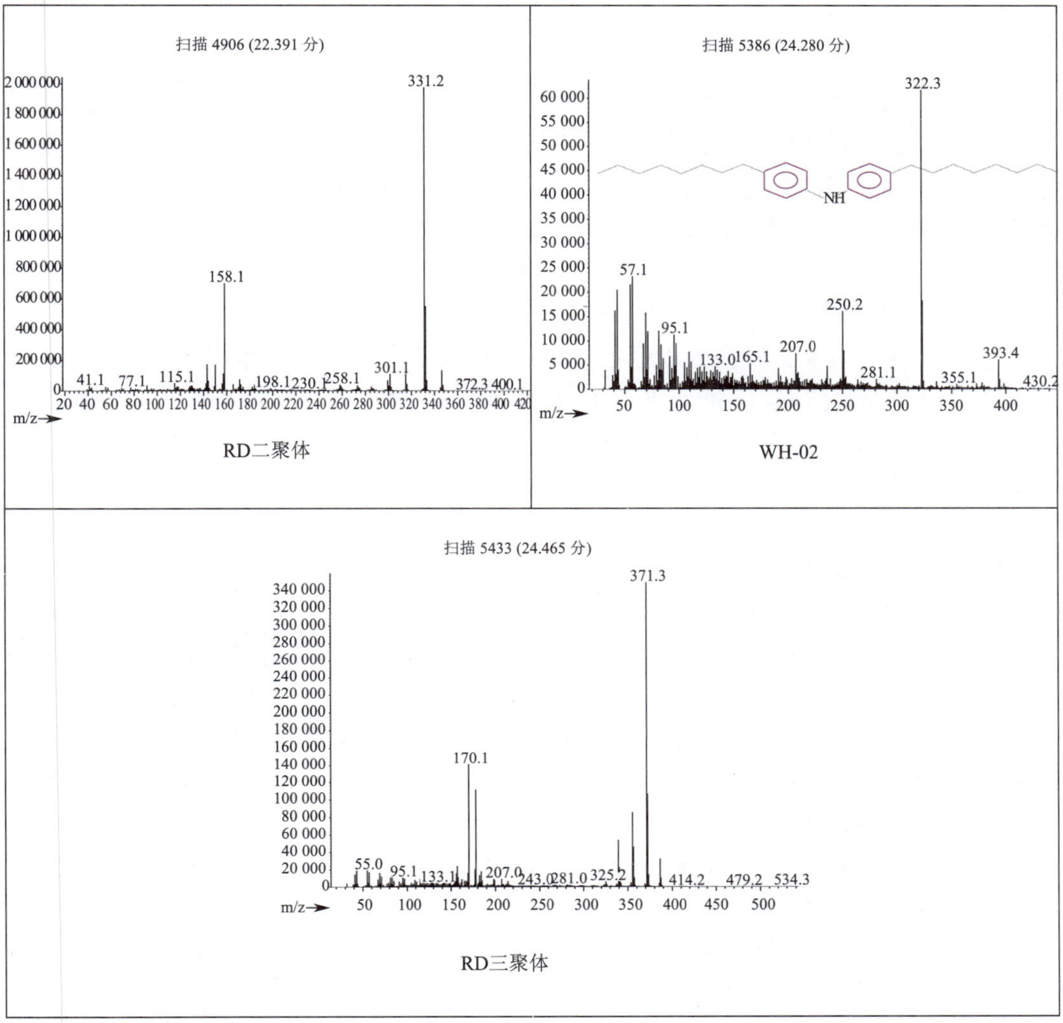

图 9-20　样品 3 的助剂质谱图

9.2.1.3　*无机助剂的元素分析*

用 ICP-OES 光谱法对材料的无机助剂元素进行分析。采用 5.2.2 节微波消解法对样品进行前处理，准确称量样品 0.118 3 g，加入 8.0 mL 硝酸和 1.0 mL 双氧水于消解罐内微波消解，消解程序为：150 ℃，恒温 10 min；150 ℃→180 ℃，恒温 6 min；180 ℃→200 ℃，恒温 10 min。消解完全后，过滤，将其转入 50 mL 容量瓶中，定容。采用 ICP-OES 对胶料无机助剂元素进行测定。

设置仪器条件：频率 27.12 MHz，RF 功率 1 300 W，等离子体冷却气流量 12 L/min，辅助气流量 1 L/min，雾化气流量 1 L/min，氩气压 0.8 MPa，冲洗时间 45 s，读数次数 3 次。

用样品的元素谱线强度与空白样的元素强度做比对定性，得到该样品中主要含有 Zn(206.20 nm)、Ca(422.67 nm)、Al(396.15 nm)、Si(251.61 nm)、Ti(334.941 nm)、

Na(589.59 nm)元素。

推测对应无机助剂可能为 ZnO、$CaCO_3$、Al_2O_3、TiO_2(钛白粉)。

Al_2O_3 添加到橡胶中能显著的增强橡胶的拉伸强度，耐热性，抗老化性，耐磨性。当只添加氧化铝时，橡胶的拉伸强度不是很高，但橡胶的耐热性，抗老化性、耐疲劳性、耐磨性均优于只用氧化硅的橡胶。氧化铝与二氧化硅复合使用后，橡胶的撕裂强度、拉伸强度得到改善，其拉伸强度超过了只用纳米氧化铝或只用氧化硅的情况。当氧化铝和纳米氧化硅的质量比为 1∶1 时，橡胶可达到最高拉伸强度。当氧化铝和纳米氧化硅质量比为 3∶1时，橡胶的耐磨性和耐疲劳性能最佳。

TiO_2 在橡胶行业中既作为着色剂，又具有补强、防老化、填充作用。在白色和彩色橡胶制品中加入钛白粉，在日光照射下，耐日晒，不开裂、不变色，伸展率大及耐酸碱。橡胶用钛白粉，主要用于汽车轮胎以及胶鞋、橡胶地板、手套、运动器材等，一般以锐钛型为主。但用于汽车轮胎生产量，常加入一定量的金红石型产品，以增强抗臭氧和抗紫外线能力。

9.2.1.4 炭黑类型的定性分析

用 UV-vis 法定性分析炭黑类型，依据本书第七章 7.2.2 节方法，将适量剪碎的硫化胶用硝酸在低于 80 ℃温度下分解约 1 h，回收的炭黑用硝酸铵溶液洗涤，调节 pH≈5 后离心弃去清液，用丙酮浸泡后干燥备用。

称取上述回收炭黑试样 5 mg(准确到 0.1 mg)，与 10 mL 20% OP 乳化剂溶液混合，用超声波分散，用蒸馏水转移到 500 mL 容量瓶中定容，以蒸馏水做空白，测定在430 nm 和 750 nm 处的吸光度，计算出比色指数 Ic($Ic=A_{430}/A_{750}$)为 1.75。

从表 9-3，可判定炭黑类型为：N220 或混气炭黑：N220＝1∶1。

9.2.1.5 组分的定量分析

采用 TG 法测试橡胶的组分含量：取剪碎的试样约 7 mg，采用本书 3.3 方法和 GB/T 14837—1993温度程序：

N_2：室温→300 ℃【10 ℃/min】；300 ℃，恒温 10 min；300 ℃→550 ℃【20 ℃/min】，550 ℃，恒温 15 min；550 ℃→300 ℃【20 ℃/min】；

Air：300 ℃→850 ℃【20 ℃/min】。

从图 9-21 中可直接读出：有机配合剂含量为 4.6%，橡胶含量为 63.1%，炭黑含量为 29.8%，灰分和无机填料含量为 2.5%。

N_2 氛围下，650～800 ℃仍然稍有失重，可能为其他金属氧化物、碳酸盐、硫酸盐分解，比如 $CaCO_3$ 分解。

橡胶并用比依据第三章 3.3.3.4 节方法计算。并用比 $y=1.2126x-a_2$，其中 $x=39.90/23.23$，得到 $y=2.4429$，从而含有天然橡胶 44.8%和顺丁橡胶 18.3%。

9.2.1.6 分析总结

综合以上分析，该样品成分及含量如表 9-10 所示。

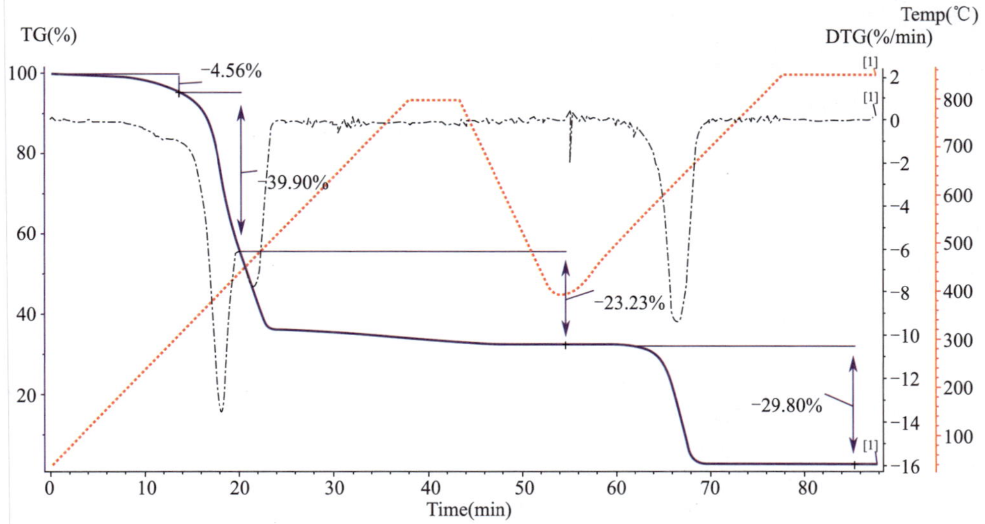

图 9-21　样品 3 的 TG 曲线

表 9-10　样品 3 各成分及含量

成　分	分析方法	分析结论		含量(%)
胶种	FTIR	天然橡胶并用顺丁橡胶(NR/BR)		63.1
		NR:44.8	BR:18.3	
有机配合剂	GC-MS	防老剂:RD,4020,SP,WH-02		4.6
		防焦剂:CTP		
		促进剂:M/DM 或两者并用,次磺酰胺类促进剂		
		增塑剂:硬脂酸		
炭黑	UV-vis	N220 或混气炭黑∶N220=1∶1		29.8
无机元素	ICP-OES	钠、锌、钙、铝、硅、钛		
灰分	TG 或马弗炉	/		2.5

9.2.2　某衬套产品样品(NR/SBR)

9.2.2.1　胶种的定性分析

首先采用 FTIR 光谱法对硫化橡胶样品进行定性分析。采用 9.1.1 方法,用丙酮和二氯甲烷 100 mL(体积比 1∶1)在索氏抽提器中抽提,并烘干后的胶料放入裂解管中于酒精灯上加热裂解。用湿润的 pH 试纸测试裂解气的酸碱性,裂解气呈中性。取裂解液均匀涂在抛光 KBr 盐片上进行透射 FTIR 光谱分析,得到 FTIR 光谱图如图 9-22 所示。

从谱图分析,同时存在天然橡胶和丁苯橡胶的特征峰,如表 9-11 所示,判断该橡胶为天然橡胶和丁苯橡胶的并用体系。

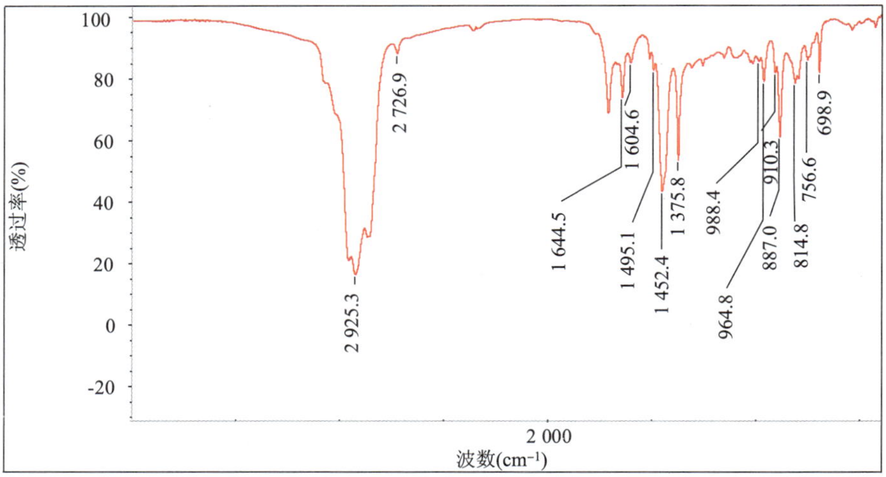

图 9-22　样品 4 的 FTIR 光谱图

表 9-11　样品 4 的 FTIR 光谱特征峰分析

NR			SBR		
波数(cm^{-1})	峰强度	有关结构	波数(cm^{-1})	峰强度	有关结构
1 644	中	脂族(—CH=CH_2)	1 495 & 1 604	中	$-C_6H_5$
1 376	强	$-CH_3$	1 452	强	芳香族(—CH=CH—)
965	中	—CH=CH_2	988	次强	—CH=CH_2
887	很强	乙烯叉(>C=CH_2)	965	中	反式(—CH=CH—)
814	中	芳香族取代物	910	强	—CH=CH_2
			756 & 699	强	芳香取代物

9.2.2.2　有机助剂的定性分析

将 9.2.2.1 中制得的抽提液继续用旋转蒸发仪浓缩至约 2 mL 左右，未出现黏稠、浑浊的情况，因此未进一步进行固相萃取，浓缩后浓缩液备用。按照 4.1.2.2 节的仪器条件进行 GC-MS 分析。分析总离子流图如图 9-23 所示。

结合质谱分析功能，分析质谱碎片如 9-12 和图 9-24 所示，判断该材料中有机配合剂含有：苯并噻唑类或次磺酰胺类促进剂，防老剂 RD、264、4010NA，硬脂酸，烷烃油。

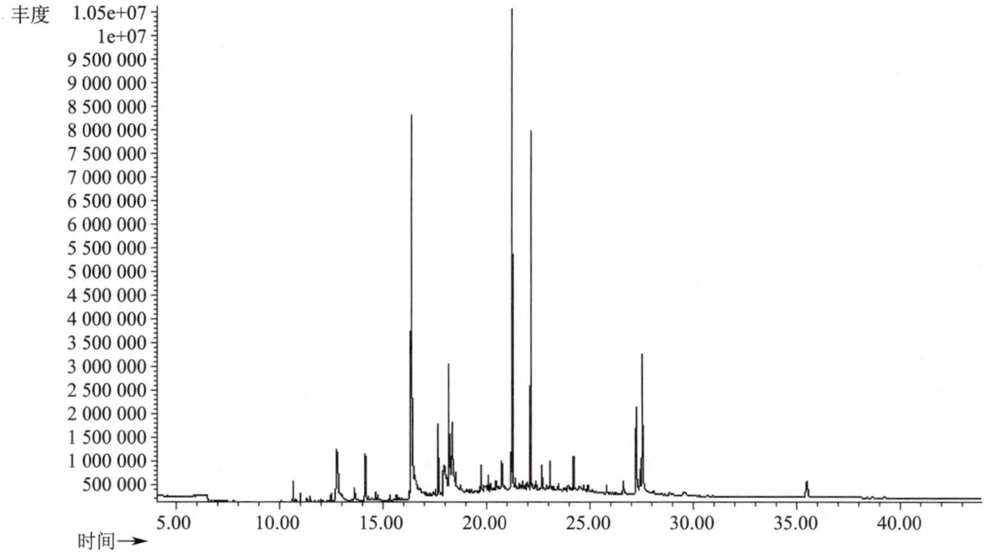

图 9-23　样品 4 抽提液的 GC-MS 分析总离子流图

表 9-12　样品 4 的 GC-MS 质谱碎片分析

保留时间（min）	比总数（%）	质谱碎片	可能助剂及应用	可能助剂的结构式
7.8	0.11%	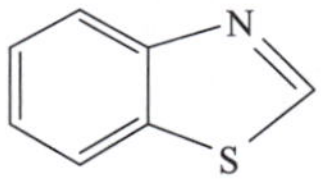	次磺酰胺类促进剂的反应产物(可能为 NOBS)	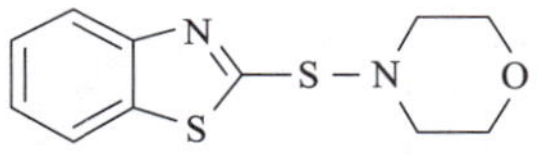
10.7	0.63%	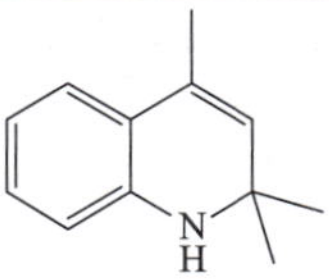	防老剂 RD	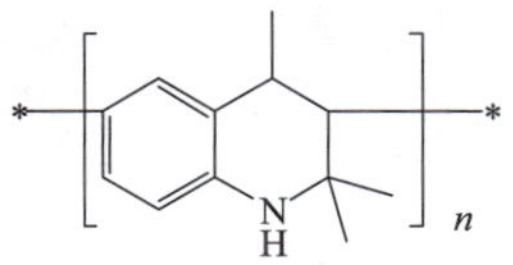
11.5	0.16%	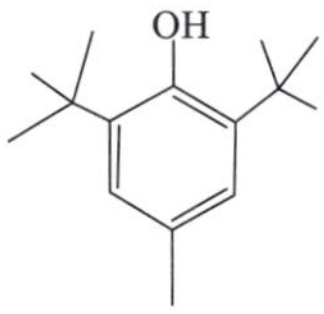	防老剂 264	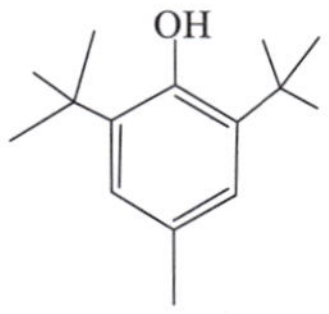
16.4	21.96%		石蜡	
17.7	2.50%	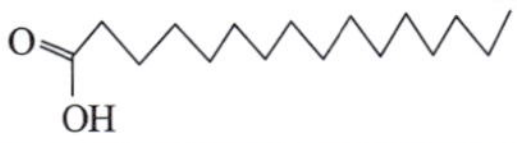	增塑剂:软脂酸	
18.2	5.95%	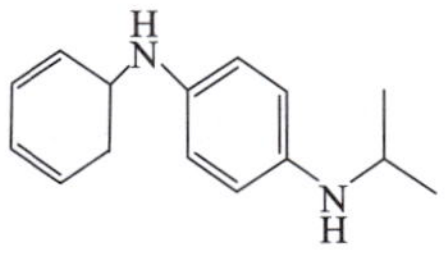	防老剂 4010NA	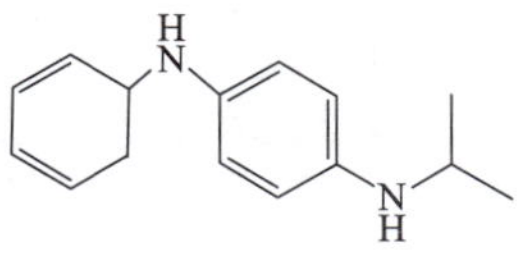
22.2	8.95%	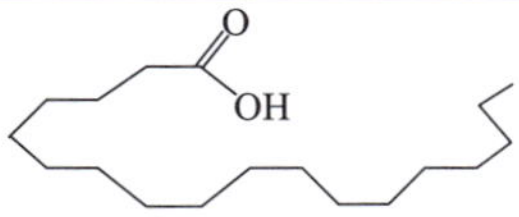	增塑剂:硬脂酸 十八烷酸	

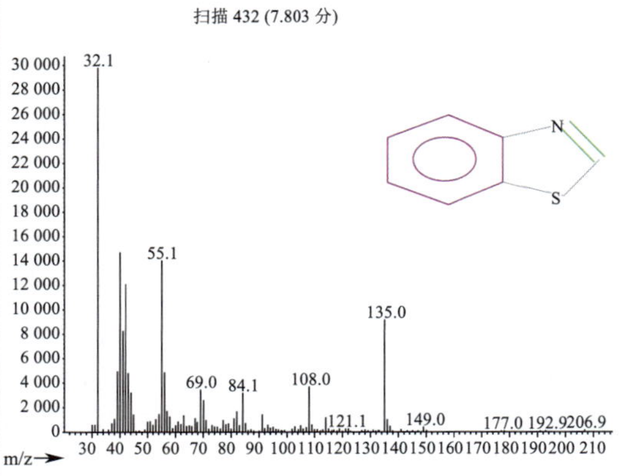

次磺酰胺类促进剂的反应产物(可能为NOBS)

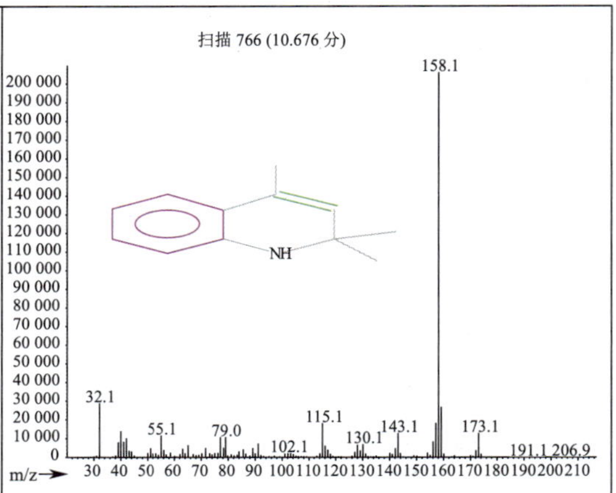

防老剂RD

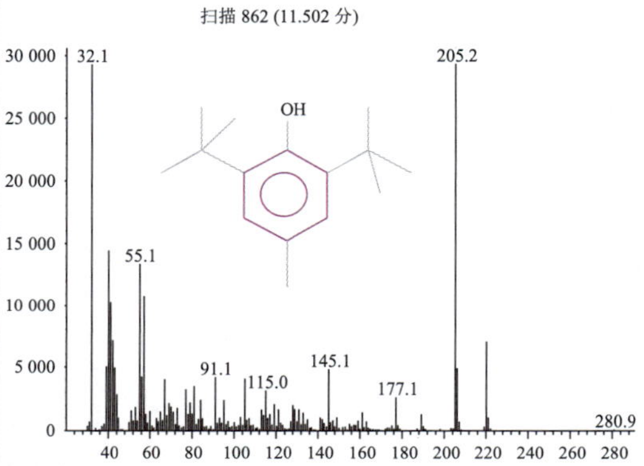

防老剂264

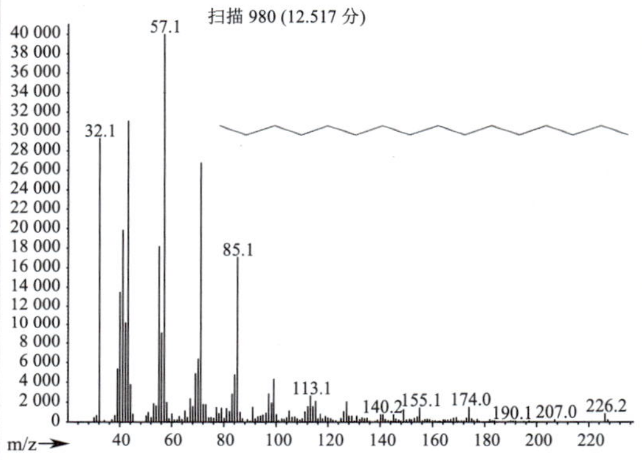

石蜡

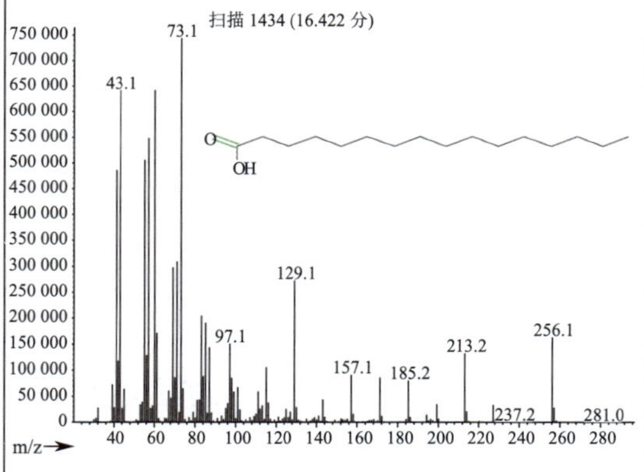

增塑剂：软脂酸

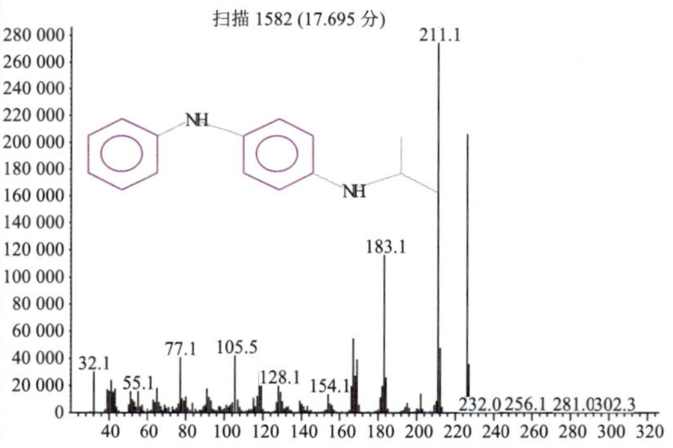

防老剂4010NA

图 9-24

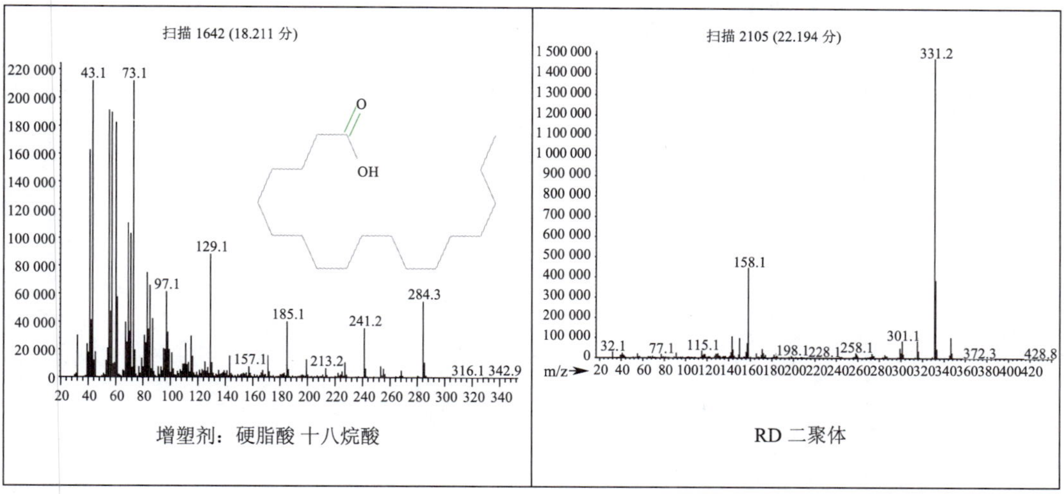

图 9-24　样品 4 的助剂质谱图

9.2.2.3　无机助剂的定性分析

首先用 ICP-OES 光谱法对材料的无机助剂元素进行分析。采用 5.2.2 节微波消解法对样品进行前处理。准确称量样品 0.100 8 g，加入 5.0 mL 硝酸和 1.0 mL 双氧水于消解罐内微波消解，消解程序为：150 ℃，恒温 10 min；150 ℃→180 ℃，恒温 6 min；180 ℃→200 ℃，恒温 10 min。消解完全后，过滤，将其转入 50 mL 容量瓶中，定容。采用 ICP-OES 对胶料无机助剂元素进行测定。

设置仪器条件：频率 27.12 MHz，RF 功率 1 300 W，等离子体冷却气流量 12 L/min，辅助气流量 1 L/min，雾化气流量 1 L/min，氩气压 0.8 MPa，冲洗时间 45 s，读数次数 3 次。

用样品的元素谱线强度与空白样的元素强度做比对定性，得到该样品中主要含有大量 Zn(213.856 nm)，少量 Ca(183.801 nm)、Ba(455.404 nm)元素。

用 FTIR 光谱法进一步对灰分进行分析。经裂解制样红外分析，该橡胶制品为烷烃并用胶，参考标准 GB/T 4498—1997 橡胶灰分含量的测定，碳化后在 550 ℃±25 ℃的马弗炉中烧灰分，2 h 后恒重，得到的灰分参考标准 GB/T 6040—2002 按溴化钾压片法进行试验，取得到的灰分试样与 KBr 颗粒按 1∶100 的比例进行混合研磨，压片，用透射法进行红外光谱扫描，得到 FTIR 光谱图如图 9-25 所示。～1100(宽、强)，800(弱)，470 出现特征峰，显示含有白炭黑。由于未使用 HF 消解，ICP-OES 未检测到 Si 元素，但1 108 cm^{-1} 强吸收峰为 Si-O-Si 反对称伸缩振动峰，805 cm^{-1}、475 cm^{-1} 处的峰为 Si-O 键对称伸缩振动峰，明显存在白炭黑补强。550～400 cm^{-1} 出现宽吸收带，显示 Zn 元素对应氧化锌。

9.2.2.4　炭黑类型的定性分析

用 UV-vis 法定性分析炭黑类型，依据本书第七章 7.2.2 节方法，将适量剪碎的硫化胶用硝酸在低于 80 ℃温度下分解约 1 h，回收的炭黑用硝酸铵溶液洗涤，调节 pH≈5 后离心弃去清液，用丙酮浸泡后干燥备用。

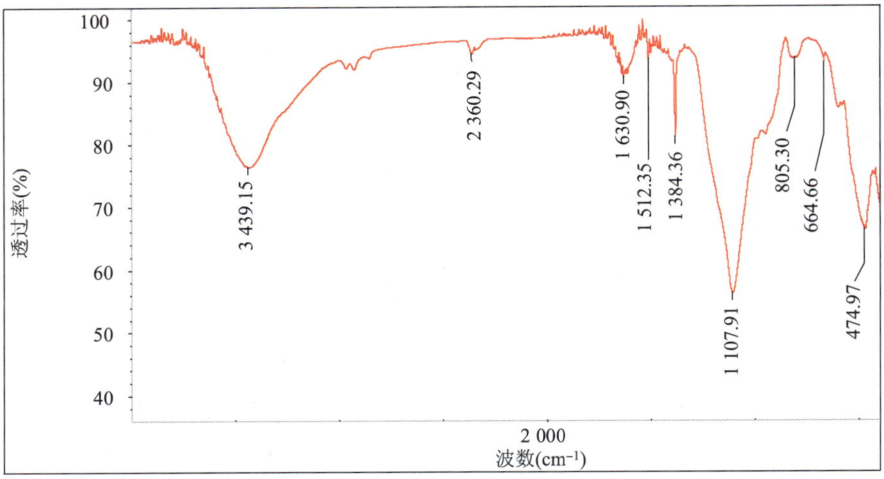

图 9-25 样品 4 灰分的 FTIR 光谱图

称取上述回收炭黑试样 5 mg(准确到 0.1 mg),与 10 mL 20% OP 乳化剂溶液混合,用超声波分散,用蒸馏水转移到 500mL 容量瓶中定容,以蒸馏水做空白,测定在 430 nm 和 750 nm 处的吸光度,计算出比色指数 $Ic(Ic=A_{430}/A_{750})$为 1.50。

从表 9-3 可判定炭黑类型为:N330∶N550=2∶1 或 N220∶N660=1∶1 或 N330∶N660=1∶1 或 N220∶N550=1∶1。

9.2.2.5 全硫含量的定量分析

准确称取剪碎成 1 mm^3 的小块试样 0.152 0 g 于定量滤纸中,加入助燃剂(丙三醇),将试样包裹好,放入燃烧皿中;装在已准确加入 20 mL 2%过氧化氢为吸收液的氧弹内;使镍铬点火丝与样品保持良好接触,并连接到两个电极柱。小心拧紧氧弹盖,向氧弹中缓慢冲入氧气,切勿使气流将样品从燃烧皿中吹起,直至压力为 2 MPa,继续保持充氧时间 2 min。将氧弹浸入冷却水中,连接点火电极,通电点火,燃烧;燃烧结束后,氧弹在冷水中冷却以吸收可溶气体直至吸收完全。将氧弹从水中取出,轻微摇动瓶身,使可溶气体充分吸收,用减压阀缓慢、均匀减至常压,打开氧弹筒(检查氧弹筒和燃烧皿内部,如果有试样燃烧不完全的迹象,重做实验),用大约 50 mL 纯水清洗氧弹筒内壁和燃烧皿,收集全部试液于 100 mL 烧杯中,将烧杯置于加热板上煮沸 10~15 min 后冷却至室温;将试液定容至 250 mL,混匀;用定性滤纸过滤试液,取中段滤液备用。

按常规取 10μL 中段滤液进行离子色谱分析,以外标法峰面积定量测定 SO_4^{2-} 含量。

离子色谱配置及设置:色谱柱:Dionex Ionpac AS22 柱阴离子分析柱;柱温:常温;抑制器:电解自动再生离子交换抑制器;检测器:数字式信号输出电导检测器;淋洗液:4.5 mmol/L Na_2CO_3 和 1.4 mmol/L $NaHCO_3$ 混合水溶液;流速 1.0 mL/min;进样量:10μL;以保留时间定性,外标法峰面积定量 SO_4^{2-} 浓度:27.79μg/mL;从而

$$全硫含量=(27.79\times250\times0.333\ 8\times10^{-6})/0.152\ 0=1.53\%$$

9.2.2.6 组分的定量分析

采用 TG 法测试橡胶的组分含量:取剪碎的试样约 7 mg,采用本书 3.3 节方法和

GB/T 14837—1993 温度程序：

N_2：室温→300 ℃【10 ℃/min】；300 ℃，恒温 10 min；300 ℃→550 ℃【20 ℃/min】，550 ℃，恒温 15 min；550 ℃→300 ℃【20 ℃/min】；

Air：300 ℃→850 ℃【20 ℃/min】；850 ℃，恒温 15 min。

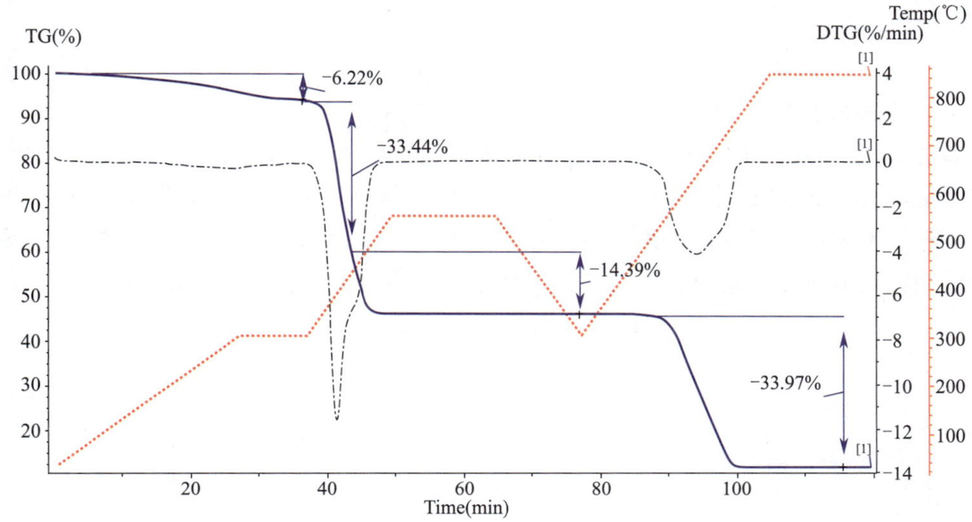

图 9-26 样品 4 的 TG 曲线

从图 9-26 中可直接读出：有机配合剂含量为 6.2%，橡胶组分含量为 47.8%，炭黑含量为 34.0%，无机填料及灰分含量为 12.0%。

橡胶并用比依据第三章 3.3.3.4 节方法计算。并用比 $y=1.806x-a_1$，其中 $x=33.44/14.39$，得到 $y=3.30$，从而含有天然橡胶含量为 36.7%，丁苯橡胶含量为 11.1%。

注：NR/SBR 在 3/7～7/3（即 0.43 ～ 2.33）之间误差在 2%以内，但如果超出这个范围，误差将增大。本例中并用比仅为参考，可能存在 5%误差。

9.2.2.7 分析总结

综合以上分析，该样品成分及含量如表 9-13 所示。

表 9-13 样品 4 各成分及含量

<table>
<tr><th>成　分</th><th>分析方法</th><th colspan="2">分析结论</th><th>含量(%)</th></tr>
<tr><td rowspan="2">胶种</td><td rowspan="2">FTIR</td><td colspan="2">天然橡胶丁苯橡胶(NR/SBR)</td><td rowspan="2">47.8</td></tr>
<tr><td>NR：36.7</td><td>SBR：11.1</td></tr>
<tr><td rowspan="3">有机配合剂</td><td rowspan="3">GC-MS</td><td colspan="2">防老剂：防老剂 RD、264、4010NA</td><td rowspan="3">6.2</td></tr>
<tr><td colspan="2">促进剂：苯并噻唑类或次磺酰胺类促进剂</td></tr>
<tr><td colspan="2">增塑剂：硬脂酸、烷烃油</td></tr>
<tr><td>无机成分</td><td>ICP-OES 或 FTIR</td><td colspan="2">Zn、Ca、Ba 元素，ZnO，SiO_2</td><td></td></tr>
<tr><td>炭黑</td><td>UV-vis 和 TG</td><td colspan="2">N330：N550=2：1 或 N220：N660=1：1
或 N330：N660=1：1 或 N220：N550=1：1</td><td>34.0</td></tr>
</table>

续上表

成　　分	分析方法	分析结论	含量(%)
全硫	IC	/	1.53
灰分	TG 或马弗炉	/	12.03

9.2.3　某阻燃橡胶产品样品(NR/CR)

9.2.3.1　胶种的定性分析

首先采用 FTIR 光谱法对硫化橡胶样品进行定性分析。采用 9.1.1 节方法，用丙酮和二氯甲烷混合溶液(体积比 1∶1)100 mL 在索氏抽提器中抽提，并烘干后的胶料放入裂解管中于酒精灯上加热裂解，用湿润的 pH 试纸测试裂解气的酸碱性，裂解气呈酸性，取裂解液均匀涂在抛光 KBr 盐片上进行透射 FTIR 光谱分析，得到 FTIR 光谱图如图 9-27 所示。

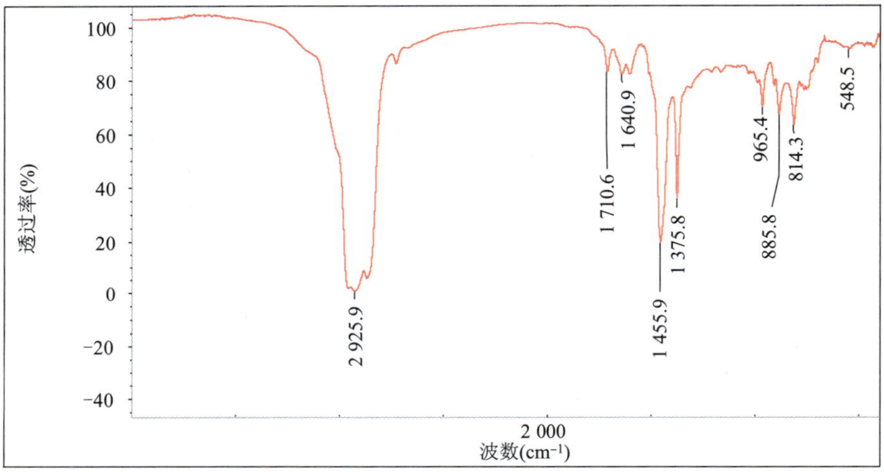

图 9-27　样品 5 的 FTIR 光谱图

从谱图分析，同时存在 NR 和 CR 的特征峰，如表 9-14 所示，判断该橡胶为 NR 和 CR 的并用体系。

表 9-14　样品 5 的 FTIR 光谱特征峰分析

NR			CR		
波数(cm^{-1})	峰强度	有关结构	波数(cm^{-1})	峰强度	有关结构
1 640	中	脂族(—CH=CH_2)	1 456	强	—CH_2—
1 376	强	—CH_3	700～900	中	芳香取代物
965	中	—CH=CH_2			
886	很强	乙烯叉(>C=CH_2)			
814	中	芳香族取代物			

进一步进行 DSC 实验以确定胶种类型。将干净胶料剪成碎屑状，取约 10～20 mg，参照标准 ASTM D3418-08 温度程序，−100 ℃→+25 ℃【20 ℃/min】，得到图 9-28 所示 DSC 曲线。玻璃化转变温度 *Tg* 分别为−60.4 ℃和−27.7 ℃，与已知硫化橡胶的 DSC 曲线对照，为 NR 和 CR 的特征 *Tg*，进一步确定该硫化胶为 NR 和 CR 并用。

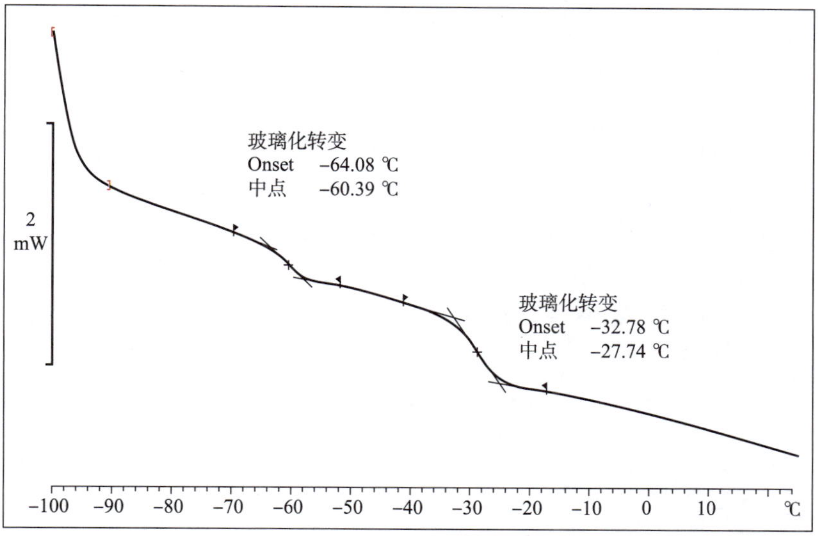

图 9-28 样品 5 的 DSC 曲线

9.2.3.2 有机助剂的定性分析

将 9.2.3.1 节中制得的抽提液继续用旋转蒸发仪浓缩至约 2 mL 左右，未出现黏稠、浑浊的情况，因此未进一步进行固相萃取，浓缩后浓缩液备用。按照 4.1.2.2 节的仪器条件进行 GC-MS 分析，总离子流图如图 9-29 所示。

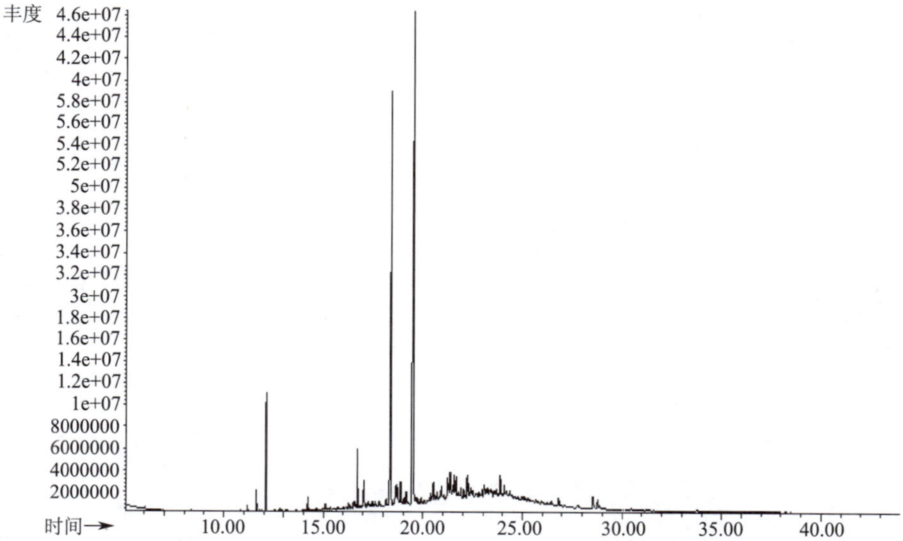

图 9-29 样品 5 抽提液的 GC-MS 分析总离子流图

结合质谱分析功能，分析质谱碎片如 9-15 和图 9-30 所示，判断该材料中有机配合剂含有：防老剂甲或丁、抗氧剂 1010、防老剂 4010NA、硬脂酸和蜡。

表 9-15 样品 5 的 GC-MS 质谱碎片分析

保留时间（min）	比总数（%）	质谱碎片	可能助剂及应用	可能助剂的结构式
8.3	0.05	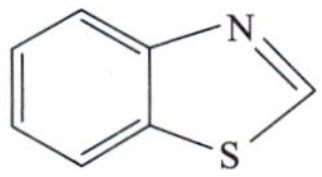	次磺酰胺类促进剂的反应产物	
8.4	0.02	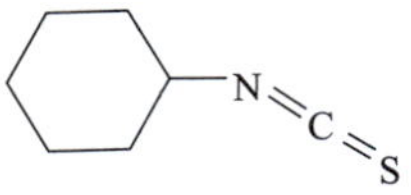	促进剂：CZ 的反应产物	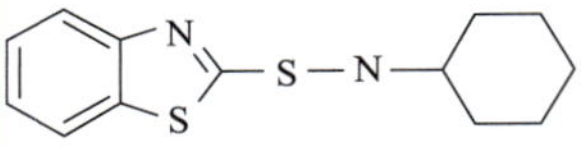
12.1	3.21	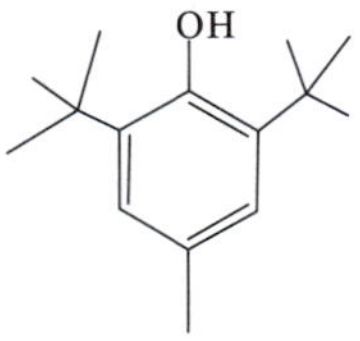	防老剂 264	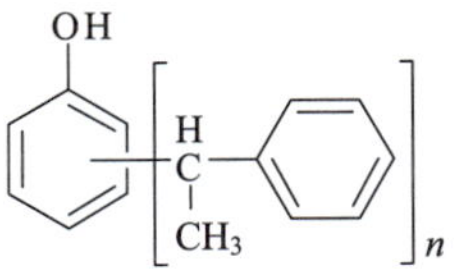
14.2	0.36		蜡：不同链长烷烃	
16.7	1.59	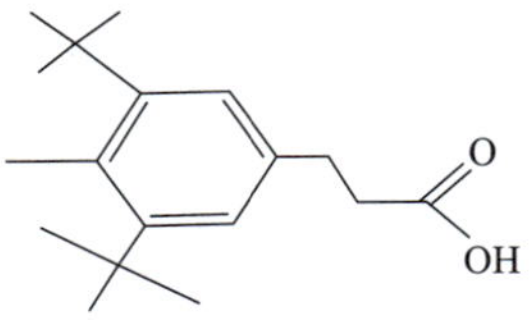	抗氧剂 1010	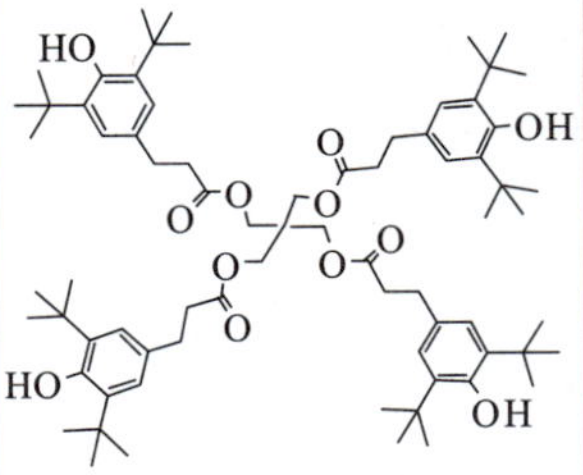
18.4	27.35	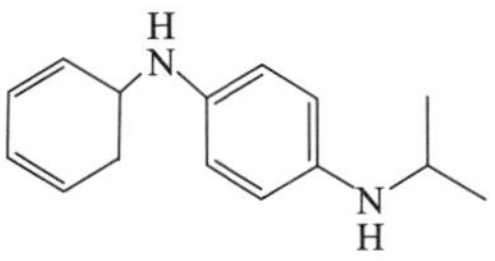	防老剂 4010NA	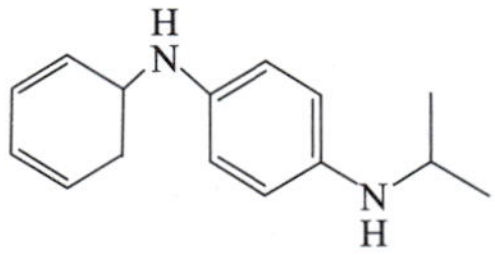
18.9	1.12	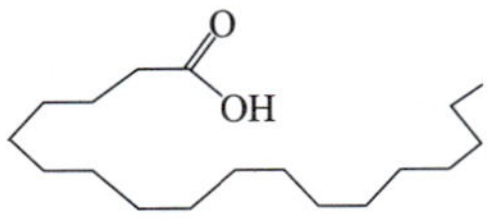	增塑剂：硬脂酸 十八烷酸	
19.5	46.13	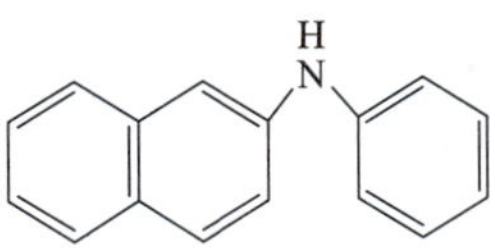	防老剂丁	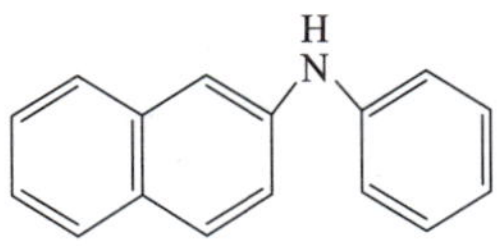

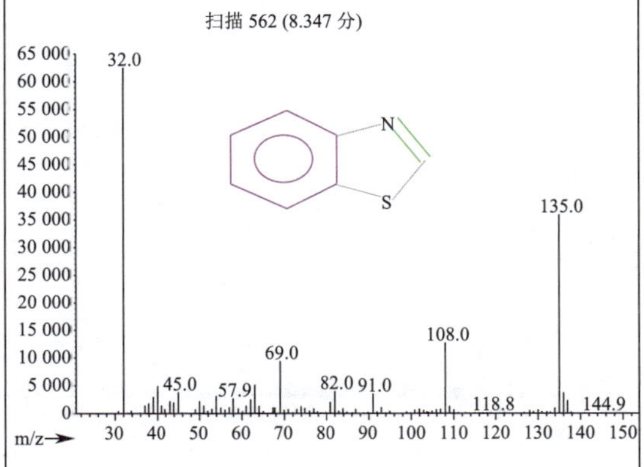

次磺酰胺类促进剂的反应产物

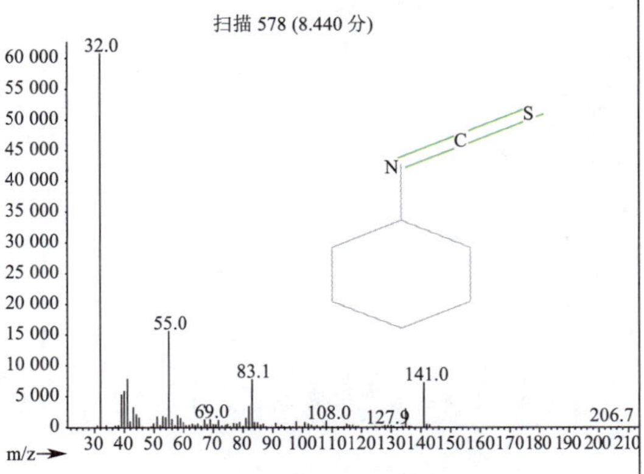

促进剂CZ的反应产物

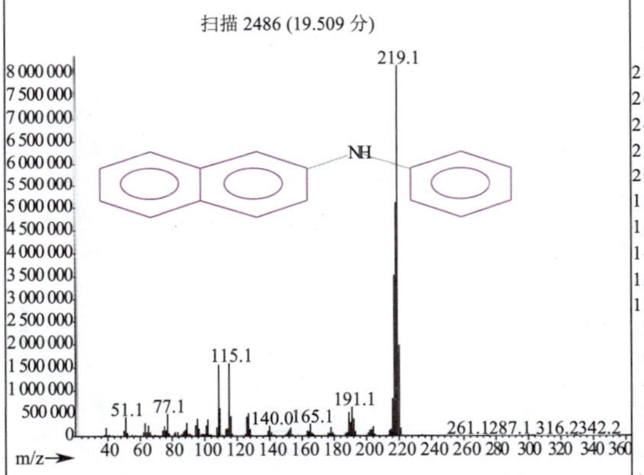

防老剂甲或防老剂丁

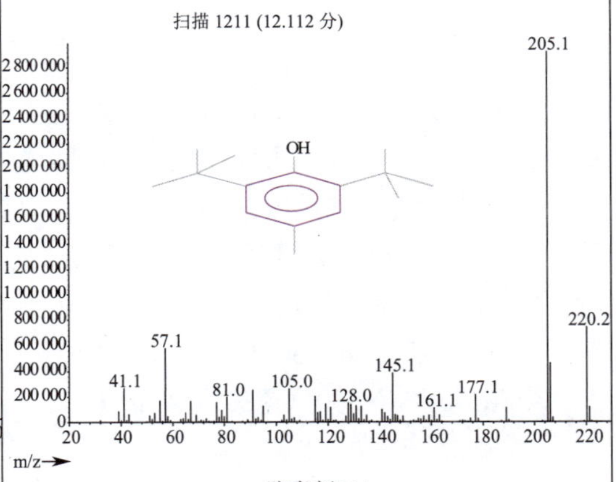

防老剂264

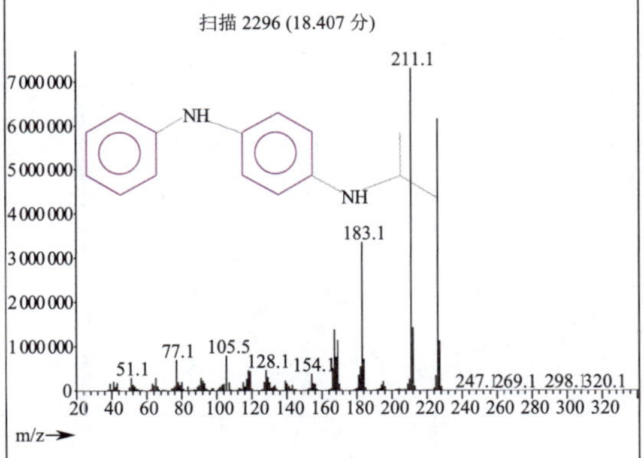

防老剂4010NA

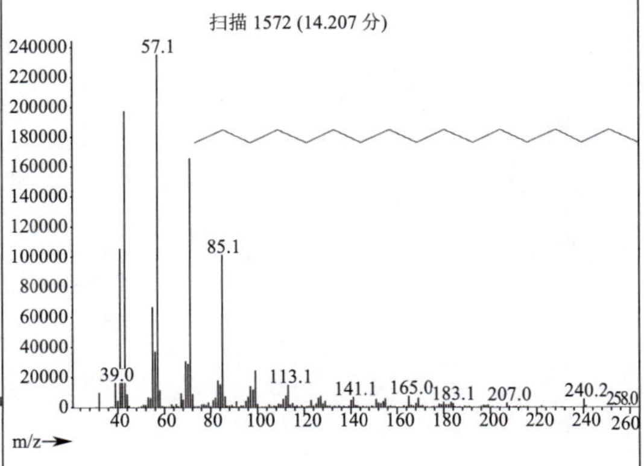

蜡

图　9-30

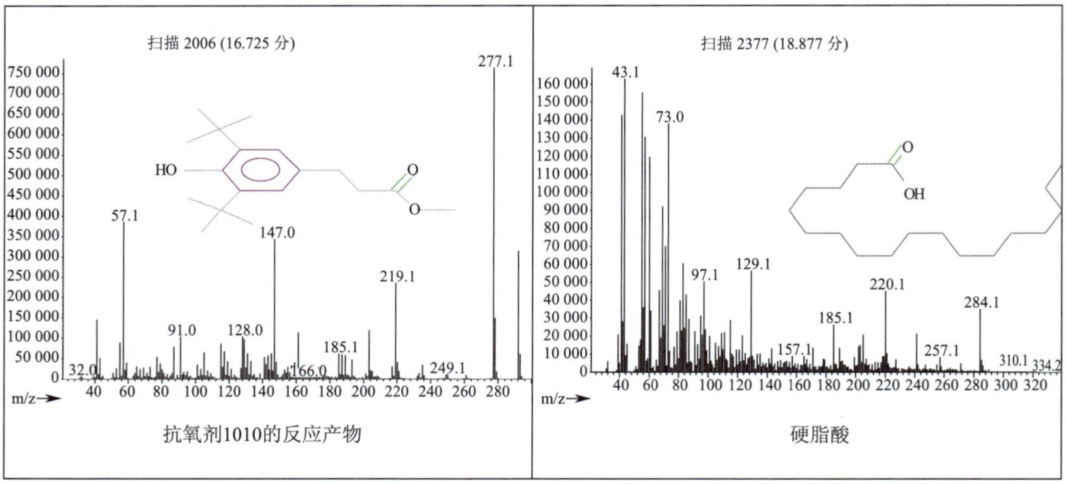

图 9-30 样品 5 的助剂质谱图

9.2.3.3 组分的定量分析

由于 CR 首先脱去 HCl，分解失重无法与有机助剂失重分开，采用抽提法定量有机助剂含量。通过 9.2.3.1 方法抽提样品，称量烘干后胶料，计算抽提物含量为 14.6%。

采用 TG 法测试橡胶其他组分含量：取剪碎的试样约 7 mg，采用本书 3.3 节方法和 GB/T 14837—1993 温度程序：

N_2：室温→300 ℃【10 ℃/min】；300 ℃，恒温 10 min；300 ℃→550 ℃【20 ℃/min】，550 ℃，恒温 15 min；550 ℃→300 ℃【20 ℃/min】；

Air：300 ℃→850 ℃【20 ℃/min】。

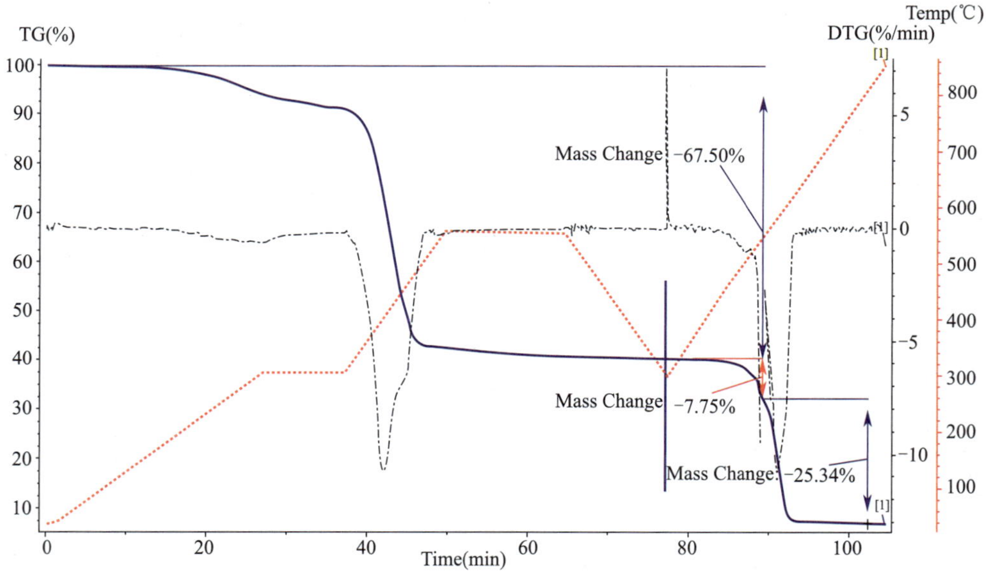

图 9-31 样品 5 的 TG 曲线

从图 9-31 可见，由于氯丁橡胶生成残炭，总胶量为至残炭分解温度有机物失重量减去有机配合剂，即 67.5%－14.6%＝52.9%，炭黑含量为 25.3%，无机填料和灰分含量为 7.2%。

其中氯丁橡胶生产残炭约 7.75%，推算氯丁橡胶含量 36.9%，从而天然橡胶含量为 16.0%。

注：氯丁橡胶可分为硫磺调节型、硫醇调节型等，但无论哪种氯丁橡胶，其残炭量一般在 19%～23%之间，此处选择中间值 21%，从而推算氯丁橡胶含量 36.9%。

9.2.3.4　分析总结

综合以上分析，该样品成分及含量如表 9-16 所示。

表 9-16　样品 5 各成分及含量

<table>
<tr><th>成分</th><th>分析方法</th><th colspan="2">分析结论</th><th>含量(%)</th></tr>
<tr><td rowspan="2">胶种</td><td rowspan="2">FTIR</td><td colspan="2">天然橡胶丁苯橡胶(NR/CR)</td><td rowspan="2">52.9</td></tr>
<tr><td>NR:16.0</td><td>CR:36.9</td></tr>
<tr><td rowspan="3">有机配合剂</td><td rowspan="3">GC-MS 和索氏抽提</td><td colspan="2">防老剂:防老剂甲或丁、4010NA</td><td rowspan="3">14.6</td></tr>
<tr><td colspan="2">抗氧剂:1010</td></tr>
<tr><td colspan="2">增塑剂:硬脂酸、蜡</td></tr>
<tr><td>炭黑</td><td>TG</td><td colspan="2">/</td><td>25.3</td></tr>
<tr><td>无机成分和灰分</td><td>TG</td><td colspan="2">/</td><td>7.2</td></tr>
</table>

9.2.4　某密封产品样品(IIR 和硅橡胶混用)

9.2.4.1　胶种的定性分析

采用本书第三章 3.1 节方法，从蓝色固体样品上削取约 0.5mm 厚的薄片进行 FTIR 检测，直接用 ATR 反射模式，使被测面尽量光滑，使之能与全反射晶体的反射面紧密接触，得到 FTIR 光谱图如图 9-32 所示。

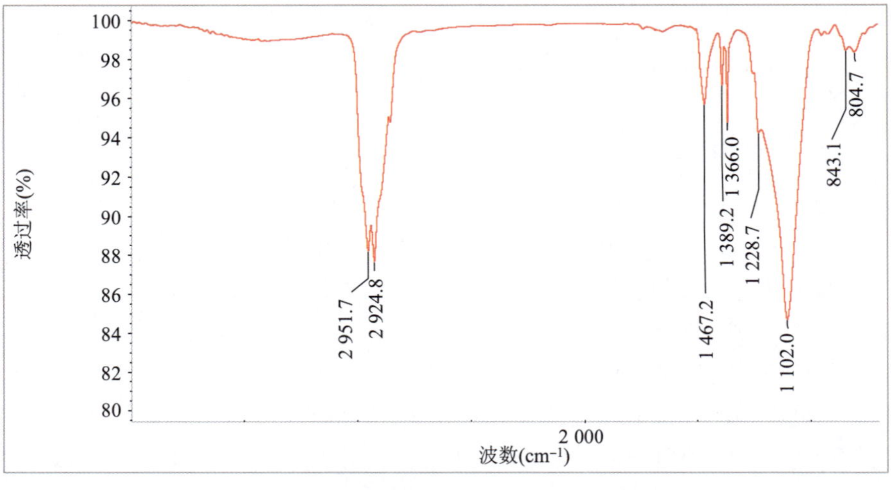

图 9-32　样品 6ATR 检测的 FTIR 光谱图

从图 9-32 可知，样品中含有 IIR 特征峰（如表 9-17 左半部分分析）。但除此之外，还在 1 100 附近出现强峰，这可能为白炭黑 Si-O-Si 特征峰，也可能含有 MVQ 等。

表 9-17　样品 6 的 FTIR 光谱特征峰分析

IIR			MVQ		
波数（cm^{-1}）	峰强度	有关结构	波数（cm^{-1}）	峰强度	有关结构
1 465	强	$-CH_2-$	1 090～1 100	特强	$-Si-O-Si-$
1 228	强	>C<	1 258	强	$H_3C-Si-CH_3$
1 365～1 390	双峰	异丙叉 $>C(CH_3)_2$	800	强	$H_3C-Si-CH_3$
890	强	乙烯叉 $(>C=CH_2)$			

进一步分析，采取裂解涂膜，排除假定的白炭黑的影响，得到 FTIR 光谱如图 9-33 所示。此时硅橡胶特征峰十分明显，1 020～1 090 cm^{-1} 出现强的分裂峰，1 258、800 cm^{-1} 处峰都更加明显。

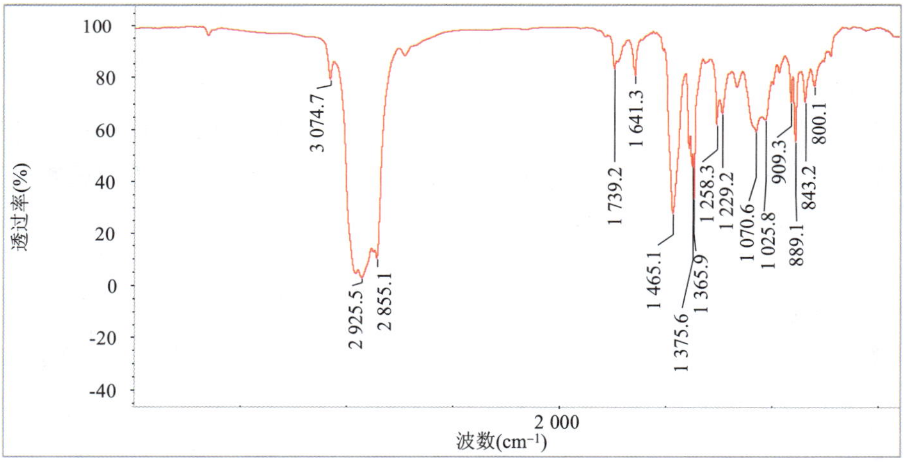

图 9-33　样品 6 裂解涂膜的 FTIR 光谱图

同时进行 DSC 实验以更进一步确定胶种类型。将干净胶料剪成碎屑状，取约 10～20 mg参照 ASTM D3418-08 温度程序，－100 ℃→＋25 ℃【20 ℃/min】，得到图 9-34 所示 DSC 曲线。发现 Tg 出现在－63.8 ℃，并且在－43.4 ℃出现了一个尖吸收峰。通常，IIR 的玻璃化转变温度在－50～－60 ℃之间，由于 MVQ 的影响，其向更低温度偏移。－43.4 ℃位置的吸热峰为 MVQ 的典型结晶熔融峰，进一步证明了该橡胶为 IIR 和 MVQ 的并用。

9.2.4.2　无机助剂的定性分析

用FTIR光谱法对灰分进行分析，参考标准GB/T 4498—1997橡胶灰分含量的测定。碳化后在950 ℃±25 ℃的马弗炉中烧灰分，2 h后恒重，得到的灰分参考标准GB/T 6040—2002按溴化钾压片法进行试验，取得到的灰分试样与KBr颗粒按1∶100的比例进行混合研磨，压片，用透射法进行FTIR光谱扫描，得到FTIR光谱图如图9-35所示。1 112 cm^{-1}附近强吸收峰为Si-O-Si反对称伸缩振动峰，807 cm^{-1}、475 cm^{-1}处的峰为Si-O键对称伸缩振动峰，明显存在大量的白炭黑补强。

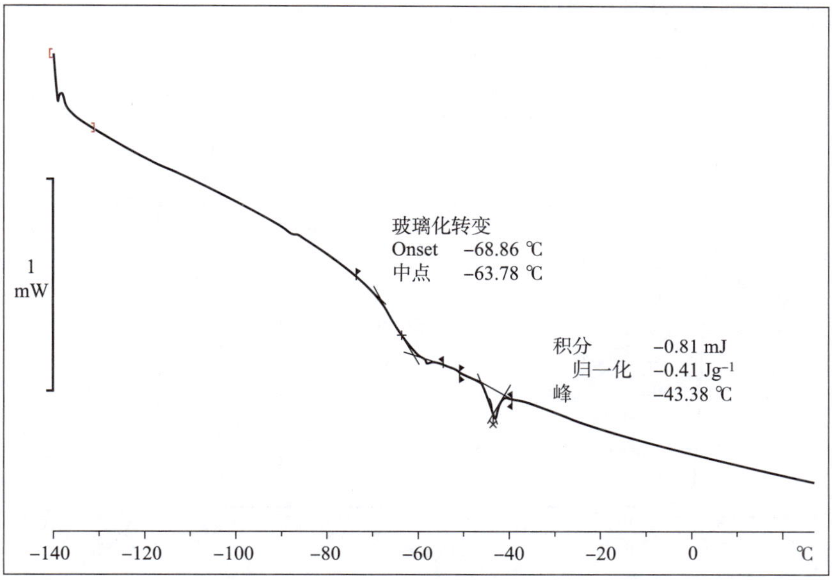

图9-34　样品6的DSC曲线

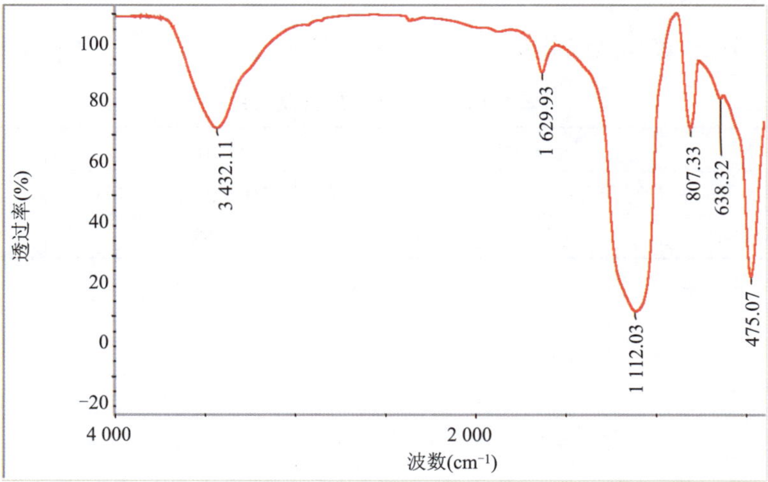

图9-35　样品6灰分的FTIR光谱图

9.2.4.3 组分的定量分析

采用TG法测试橡胶的组分含量：取剪碎的试样约7 mg，采用本书3.3节方法和ISO 9924-3：2009温度程序。

N_2：室温→850 ℃【20 ℃/min】；850 ℃，恒温5 min；

Air：850 ℃→400 ℃【20 ℃/min】，400 ℃，恒温2 min；400 ℃→850 ℃【20 ℃/min】；850 ℃，恒温15 min。

从图9-36中可见：由于IIR和MVQ分解温度接近，无法区分，但总有机聚合物含量为78.1%，无机填料及灰分含量为21.9%。

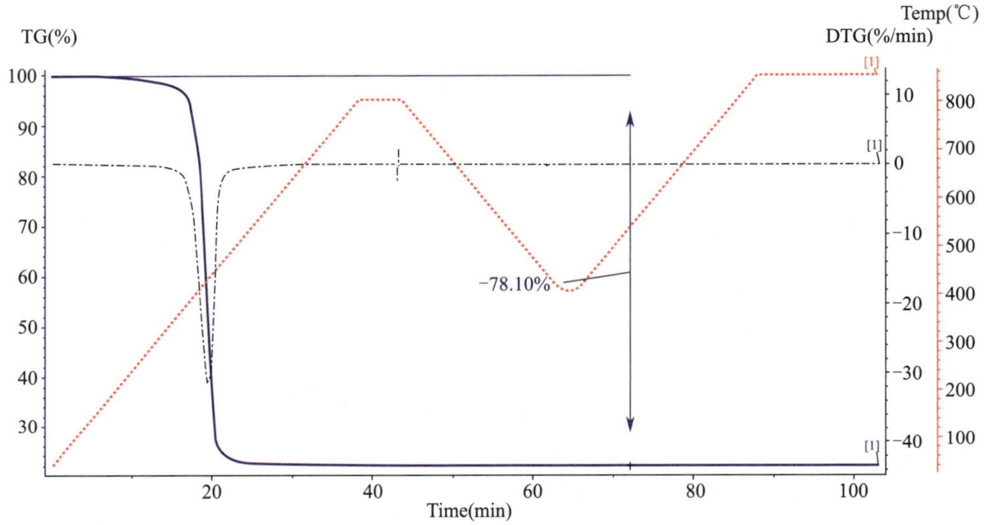

图9-36 样品6的TG曲线

9.2.4.4 分析总结

综合以上分析，该样品成分及含量如表9-18所示。

表9-18 样品6各成分及含量

成　　分	分析方法	分析结论	含量(%)
胶种	FTIR和DSC	丁基橡胶和硅橡胶混用(IIR/MVQ)	78.1
无机成分和灰分	TG和马弗炉	白炭黑	21.9

下　篇

轨道交通橡胶弹性元件性能检测技术

第十章　常用橡胶弹性元件试验方法介绍

对产品进行模拟工况验证试验，是产品应用前期的必要检验。橡胶弹性元件性能试验主要包括静态力学性能、动态力学性能、蠕变性能、疲劳性能等试验，每种试验又包括不同受力状态、不同试验环境温度下的各种试验及其组合。由于轨道交通橡胶弹性元件的应用领域、应用部位和功能广泛，不同产品的试验内容又不完全相同，即使同一类产品的试验项目相同，也会由于应用车型或线路不同，而导致具体的试验条件不同。本章将对常用橡胶弹性元件的基本性能试验进行介绍，第十一章将针对不同产品的试验进行介绍。

10.1　样品环境调节及试验温度

由于橡胶的弹性特性与温度有关，为了确保产品性能的稳定性，以及不同产品的性能可比性，产品性能试验需要在标准的环境温度下进行。橡胶试件在常温试验前应进行环境调节，调节的标准温度(23±2)℃，橡胶试件调节时间一般不少于 24 h。橡胶的弹性特性和耐久性与温度有关，通常以常温 23 ℃时的橡胶强度为准。温度增加，则强度降低；温度降低，则强度上升。随着温度的变化，橡胶从低温到高温经历玻璃态、高弹态和粘弹态三个状态，橡胶的使用状态在高弹态最佳，但在高弹态温度区间时，当环境温度改变时，受载的橡胶弹性变形也会发生变化，此现象称为焦耳效应。

考虑到产品使用的实际工况，需要进行特殊环境试验，如高、低温环境试验，应在环境箱中进行，应保证试件与设定环境温度相平衡。环境箱内部的温度偏差应在±2 ℃以内，环境箱应有自动温度调节装置，准确度为±2 ℃。

10.2　试验设备

10.2.1　加载试验机

对橡胶弹性元件进行力学性能试验的加载试验机有微机控制电子万能试验机和微机控制电液伺服试验机两种，试验机除应符合 GB/T 2611—2007《试验机通用技术要求》外，还应满足以下要求：

(1)精度等级为 1 级，测量精度为±1%(示值相对误差)；

(2)试验机的最大负荷应满足试验最大载荷大于试验机全量程的 20%，且小于试验机全量程的 80%；

(3)有满足各项性能试验的加载速度指示装置和加载速度控制装置，并能均匀、连续地加载；

(4)试验机应具备在有效期内的计量检定证书，且每一年检定一次。

试验机可选用微机控制电子万能试验机，也可以选用微机控制电液伺服试验机，主要根据试验的项目确定。一般静态性能试验选用微机控制电子万能试验机(如:静态刚度测试)，相对来说进行静态试验采用微机控制电子万能试验机使用成本低，微机控制电子万能试验机如图 10-1 所示。动态性能选用微机控制电液伺服试验机(如:动态刚度和疲劳性能试验)，如图 10-2 所示。

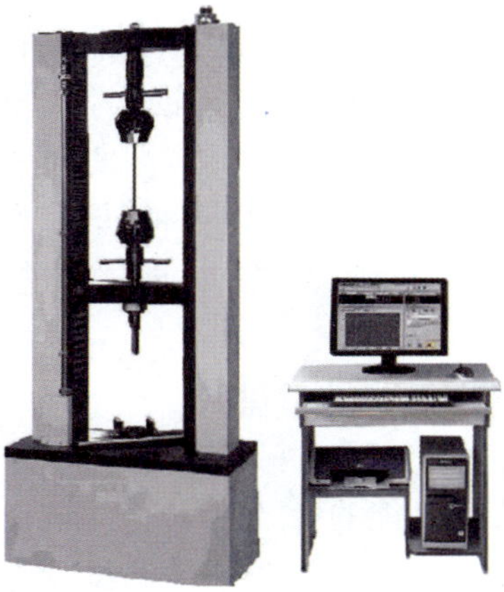

图 10-1　微机控制电子万能试验机

图 10-2　微机控制电液伺服试验机

此处主要介绍微机控制电液伺服试验机。所谓“电液伺服试验机”就是指能实现液压闭环控制的试验机，“伺服”指利用反馈来控制机件的位置或运动的闭环系统。微机控制电液伺服试验机是由计算机及电液伺服控制元件组成的全闭环的自动控制系统，它能够按照设定的程序自动完成整个试验过程，并进行数据处理和打印试验报告，减少实验过程中人为因素的影响。

(1)试验机的基本组成

试验机主要由主机、控制器、伺服阀、各种传感器(力传感器、位移传感器和引伸计等)、伺服液压油源和工业级计算机等组成。

(2)试验机的主要功能

微机控制电液伺服试验机根据试验机的功能配置可进行橡胶弹性元件的静态试验、动态和疲劳等试验，可实现力、位移、变形的三种控制方式及控制方式间的平滑转换。在进行静态试验时，可进行匀速力加载控制、匀速位移加载控制、力保持控制和位移保持控制等静态试验，试验过程中可实现力和位移的自动闭环控制，力值、位移值、载荷一变形曲线的实时显示，试验完成后自动保存和处理数据计算产品的刚度性能。在进行产品动态或疲劳试验时，试验机可按照设定的振幅(位移或力)、频率和循环次数进行动态或疲劳试验，试验过程中可实现力和位移的自动闭环控制，力值、位移值、载荷一变形曲线的实时显示，试验完成后自动保存和处理数据计算动态性能参数，如动态刚度、阻尼系数等动态参数。随着计算机技术和伺服控制技术的发展，试验机控制精度、人机对话友好界面、试验机的自动化程度都越来越好。

(3)试验机主要性能特点

微机控制电液伺服试验机具有以下主要性能特点：

①自动化程度高，功能强大。试验机采用了电液伺服和计算机控制技术，整个过程为自动闭环控制过程(加载、卸载、保载、测量记录、试验曲线显示、数据处理打印、判别结论、试验报告等)，通过计算机键盘完成。整个过程完全自动，可以最大限度地减少人为误差，提高试验结果的准确性。

②加载精度高，平稳性好。试验机加载由伺服阀控制，通过闭环反馈系统使加载精度更高，且每次加载能够自动初始化，消除了累积误差。通过伺服阀对进油和回油控制，使加载更加平稳，载荷无冲击，能够满足各种试验的要求。

③可靠性高，响应速度快。由于采用了电液伺服阀，使响应速度大幅度提高。整个系统由软件和硬件提供双重保护，确保试验机的安全可靠性。量程和加载速度调节范围广，量程可分档或任意设定，加载速度可在规定范围内连续调节或设定，随机软件可以很方便地实现量程和加载速度的变换和调节。

④人机界面友好实用，操作方便。软件全部采用模块化设计，操作维护简单，可按试验目的和试验方法灵活进行参数选择和设置。

10.2.2　变形测量仪器

变形测量仪器种类很多，如百分表和千分表、位移传感器、电子引伸计、杠杆引伸仪、镜式引伸仪、电阻应变仪等。

变形测量仪器应在规定的时间内进行计量检定。下面介绍三种常用的变形测量仪器。

(1)百分表和千分表

百分表和千分表是用于测量变形(线位移)的仪器，其使用方便，适用性大，故使用广泛。百分表和千分表种类很多，大致可分为两大类：机械式和数显式(图 10-3)。

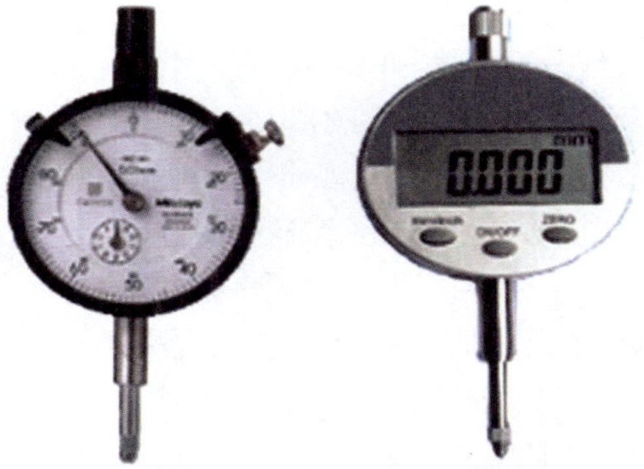

(a) 机械式　(b) 数显示

图 10-3　百分表/千分表

机械式百分表、千分表是由测杆、齿条、齿轮组、弹簧、表盘和指针等机械零件组成。构造如图 10-3(a)所示。其工作原理是变形的测量通过测杆传递给齿条和齿轮组传动机构，将线位移转变为角位移推动指针转动，在表盘上读出线位移的大小。目前常用的机械式百分表分度值为 0.01 mm，量程为 5 mm、10 mm、30 mm，精度±(15～22) μm；千分表分度值为 0.001 mm，量程为 1 mm、5 mm，精度±5 μm。

数显示百分表、千分表由应变计、弹性元件、弹簧等组成，见图 10-3(b)。它是将测量杆的直线位移，通过传感器元件（由应变计和弹性元件组成）转换成电信号，并由电子数显表显示读数。目前市场上数显百分表和千分表型号繁多，它具有读数直观、量程大、电信号输出、便于自动化记录和分辨力高（高于 0.001 mm）等优点。

百分表和千分表的使用应注意两点：一是百分表和千分表测杆的轴线必须同被测物体的位移方向一致，才能真实地测出被测物体的变形量，否则测量的结果仅是该变形量在测量方向的分量；二是安装百分表和千分表时，应确保杆有上、下活动量，不能将测杆放到量程的极限。机械式百分表和千分表通过用手转动刻度盘使大指针调零。数显表可以根据仪器使用说明书进行操作。

（2）直线位移传感器

直线位移传感器是通过电位器元件将机械位移转换成与之成线性或任意函数关系的电阻或电压输出的装置。普通直线电位器和圆形电位器都可以分别用作直线位移和角位移传感器。但是，为实现测量位移目的而设计的电位器，就要求一定要在位移变化和电阻变化之间有一个确定关系。直线位移传感器的可动电刷与被测物体相连，物体的位移引起电位器移动端的电阻变化。

直线位移传感器以电感线圈的工作原理为基础，其功能在于把直线机械位移量转换成电信号。为了达到这一效果，通常将可变电阻滑轨定置在传感器的固定部位，通过滑片在滑轨上的位移来测量不同的阻值。直线位移传感器滑轨连接稳态直流电压，允许流过微安培的小电流，滑片和始端之间的电压，与滑片移动的长度成正比。

直线位移传感器的使用要求：

①供电电压要稳定

工业电源要求±0.1%的稳定性，比如基准电压 10 V，允许有±0.01 V 的波动，否则，会导致显示的圈套波动。如果这时的显示波动幅度不超过波动电压的波动幅度，位移传感器电子尺就属于正常。

②防止静电干扰

静电干扰和调频干扰很容易使电子尺显示数字跳动。设备的强电线路与电子尺的信号线分开线槽。电子尺应使用强制接地支架，且使电子尺外壳（可测量端盖螺丝与支架之间的电阻，应小于 1 Ω 电阻）良好接地，信号线使用屏蔽线，且在电箱的一端应予将屏蔽线接地。静电干扰时，一般万用表的电压测量非常正常，但就是显示数字跳动；高频器干扰时其现象也一样。验证是不是静电干扰，用一段电源线将电子尺的封盖螺丝与机器上某一点金属短接即可，只要一短接，静电干扰立即消除。但高频干扰就难以用上述办法消除，而且机器手、变频器多出现高频干扰，可以用停止机械手或变频节电器的办法验证。

③不能接错电子尺的三条线

“1”、“3”线是电源线，“2”是输出线，除电源线（“1”、“3”线）可以调换外，“2”线只能是输出线。上述线一旦接错，将出现线性误差大，出现控制非常困难，控制精度差，容易显示跳动等现象。

④供电电源要有足够的容量

如果电源容量太小，容易发生如下情况：合模运动会导致射胶电子尺显示跳动，或熔胶运动会导致合模电子尺的显示波动。特别是电磁阀驱动电源与电子尺供电电源在一起时容易出现上述情况，严重时可以用万用表的电压挡测量到电压的波动。如果在排除了静电干扰、高频干扰，对中性不好的情况下仍不能解决问题，也可以怀疑是电源的功率偏小。

⑤安装对中性要好

角度容许±12°误差，平行度容许±0.5 mm，如果角度误差和平行度误差都偏大，就会导致显示数字跳动。在这种情况下，一定要对角度和平行度的调整。

⑥防止短路

直线位移传感器电子尺工作过程中，有规律的在某一点显示数据跳动或不显示数据，这种情况就要检查连接线绝缘是否有破损，是否破损点与机器的金属外壳有规律的接触引发的对地短路。

⑦避免老化

对于使用时间很久的电子尺，密封老化，可能有很多杂质，并有油、水混合物，影响电刷的接触电阻，导致显示数字跳动，也可认为是直线位移传感器电子尺本身的早期损坏。

(3)应变式引伸计

目前，应变式引伸计(如图 10-4)被广泛地应用于材料的力学性能的变形测量中，它不仅保持了电阻应变计的许多优点，而且能逐个地进行性能的标定和反复地使用，实现自动化数据记录，测量精度高。

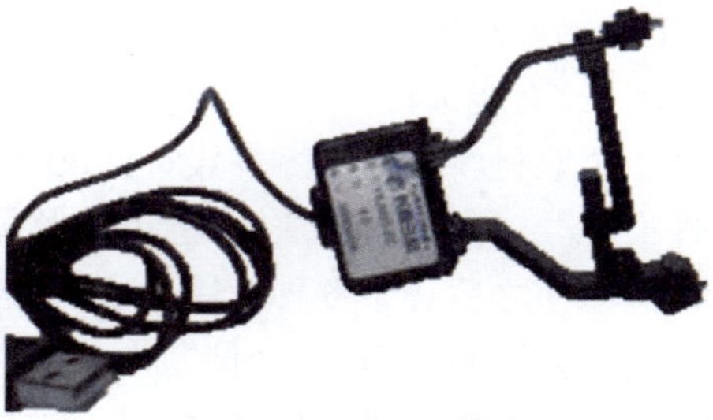

图 10-4　应变式引伸计

应变式引伸计的基本结构原理是在金属制成的弹性体上安装两枚或四枚电阻应变计，组成半桥或全桥测量电路。其主要参数包括：型号、标距、测量变形范围、供桥电压、输出灵敏度、测量精度为 0.1%～0.01%。

安装应变式引伸计时弹性体上的刀口，根据标距的大小，通过专用固定装置与构件紧密牢固的组装在一起。将测量电路与电阻应变仪或采集记录仪器连接。使用前必须对应变引伸计进行标定。

10.2.3　试验工装和夹具

工装广义上是指机械制造中所用到的刀具、工卡具、量具、模具、辅具等的总称。而对于进行试验检测所用到的工装主要是装配夹具、检验夹具，作用是完成固定、夹持、定位产品，并实现力的正确传递。根据产品的结构形状、加载方式和使用工况，应配置相应的工装。试验工装在设计时需要结合检测设备的接口参数以及被检测件的形状尺寸和试验检测方案进行特殊的考虑，要求工装的结构尺寸在保证强度和刚度的条件下质量尽可能的小。试验工装应保证静特性测量准确。试样或实物的试验夹装方式应尽可能模拟产品的实际安装状态和使用状况。

试验工装的设计应遵循以下原则：

(1)满足使用过程中试件定位的稳定性和可靠性;

(2)尽量保证试件的原始安装状态;

(3)有足够的承载或夹持力度以保证试件在工装夹具上进行试验;

(4)满足刚度要求的情况下尽可能减轻重量;

(5)装夹方便可靠、便于加工;

(6)选材合理,结构尽可能简化,避免成本昂贵。

10.2.4 球铰疲劳试验工装设计与分析

下面以某一型号的牵引球铰偏转疲劳试验工况的工装进行设计并分析为例,介绍工装设计的步骤以及工装设计完成后所要进行的强度分析和疲劳性能的分析。工装设计过程中在保证工装结构合理性的同时,必须保证其强度和疲劳寿命均满足试验要求。

(1)试验工况

将球铰安装于多通道疲劳实验机台上,进行偏转±10°,偏转力矩为 2 kN·m,频率为 1 Hz,循环 200 万次。

(2)工装选材

选取材料是机械零件设计中的一个重要环节,同一零件如选用不同的材料制造,则零件尺寸、结构、加工方法、工艺要求及经济性均有所不同。因此用于机械零件的材料,不但得考虑使之适合于各种使用要求,如强度、刚度、硬度、弹性模量、重量等以外,还必须考虑制造工艺性和经济性,降低零件总成本。

依据机床夹具零件及部件标准汇编,偏转试验工装中零部件选用最常用的 Q235A 和 45 钢。材料参数如表 10-1 所示。

表 10-1 工装夹具材料参数

材料名称	E 弹性模量×10^5(MPa)	μ 泊松比	屈服强度(MPa)	密度(g/cm^3)
Q235A	2.12	0.288	235	7.86
45	2.09	0.269	355	7.89

(3)工装三维模型设计

依据试样的外形及安装定位方式,试验条件和加载工况确定工装方案。在 Pro/Engineer 建立试验工装的三维模型,见图 10-5。工装设计偏转力臂长度为 $L=120$ mm,可计算直线油缸的输入载荷 F:

$$F=\frac{M}{L}=2\ 000\ \text{N}\cdot\text{m}/0.12\ \text{m}=16.7\ \text{kN} \tag{10-1}$$

式中:F——载荷,kN;

M——扭矩,N·m;

L——力臂,m。

(4)标准件校核

根据受力情况分析,参照机械零部件设计手册,对关键标准件进行校核是否满足加载情况和寿命要求。

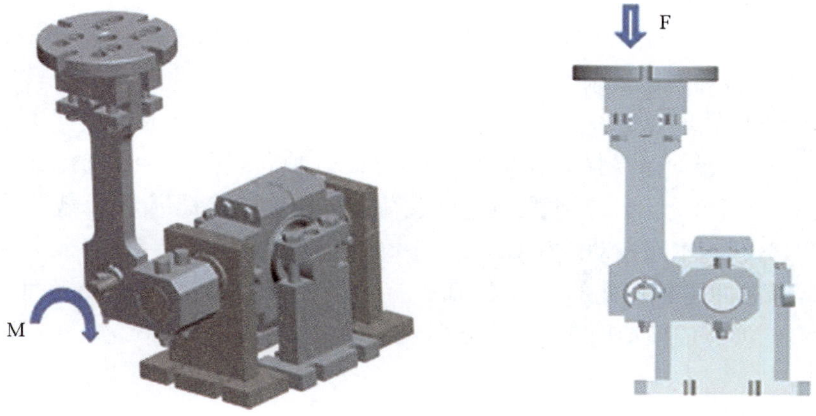

图 10-5　工装三维模型

(a) 拉杆上端滚动轴承校核

拉杆上端轴承[图 10-6(a)]径向承受载荷 $F_r=16.7$ kN，轴向载荷 $F_a=0$，轴承基本处于滚动静止状态且承受连续径向载荷，需按照额定静载荷进行校核，所选轴承尺寸应满足式(10-2)：

$$C_0 \geqslant S_0 P_0 \tag{10-2}$$

式中：C_0——额定静载荷；

P_0——当量静载荷；

S_0——安全系数。

由轴颈直径及载荷性质选择深沟球轴承 6208，其基本额定静载荷 $C_{0r}=18$ kN。

深沟球轴承的当量静载荷根据公式(10-3)进行计算：

$$P_{0r}=0.6F_r+0.5Fa \tag{10-3}$$

将 $F_r=16.7$ kN，$F_a=0$ 代入公式(10-3)计算可得 $P_{0r}=10.02$ kN。因 $P_{0r}<F_r$，所以取较大值 $P_{0r}=F_r=16.7$ kN。

根据《机械设计手册》查表得安全系数 $S_0=1$，得到额定静载荷 $S_0P_0=16.7$ kN。

因为 $C_{or}>S_0P_0$，所选轴承符合加载要求。

(b) 拉杆下端滚动轴承校核

拉杆下端轴承[图 10-6(b)]径向承受最大载荷 $F_r=16.7$ kN，轴向载荷 $F_a=0$，轴承作摆动运动，绕摆动中心摆动幅角为±10°。根据额定动载荷进行校核，由轴颈直径及载荷性质选择深沟球轴承 6208，其基本额定动载荷 $C_r=29.5$ kN。当量动载荷 $P_r=16.7$ kN，冲击载荷因数 $f_d=1.1$，考虑冲击载荷的当量动载 $P_{dr}=18.37$ kN。

疲劳寿命计算公式：

$$L_{10}=(C/P)^{\varepsilon} \tag{10-4}$$

式中：L_{10}——基本额定寿命，10^6 转；

C——基本额定动载荷，kN；

P——当量动载荷，kN；

E——寿命指数(球轴承 $\varepsilon=3$)。

计算得 $L_{10}=4.14\times10^6$ 转，换算成摆动周期为 $L_{10}OSC=3.73\times10^7$ 次$>2\times10^7$ 次，所选轴承符合加载和寿命要求。

(c) 偏转支撑轴承校核

偏转支撑轴承径向承受最大载荷 $F_r=16.7$ kN，轴向载荷 $F_a=0$，轴承作摆动运动，绕摆动中心摆动幅角为±10°。根据额定动载荷进行校核，由轴颈直径及载荷性质选择深沟球轴承 6216，其基本额定动载荷 $C_r=71.5$ kN。当量动载荷 $P_r=16.7$ kN，冲击载荷因数 $f_d=1.1$，考虑冲击载荷的当量动载荷 $P_{dr}=18.37$ kN。依据式(10-4)可计得 $L_{10}=58.96\times10^6$ 转，换算成摆动周期为 $L_{10}OSC=53.07\times10^7$ 次$>2\times10^7$ 次，所选轴承远远超过寿命要求。

(a) 拉杆上端滚动轴承 (b) 拉杆下端滚动轴承 (c) 偏转支撑轴承

图 10-6 疲劳试验工装标准件

(5)工装关键零部件的有限元分析

将 Pro/Engineer 中建好的模型导入 ABAQUS 进行模拟分析，对其中关键零部件：加载装置、偏转外套、拉杆、力臂、压板、连接轴、平键进行受力分析后的应力云图如图 10-7 所示，详细数据可参阅表 10-2。由分析结果可以看出所有零部件的应力均小于材料(45钢)的屈服极限 355 MPa，并且余量较大，满足强度要求。

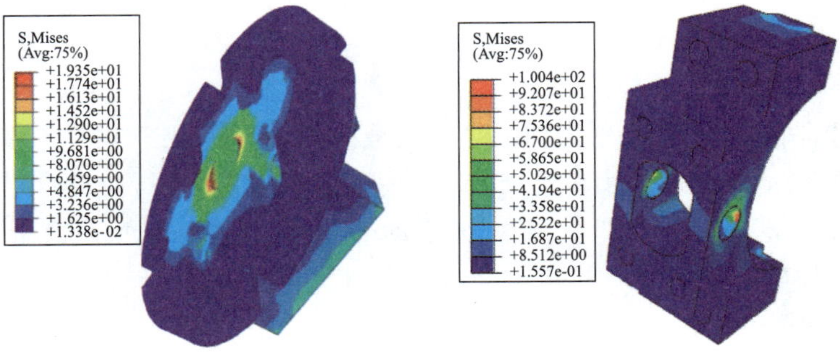

加载装置 偏转外套

图 10-7

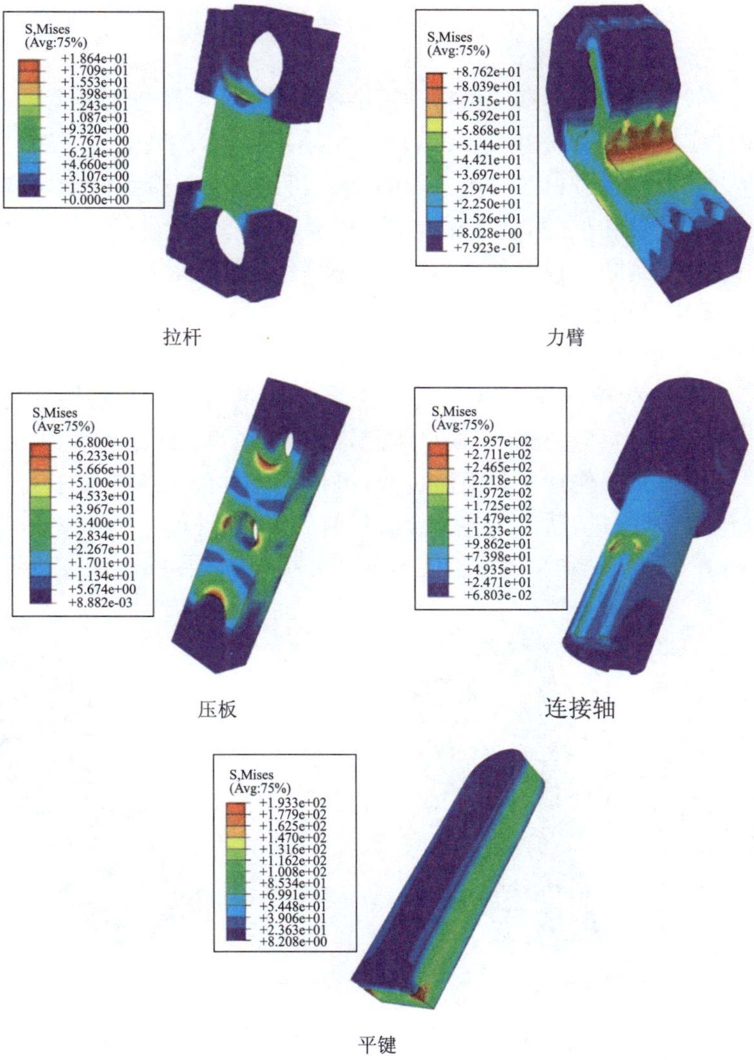

图 10-7 偏转试验工装关键零部件应力云图

表 10-2 零部件最大应力分布情况

零部件名称	加载装置	偏转外套	拉杆	力臂	压板	连接轴	平键
最大应力位置	红色区域	红色区域	红色区域	红色区域	红色区域	红色区域	红色区域
最大应力值(MPa)	19.35	100.4	18.6	87.62	68	295.7	193.3

(6)关键零部件的疲劳寿命分析计算

关键零部件可以分为两类:①长期使用,体积大,加工复杂,造价高的零件,在使用中无需更换,其寿命应符合无限寿命要求;②体积小,易加工,造价低,更换方便的零件,使用寿命应符合一定的期限,在有限寿命条件下分析校核。锥销和连接轴体积小、造价低,且应力较大，可以作为有限寿命使用的零件；而加载装置、拉杆、力臂和偏转外套体积大，加工复杂，应作为无限寿命零件设计。

根据疲劳失效方法对上述零件进行理论解析计算，对零件使用寿命做一个保守估计是工程应用中较实用的方法。由 ABAQUS 分析结果可知，加载装置、拉杆、压板、力臂和偏转外套的应力都没有超过材料屈服极限的 1/3，可以认为符合无限寿命要求，无需再进行寿命计算。而连接轴和平键应力较高，工况较恶劣，需要进行理论计算，对其结构、尺寸的合理性作一个初步判断。根据材料力学中的疲劳失效方法分析零件疲劳寿命，只能获得保守估计值，无法得知零件整体的寿命分布情况，想要合理利用零件材料、优化零件结构，就需要借助基于更先进算法的疲劳分析软件进行仿真分析。

Fe-safe 采用先进的单/双轴疲劳计算方法，允许计算弹性或弹塑性载荷历程，综合多种影响因素（如平均应力、应力集中、缺口敏感性、焊接成型、初始应力、表面光洁度、表面加工性质等），按照累积损伤理论和雨流计数，可根据各种应力或应变进行疲劳寿命和耐久性分析，其计算技术先进，适用于各类金属材料的疲劳分析。

利用 Fe-safe 对连接轴和平键进行疲劳寿命分析，其结果如图 10-8 所示。

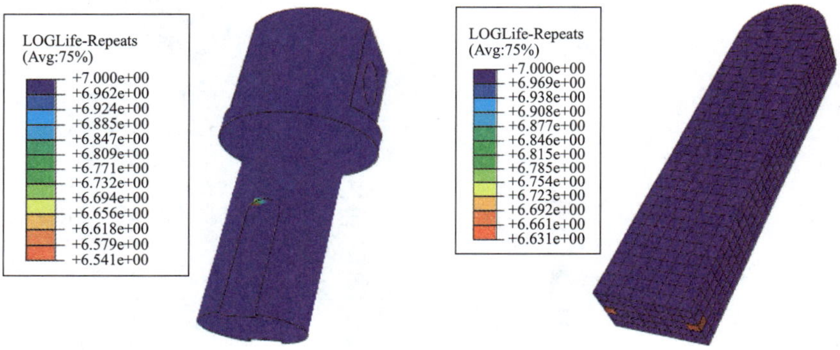

（a）连接轴　　（b）平键

图 10-8　连接轴、平键的寿命分布图

由图 10-8 可知，平键和连接轴的疲劳寿命均符合试验 200 万次的要求，平键最薄弱处的使用寿命为 $10^{6.631}$ 次（约 427 万次），连接轴最薄弱处的使用寿命为 $10^{6.541}$ 次（约 348 万次）。每经历 200 万次疲劳试验，即更换新零件。

以上为一个较完整的疲劳试验工装设计、分析方法和流程，能够在保证工装强度和寿命的情况下，优化工装结构，使工装具有合理性价比，较好地满足试验各项要求。

10.3　橡胶弹性元件试验项目

10.3.1　静刚度性能试验

在材料力学中，刚度是指构件在外力作用下抵抗变形的能力。构件在静载荷下抵抗变形的能力称为静刚度；静刚度一般用构件载荷作用下的变形量来衡量，对于静刚度而言，外力的形式不一样，所产生的变形也不一样，外力为拉力或者压力时，所产生的变形为拉伸或压缩；外力为弯矩时，所产生的变形为弯曲；外力为扭矩时，所产生的变形便为扭转等。

(1)静刚度试验加载方法

通常静刚度的试验加载有以下 3 种方法：

①加载方式：对试件加载从零开始加到试验载荷上限，然后快速卸载到零；连续重复上述试验过程二次，第三次正式试验时记录载荷—变形曲线和数据[见图 10-9(a)]。

②加载卸载方式：对试件加载从零加载到试验载荷上限，然后以加载速度卸载到零；连续重复上述试验过程二次；第三次正式试验时记录载荷—变形曲线和数据[见图 10-9(b)]。

③正反两个方向加载卸载方式：对试件加载从零开始到试验载荷上限，以加载速度卸载到零，反方向加载到下限，以相同速度卸载到零；连续重复上述试验过程二次；第三次正式试验时记录载荷—变形曲线和数据[见图 10-9(c)]。

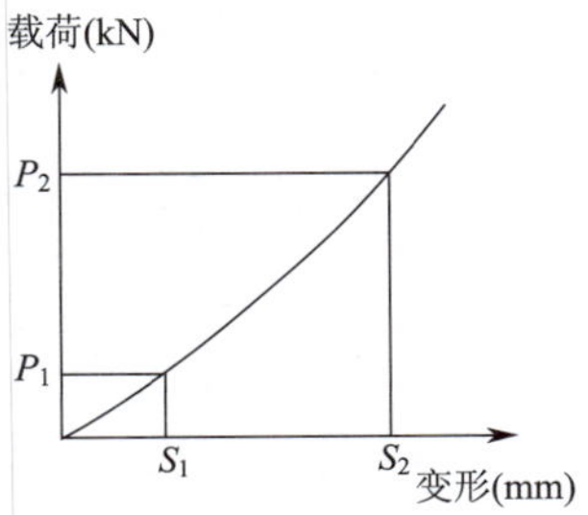

(a)加载

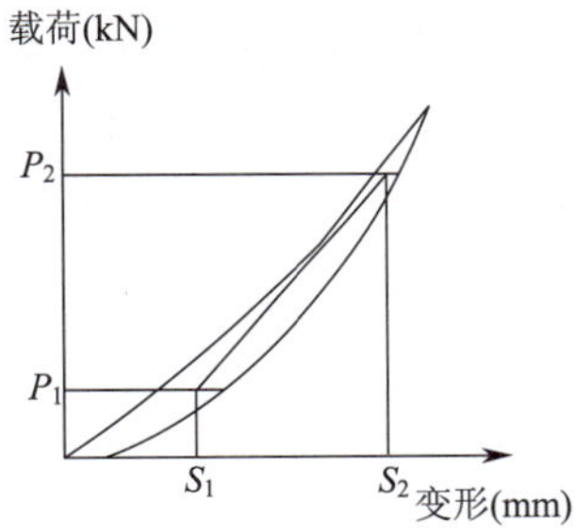

(b)加载卸载

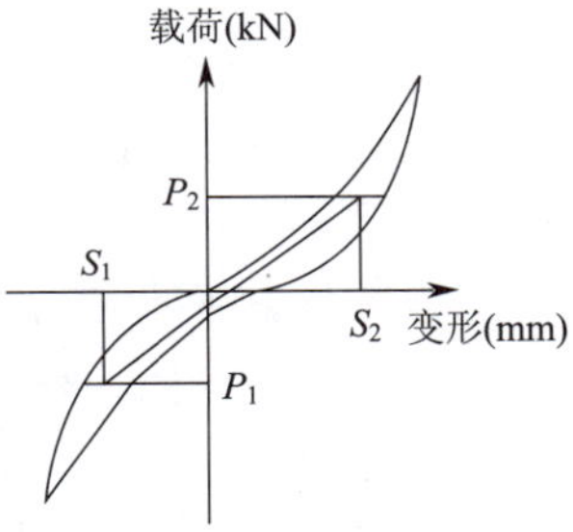

(c)正反两个方向加载卸载

图 10-9　加载方式载荷—变形曲线

针对橡胶弹性元件的试验要求不同，对于单方向承载试验，如偏转试验，可选择①或②加载方式，对于正反方向承载试验，如扭转试验，可选择③正反两个方向加载卸载方式。

用同一个试件做多种条件下的试验时，一般按下述顺序进行：

(a)温度：从室温到高温，再从室温到低温的顺序进行；

(b)载荷和变形：应按从小到大的顺序进行。如果不能按这个顺序时，可以从大到小的变化，但宜每次有足够的时间间隔。

(2)静刚度 K 的计算方法

试件静刚度 K(在静态下单位变形变化量对应的载荷变化量)的计算方法如下，计算范围由委托方确定，在委托方没有规定时，选择 $P_1=3\%\times P_2$。

加载方式[见图 10-9(a)]，静刚度 K_S 用公式(10-5)计算：

$$K_S=\frac{P_2-P_1}{S_2-S_1} \tag{10-5}$$

式中：P_1——刚度计算载荷下限，kN；

P_2——刚度计算载荷上限，kN；

S_1——刚度计算变形下限，mm；

S_2——刚度计算变形上限，mm。

加载卸载方式[见图 10-9(b)、(c)]：静刚度 K_S 用公式(10-6)计算：

$$K_S=\frac{P_2-P_1}{S_2-S_1} \tag{10-6}$$

式中：P_1——刚度计算载荷下限平均值，kN；

P_2——刚度计算载荷上限平均值，kN；

S_1——刚度计算变形下限平均值，mm；

S_2——刚度计算变形上限平均值，mm。

10.3.2 动刚度性能试验

动刚度是指在动载荷下抵抗变形的能力，即引起单位振幅所需要的动态力，动刚度是用构件的固有频率来衡量。

(1)动刚度试验方法

用同一个试件做多种条件下的试验时，一般按下述顺序进行：

①温度：从室温到高温，再从室温到低温的顺序进行。

②载荷和振幅：应按从小到大的顺序进行。如果不能按这个顺序时，可以从大到小变化，但宜每次有足够的时间间隔。

③频率：应按从低到高的顺序进行。如果不能按这个顺序时，可以从高到低变化，但宜每次有足够的时间间隔。

④在动态刚度试验机上分别设置试验波形、频率、施加循环载荷均值、动态振幅和循环次数，启动方法程序进行动态试验，试验时记录载荷一变形曲线和数据。

(2)动刚度的计算方法

动刚度加载曲线如图 10-10 所示，由于橡胶材料具有一定的黏弹性，因此在动态载荷作用下，其应力一应变曲线中应变滞后于应力，形成一个滞后圈，滞后圈面积的大小代表能量的损失。动刚度的计算方法有积分法和相关法。

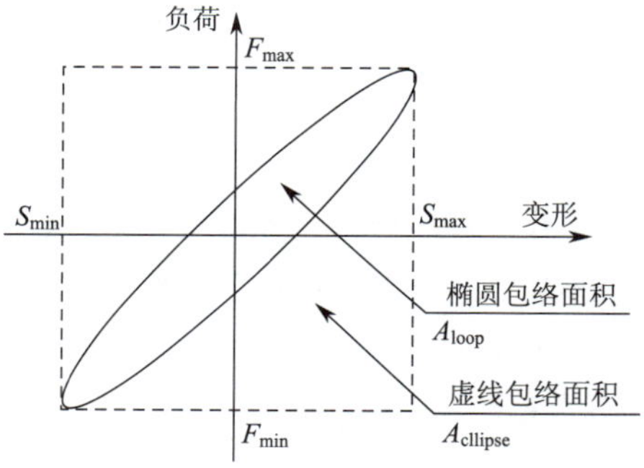

图 10-10 动刚度载荷一变形曲线

积分法的计算公式为：

$$K_D=\frac{F_{max}-F_{min}}{S_{max}-S_{min}} \tag{10-7}$$

式中：F_{max}、F_{min}——动刚度滞回曲线上载荷的最大值、最小值；

S_{max}、S_{min}——动刚度的滞回曲线上变形的最大值、最小值。

相关法的计算公式：

$$K_D=\frac{F_{AMP}}{S_{AMP}} \tag{10-8}$$

式中：F_{AMP}——动态载荷；

S_{AMP}——位移幅值。

积分法包括了所有谐波数据，适用于非线性样品和黏弹性材料，该方法对噪声较敏感；相关法排除了噪声和谐波的影响，只考虑频率的影响，适用于低振幅或高频率的试验条件。

10.3.3　蠕变性能试验

蠕变是指在一定的温度下，当构件内的应力大于某一数值时，外力不增加而构件变形随时间缓慢增加的现象，包含了不可恢复的塑性形变和可以回复的弹性形变。蠕变是橡胶产品的特点，因此，橡胶产品在使用一段时间后，在其受力方向会产生永久变形，从而改变产品的部分尺寸，若产品的蠕变量过大将直接影响车辆运行安全。由于本文所涉及橡胶弹性元件性能试验的产品不包括密封制品、软管，而是实际使用中主要承受垂向载荷作用的产品，蠕变性能试验以介绍压缩蠕变试验为主。

(1)压缩蠕变性能试验方法

①载荷(或变形)的加载方向和方法、平均载荷或平均变形以及试验温度等，由委托方根据橡胶件的实际使用工况确定。

②除特殊规定，产品的最小蠕变时间应为产品在最近 24 h 后的蠕变值低于前 24 h 蠕变值的 10%时，即可结束试验。

③用同一个试件做多种条件下的试验时，一般按下述顺序进行：

(a)温度：从室温到高温，再从室温到低温的顺序进行；

(b)载荷和变形：为避免试验的滞回现象，应按从小到大的顺序进行。如果不能按这个顺序时，可以从大到小的变化，但宜每次有足够的时间间隔。

(2)试验过程

①测量试件蠕变前在对试件进行环境和应力调节，并测量试件自由状态下的初始高度 H_1。

②将试件安装在加载装置中适当的位置，为保证试件承载均匀，尽可能使加于试件的合力通过加载装置的中心线。

③在 30 s 内加载静态力从 0 到规定的试验载荷，加载中防止载荷的过冲；在加足规定试验载荷后(1.0±0.2)min 内开始记录变形 $\Delta\delta_1$，在前 2 h 内每隔 10 min 记录一次变形，以后每隔 2 h 记录一次，或采用自动装置连续记录时间—蠕变曲线。

(3)计算方法

①压缩蠕变量 $\Delta\delta$：

$$\Delta\delta=\Delta\delta_2-\Delta\delta_1 \tag{10-9}$$

式中：$\Delta\delta_1$——试件加载后 1.0 min 的变形；

$\Delta\delta_2$——试件加载后在规定时刻的变形。

②压缩永久变形量 ΔH：

$$\Delta H=H_1-H_2 \tag{10-10}$$

式中：H_1——试件加载前，标准温度下自由状态下的高度；

H_2——试件卸载后，标准温度下停放 24 h 后测量的高度。

10.3.4 疲劳性能试验

橡胶弹性元件一般在交变载荷的反复作用下，即使应力远远低于断裂强度极限，材料也很容易发生疲劳破坏，而疲劳断裂性能往往决定这些制品的疲劳寿命。为了保证橡胶制品使用时的安全性和可靠性，研究分析橡胶制品的疲劳性能和寿命至关重要。

影响橡胶材料疲劳性能的因素主要有：机械载荷、环境的影响、橡胶的配方。所谓的疲劳破坏就是指材料的这些潜在缺陷在疲劳过程中由于应力集中使缺陷端部的局部应力增加到平均施加应力的许多倍，当某一缺陷所受的应力达到极大程度时，破坏就从这里开始，随着疲劳次数的增加形成裂纹并逐渐扩展直至断裂。橡胶弹性元件的疲劳寿命分两个阶段，第一阶段是微小裂纹萌生前的寿命，占弹性元件疲劳寿命的大部分；第二阶段是微小裂纹扩展到弹性元件破坏失效时裂纹的寿命；研究这两部分的疲劳寿命过程对提高弹性元件整体的疲劳寿命具有至关重要的作用。

对橡胶件的疲劳试验并不要求试件直到疲劳破坏时才终止试验；而是当试验进行到一定的次数以后，即对试件进行检验，如满足要求，即认为寿命达到设计要求。目前，一般认为疲劳实验前后，刚度变化率较少，橡胶与铁件粘接完好；橡胶表面没有出现裂纹、发粘等破坏现象，即认为元件已通过疲劳实验。橡胶弹性元件的疲劳失效判断标准是疲劳实验前后，刚度变化率 ΔK 大于或等于 15%时就认为失效，或根据客户具体要求进行确定。

(1)疲劳试验加载条件

载荷变形的方向、平均变形或平均载荷、变形振幅、载荷振幅、振动频率及振动循环次数等，由委托方要根据减振件的实际应用情况确定。

(2)试验方式

①定变形疲劳试验

将试件的一端固定，在另一端施加一定振幅的交变变形，来评价它的耐久性。

试验时一般采用正弦波的振动波形。试验过程中控制并记录平均载荷或平均变形、变形振幅、振动频率和交变循环次数或时间这些数据。

②定载荷疲劳试验

将试件的一端固定，在另一端施加一定振幅的交变载荷，来评价它的耐久性。

试验时一般采用正弦波的振动波形。试验过程中控制并记录平均载荷或平均变形、变形振幅、振动频率和交变循环次数或时间这些数据。

(3)特性计算

完成规定试验循环次数或产品超过规定的破坏要求后，立即停止试验，并卸掉工装夹具。试件在标准温度下停放 24 h 后，测量疲劳试验后的自由高 H_t、试件橡胶表面硬度 H_{Aa} 和静刚度 K_t。

①永久变形 ΔH：

$$\Delta H = H_0 - H_t \tag{10-11}$$

式中：H_0——试件加载前自由高，单位为毫米，mm；

H_t——试件疲劳试验后的自由高，单位为毫米，mm。

②胶硬度变化 ΔH_A：

$$\Delta H_A = H_{Aa} - H_{Af} \tag{10-12}$$

式中：H_{Aa}——疲劳试验后的硬度(ShoreA)，单位为度；

H_{Af}——疲劳试验前的硬度(ShoreA)，单位为度。

③静刚度损失率 ΔK：

$$\Delta K = \frac{K_2 - K_1}{K_1} \times 100\% \tag{10-13}$$

式中：K_1、K_2——分别为疲劳前后的静刚度值。

10.3.5　粘接强度试验

多数橡塑减振降噪制品是橡胶或塑料与金属的复合结构，因此，橡胶或塑料与金属的粘接性能显著影响产品的使用寿命。粘接强度是表征粘接性能的主要参数，是指在产品的两外侧连接件上施加垂直拉力或平行剪切力，测定产品变形或破坏的最大力，则产品单位面积上的最大力即为橡胶或塑料与连接板的粘接强度。粘接性能试验分破坏试验和非破坏试验两种。

(1)破坏试验

如果橡胶件的橡胶厚度为 t mm(橡胶厚度有 2 种以上时，以最小的厚度 t mm 为准)，一般以试件夹持器移动速度为 t mm/min 给试件加载，直至试件破坏，破坏曲线如图 10-11 所示。

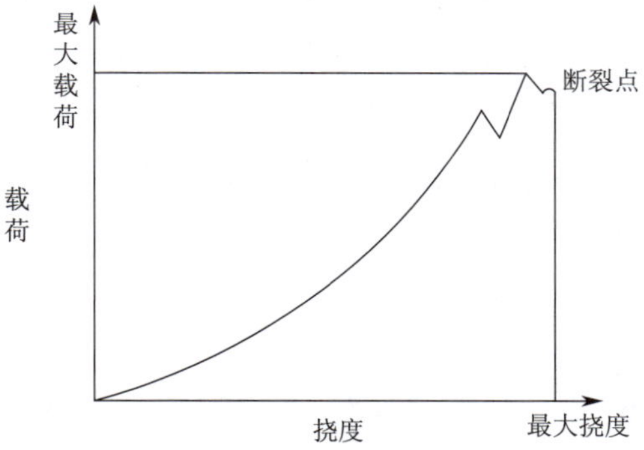

图 10-11　粘接破坏试验载荷—挠度曲线

(2)非破坏试验

非破坏试验给试件施加试验载荷并保持 3 min。试验载荷、载荷施加的方向和方法，由委托方根据橡胶件的实际运用条件确定。通常，橡胶与连接板间的粘接性能试验的试验载荷根据具体试验情况确定。

①拉伸试验时，按表 10-3 给出的试验载荷。

表 10-3　试验载荷

粘接面积 S(mm²)	试验载荷(N)	粘接面积 S(mm²)	试验载荷(N)
≤3 000	2S	15 000～30 000	1.2S
3 000～15 000	1.6S	≥30 000	1S

注：S 为橡胶与连接板的粘合面积。

橡胶与连接板粘合面有 2 个以上，用最小的粘合面积。

表中数据参考 JIS E 4710：1995《铁道机车车辆减振橡胶件通则 粘接性试验》的有关规定。

②切试验时，按表 10-3 给出的试验载荷的 1/3 为试验载荷。

③对难以进行拉伸或剪切试验的，可用压缩试验，压缩试验的试验载荷为表 10-3 给出的试验载荷 3 倍。

(3)试验结果

①橡胶与连接板的粘接强度：

$$\text{拉伸}\quad \sigma=P/S \tag{10-14}$$

$$\text{剪切}\quad \tau=P/S \tag{10-15}$$

式中：σ——橡胶与连接板的拉伸粘接强度，MPa；

τ——橡胶与连接板的剪切粘接强度，MPa；

P——试验载荷或试件破坏时的最大力值，MN；

S——橡胶与连接板的粘合面积，m^2。

②试件破坏类型的表示方法

R——表示橡胶破坏；

RC——表示橡胶与粘接剂间破坏；

CP——表示粘接剂内聚破坏；

M——表示粘接剂与金属间破坏。

第十一章　典型橡胶弹性元件试验

11.1　电机球铰试验

橡胶球铰是国内外目前应用最为广泛的减振降噪装置，在汽车、火车等交通工具中主要起悬挂、传力、隔震、缓冲和定位的作用。可承受拉、压双向载荷，实现偏转、扭转等多方向较大变形，从而适应轮对相对于转向架的万向运动。

11.1.1　试验目的

试验目的：检验球铰的相关性能指标是否满足产品技术条件中规定的技术指标。

检测项目：静刚度，高低温，盐雾，热老化，粘接，疲劳试验。

11.1.2　试验方法

(1)径向刚度试验

加载方式如图 11-1，加载力的大小为 0～60 kN，加载三个循环，加载速度 2 mm/min。记录第三次循环曲线，计算 0～53 kN 产品刚度值，要求 100×(1±10%)kN/mm。

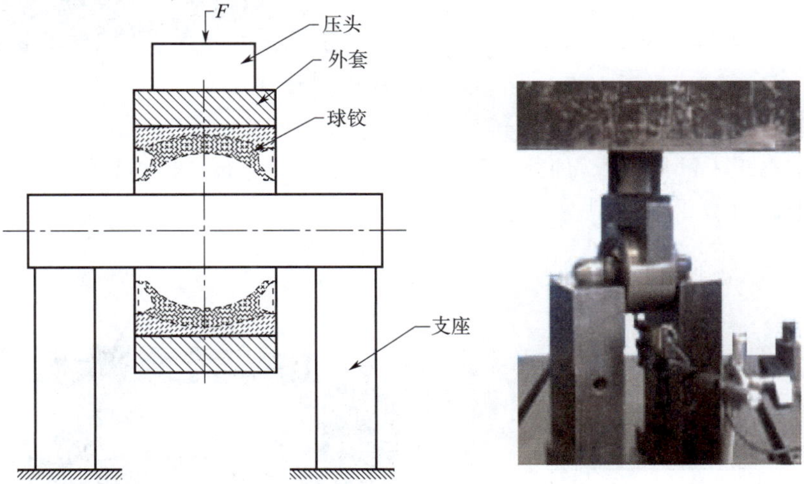

图 11-1　径向刚度试验

(2)轴向刚度试验

加载方式如图 11-2，加载力的大小(0～25)kN，加载三个循环，加载速度 2 mm/min。记录第三次循环曲线，计算 0～22 kN 产品刚度值，要求 10×(1±10%)kN/mm。

(3)扭转刚度试验

加载方式如图 11-3 所示,加载角度±11°,加载三个循环,加载速度 3°/min。记录第三次循环曲线,计算±11°产品刚度值。

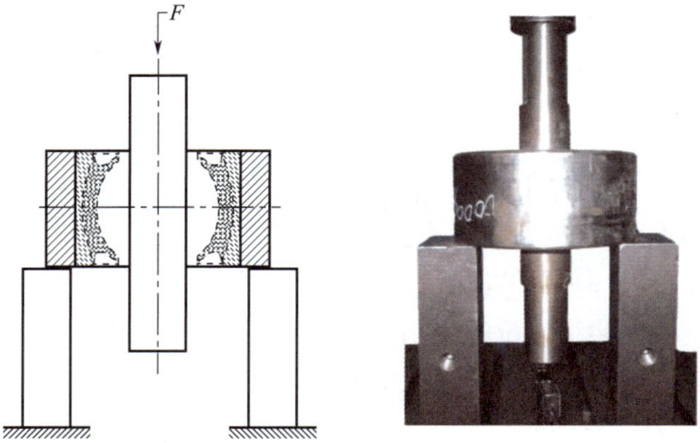

图 11-2　轴向刚度试验

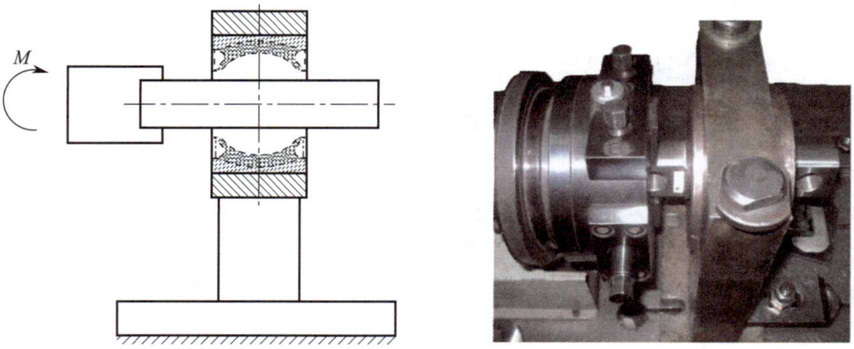

图 11-3　扭转刚度试验

(4)偏转刚度试验

加载方式如图 11-4 所示,加载角度±11°,加载三个循环,加载速度 3°/min。记录第三次循环曲线,计算±11°产品刚度值。

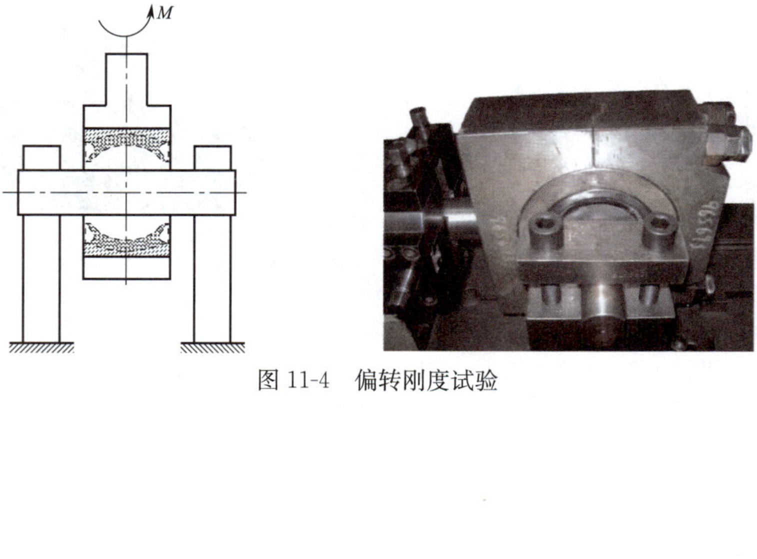

图 11-4　偏转刚度试验

(5)高低温试验

①常温试验:按照径向试验方法检测产品的径向刚度;

②−25 ℃径向刚度试验:将产品放在−25 ℃环境中放置 24 h 后立即取出进行径向刚度试验;

③45 ℃径向刚度试验:将产品放在 45 ℃环境中放置 24 h 后立即取出进行径向刚度试验;

④90 ℃径向刚度试验:将产品放在 90 ℃环境中放置 24 h 后立即取出进行径向刚度试验。

(6)盐雾试验

试验方法按照 ISO 9227:2006《Corrosion tests in artificial atmospheres-Salt Spray tests》将镀锌后的产品进行盐雾试验,时间为 192 h,要求试验完成后产品表面无红色锈斑。

(7)热老化试验

试验方法:检测产品的径向、轴向刚度后将产品置于 70 ℃环境中 336 h,完成上述步骤后将产品取出在室温下恒温 24 h,检测径向、轴向刚度值,要求产品老化前后刚度变化率≤15%。

(8)粘结试验

试验方法:①以 2 mm/min 速度对产品径向加载 0~106 kN,保载 1 min;

②以 2 mm/min 速度对产品轴向加载 0~33 kN,保载 1 min。

按照两种方法试验后要求产品橡胶部分不破坏。

(9)疲劳试验

试验方法:径向动态载荷±35 kN,频率为 2~4 Hz,循环 300 万次。

要求产品疲劳试验完成 200 万次后,径向、轴向刚度变化率不超过 15%。

11.2　V 形橡胶弹簧试验

V 形弹簧(又称人字簧)安装于轴箱和转向架构架之间,每个轮对轴承使用两个 V 形橡胶弹簧,它们将转向架与轮对轴承箱连接起来并承担轮对导向作用,用于传递轮对的牵引力和制动力;并在垂直方向给车体以弹性支撑;在列车的纵向和横向提供柔性连接和限位的作用,是对主要减振性能的补充。为了保证车辆的垂向运行的舒适性,一般设计的垂向刚度比较小,从而允许轴箱相对构架在垂向有比较大的位移,而它的纵、横方向具有适宜的刚度以实现良好的弹性定位。

11.2.1　试验目的

试验目的:检验 V 形弹簧的相关性能指标是否满足产品技术规范中规定的技术指标。

检测项目:静刚度,动刚度,阻尼比,蠕变试验,极限载荷试验,疲劳试验。

11.2.2 试验方法

一对产品利用专用工装按 20°安装(如图 11-5),沿垂向为加载方向安装于试验机加载平台受力中心。

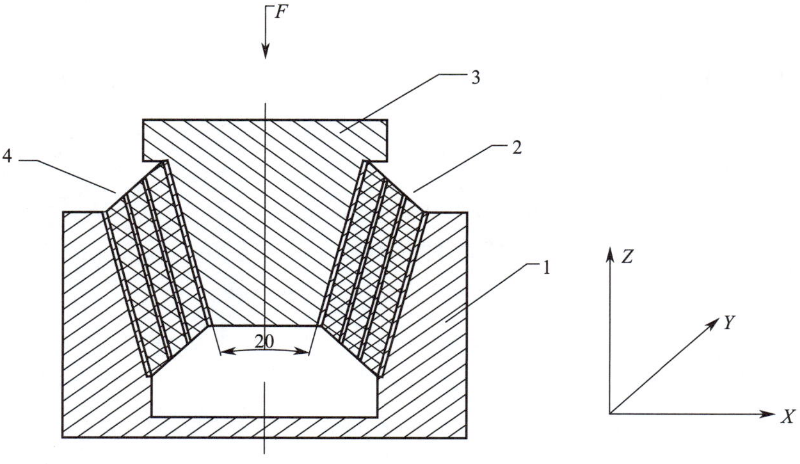

图 11-5 V 形簧安装示意图

1—工装;2—V 形簧;3—工装;4—V 形簧

(1)静刚度试验

① 垂向静刚度试验(*Z* 向)

(a)垂向以 0.05 Hz 的速度连续加预载三次,加载载荷为 0～50 kN;

(b)间隔 3 min 后进行正式测量,垂向以 0.05 Hz 的速度连续加载,加载载荷为 0～50 kN;

(c)记录载荷—变形滞回曲线,并分别根据实验样品的技术要求,计算 22 kN、36 kN、44 kN 时产品的切线刚度值,要求刚度值如表 11-1 所示。

表 11-1 垂向刚度要求值

垂向载荷(kN)	22	36	44
垂向刚度±7.5%(kN/mm)	1.34	1.34	1.34

②纵向静刚度试验(*X* 向)

(a)垂向加预载 22 kN,纵向以 0.05 Hz 的速度加载,剪切±2 mm,连续剪切三次。

(b)间隔 3 min 后进行正式测量,垂向分别加预载 22 kN、36 kN、44 kN,纵向以 0.05 Hz的速度加载,剪切±2 mm,分别记录载荷—变形数据;

(c)计算以上各垂向载荷点的纵向剪切割线刚度值,给出纵向刚度载荷—变形曲线。要求刚度值如表 11-2 所示。

表 11-2 纵向刚度要求值

垂向载荷(kN)	22	36	44
纵向刚度±15%(kN/mm)	11.16	17	21.68

③横向静刚度(*Y* 向)

(a)垂向加预载 22 kN,横向以 0.05 Hz 的速度加载,剪切±3 mm,连续剪切三次。

(b)间隔 3 min 后进行正式测量,垂向分别加预载 22 kN、36 kN、44 kN,横向以

0.05 Hz的速度加载，剪切±3 mm，分别记录载荷—变形数据。

(c)计算以上各垂向载荷点的横向剪切割线刚度值，给出横向刚度滞回曲线。要求刚度值如表 11-3 所示。

表 11-3　横向刚度要求值

垂向载荷(kN)	22	36	44
横向刚度±15%(kN/mm)	2.43	2.68	2.93

(2)动刚度试验

①垂向动刚度

(a)预加载：垂向加载到 36 kN，然后以 0.1 Hz 的速度和±10 mm 的振幅连续做 30 个循环。

(b)间隔 3 min 后进行正式测量，试验参数如表 11-4 所示。

表 11-4　垂向动刚度试验参数

垂向预载荷(kN)	36			
频率(Hz)	0.1	1	5	10
垂向振幅(mm)	±10	±5	±3	±3

(c)动刚度为最大载荷与最小载荷之差除以最大变形与最小变形之差，给出所有工况下动刚度数据和曲线。

(d)其中工况为频率 5 Hz、振幅±3 mm 条件下的动静刚度比(割线动刚度/切线静刚度)要求不大于 1.3，其他工况的动静刚度比为参考。

②纵向动刚度

(a)预加载：垂向加载到 36 kN，然后以 0.1 Hz 的速度和±2 mm 的振幅连续做 30 个循环。

(b)间隔 3 min 后进行正式测量，试验参数如表 11-5 所示。

表 11-5　纵向动刚度试验参数

垂向预载荷(kN)	36		
频率(Hz)	0.1	1	5
纵向振幅(mm)	±2	±2	±2

(c)动刚度为最大载荷与最小载荷之差除以最大变形与最小变形之差，给出所有工况下动刚度数据和曲线。

③横向动刚度

(a)预加载：垂向加载到 36 kN，然后以 0.1 Hz 的速度和±10 mm 的振幅连续做 30 个循环。

(b)间隔 3 min 后进行正式测量，试验参数如表 11-6 所示。

表 11-6　横向动刚度试验参数

垂向预载荷(kN)	36		
频率(Hz)	0.1	1	5
横向振幅(mm)	±10	±3	±3

(c)动刚度为最大载荷与最小载荷之差除以最大变形与最小变形之差，给出所有工况下动刚度数据和曲线。

(3)阻尼试验

阻尼试验的参数如表 11-7 所示。

表 11-7　阻尼试验参数

垂向预载荷(kN)	36
频率(Hz)	8
横向振幅(mm)	±2

(4)极限载荷试验

①垂向极限载荷试验

(a)预加载：垂向以 0.05 Hz 的速度连续加载 3 次，加载载荷为 0～44 kN；

(b)间隔 3 min 后进行正式测量：垂向以 0.05 Hz 的速度加载到 90 kN ，要求产品不能出现任何破坏现象，铁件之间不能接触；

(c)给出试验相片和载荷一变形滞回曲线。

②纵向极限载荷试验

(a)预加载：垂向加载到 44 kN，纵向以 0.05 Hz 的速度剪切±2 mm，连续剪切 3 次；

(b)间隔 3 min 后进行正式测量：垂向加载到 44 kN，纵向以 0.05 Hz 的速度剪切±40 kN，要求产品不能出现任何破坏现象，铁件之间不能接触；

(c)给出试验相片和载荷一变形滞回曲线。

③横向极限载荷试验

(a)预加载：垂向加载到 44 kN，纵向以 0.05 Hz 的速度剪切±10 mm，连续剪切 3 次；

(b)间隔 3 min 后进行正式测量：垂向加载到 44 kN，纵向以 0.05 Hz 的速度剪切±28 kN，要求产品不能出现任何破坏现象，铁件之间不能接触；

(c)给出试验相片和载荷一变形滞回曲线。

(5)蠕变试验

① 常温蠕变试验(23±2)℃

(a)选取垂向刚度符合技术要求的 3 对产品在(23±2)℃的环境温度下做蠕变试验。

(b)将第一对产品垂向加载 22 kN 并保载，读取各时刻的变形△S(前 2 h 每 10 min 记一次，以后按每 2 h 读取一次变形值并记录)。在记录变形的同时，记录实验室实际的环境温度。

(c)试验保载时间 48 h(中间不允许卸载，否则试验无效)，试验结束，作出时间一变形曲线并按照变形与时间对数方法预测产品 0.5 年、1 年、4 年、13 年的蠕变量。产品停放 24 h 后重新进行蠕变试验。

(d)将第二对产品垂向加载 36 kN 并保载，读取各时刻的变形△S(前 2 h 每 10 min 记一次，以后按每 2 h 读取一次变形值并记录)。在记录变形的同时，记录实验室实际的环境温度。

(e)试验保载时间 48 h(中间不允许卸载，否则试验无效)，试验结束，作出时间一变形曲线并预测产品 0.5 年、1 年、4 年、13 年的蠕变量。产品停放 24 h 后重新进行蠕变试验。

(f)将第三对产品垂向加载 44 kN 并保载，读取各时刻的变形△S(前 2 h 每 10 min 记一次，以后按每 2 h 读取一次变形值并记录)。在记录变形的同时，记录实验室实际的环境温度。

(g)试验保载时间 48 h(中间不允许卸载，否则试验无效)，试验结束，作出时间一变形曲线并预测产品 0.5 年、1 年、4 年、13 年的蠕变量。

②高温蠕变试验(35±2) ℃

(a)选取垂向刚度符合技术要求的 3 对产品在(35±2) ℃的环境温度下做蠕变试验。

(b)将第四对产品垂向加载 22 kN 并保载，读取各时刻的变形△S(前 2 h 每 10 min 记一次，以后按每 2 h 读取一次变形值并记录)。在记录变形的同时，记录实验室实际的环境温度。

(c)试验保载时间 12 h(中间不允许卸载,否则试验无效),试验结束,作出时间一变形曲线并预测产品 0.5 年、1 年、4 年、13 年的蠕变量。产品停放 24 h 后重新进行蠕变试验。

(d)将第五对产品垂向加载 36 kN 并保载,读取各时刻的变形 ΔS(前 2 h 每 10 min 记一次,以后按每 2 h 读取一次变形值并记录)。在记录变形的同时,记录实验室实际的环境温度。

(e)试验保载时间 12 h(中间不允许卸载,否则试验无效),试验结束,作出时间一变形曲线并预测产品 0.5 年、1 年、4 年、13 年的蠕变量。产品停放 24 h 后重新进行蠕变试验。

(f)将第六对产品垂向加载 44 kN 并保载,读取各时刻的变形 ΔS(前 2 h 每 10 min 记一次,以后按每 2 h 读取一次变形值并记录)。在记录变形的同时,记录实验室实际的环境温度。

(g)试验保载时间 12 h(中间不允许卸载,否则试验无效),试验结束,作出时间—变形曲线并预测产品 0.5 年、1 年、4 年、13 年的蠕变量。

(6)疲劳试验

①垂向疲劳试验

(a)按下表所列条件进行垂向疲劳试验,总计 1 000 万次,其中:给产品加上垂向载荷,以此作为疲劳试验时正弦载荷的平衡位置;

表 11-8　垂向疲劳试验条件

垂向预载荷(kN)	38	40	42
频率(Hz)	5	5	5
垂向振幅(kN)	±7.5	±12.5	±15
循环次数(万次)	950	45	5

(b)上述试验完成后重新进行垂向静刚度试验(Z 向)、纵向静刚度试验(X 向)、横向静刚度(Y 向)和垂向动刚度试验;

(c)要求产品不能出现任何裂纹等缺陷,刚度变化不超过原始刚度的 15%。

②横向疲劳试验

(a)按表 11-9 所列条件进行横向疲劳试验,总计 900 万次;

(b)上述试验完成后重新进行垂向静刚度试验(Z 向)、纵向静刚度试验(X 向)、横向静刚度(Y 向)和垂向动刚度试验;

表 11-9　横向疲劳试验条件

垂向载荷(kN)	34	34	34
横向振幅(kN)	±7.5	±10	±12.5
循环次数(万次)	700	150	50

(c)要求产品不能出现任何裂纹等缺陷,刚度变化不超过原始刚度的 15%。

③纵向疲劳试验

(a)按表 11-10 所列条件进行纵向疲劳试验,总计 112 万次。

表 11-10　纵向疲劳试验条件

垂向载荷(kN)	纵向振幅(kN)(载荷始终作用在同一方向)	循环次数(万次)
30	0～13.2	2.8
	0～23.4	2.8
34	0～14.6	25.2
	0～26.0	25.2
36	0～15.4	14
	0～27.3	14

续上表

垂向载荷(kN)	纵向振幅(kN)(载荷始终作用在同一方向)	循环次数(万次)
38	0～16.1	8.4
	0～28.6	8.4
40	0～16.8	2.8
	0～29.9	2.8
42	0～17.6	2.8
	0～31.2	2.8

(b)上述试验完成后重新进行垂向静刚度试验(*Z* 向)、纵向静刚度试验(*X* 向)、横向静刚度(*Y* 向)和垂向动刚度试验。

(c)要求产品不能出现任何裂纹等缺陷,刚度变化不超过原始刚度的 15%。

11.3 锥形簧试验

锥形簧(又名轴箱弹簧)一般是由金属与橡胶的叠层粘合而成的一个整体,金属与橡胶的粘合是产品结构完整性的关键。在工作时轴箱弹簧的垂直方向始终会承受载荷,此载荷随载重的变化而变化,使橡胶层处于剪切变形状态,而其横向、纵向变形是在此基础上的二次变形,这时橡胶层又需要承受压缩,因此橡胶部分主要受压缩和剪力的综合作用。因为轴箱弹簧的垂向变形用作衰减振动,这就要求在保证稳定性和安全性的同时,产品的垂向刚度越小越好,而其纵向变形主要用作传递牵引力,所以其纵向刚度相对较大。

11.3.1 试验目的

试验目的:检验某型地铁动车轴箱弹簧的相关性能是否满足该产品的技术规范。

检测项目:静刚度,动刚度,蠕变试验,疲劳试验,阻尼试验和极限载荷试验。

11.3.2 实验方法

(1)产品压缩高尺寸的测量

产品垂向加载 18.75 kN,测量产品的压缩高尺寸(205 mm),要求该尺寸在 204.2～205.8 mm 范围内,并出具报告。

如果该尺寸不在要求的公差范围内,可通过添加调整垫片或机加工的方式使该尺寸落在要求的公差范围内。该尺寸要求进行 100%检测。

(2)常温下的垂向刚度试验

产品在垂向预加载 0.1 kN,然后以 30～40 mm/min 的加载速度持续加载,使垂向压缩变形从 0～75 mm 卸载,此为一个循环的预加载。进行 3 个循环的预加载,每个循环之间无时间间隔。

完成预加载后，再次垂向加载，使垂向压缩变形从 0～70 mm，记录载荷一位移曲线。在载荷一位移曲线上升半阶段计算产品的垂向刚度。要求如下：

①产品垂向变形 0～65 mm 范围内的刚度为 0.75 kN/mm，刚度公差范围为 −11%～+9%；即刚度范围为：0.67 ～0.82 kN/mm。

②产品垂向变形 70 mm 时的切线刚度应≤1.35 kN/mm。

③产品垂向刚度在 0～30 mm 范围内应呈线性，且刚度在（0.60～0.75）kN/mm 之间。

（3）常温下的横向刚度试验

①试验工况一

产品在垂向施加预载荷 36 kN，然后在横向加载，使横向变形为±5 mm，加载速度 15～20 mm/min。卸去横向载荷并间隔至少 5 min 进行再次加载。进行完 3 次预加载后，再次横向加载，使横向变形为±5 mm，并记录载荷一位移曲线。依据载荷一位移曲线计算产品的横向刚度：

产品的横向刚度：3.9×（1±15%） kN/mm，即刚度为 3.32～4.49 kN/mm。

②试验工况二

产品在垂向施加预载荷，使产品垂向变形 25 mm，然后在横向加载，使横向变形为±5 mm，加载速度 15～20 mm/min。卸去横向载荷并间隔至少 5 min 进行再次加载。进行完 3 次预加载后，再次横向加载，使横向变形为±5 mm，并记录载荷一位移曲线。依据载荷一位移曲线计算产品的横向刚度：产品在 25 mm 的垂向挠度下，产品的刚度≥2.5 kN/mm；

（4）低温垂向刚度试验

测定产品在（−32±2）℃温度下，0～65 mm 挠度范围内的垂向刚度。试验方法参考常温下垂向刚度要求。

（5）弯曲刚度试验

在产品的横向静刚度试验过程中，测量并记录弹簧的弯曲力矩，以此来计算产品的弯曲刚度。

（6）垂向动刚度试验

根据试验条件垂向预载荷 15 kN、频率 5 Hz，振幅±3 mm 的情况进行产品的垂向动刚度试验，给出产品的动刚度试验曲线，计算产品的垂向动态刚度值和动/静刚度比，试验要求动/静刚度比≤1.2。

（7）横向动刚度试验

根据试验条件垂向预载荷 15 kN、平衡位置 0 mm，频率 0.1 Hz，振幅±3 mm 的情况进行产品的横向动刚度试验，给出产品的动刚度试验曲线，计算产品的横向动态刚度值和动/静刚度比，试验要求动/静刚度比≤1.2。

（8）常温下产品的垂向疲劳试验

产品必须通过常温疲劳试验条件下不少于 400 万次总数的疲劳试验。疲劳试验条件按表 11-11 实行。

表 11-11　疲劳试验条件

垂向载荷(kN)	频率(Hz)	振幅(kN)	载荷作用次数(万次)
23	5	±3	40
27	5	±3.5	80
38	5	±4.75	260
45	5	±5.5	20

产品经过 400 万次后，不能出现橡胶与金属的粘接破坏，橡胶表面不允许出现深度超过 3mm 的裂缝。试验过程中，在 200 万次和 400 万次疲劳试验后，检测产品的垂向、横向动刚度。试验条件按上述的垂向、横向动刚度试验条件。

垂向静刚度的变化不允许超过 15%，垂向静刚度是完全按照产品静态特性参数中的要求进行。

(9)常温下横向疲劳试验

同水平方向动刚度试验一样，此试验是在有垂向预载荷(常量)的前提下进行，水平方向的正弦载荷通过产品加力中心，产品在水平方向的挠度为 0 时作为载荷的平衡位置，具体试验数据如下表，试验次数总计 150 万次。具体的试验条件按表 11-12 所示。

表 11-12　常温下横向疲劳试验条件

垂向预载荷(kN)	水平载荷(kN)	水平正弦载荷的频率(Hz)	循环次数(万次)
23	0～11(工况 1)	5	7.5
	0～18(工况 2)	5	7.5
27	0～12(工况 1)	5	15
	0～21(工况 2)	5	15
38	0～16(工况 1)	5	48.75
	0～27(工况 2)	5	48.75
45	0～19(工况 1)	5	3.75
	0～32(工况 2)	5	3.75

注：工况 1 是考虑产品前进方向制动，工况 2 是考虑产品后退方向制动。两工况应交互进行试验。

(10)低温垂向疲劳试验

由于产品有可能在低温条件下组装到转向架上并且在冬天运行到目的地，所以低温疲劳试验同样是非常必要的。低温疲劳试验条件为：温度(－32±2)℃，垂向载荷 18 kN，振幅±2.25 kN，频率 5 Hz，循环次数 100 万次。

产品经过 100 万次疲劳试验后，不能出现橡胶与金属的粘接破坏，橡胶表面不允许出现深度超过 3 mm 的裂缝。垂向静刚度的变化不允许超过 15%，垂向静刚度是完全按照产品静态特性参数中的要求进行。

(11)蠕变试验

蠕变试验条件见表11-13所示。

表11-13　蠕变试验条件

垂向载荷(kN)	试验时间(d)	试验温度(℃)
18.75	30	23±2
18.75	30	60±2

注:要求根据蠕变一时间曲线图计算出十年的蠕变总值不能超过10 mm。

(12)阻尼试验

由于一系悬挂没有使用油压减振器,所以轴箱弹簧必须能够提供足够的阻尼。因此要求对产品在垂向方向进行阻尼性能检测。产品阻尼性能试验条件为:按照产品垂向动刚度的测试要求,在振幅为±10 mm,频率为0.1 Hz下;振幅为±5 mm,频率为1 Hz下;振幅为±3 mm,频率为5 Hz下条件下分别测算产品的阻尼值。

11.4　橡胶堆旁承试验

橡胶堆旁承广泛应用于机车的二系悬挂,是机车车体与转向架间的连接装置,其主要作用是均匀分配机车车辆的上部质量到转向架上,保证轴重均匀分配,进而可以保证横向力的正常传递。

11.4.1　试验目的

试验目的:检验橡胶堆旁承的相关性能是否满足产品技术条件中规定的要求。

检测项目:垂向压缩刚度、剪切刚度和疲劳性能试验等。

11.4.2　试验方法

试验环境调节及时间间隔:

(1)产品试验与硫化之间的时间间隔不得超过三个月。在其他情况下,试验应在需方从收货日算起两个月内进行。

(2)产品在试验前必须进行环境调节,调节的标准温度为(23±2)℃。

(3)在标准温度下,产品调节时间不少于24 h,使产品与环境温度相平衡。

本产品试验加载(位移)方向规定见图11-6。其中:“Z”向为橡胶弹簧的压缩方向;长轴方向为主方向;短轴方向为次方向。

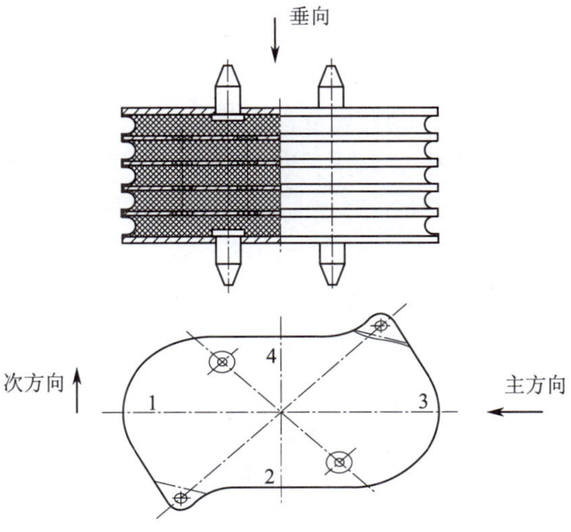

图11-6　试验加载方向示意图

(1)常温垂向(Z向)压缩高测量与垂向刚度试验

①检验产品自由高247 mm(取图11-6所示位置四个点的平均值)。

②垂向以12.7 mm/min的速度从0

加载至 253.5 kN 后，立即卸载至 0 kN；加载—卸载 3 次，加载—卸载—加载之间连续进行，无时间间隔，记录载荷位移曲线。

③第 3 次卸载后立即从 0 加载至 169 kN，加载速度为 12.7 mm/min，保持 169 kN 载荷 1 min 后测量并记录样品的压缩高，然后卸载。数据记录方法：记录该段的载荷位移曲线，并对应样品试验编号记好四个点（如图 11-6 中所示四点）的压缩高度值，这四点的平均值为该产品的压缩高。

④此时产品压缩高应为(234.95±2.28) mm，并要求每个产品的四点高度值的最大与最小值差不大于 2.28 mm。

⑤卸载后立即从 0 加载至 253.5 kN 后再卸载，加载速度 12.7 mm/min。取曲线的上升部分作如下分析，计算载荷为 135.2～202.7 kN 之间产品的垂向割线刚度，要求垂向割线刚度应为 15.08～22.62 kN/mm。数据记录方法：记录计算垂向刚度所用的载荷位移曲线。

(2)极限环境温度下的垂向(Z 向)压缩刚度试验

① 极限高温下的垂向压缩刚度

(a)将样品在常温(23±2)℃下稳定 24 h 后，重复常温垂向刚度试验步骤，记录实验载荷位移曲线和垂向刚度值 V_1。

(b)保持 169 kN 的垂向载荷，在 65 ℃环境温度下恒温 24 h，并拍照留有记录。

(c)把产品取出，立即重复常温垂向压缩高测量与垂向刚度试验(1)中⑤步骤，记录载荷位移曲线和垂向刚度值 V_2。此时 V_2 相对于 V_1 的偏离应≤25%。

② 极限低温下的垂向压缩刚度

(a)将样品在常温(23±2)℃下稳定 24 h，重复常温垂向刚度试验步骤，并记录该次载荷位移曲线和垂向刚度值 V_3。

(b)保持 169 kN 的垂向载荷，在－40 ℃环境温度下恒温 24 h 后，拍照留有记录。

(c)取出样品，以 5～7 Hz 的频率施加动载荷(164～181 kN)20 个循环，随后卸载后立即重复常温垂向压缩高测量与垂向刚度试验(1)中⑤步骤。记录该次载荷位移曲线和垂向刚度值 V_4。此时 V_4 相对于 V_3 的偏离应≤25%。

③整个温度循环的刚度比较

将样品在室温下放置 24 h 后，预压两次后，重复常温垂向压缩高测量与垂向刚度试验(1)中⑤步骤，记录载荷位移曲线和垂向刚度值 V_5。此时 V_5 相对于 V_1 的偏离应≤15%。

(3)水平面内主方向的零点漂移试验

①任取一个样品，使它一端固定在设备上，而另一端能自由滑动。

②垂向加载至 169 kN 并保持载荷，或保证 169 kN 的垂向力产生的位移亦可，加载速度 12.7 mm/min，并保证上下端板平行。

③测量产品在主方向和次方向的零点飘移。要求主、次方向零点漂移应≤5.08 mm。

(4)主方向剪切刚度试验

如图 11-7 所示进行试验安装。

①取一样品，垂向预压至 169 kN 并保持载荷，或保证 169 kN 的垂向力产生的位移亦可，沿主方向(长边)以 12.7 mm/min 的速度进行剪切，位移为－50.8～＋50.8 mm，连续加

载两次。

②立即重复上述剪切过程一次，记录载荷一位移曲线。计算样品在剪切位移为－50.8～＋50.8 mm(加载方向)时的剪切割线刚度，要求为 308～462 N/mm。

③以 12.7 mm/min 的速度进行剪切，位移为 0～＋50.8 mm，记录载荷一位移曲线，并计算 0～＋50.8 mm(加载曲线段的值)的剪切割线刚度。

④以 12.7 mm/min 的速度进行剪切，位移为 0～－50.8 mm，记录载荷一位移曲线，并计算 0～－50.8 mm(加载曲线段的值)的剪切割线刚度。

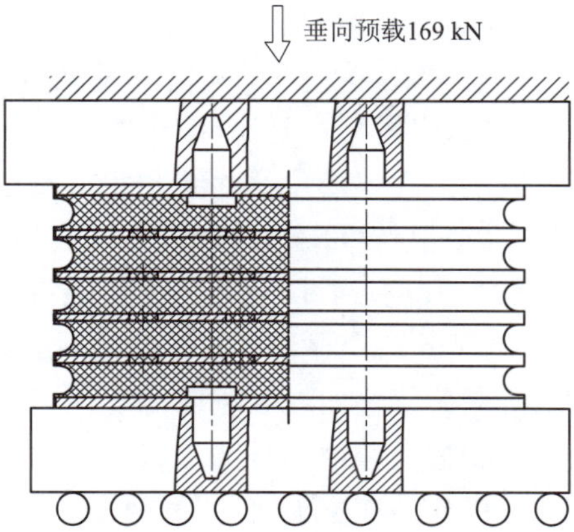

图 11-7 剪切试验安装示意图

⑤对试验整体安装概貌和橡胶在最大剪切位移的橡胶型面要有清晰的照片记录。

(5)主方向最大剪切变形试验

安装示意图如图 11-7 所示。

①垂向预压 169 kN 并保持载荷，或保证 169 kN 的垂向力产生的位移亦可。

②沿长边方向加剪切载荷，加载至位移为 177.8 mm，加载速度 12.7 mm/min，连续加载两次。

③立即重复上述加载过程一次，记录载荷一位移曲线。

④在曲线的加载段，要求剪切位移在 177.8 mm 时载荷不超过 62 kN。

(6)次方向剪切刚度试验

安装示意图如图 11-6 所示。

①垂向预压 169 kN 并保持载荷，或保证 169 kN 的垂向力产生的位移亦可，沿短边方向以 12.7 mm/min 的速度进行剪切，位移为－50.8～＋50.8 mm，连续剪切两次。

②立即重复上述剪切过程一次，记录载荷—位移曲线。

③计算样品在剪切位移为－50.8～＋50.8 mm(加载方向)时的剪切割线刚度，要求为 238～356 N/mm。

④以 12.7 mm/min 的速度进行剪切，位移为 0～＋50.8 mm，记录载荷一位移曲线，并计算 0～＋50.8 mm(加载曲线段的值)的剪切割线刚度。

⑤以 12.7 mm/min 的速度进行剪切，位移为 0～－50.8 mm，记录载荷一位移曲线，并计算 0～－50.8 mm(加载曲线段的值)的剪切割线刚度。

(7)环境极限温度下主方向的剪切刚度试验

①极限高温下的主方向剪切刚度

(a)将样品在常温(23±2)℃下稳定 24 h，重复试验步骤主方向剪切的第一、第二个步骤，并记录该次载荷位移曲线和剪切方向刚度值 S_1。

(b)保持垂向预载 169 kN，或保证 169 kN 的垂向力产生的位移亦可，在 65 ℃环境温度下恒温 24 h，并拍照留有记录。

(c)把产品取出，立即重复试验步骤主方向剪切的刚度试验步骤，并记录载荷位移曲线和剪切刚度值 S_2。

(d)此时 S_2 相对于 S_1 的偏离应≤25%。

② 极限低温下的主方向剪切刚度

(a)将样品在常温(23±2)℃下稳定 24 h,重复试验步骤主方向剪切的刚度试验步骤,并记录该次载荷位移曲线和垂向刚度值 S_3。

(b)保持垂向预载 169 kN,或保证 169 kN 的垂向力产生的位移亦可,在−40 ℃环境温度下恒温 24 h 后,拍照留有记录后取出样品,以 1.5 Hz 的频率在主方向施加±6.4 mm20个循环，随后卸载后立即重复试验步骤主方向剪切的刚度试验步骤。记录该次载荷位移曲线和垂向刚度值 S_4。

③整个温度循环的比较

将样品在室温下放置 24 h 后,重复试验步骤主方向剪切的刚度试验步骤,记录载荷位移曲线和主方向剪切刚度值 S_5。此时 S_5 相对于 S_1 的偏离应≤10%。

(8)垂向压缩疲劳试验

①疲劳条件见表 11-14 所示。

②产品试验后,应符合以下要求:

表 11-14　垂向压缩疲劳试验条件

疲劳载荷(kN)	振动频率(Hz)	循环次数(万次)
135~202.7	1~4	150

(a)各方向的载荷—变形特性变化应≤试验前所测量值的±20%。

(b)自由状态下,每道裂纹长≤25.4 mm ,深度≤6.25 mm。

(c)橡胶任何一层的累计撕裂长度应≤100 mm。

(d)工作高的永久变形和零点飘移变化率≤试验前的 25%。

(e)橡胶从金属表面脱胶深度≤12.7 mm,橡胶任何一层脱胶总长≤100 mm。

(f)顶板,底板,定位销,定位销与顶底板结合处不允许有裂纹。

③产品安装在疲劳试验机上的整体概貌要留有清晰的照片记录,并每隔 30 万次对产品的破坏情况留有照片记录。

(9)主方向的剪切疲劳试验

① 取两个样品做本试验,安装方法示意图 11-8 所示。

② 两产品垂向串联,再并联剪切,垂向预压 169 kN 并保持载荷,或保证 169 kN 的垂向力产生的位移亦可,在图 11-8所示主方向加剪切载荷。

③ 剪切位移、频率及大循环次数见表 11-15。

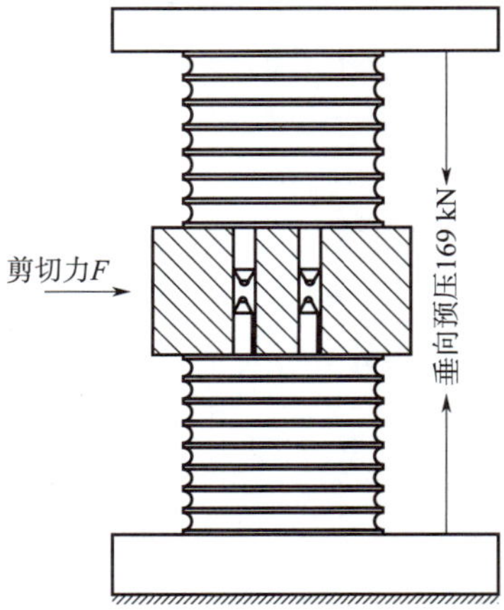

图 11-8　剪切疲劳试验安装示意图

表 11-15　剪切位移、频率及循环次数

一个大循环(7 个小循环)	频率(Hz)	大循环次数[N](万次)	总共次数([N]×7)(万次)
3 次±50.8 mm	0~0.8	1.25	1.25×7=8.75
3 次±101.6 mm	0~0.8		
1 次±177.8 mm	0~0.8		

④完成 12 500 个大循环后，产品应符合以下要求：

(a)产品各方向的载荷～变形特性的变化应疲劳试验前测量的 20%之内。

(b)自由状态下，橡胶层撕裂或剪切长度≤140 mm，深度≤35 mm。

(c)橡胶任何一层的累计撕裂长度≤280 mm。

(d)橡胶从金属表面脱胶深度≤12.7 mm，橡胶任何一层脱胶总长≤100 mm。

(e)工作高度中的永久变形和漂移的变化≤试验前的 25%。

(f)顶板，底板，定位销，定位销与顶底板结合处不允许有裂纹。

(g)产品安装在疲劳试验机上的整体概貌要留有清晰的照片记录，并每隔 3 000 个大循环对产品的破坏情况留有清晰的照片记录。

11.5　JC 型常接触弹性旁承试验

常接触弹性旁承主要由旁承座、弹性体或弹簧、磨耗板和调整垫板等组成。双作用常接触弹性旁承还设有刚性滚子或弹性挡垫。常接触弹性旁承在车体落成后产生预定的压缩量，旁承形成对车体的支撑而承担一定的载荷。在车辆运行时，常接触弹性旁承一方面提供一定的阻力以阻止车体倾翻和侧滚运动，另一方面在上下旁承的接触面间产生摩擦阻力并形成回转阻力矩以抑制车体的摇头运动。因此，装有常接触弹性旁承的车辆提高了空车时转向架的总回转阻力矩，提高了车辆的运行临界速度，可适应于运行速度较高的车辆。

11.5.1　试验目的

试验目的：检验 JC 型常接触弹性旁承的相关性能是否满足产品技术条件中规定的要求。

检测项目：常温静态垂直刚度试验，常温静态纵向刚度试验，低温－40 ℃和高温＋50 ℃静态垂直刚度试验，纵向疲劳试验，常规垂直疲劳试验，强化垂直疲劳试验及永久变形测试。

11.5.2　试验方法

刚度试验前须测量产品自由高，测量产品四个角点的高度后取平均值。试验过程中应测量三次：静刚度试验前，疲劳试验前和疲劳试验后。

(1)常温静态垂直刚度试验

将试验压入模拟旁承座即试验工装后，如图 11-9 所示，放置于试验机平台中心位置，先预压三次，加卸载速度为 5 mm/min，每次位移加载至 13 mm 后卸载。间隔 3～5 min 后正式进行试验，加卸载速度为 5 mm/min，加载到 0.3 kN 后位移清零。然后向下压缩 10 mm 后保持该位置 60 s 后卸载，记录该位置的载荷 P(kN)及位移 S(mm)。试件的垂直刚度为 $K_Z=(P-0.3)/S$，此刚度值应在(2.2±0.2) kN/mm 范围内。

(2)常温静态纵向刚度试验

将四件产品分成两组压入专用试验工装中，如图 11-10 所示，放置于试验机平台中心位置上。先预压三次，加卸载速度为 5 kN/min，每次加载至 25 kN 后卸载。间隔 3～5 min后正式进行试验，加卸载速度为 5 kN/min，加载到 0.3 kN 后位移清零，然后加载至 22 kN，保持载荷 60 s 后卸载，记录该位置的载荷 P(kN)及位移 S(mm)，试件的纵向刚度为 $K=(P-0.3)/(2S)$，此刚度值应≥3.5 kN/mm。

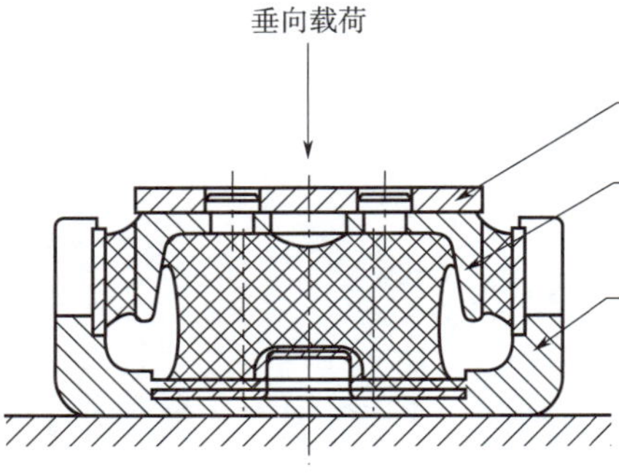

图 11-9

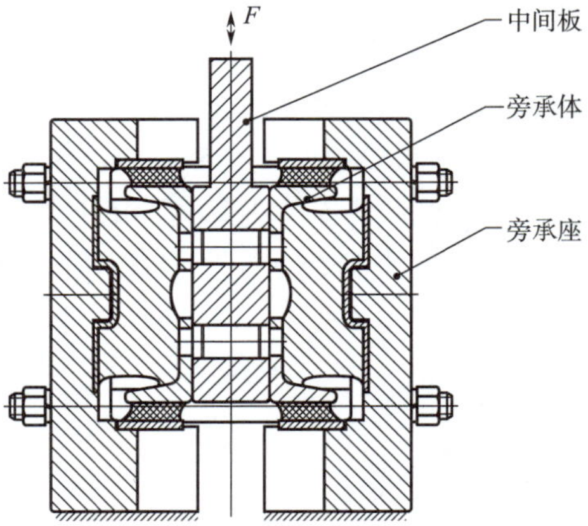

图 11-10

(3)低温－40 ℃静态垂直刚度试验

常温静态刚度试验后，取两件压入试验工装的试样放置于高低温环境箱中，将环境箱设置到－40 ℃保温 12 h 后，取出试样进行低温刚度试验，试验应在 6 min 内完成。加卸载速度为 3 mm/min，加载到 0.3 kN 后位移清零，然后向下压缩 10 mm 后保持该位置 60 s后卸载，记录该位置的载荷 P(kN)及位移 S(mm)，试件的垂直刚度为 $K_{zd}=(P-0.3)/S$。计算试件的低温静态垂直刚度与常温静态垂直刚度的变化率，计算公式为 $(K_z-K_{zd})/K_z\times100\%$，要求变化率应<25%。

(4)高温＋50 ℃静态垂直刚度试验

将上述经过低温静态垂直刚度试验的两件试样进行高温试验。试样放置于高低温环境箱中，将环境箱设置到＋50 ℃保温 12 h 后，取出试样进行低温刚度试验，试验应在 6 min内完成。加卸载速度为 3 mm/min，加载到 0.3 kN 后位移清零，然后向下压缩 10 mm后保持该位置 60 s 后卸载，记录该位置的载荷 P(kN)及位移 S(mm)，试件的垂直刚度为 $K_{zd}=(P-0.3)/S$。计算试件的低温静态垂直刚度与常温静态垂直刚度的变化率，计算公式为 $(K_z-K_{zd})/K_z\times100\%$，要求变化率应<10%。

(5)常规纵向疲劳试验

将未进行高低温试验的另一组试件按常温静态纵向刚度试验装夹方式安装在疲劳试验机上，在夹板上加载±22 kN，频率 2.5 Hz，100 万次循环后，产品表面上不得有裂纹，且橡胶与金属嵌件粘接良好。与疲劳试验前相比，常温静态垂直刚度变化≤10%。

(6)常规垂直疲劳试验

将经过常温纵向疲劳试验的两个试件按常温静态垂直刚度试验装夹方式并排安装在疲劳试验机上，将弹性旁承体高度压缩至 74 mm，以振幅±3 mm，频率 2.5 Hz，200 万次循环后，产品表面不得有裂纹，且橡胶与金属嵌件粘接良好。

(7)强化垂直疲劳试验

将经过常规纵向疲劳试验、常规垂直疲劳试验的两个试件,并排放置在疲劳试验机台上进行试验。将弹性旁承体高度压缩至 74 mm,以振幅±5 mm,频率 1.5 Hz,35 万次循环后,产品表面不应有长度大于 5 mm 且深度大于 1 mm 的裂纹,且橡胶与金属嵌件粘接良好。与试验前相比,常温静态垂直刚度变化≤20%,将试件从试验工装中压出,自由状态下在恒温环境下停放 24 h 后测量试件自由高,试件垂向永久变形(试验前自由高一停放 24 小后自由高)≤2.5 mm。

11.6　空气弹簧试验

空气弹簧悬挂系统由空气弹簧本体(包括胶囊、上盖板和橡胶堆)、节流阀、差压阀和高度控制阀组成。节流阀根据节流孔在应用中是否发生变化分为固定节流阀和可变节流阀两种。可变节流阀的节流孔面积随着空气弹簧本体与附加气室空气的压差发生变化。当空气弹簧上盖板相对于底座产生垂向位移时,空气弹簧内的气体容积发生变化,引起压力的变化。空气弹簧与附加气室之间产生的压差迫使气体流过节流阀。由于气体流过节流阀时流通面积减小,节流阀对气体的流动产生阻碍作用。同时空气弹簧垂向变形时由于胶囊形状的改变,引起胶囊与上盖和底座接触面积的改变,因此空气弹簧的垂向动态特性比较复杂。节流阀对气体流动的阻碍作用引起空气弹簧的动态刚度和阻尼相对于静态刚度产生较大的变化,而且随激振频率的改变而改变。动态刚度和阻尼的改变影响到车体振动的固有频率和衰减率,影响到车体振动的衰减特性,从而影响到车辆运行的舒适性。由于空气弹簧垂向动态特性规律具有一定的复杂性,因此研究节流阀参数对空气弹簧振动特性的影响有着非常重要的意义。

11.6.1　试验条件

除特殊规定,按照 ISO 471:1995《Rubber-Temperatures, humidities and times for conditioning and testing》的要求,试验应在 23～50 个大气压、温度(23±2)℃以及相对湿度 50%±5%的环境下进行。

试验设备:二维电子万能试验机如图 11-11,空气弹簧疲劳试验机如图 11-12。

图11-11　二维电子万能试验机

图 11-12　空气弹簧疲劳试验机

11.6.2 试验方法

(1)气密性试验

使空气弹簧保持在 200 mm 的标准高度之下，充入常用最高压力 500 kPa 的压缩空气，经过保压 24 h 后，压降应小于 20 kPa。

(2)伸缩试验和大位移试验

将空气弹簧安装在试验台上，空气弹簧保持在中立位置(水平位移为零、200 mm 标准高度状态)，分别充入 100 kPa、200 kPa、300 kPa、400 kPa、500 kPa 压缩空气及垂向载荷为 86.3 kN 场合这六种条件下，对上盖板垂向最大拉伸 70 mm，回至平衡位置，再压缩 30 mm，检查整个过程中空气弹簧是否有漏气、损伤及异常现象发生。

将空气弹簧安装在试验台上，空气弹簧保持在中立位置(水平位移为零、200 mm 标准高度状态)，分别充入 100 kPa、200 kPa、300 kPa、400 kPa、500 kPa 压缩空气及垂向载荷为 86.3 kN 场合这六种条件下，对上盖板横向变位 110 mm，回至平衡位置，再向反方向变位 110 mm，检查整个过程中空气弹簧是否有漏气、损伤及异常现象发生。

(3)耐压试验

将空气弹簧安放到能承受其垂直压力的试验框架上，使它保持在 200 mm 高度状态，充入压力为 750 kPa 的压缩空气，放置 3 min 后，检查空气弹簧各部位有无漏气及变形(常用耐压试验)；充入压力为 2 000 kPa 的水压，放置 3 min 后，检查空气弹簧各部位有无漏气及变形(耐压破坏试验)。

(4)有效承压面积试验

将空气弹簧安放在垂直载荷试验台上，使它保持在 200 mm 高度状态并充入压缩空气使之达到 0.4 MPa，测定此时的空气弹簧载荷：

有效承压面积按公式(11-1)计算：

$$A_k=\frac{F}{P} \tag{11-1}$$

式中：A_k——空气弹簧的有效承压面积，m^2；

F——空气弹簧的载荷，kN；

P——空气弹簧的内压，kN/m^2。

(5)有效承压面积变化率试验

按照有效承压面积试验的方法，使空气弹簧由 200 mm 高度压缩 10 mm，测量此时的有效承压面积。再使空气弹簧由 200 mm 高度伸张 10 mm，测量此时的有效承压面积。空气弹簧的有效承压面积变化率按公式(11-2)计算：

$$\frac{dA}{dX}=\frac{A_{+1}-A_{-1}}{2\delta} \tag{11-2}$$

式中：$\frac{dA}{dX}$——空气弹簧的有效承压面积变化率，(mm^2/mm)；

A_{+1}——空气弹簧在压缩 δ 时的有效承压面积，cm^2；

A_{-1}——空气弹簧在伸张 δ 时的有效承压面积，cm^2；

δ——空气弹簧的垂直位移，cm。

(6)垂直静刚度试验

将空气弹簧安装在可使其垂直方向位移的载荷—位移试验台上。按容积为 39 L 的辅助空气室进行配管。

使空气弹簧保持 200 mm 高度，首先充入 100 kPa 的压缩空气，确认没有压力降低后，切断压缩空气的供、排气，记录此时的空气弹簧载荷值；使空气弹簧垂直压缩 10 mm，在其位置上停止 30 s 后，记录空气弹簧的载荷和内压值；继续压缩空气弹簧，直至压缩 30 mm为止，分别在压缩到 10 mm、20 mm、30 mm 时记录载荷与内压值。再使空气弹簧回到 200 mm 标准高度后向上伸张 30 mm 每 10 mm 记录载荷与内压以及值。

按以上方法在空气弹簧内压力分别为 200 kPa、300 kPa、400 kPa、500 kPa 及垂向载荷为 86.3 kN 场合下，测量空气弹簧的载荷与内压值。

空气弹簧垂直静刚度按公式(11-3)计算：

$$K_{vs}=\frac{F_{+1}-F_{-1}}{2\delta_1} \tag{11-3}$$

式中：K_{vs}——空气弹簧的垂直静刚度，N/mm；

F_{+1}——当空气弹簧压缩 δ 时的载荷，N；

F_{-1}——当空气弹簧伸张 δ 时的载荷，N；

δ_1——空气弹簧的垂直位移，mm。

(7)水平静刚度试验

将空气弹簧安装在可水平方向位移的试验台上，空气弹簧保持在中立位置(水平位移为零、200 mm 标准高度状态)，分别充入 100 kPa、200 kPa、300 kPa、400 kPa、500 kPa 压缩空气及垂向载荷为 86.3 kN 场合这六种条件下，使空气弹簧由中立位置向水平方向移至 40 mm，再回到中立位置，然后再向水平方向的另一侧位移至－40 mm，再回到中立位置。在位移过程中，每位移 10 mm 位置上停止 30 s 后，测定该位置的空气弹簧水平载荷值，并分别同时计算出各位移点的刚度值。

空气弹簧的水平静刚度按公式(11-4)计算：

$$K_{hs}=\frac{F'_{+1}-F'_{-1}}{2\delta'} \tag{11-4}$$

式中：K_{hs}——空气弹簧的水平静刚度，N/mm；

F'_{+1}——当水平位移时的空气弹簧水平反力，N；

F'_{-1}——当水平反向位移时的空气弹簧水平反力，N；

δ'——自中立位置的水平位移(左、右各 10 mm)。

(8)水平动刚度试验

按照水平静刚度试验的方法，将空气弹簧自中立位置作水平振幅 10 mm 的简谐振动。振动频率在 1 Hz 时，测定水平位移及水平反力。

水平动刚度按公式(11-5)计算：

$$K_{hd}=\frac{F''_{+1}-F''_{-1}}{2\delta''} \tag{11-5}$$

式中：K_{hd}——空气弹簧水平动刚度，N/mm；

F''_{+1}——当水平位移时空气弹簧水平反力，N；

F''_{-1}——当向相反一侧位移时空气弹簧的水平反力，N；

δ''——自中立位置的水平位移(左、右各 10 mm)。

(9)内容积试验

将空气弹簧安装在试验台上，使其保持标准高度，向空气弹簧内部注满水，直至内部无空气残余为止。施加 500 kPa 水压后，再将水压降至 400 kPa、300 kPa、200 kPa、100 kPa、0 kPa，逐渐将空气弹簧内部的水排出，测量各种水压时的排水量，最后测定残余水量。

根据上述顺序，计算出各种内压状态下空气弹簧内部水量，以所得数值作为空气弹簧在各种内压下的内容积。

(10)尺寸测量试验

垂向载荷下的尺寸测量：在内压为 100 kPa、200 kPa 、300 kPa 、400 kPa、500 kPa，垂向压缩 30 mm 时，测量胶囊距底面的最小高度 h_1，h_2，取平均值进行记录，同时记录最大外径 D。见示意图 11-13。

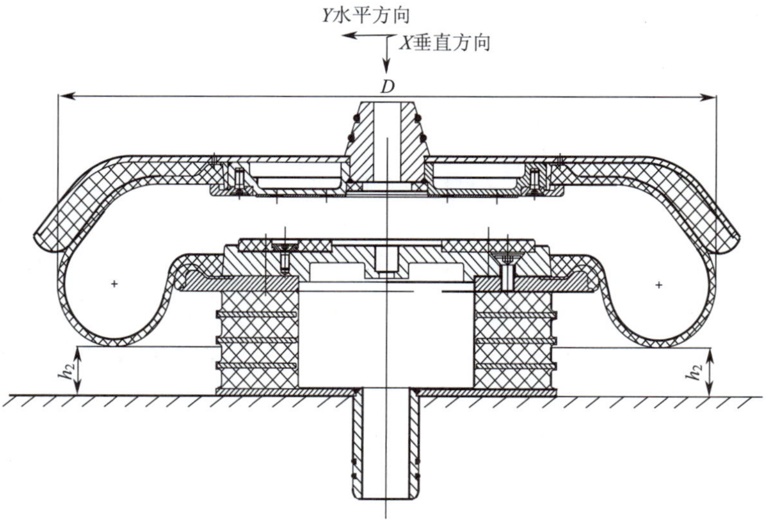

图 11-13　尺寸测量示意图

注：取箭头所示方向为正方向。

横向载荷下的尺寸测量：在内压为 500 kPa，横向位移 110 mm 时，测量胶囊距底面的最小高度 h_1 与最大高度 h_2，以及胶囊的最大外径 D。参见示意图 11-13。

(11)垂向疲劳试验

将空气弹簧安装具有交变载荷的试验台上，使其保持在标准高度，充入 500 kPa 压缩空气，以 1～2 Hz 的频率和±25 mm 的垂向振幅，做 100 万次垂向疲劳试验，检查各部分无局部起伏及其他异状。

(12)横向疲劳试验

将空气弹簧安装在具有交变载荷的试验台上，使其保持在标准高度，充入 500 kPa 压缩空气，以 0.5Hz 的频率和±75 mm 的横向振幅，滚动半径 1 000 mm，做 100 万次横向疲劳试验，检查各部分无局部起伏及其他异状。

11.7　轴向橡胶垫试验

转 8AG、转 8G、转 K2 型轴向橡胶垫均由铁件（1）、铁芯、铁件（2）、胶层组成，如图 11-14所示。轴向橡胶垫是侧架弹性交叉支撑装置中的弹性元件，它主要是在侧架和交叉支撑装置之间起弹性连接作用，同时通过合适的轴向刚度设计提供转向架适当的抗菱刚度。因此其刚度特性应进行严格控制，并防止大的蠕变或永久变形。产品静态安装处于成对预压缩状态，要求经过 200 万次常规疲劳试验和 15 万次强化疲劳试验橡胶本体不破坏。

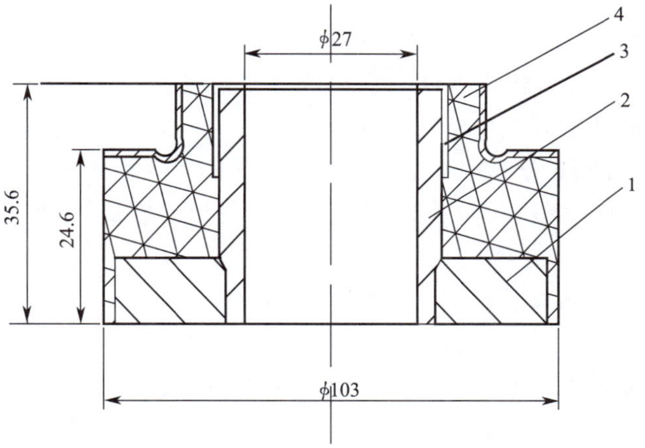

1—铁件(1)；2—铁芯；3—铁件(2)；4—胶层

图 11-14　轴向橡胶垫示意图

11.7.1　试验目的

试验目的：检验轴向橡胶垫的相关性能是否满足产品技术条件中规定的要求。

试验准则：所有试验分单件检测和组合件检测两种状态，其中组合件检测按照实际运用工况的安装方式进行，采用 675 N·m 拧紧力矩通过高强度螺栓将两个橡胶垫小头相向地固定在侧架支撑座或相应工装夹具上。按照交叉支撑端头轴向受力方式加载并检测。从生产厂一个单批硫化产品中任取 4 个作为试件，作好标记 1、2、3、4，并分别测量原始高度尺寸：分别测每个产品四不同点处的高度，再取算术平均值作为产品的原始高度尺寸。

11.7.2　试验方法

(1)单件常温(23±2)℃刚度试验

在温度(23±2)℃范围内，对 4 个试件均进行单件刚度检测。先进行 3 次预加载，每次缓慢匀速加载到 50 kN,每两次之间停留 10 min;再进行正式试验,记录有关力—位移曲线,并计算其在 35 kN 压缩时的轴向刚度应为(14.8±1.48)kN/mm。试验数据及曲线列入报告。

(2)单件低温(−40 ℃)试验

在以上合格的试件任取 2 个放入高低温箱中调温至(−40±1) ℃恒温 8 h,然后在常温状态下的试验机上进行试验,缓慢匀速加载至 50 kN,检测载荷在 35 kN 时的刚度,并记录有关力—位移曲线,试验数据及曲线应列入报告。整个试验过程必须在 5 min 内完成。试件的刚度与常温时的刚度变化率不得大于 20%。

(3)单件高温(+50 ℃)试验

将其余 2 个放入高低温箱中调温至(50±1) ℃恒温 8 h,然后在常温状态下的试验机上进行试验,缓慢匀速加载至 50 kN,检测载荷在 35 kN 时的刚度,并记录有关力—位移曲线,试验数据及曲线应列入报告。整个试验过程必须在 5 min 内完成。试件的刚度与常温时的刚度变化率不得大于 10%。

(4)组合件常温(23±2)℃刚度试验

组合件只做常温检测,将常温试验合格的 4 个单件组合成两个组合件,拧紧力矩为 675 N·m,模拟橡胶垫实际工作状态。在温度(23±2)℃下,缓慢匀速加载,最大载荷为 40 kN,记录力—位移曲线,计算出组合件在工作状态下(10 kN、20 kN、30 kN)的轴向组合刚度。以这个轴向刚度作为疲劳试验后刚度复查的依据。试验数据及曲线应列入报告。

(5)疲劳试验

①200 万次标准疲劳试验

疲劳试验针对上述 2 个合格组合件进行,可以一次串联两个组合件同时开展疲劳试验,疲劳试验室温应在(23±2)℃,标准疲劳试验按正弦波加载为(45±10)kN,频率 2～3 Hz,疲劳循环次数为 200 万次。试验中应观察表面状态,是否有裂纹。

疲劳试验结束待冷却后,检测每个组合件的轴向组合刚度,其刚度较常温刚度变化不得超过 10%。额定疲劳载荷试验后分解一个组合件,5 h 后测量压缩永久变形。橡胶垫的轴向厚度永久变形量不得大于 1.3 mm。

所有分解后的橡胶垫表面不得有裂纹,与金属件粘结状态保持良好,金属片不得有裂纹。

②15 万次强化疲劳试验

已通过 200 万次疲劳试验,未分解的组合件继续进行 15 万次的强化疲劳试验。强化疲劳试验按正弦波加载±39 kN 进行,频率 2～3 Hz,试验完毕解件,检查橡胶垫表面,不得有大于 5 mm 长明显裂纹,钢片表面不得有大于 10 mm 裂纹,金属件粘结处不得有大于 5 mm 长的裂纹,5 h 后测量压缩永久变形,厚度累积永久变形量不得大于 1.5 mm。

11.8 轴箱橡胶垫试验

轴箱橡胶垫用于转向架承载鞍与侧架之间,在铁路货车运行过程中提供适当的横向和纵向刚度,当垂向载荷发生很大变化时,橡胶的水平刚度基本保持不变。轴箱橡胶垫的二维图和三维图如图 11-15 所示。

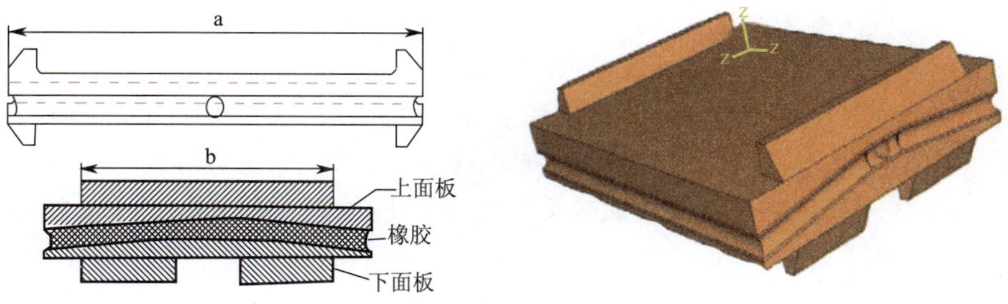

（a）二维图　　（b）三维图

图 11-15 轴箱橡胶垫

11.8.1 试验目的

试验目的：检验轴箱橡胶垫的相关性能是否满足产品技术条件中规定的要求。

试验准则：

(1)试件硫化后经外观检验良好的样品在(23±2)℃环境温度下恒温 24 h 以后方能用于试验。

(2)垂、纵、横向刚度试验时的环境温度应在(23±2)℃范围内，疲劳试验时，试验室环境温度为(23±5)℃。

(3)纵、横向刚度试验前，应首先测量并记录橡胶垫 4 个角度的厚度，取平均值作为橡胶垫的实测厚度。

(4)轴箱橡胶垫的试验是两个试件为一组进行的，所以每次试验应至少随机抽取 2 件进行。

(5)每个试件所要求检测的前一个项目达到要求后，方可进入下一阶段的试验。

检测项目：常温静态单件垂向压缩变形量试验，纵向或横向静刚度试验，垂向疲劳试验，纵向疲劳试验，横向疲劳试验，电阻试验。

11.8.2 试验方法

纵、横试验前须测量产品自由高，测量产品四个角点的厚度后取平均值作为橡胶垫的实测厚度。轴箱橡胶垫的试验时两个试件为一组进行的。

(1)常温静态单件垂向压缩变形量试验

将产品放在专用试验工装中，放置于试验机平台中心位置，在橡胶垫上施加 5 kN 的垂向预压缩，然后以 1 mm/min 的速度加载至 130 kN，再以同样的速度卸载至 5 kN；上述过程为一个周期。橡胶垫循环加载两个周期后，百分表读数清零。然后进行第三个循环加载至 117.6 kN，记录 117.6 kN 的两个百分表的位移读数，取两个百分表的平均值为第 1 次试验结果。上述实验完成后，将橡胶垫上的垂向载荷卸载为 0，然后按上述方法再进行一次垂向压缩变形量试验，两次试验结果的平均值为橡胶垫的垂向变形量。此垂向变形量值应在 0.3～0.8 mm 范围内。

(2)纵向或横向静刚度试验

根据橡胶垫的实测厚度，将橡胶垫放入工装并通 4 个螺栓将两个外侧板拧紧至与定位套筒密贴，使橡胶垫四个角在一个水平面上，即认定为橡胶垫施加了 117.6 kN 的垂向载荷。然后再用螺钉分别将 4 个底板拧紧至两个外侧板密贴(底板与两个外侧板不得有间隙)，橡胶垫放入工装并用 4 个紧固螺栓拧紧后至正式进行纵、横向刚度试验前停放时间应不超过 4 h。

将橡胶垫放置于试验机平台中心位置，在橡胶垫上施加 2 kN 的横向或纵向预载荷，然后以 2 mm/min 的速度，在橡胶垫上施加纵向或横向载荷至 45 kN，在以同样的速度，再以同样的速度卸载至纵向或横向载荷 2 kN；上述为一个周期。

橡胶垫加载两个周期后，百分表读数清零。

然后进行第三个循环加载至 39.2 kN，记录 39.2 kN 时 2 块百分表的位移读数，读数在 5s 内完成，取两个百分表的平均值为橡胶垫的变形量。

横向和纵向刚度计算如公式(11-6)和(11-7)所示。

单件纵向刚度 Kz=(39.2−2)/(2×纵向变形量)　(kN/mm)　　(11-6)

单件横向刚度 Kz=(39.2−2)/(2×横向变形量)　(kN/mm)　　(11-7)

上述实验完成后，将试件和工装翻转 180°，重新按上述方法进行试验，2 次试验结果的平均值作为橡胶垫的纵向或横向刚度。此纵向刚度应在(14±2.1) kN/mm 范围内。横向刚度应在(10±1.5)kN/mm 范围内。

(3)垂向疲劳试验

疲劳试验如图 11-16 所示对上述 2 个合格产品进行，可以一次串联两件同时开展疲劳试验，将串联的两件放置于试验机平台中心位置上，垂向加载(117.6±58.8)kN，频率3 Hz，200 万次循环。试验中观察产品表面状态，是否有裂纹。疲劳试验结束后工作区和过渡区的橡胶表面不应出现多于 3 处裂纹，裂纹长度之和不大于 25 mm，橡胶与金属粘接处不应出现多于 3 处脱胶，脱胶长度之和不大于 30 mm。

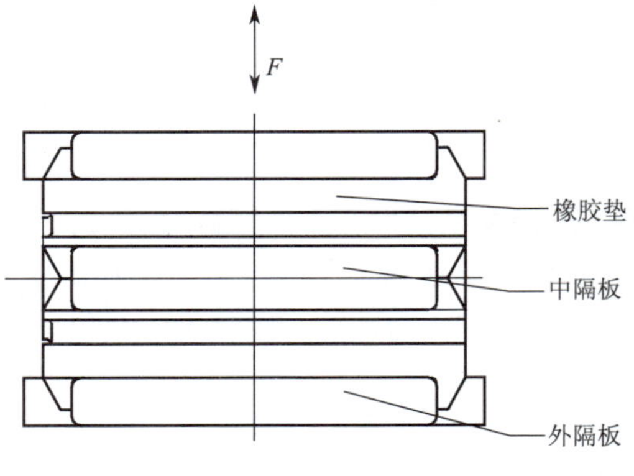

图 11-16　轴箱橡胶垫垂向疲劳试验

(4)纵向疲劳试验

将经过常规垂向疲劳试验的两个试件安装在疲劳试验机上如图 11-17(a)所示，将串联的组合件放置于试验机平台中心位置上，纵向加载−39.2～58.8 kN，频率 2 Hz，循环 50 万次。试验中观察产品表面状态，是否有裂纹。疲劳试验结束后工作区和过渡区的橡胶表面不应出现多于 3 处裂纹，裂纹长度之和不大于 25 mm，橡胶与金属粘接处不应出现多于 3 处脱胶，脱胶长度之和不大于 30 mm。

(5)横向疲劳试验

将经过垂向疲劳、纵向疲劳试验的两个试件安装在疲劳试验机上如图 11-17(b)所示，将串联的两件放置于试验机平台中心位置上，横向加载－39.2～39.2 kN，频率2 Hz，循环 50 万次。试验中观察产品表面状态，是否有裂纹。疲劳试验结束后工作区和过渡区的橡胶表面不应出现多于 3 处裂纹，裂纹长度之和不大于 25 mm，橡胶与金属粘接处不应出现多于 3 处脱胶，脱胶长度之和不大于 30 mm。

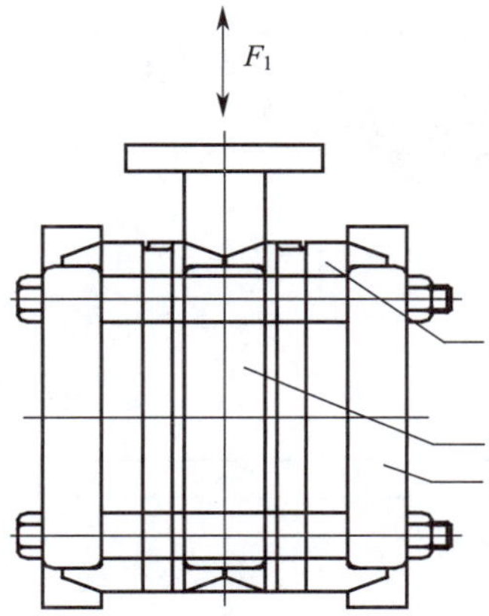

(a)纵向加载疲劳试验

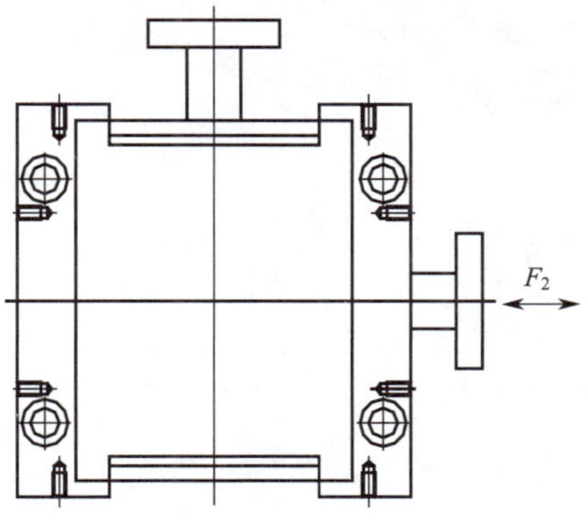

(b)横向加载疲劳试验

图 11-17 轴箱橡胶垫纵向、横向疲劳试验

（6）电阻试验

将产品平放在试验机台，电阻测试在橡胶垫上下衬板承载面进行，测量样品在电压 500 V 电压下的电阻值。要求上下衬板承载面间电阻值≤0.2 Ω。

11.9 抗侧滚扭杆试验

抗侧滚扭杆装配于车体和转向架之间，提供车辆抗侧滚性能。其原理是当转向架左右弹簧发生相反方向的垂直位移时（车体侧滚），水平放置的两个扭杆臂相对扭杆分别有一个相反的力和力矩作用，使弹性扭杆承受扭矩而产生扭转变形，起扭杆弹簧作用。扭杆弹簧的反扭矩，总是与车体产生侧滚角位移的方向相反，以约束车体的侧滚运动。当左右两弹簧为同方向垂直位移时，因扭杆两端为转轴同轴承支承，两扭臂只使扭杆产生同向转动，不影响中央悬挂装置的运动。

11.9.1 试验目的

试验目的：检验抗侧滚扭杆的相关性能否满足产品技术条件中规定的要求。

检测项目：整体刚度试验，标准载荷试验，系统极限载荷试验，疲劳试验。

11.9.2 试验方法

试验设备：抗侧滚扭杆疲劳试验机如图 11-18 所示。

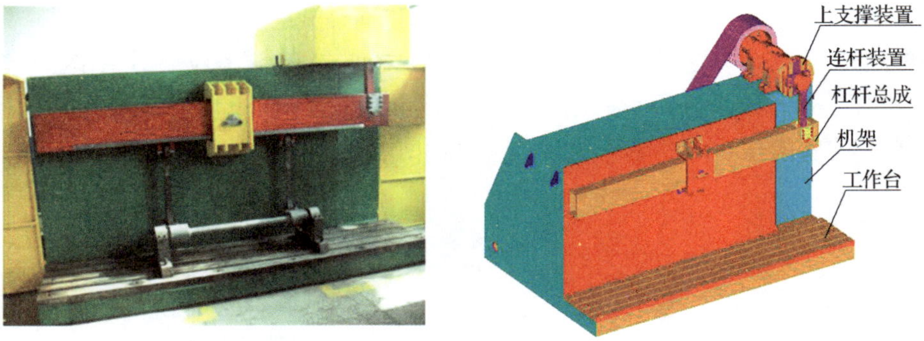

图 11-18　抗侧滚扭杆疲劳试验机

(1)贴应变片

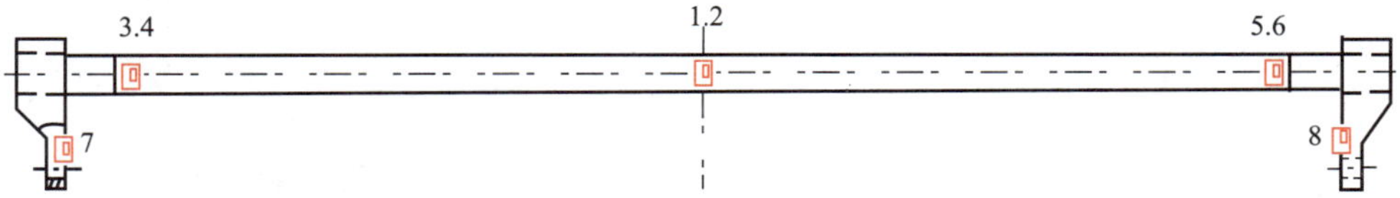

图 11-19　抗侧滚扭杆应变片位置图

(2)整体刚度试验

①试验目的:检验抗侧滚扭杆组件的整体刚度。

②试验方法:

(a)试验安装时,如图 10-20 所示,将产品扭杆轴两端的支撑座通过 T 形螺栓固定在试验机平台上,扭转臂一端固定,另一端通过连杆与试验机加载油缸连接。试验前载荷调零,同时让两扭转臂保持水平位置。

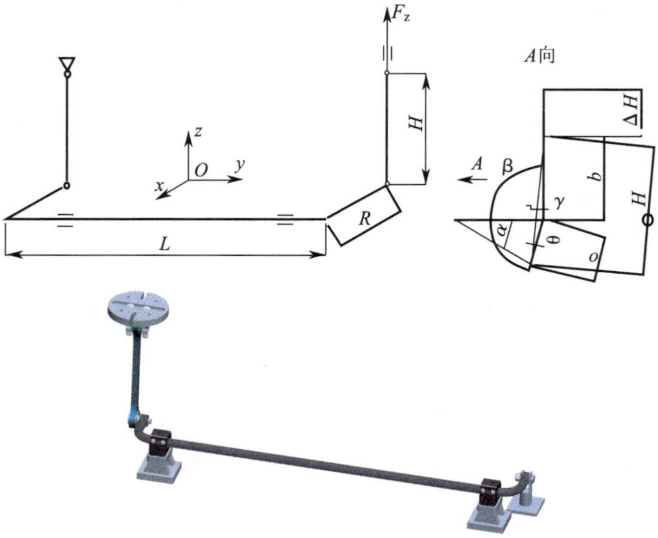

图 11-20　抗侧滚扭杆试验安装示意图

(b)预加载:首先对产品一端施加载荷±40 kN,频率 0.05 Hz,连续加载 3 次,间隔

5 min，正式加载一次，记录载荷一变形曲线，计算整体刚度如下：

0～40 kN 间的刚度 $k_1=(F_0-F_{40})/(S_0-S_{40})$；

40～0 kN 间的刚度 $k_2=(F_{40}-F_0)/(S_{40}-S_0)$；

0～−40 kN 间的刚度 $k_3=(F_0-F_{-40})/(S_0-S_{-40})$；

−40～0 kN 间的刚度 $k_4=(F_{-40}-F_0)/(S_{-40}-S_0)$；

刚度系数 $k=(k_1+k_2+k_3+k_4)/4$；

从而，整体刚度 $C=kL^2$。

其中，S——位移；k——刚度；C——整体刚度；L——扭杆轴长度。

(3)标准载荷试验

①试验目的：检验抗侧滚扭杆组件的标准载荷能力。

②试验方法：

③试验内容(●)

根据试验样品的技术条件，标准载荷试验的内容参照表 11-16 执行(其中的标注●项目)。

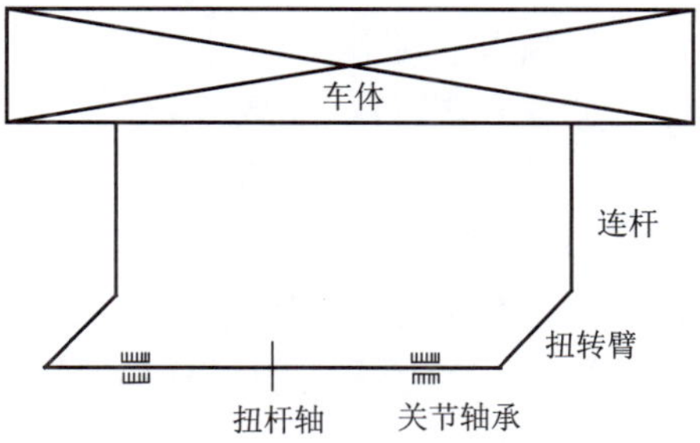

图 11-21　抗侧滚扭杆试验安装示意图

表 11-16　试验内容

序号	水平位移 (L)(mm)	垂向加载 (F)(kN)	记录应力值(stress)	
			±51.7 kN	±103.4 kN
1	0	0 ～104 104～0 0～−104 −104～0	●	●
1	−45	0～51.7	●	——
2	−90	0～104	——	●
3	+45	0～−51.7	●	——
3	+90	0～−104	——	●

(4)极限强度试验

①试验目的：检测扭杆组件在极限载荷下是否发生塑性变形。

②技术要求：扭杆轴扭转角为 32°，保持扭转状态 1 min，回复到自由状态时其位置误差不能超过 10′。

③试验设备：多通道加载试验机。

当 $\Delta H\geqslant 93.62$ mm 时扭杆轴的扭转角度 $\alpha\geqslant 32°$。

扭杆组件试验前后的变化判定：试验前扭杆轴两端分别做标记线，该线必须同时穿过扭杆轴和扭转臂，用于判定试验过程扭杆轴和扭转臂之间是否会产生打滑现象。

④试验方法：

(a)该试验在扭杆系统整体刚度试验后进行，使用同一套扭杆系统进行此试验；而且间隔时间必须不能少于 20 min。

(b)试验安装方法:同扭杆系统整体刚度试验,见图 11-21。

(c)试验过程:

预加载:用手动先加载至 2 kN,然后卸载至 0 kN。(应该 2 kN 时为位移零点)

正式加载:

载荷大小:加载 ΔH=93.62 mm 时,保压 1 min,最后回复到 2 kN 状态时其位置误差不能超过 10′。

试验中应力片检测其最大应力值,该值应≤屈服强度。

加载次数:1 次;

加载方式:自动加载;

加载频率:0.1 Hz。

(5)疲劳性能试验

①试验目的:对产品的设计可靠性和工艺可靠性进行验证;

②技术要求:根据试验样品的技术条件,其疲劳性能试验的技术要求如表 11-17 所示。

表 11-17　疲劳试验技术要求

阶段	垂向连杆载荷(kN)	水平位移(L)(mm)	循环次数(万次)	试验环境
1	±19.3	+60	50	橡胶温度≤40 ℃
2	疲劳暂停,进行刚度和应力测试			
3	±19.3	−60	50	橡胶温度≤40 ℃
4	疲劳暂停,进行刚度和应力测试			
5	±19.3	+60	50	橡胶温度≤40 ℃
6	疲劳暂停,进行刚度和应力测试			
7	±19.3	−60	50	橡胶温度≤40 ℃
8	疲劳暂停,进行刚度和应力测试			
每隔 50 万次需要检测刚度和扭杆的应力大小。 注意:需要对整个疲劳实验过程的所有数据进行记录并附在疲劳实验报告上。				

③试验设备:多通道试验机或扭杆疲劳试验机。

④试验方法:在所有静态性能试验合格后才进行本试验,具体安装如图 11-22 所示。

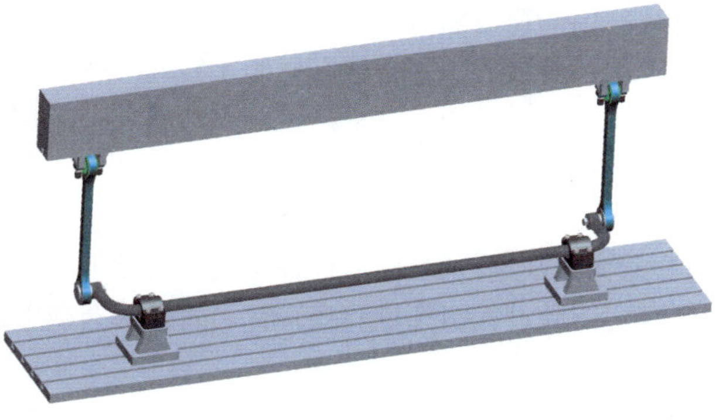

图　11-22

⑤特殊标记：在扭杆轴和扭转臂端面接触处，在试验前标记相对应位置。

⑥试验判定：在完成表 11-17 中试验后，金属件不出现裂纹扩展和断裂现象，金属件的变形应在能保证组件正常发挥功能的范围内则视为疲劳性能通过。

11.10　弹性胶泥缓冲器试验

弹性胶泥缓冲器的基本工作原理是将弹性胶泥装进能够承受一定压力的缓冲器活塞缸内，根据需要增加一定的预压缩力；当弹性胶泥缓冲器活塞柱受到一定压力（静压力或冲击力）时，活塞利用活塞缸内节流孔或节流间隙以及弹性胶泥本身体积被压缩后的反作用力产生一定的阻抗力，其结构如图 11-23 所示。弹性胶泥受到的预压缩力越大或活塞的运动速度越快，则产生的阻抗力越大，这有利于提高缓冲器在大冲击下的容量。当缓冲器的活塞被压缩后，缓冲器体内的弹性胶泥处于压缩状态；当作用在活塞柱上的外力撤销后，弹性胶泥的体积则会自行膨胀，将活塞推回到原始位置，在这个过程中弹性胶泥以较慢的速度通过活塞环行间隙（或节流孔）流回原位，实现缓冲器的回程运作。

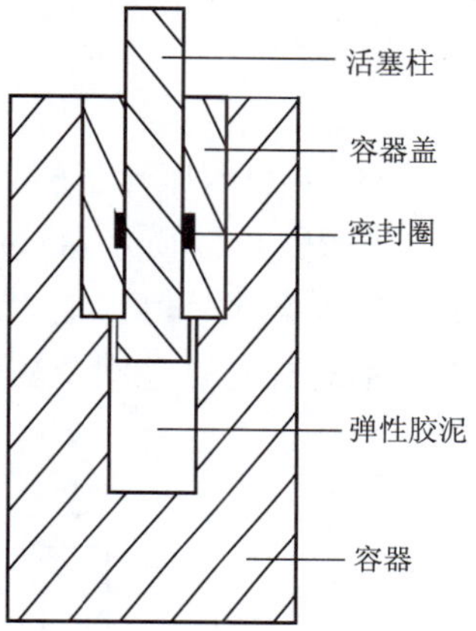

图 11-23　弹性胶泥缓冲器

11.10.1　试验目的

试验目的：检验弹性胶泥缓冲器的相关性能否满足产品技术条件中规定的要求。

检测项目：常温静态，低温试验，高温试验，灵敏度载荷，密封耐压试验。

11.10.2　试验方法

（1）试验设备及试验程序

①弹性胶泥材料的体积压缩率，密封件耐压性能，弹性胶泥芯体的静态特性、高低温最大静态载荷、灵敏度采用电子万能试验机进行试验，试验机额定载荷应不低于 20 t，应采用外接传感器进行位移测量，试验机及传感器的示值精度为 1%。

②应采用静态性能试验合格的弹性胶泥芯体试件进行弹性胶泥材料的性能检验和弹性胶泥芯体的耐久试验。

（2）弹性胶泥材料体积压缩率

①标定工装容积 V_0：应对工装容积进行标定。如图 11-24所示，将工装倒置，活塞移至最底端，加满水后，旋

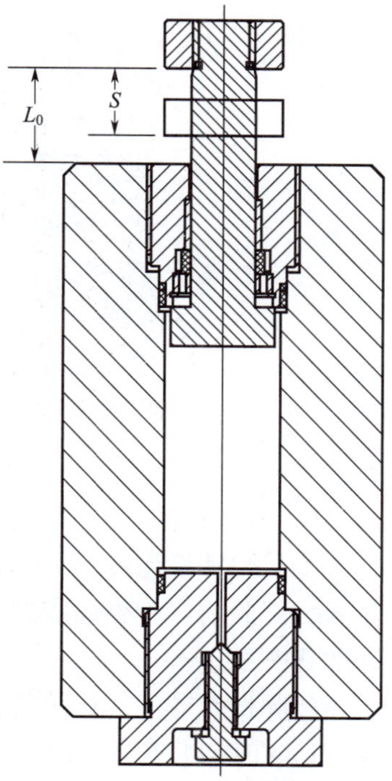

图 11-24　弹性胶泥材料体积压缩率试验示意图

紧螺母和排气螺钉，工装内水的体积为工装容积 V_0。

②试验时应加入 1.05V_0 体积的弹性胶泥，在(23±2)℃ 的环境下静置 24 h，使工装内部及弹性胶泥材料间气体排空，然后旋紧螺母和排气螺钉。

③将试验工装放置在电子万能试验机上，以 1 mm/s 的加、卸载速度加载至 130 kN 时卸载，直至压力降至零。2 次加、卸载循环后，在自由状态下测量活塞杆的伸出长度 L_0。

④按以上规定的方法重复加、卸载 2 次，记录载荷特性曲线，测量最后一次加载载荷为 115 kN 时活塞杆的位移 S。

⑤按公式(11-8)计算胶泥材料体积压缩率 k。

$$k=\frac{s\times 13.5^2\times\pi}{V_0-(42-L_0)\times 13.5^2\times\pi} \tag{11-8}$$

(3)密封耐压性试验

如图 11-25 所示，将密封件试验工装放置在电子万能试验机上，以 2 mm/s 的加、卸载速度加载至 90 kN 时，保压 5 min 后卸载至载荷为零，重复进行三次。试验过程中检查芯体活塞杆与缸盖间及缸盖与缸体间状态。

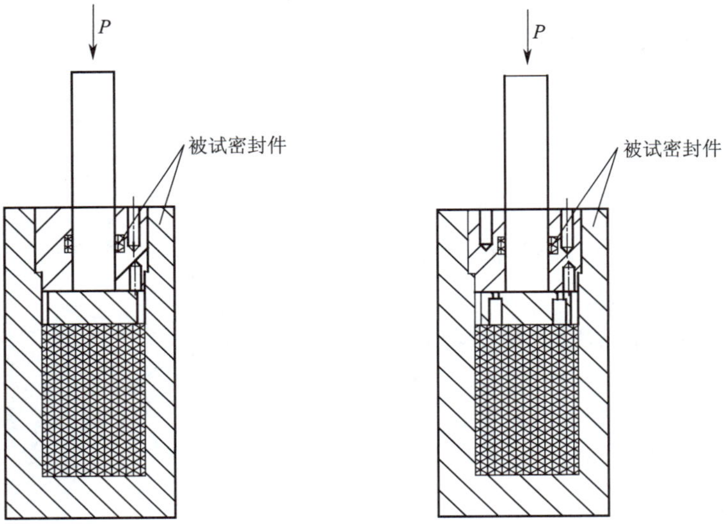

(a)阻尼孔结构芯体　　(b)单向阀结构芯体

图 11-25　密封件耐压性能试验示意图

(4)静态特性

①试验环境温度(23±2)℃。

②试验前应将弹性胶泥芯体放置在(23±2)℃的环境下至少 24 h，试验均在无导向套的状态下进行。

③弹性性胶泥芯体放置在电子万能试验机上，以 2 mm/s 的加、卸载速度加载至距压并 3 mm 时卸载至零，重复三次后缓慢加载至 2 kN 时位移清零。以 2 mm/s 的加、卸载速度，加载至距压并 3 kN 时卸载至位移为零，记录加、卸载过程中载荷和位移的特性曲线，获得位移为 2 mm 和距压并 3 mm 时的加载载荷值，计算容量。

(5)高低温最大静态载荷

①试验前将弹性胶泥芯体分别放置在(50±2)℃和(−50±2)℃ 的环境下至少 24 h。

②弹性胶泥芯体取出应立即按照(4)静态特性(c)规定的方法进行试验(不进行预压),分别获取高温 50 ℃和低温−50 ℃距压并 3 mm 时的加载载荷值。整个试验过程应在 3min 内完成。

③50 ℃ 高温试验时,弹性胶泥芯体表面的温度不得低于 45 ℃,−50 ℃低温试验时,弹性胶泥芯体表面的温度不得高于−45 ℃。

(6)灵敏度

①将弹性胶泥芯体放置在(23±2) ℃ 的环境下至少 24 h。

②将弹性胶泥芯体放置在电子万能试验机上,以 0.5 mm/s 的加、卸载速度加载至距压并 3 mm 时卸载至零,重复三次。缓慢加载至 2 kN 时位移清零,以 0.5 mm/s 的速度加、卸载,加载至距压并 3 mm 时卸载,直至位移为零,记录加、卸载过程中载荷和位移的特性曲线;测量位移 2 mm 时加载载荷 F_1 和卸载载荷 F_2,$(F_1-F_2)/2$ 为灵敏度。

(7)耐久性能

①耐久性能试验前,应按静态特性(4)规定获得位移为 2 mm 和距压并 3 mm 时的加载载荷值及容量。

②耐久试验时弹性胶泥芯体应水平放置,试验程序按表 11-18 规定进行,试验顺序按第一、第二、第三阶段进行,重复进行 12 次(累计进行 52 800 次)。

表 11-18　弹性胶泥芯体耐久试验程序

实验步骤	实验方法	循环次数
第一阶段	位移:5 mm~30 mm;频率:1 Hz	3 000 次
第二阶段	位移:5 mm~55 mm;频率:0.5 Hz	1 200 次
第三阶段	位移:5 mm~90 mm;频率:0.2 Hz	200 次
注:每完成一个加、卸载过程,为一个循环。		

③耐久试验后按静态特性(4)规定获得位移为 2 mm 和距压并 3 mm 时的加载载荷值及容量。

④试验过程中应进行水冷,控制弹性胶泥芯体端盖表面温度不高于 40 ℃。

11.11　轨道减振器试验

轨道减振器通过橡胶弹性为轨道提供弹性减振,根据受载特性,轨道减振器的基本结构可分两类:一类是利用橡胶的剪切变形来提供弹性的剪切型结构,适合在载荷不大但隔振要求较高的地段使用;另一种是利用橡胶的压缩变形来提供弹性的压缩型结构,适用于载荷较大但隔振要求不高的地段使用。轨道减振器从垂向、横向和纵向支撑轨道,并且通过垂向、横向和纵向的弹性支撑结构缓冲传递的振动。所以轨道减振器对轨道的纵向和横向限制力应相等,而且必须具有:(1)高弹性;(2)垂向和横向的稳定性;(3)对轨道的纵向限制力；(4)轨道对道床的电气绝缘；(5)对比那种直接固定的扣件有更长的使用寿命。

11.11.1 试验目的

试验目的：检验轨道减振器的相关性能是否满足技术规范中规定的技术指标。

压缩型轨道减振器的各种性能的检测项目：包括刚度和变形、垂向升举、横向约束、纵向约束、疲劳、低频动刚度等试验。

11.11.2 试验方法

压缩型弹性轨道减振器是由顶板、底板和橡胶圈经过硫化而成的。

(1)刚度与变形

①预加载：如图 11-26 所示垂向载荷 V 为 0～70 kN 和横向载荷 L 为 $L/V=0.25$ 的条件下，以速度为 2.5 kN/s 连续进行 10 个循环预加载。其中垂向加载在轨头顶部中心上，水平横向加载在距轨顶 16 mm 下的钢轨内侧上。

②单方向垂向加载：以上预试验完成后，垂向加载 0～50 kN，以速度为≤2.5 kN/min 的条件下连续进行 3 个循环加载/卸载；在第 3 个循环以每增加 2.5 kN 记录载荷一变形数据。卸载后 1 min 测量并记录轨头的位置。要求垂向载荷 20～35 kN 时，垂向刚度为 20～30 kN/mm。卸载后 1 min，扣件必须恢复至初始位置的 0.25 mm 内。试验过程中其扣件或部件不得出现任何滑移、屈服、断裂或粘接失效。

③垂向、横向同步加载：垂向加载 0～40 kN 和横向加载 $L/V=0.5$ 的条件下，垂向以速度为 2.5 kN/min 连续进行加载/卸载 3 个循环；在第 3 个循环以垂向每增加2.5 kN记录横向载荷一变形数据。其中横向变形测量的位置为距轨顶 10 mm，距两端 25 mm 的两点取平均值；卸载后 1 min 记录轨头的位置。要求 $L/V=0.5$，垂向载荷 20～35 kN 时，横向刚度为 8～15 kN/mm。卸载后 1 min，扣件必须恢复至初始位置的 0.25 mm 内，试验过程中，其扣件或部件不得出现任何滑移、屈服、断裂或粘接失效。

(2)垂向升举试验

如图 11-27 所示，在轨道减振器的垂向施加向上和向下的垂向载荷，每个循环的最高和最低载荷以1 kN的增量直至最大载荷 12 kN，记录力一时间和位移一时间曲线。卸载后 2 min 后测量并记录轨头的最终位置。

要求轨道减振器在 10 kN 的向上力作用下，其垂向变形不超过其垂向压缩 10 kN 绝对变形的 135%，其垂向压缩 10 kN 的绝对变形由垂向刚度和变形试验测得。当垂向力持续从垂向向下到垂向向上变化时，力改变方向时不得出现后冲和空载现象。卸载2 min 后，钢轨必须恢复至其初始位置 0.15 mm 以内。

(3)横向约束试验

横向 2 个平行力同时以 4(2×2)kN 的载荷增量增加，每个力达到最大值 25 kN，合计 50 kN。两个弹性轨道减振器采用专用工装安装如图 11-28 所示，在同方向向钢轨的轨底施加载荷，在每边轨道减振器的中心线对称加载，车轨道减振器的中心线和钢轨内侧线的交点测量横向变形。

图11-26　压缩型弹性轨道减振器刚度与变形试验

图11-27　压缩型弹性轨道减振器垂向升举试验

(4)纵向约束试验

两个弹性轨道减振器在专用工装安装如图 11-29,沿纵向(L 向)加载以 2.5 kN 的载荷增量增加,直接加载在钢轨截面,轨底三角形部位中间,直至钢轨打滑,记录载荷一变形数据,并绘制载荷一变形曲线,当位移变化速度为 30 s 内小于 0.025 mm 时,读取变形值;卸载后 1 min 测量并记录钢轨和轨道减振器的最终位置,再以相反方向重复试验;

图11-28　压缩型弹性轨道减振器横向约束试验

图11-29　压缩型弹性轨道减振器纵向约束试验

(5)疲劳试验

轨道减振器的疲劳试验由三部分组成,即重复加载试验、重复升举加载试验和推拉试验。疲劳试验的加载方式如图 11-30(a)、(b)所示,其中(b)是依据欧标进行的倾斜加载方式,试验过程中要求橡胶表面温度不能超过 55 ℃,要求扣件必须能承受规定的循环加载,不得出现任何失效,包括但不限于构架、顶板和弹性体。在试验过程中,轨道减振器包括扣件的安装点不得出现任何滑移、屈服、空载和断裂等失效,钢轨不得出现可能导致其失效的磨损和裂化。

(6)低频动刚度试验

弹性轨道减振器在专用工装安装如图 11-31,载荷振幅为 20～40 kN,频率为 10 Hz 和 20 Hz,循环次数≥1 000 次。完成动态刚度测量 5～10 min 后进行静刚度测试,以

2.5 kN的增量，不大于 2.5 kN/min 的速度向下施加一个垂向力至 40 kN。记录相应的轨头垂向位移，计算 20～40 kN 之间的刚度，并计算 10 Hz 和 20 Hz 的动静刚度比。要求动静刚度比不超过 1.4。

(a)重复加载试验

(b)倾斜加载试验

图 11-30　压缩型弹性轨道减振器疲劳试验

图 11-31　压缩型弹性轨道减振器低频动刚度试验

11.12　橡胶隔震支座试验

11.12.1　试验目的

试验目的：依据 EN 1337-3：2005Structural bearings-Part 3：Elastomeric bearings、GB/T 20688.1—2007 橡胶支座第 1 部分：隔震橡胶支座试验方法和 JT/T 4—2004 公路桥梁板式橡胶支座试验标准，检验橡胶支座主要力学性能是否满足产品技术条件中规定的要求。各项目性能指标主要由客户提供。

检测项目：压缩性能、剪切性能、剪切性能相关性、压缩性能相关性、极限剪切性能等。

11.12.2 试验方法

(1)压缩性能实验

①压力:加载压力应与 GB/T 20688.1—2006《橡胶支座第 2 部分:桥梁隔震橡胶支座》和 GB/T 20688.1—2006《橡胶支座第 3 部分:建筑隔震橡胶支座》规定的设计压应力 σ_0 相对应。压力 P 与压应力的关系如下:

$$P=A\cdot\sigma_0 \tag{11-9}$$

压应力允许偏差应为±5%。

②加载:加载方法有以下两种,试验时可选择其中一种方法进行。

方法 1 如图 11-32 所示:按 $0\sim P_{max}\sim 0$ 往复循环加载 3 次,P_{max} 为最大设计压力。$P_2=1.3P_0$,$P_1=0.7P_0$,P_0 为设计压力。

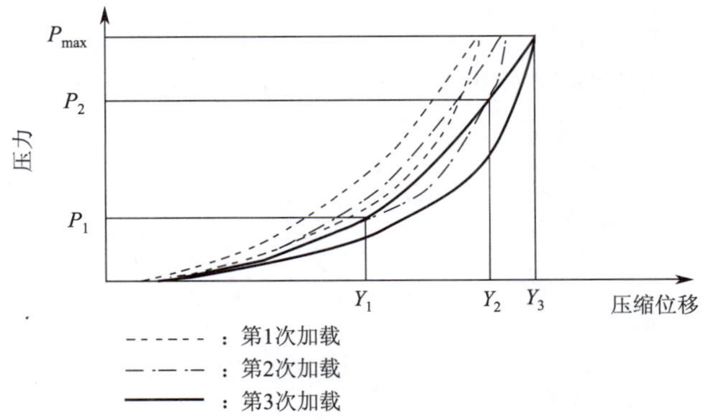

图 11-32 加载方法

方法 2 如图 11-33 所示:按 $0\sim P_0\sim P_2\sim P_0\sim P_1$(第一次加载),$P_1\sim P_0\sim P_2\sim P_0\sim P_1$(第 2 次加载),$P_1\sim P_0\sim P_2\sim P_0\sim P_1$(第三次加载)。其中 $P_2=1.3P_0$,$P_1=0.7P_0$,P_0 为设计压力。

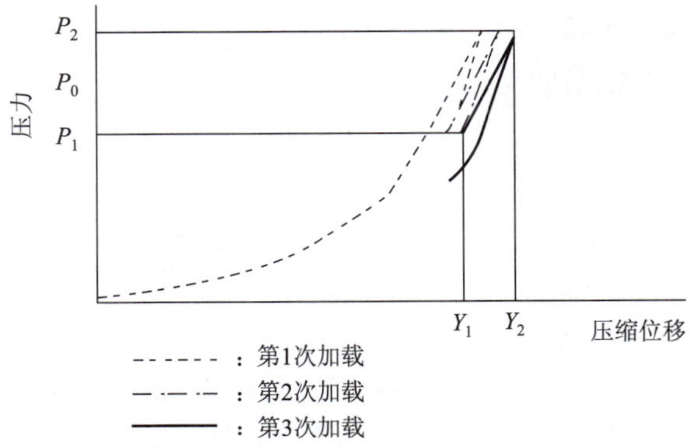

图 11-33 加载方法

③竖向压缩刚度计算

竖向压缩刚度 K_v 按下式计算：

$$K_v=\frac{P_2-P_1}{Y_2-Y_1} \tag{11-10}$$

式中：P_2——第 3 次循环时的较小压力；

P_1——第 3 次循环时的较大压力；

Y_2——第 3 次循环时的较小位移；

Y_1——第 3 次循环时的较大位移。

(2)剪切性能试验

①通则：应在恒定压力下施加剪切位移测定支座的剪切性能。试验过程中，恒定压力允许偏差为±10%，剪切位移允许偏差为±5%。

②加载：试验可采用 3 次或 11 次加循环，剪切性能应取第 3 次循环的测试值，或取第 2～11 次循环的测试平均值。

③剪切性能计算：水平等效刚度 K_b、等效阻尼比 h_{eq}、屈服刚度 K_d 和屈服力 Q_d 应按下式计算：

$$K_b=\frac{Q_1-Q_2}{X_1-X_2} \tag{11-11}$$

$$h_{eq}=\frac{2\Delta W}{\pi K(X_1-X_2)^2} \tag{11-12}$$

$$K_d=\frac{1}{2}\left(\frac{Q_1-Q_{d1}}{X_1}+\frac{Q_2-Q_{d2}}{X_2}\right) \tag{11-13}$$

$$Q_d=\frac{1}{2}(Q_{d1}-Q_{d2}) \tag{11-14}$$

式中：Q_1——最大剪力；

Q_2——最小剪力；

X_1——最大位移，$X_1=T_r\gamma$；

X_2——最小位移，$X_1=T_r\gamma$；

Q_{d1}，Q_{d2}——滞回曲线正向和负向与剪力轴的交叉点；

ΔW——滞回曲线的包络面积。

(3)相关性试验

①剪切性能的剪应变相关性

测定剪应变对剪切性能的相关影响时，剪应变允许偏差为±5%。试验加载宜按剪应变递增的顺序进行。基准剪应变宜为设计剪应变 γ。

②剪切性能的压应力相关性

测定压应力对剪切性能的相关影响时，压应力的允许偏差为±5%。试验过程中，压力波动的允许范围为±10%。试验加载宜按压力递增的顺序进行。基准压应力宜为设计压应力 σ_0。

③剪切性能的加载频率相关性

测定加载频率对剪切性能的相关影响时，加载频率宜采用表 11-19 中的频率值。加载频率应按递增的顺序改变。基准加载频率宜为 0.5 Hz。

表 11-19　加载频率

频率(Hz)	0.001	0.005	0.01	0.1	0.5	1.0	2.0

④剪切性能的反复加载次数相关性

测定反复加载次数对剪切性能的相关影响时，反复加载次数为 50 次。应测定第 1、3、5、10、30 和 50 次循环的剪切性能。基准值宜取第 3 次循环的测试值，或取第 2～11 次循环的测定平均值。试件应在反复 50 次后冷却至室温，然后再次测定试件的剪切性能。

⑤剪切性能的温度相关性

测定温度对剪切性能的相关影响时，宜采用表 11-20 规定的试验温度。试验前，可将试件放在温度控制箱中，待达到指定温度后，在 30 min 内转移至试验装轩中并完成试验。除铅芯橡胶支座外，温度相关性试验也可用 2 片、4 片剪切型橡胶材料试件替代。

基准温度应为(23±2) ℃。在特别寒冷地区，环境温度低于－20 ℃时，可采用支座的使用环境温度。

温度变化按递增或递减的顺序进行。

表 11-20　试验温度

温度(℃)	－20	－10	0	23	40

⑥压缩性能的剪应变相关性

测定剪应变对压缩性能的相关影响时，宜在表 11-21 中选取 3 个剪应变水准进行试验。剪应变的允许偏差为±5%。基准剪应变为 0。

表 11-21　剪应变

温度(℃)	－20	－10	0	23	40

⑦压缩性能的压应力相关性

测定压应力对压缩性能的相关影响时，宜采用表 11-22 中规定的竖向加载压应力，剪切位移为零。表中，σ_0 为设计压应力。加载压应力的允许偏差为±5%。基准加载条件为 $\sigma_0 \pm 0.3\sigma_0$。

表 11-22　剪应变

压应力(MPa)	$\sigma_0 \pm 0.3\sigma_0$	$\sigma_0 \pm 0.5\sigma_0$	$\sigma_0 \pm 1.0\sigma_0$

11.13　盆式橡胶支座试验

盆式桥梁支座是连接桥梁上部结构和下部结构的重要部件，其主要功能是将上部结构承受的各种静、动及冲击载荷传递给墩台，并能适应上部结构由于荷载、温度变化、混凝土收缩等产生徐变形。其中耐磨板发挥着至关重要的作用,桥梁水平位移是通过支座中间衬板的耐磨板与上支座的不锈钢板的摩擦来实现,转动是通过下座板球面耐磨板与球冠摩擦来实现。而摩擦系数的大小,直接关系到支座在承载过程中,是否发挥了水平位移、转角的作用。

11.13.1 试验目的

试验目的:检验橡胶支座的相关性能否满足产品技术条件中规定的要求。

试验项目:竖向承载力,摩擦系数,压转试验,支座转动磨耗与承压试验,支座橡胶块试验,水平承载试验,耐磨板耐磨试验。

11.13.2 试验方法

(1)试验技术条件

①适用温度范围

(a)常温型支座适用于－25～60 ℃;

(b)耐寒型支座适用于－40～60 ℃。

②固定支座、横向活动支座顺桥向及纵向活动支座横桥向所承受的水平力不小于支座竖向承载力的10%,抗震型固定支座所承受的水平力不小于竖向承载力的20%。

③支座设计竖向转动角度不小于0.02 rad。

④活动支座摩擦系数μ

(a)常温型$\mu \leqslant 0.03$;

(b)耐寒型$\mu \leqslant 0.05$。

(2)竖向承载力

支座竖向承载力试验应测定垂直载荷作用下,载荷—支座竖向压缩变形曲线和载荷—盆环径向变形曲线。检验载荷为支座竖向设计承载力的1.5倍。在试验支座四周放置4个百分表测定竖向压缩变形,用4个千分表测定盆环径向变形。试验时先预压3遍。试验载荷由零至检验载荷分10级,试验时以支座竖向设计承载力的0.5%作为初始压力,然后逐级加压,每级载荷稳压2 min后读取百分表及千分表数据,直至检验载荷,稳压3 min后卸载,往复加载3次。

变形分别取4个百分表及千分表读数的算术平均值,绘制载荷—支座竖向压缩变形曲线和载荷—盆环径向变形曲线。在设计载荷下支座竖向压缩变形不大于支座总高的2%,盆环径向变形不应大于盆环外径的0.5%。

(3)摩擦系数

支座摩擦系数测定试验在专用的双剪摩擦试验装置上进行。试验时先对支座施加垂直设计载荷,然后用千斤顶施加水平力,由专用的压力传感器记录水平力大小,支座一发生滑动即停止施加水平力,由此计算出支座的初始摩擦系数。然后再次对支座施加水平力,可测定第二次摩擦系数。反复上述水平力加载过程,直至支座第五次水平滑动。实测支座第二次至第五次滑动摩擦系数的平均值,作为支座的实测摩擦系数。试验装置如

图 11-34所示。

(4)压转试验

支座压转试验在专用的试验台座上进行。试验台如图 11-35 所示。

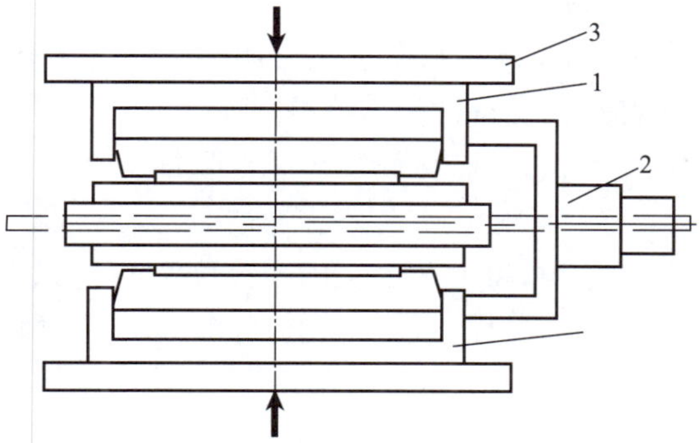

图 11-34　摩擦试验

1—试件;2—水平加载装置;3—试验机

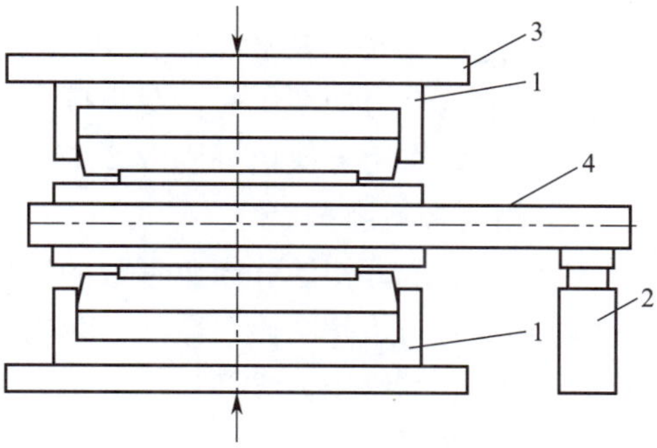

图 11-35　压转试验

1—试件;2—加载装置;3—试验机;4—横梁

试验时先将两个试验支座按上图所示置于台座上,用试验机施加 1.5 倍的支座设计载荷,并顶起加载横梁,使支座产生 0.02 rad 的转角或设计转角(取两者中之大者),保持载荷 1 h 后卸载。支座在测试中以及测试后拆解时,均应进行目测检查,要求钢件、聚四氟乙烯板无损伤,且承压橡胶板无裂缝或被挤出,黄铜紧箍圈无明显损伤。

(5)支座转动磨耗与承载试验

橡胶块在高温箱内 70 ℃下,放置 72 h,再进行转动磨耗与承压试验。

转动磨耗试验:将已组装好的两个支座,安装于试验机中心位置,中间安装加载横梁,然后竖向以 0.5 MPa/s 的加载速度逐渐加压至支座橡胶块产生 35 MPa 的接触面压,控制转动磨耗油缸行程对横梁施加振幅±0.005 rad 的正弦转角,频率为0.7Hz,持续测试至累积滑动量达到要求值(即底盆内壁和内封环间的相对滑动位移 1 000 m)为止。

转动磨耗后承载试验:将已完成转动磨耗试验的一个支座安装于试验机中心位置,试验时以 0.5 MPa/s 的加载速度竖向逐渐加压到橡胶块产生 60 MPa 的接触面压,使被测橡胶块产生 0.02 rad 的转角,记录加载过程中竖向载荷—竖向变形,保持载荷 24 h 记录过程中竖向载荷—竖向变形情况,卸载检查橡胶块是否从底盆中挤出等现象。

(6)支座橡胶块承压试验

橡胶块在高温箱内 70 ℃下,放置 72 h,再进行转动磨耗与承压试验。

支座橡胶块承压试验:试验时以 0.5 MPa/s 的加载速度竖向逐渐加压到橡胶块产生 90 MPa 的接触面压,0.02 rad 角楔形板使被测橡胶块产生 0.02 rad 的转角,记录载过程中竖向载荷—盆环径向变形曲线、竖向载荷—竖向变形曲线,保持载荷 24 h 后卸载拆开检查。

(7)水平承载试验

①将试验样品放置于试验设备的受力中心,试验载荷为支座水平承载力的 1.2 倍。加载至水平承载力的 0.5%后进行预推。

②预推。将支座竖向承载力加至设计承载力的 50%，用水平承载力的 20%进行预推，反复进行 3 次。

③正式加载。将试验荷由零至试验荷载均匀分为 10 级。试验时先将竖向承载力加至 50%后，再以支座设计水平力的 0.5%作为初始推力，然后逐级加载，每级荷载稳压 2 min后，记录百分表数据，待设计水平力达到 90%后，再将竖向承载力加至设计承载力，然后将水平承载力加至试验荷载稳压 3 min 后卸载。加载过程连续进行 3 次。

④水平力作用下变形分别取 2 个百分表的平均值，绘制荷载—水平变形曲线。

(8)耐磨板耐磨试验

①试样数量。初始静摩擦系数的试样数量为三组，每组两块，由三组初始静摩擦系数的平均值作为初始静摩擦系数的实测值。线磨耗率的试样数量为一组，每组两块，取两块线磨耗率的平均值作为线磨耗率的实测值。

②初始静摩擦系数。滑板试件与对磨件发生初次滑动时的摩擦系数为初始静摩擦系数。初始静摩擦系数试验采用双剪试验方法，试验时在试样表面的储硅脂槽内涂满 5201-2 硅脂，试验条件应符合表 11-23 的规定。

③线磨耗率。线磨耗率试验采用双剪试验方法，试验条件应符合表 11-24 的规定，线磨耗率由试验前后试件重量(测量精度 0.001 g)差计算确定。

表 11-23　初始静摩擦系数试验条件

试验条件	聚四氟乙烯板	改性超高分子量聚乙烯板
试件压应力(MPa)	30	45
试验温度(℃)	23±2	21±1
预压时间(h)	1	1
滑动距离(mm)	10	10
滑动速度(mm/s)	约 0.4	约 0.4

表 11-24　线磨耗率试验条件

试验条件	聚四氟乙烯板	改性超高分子量聚乙烯板
试件压应力(MPa)	30	45
试验温度(℃)	23±2	21±1
相对滑动平均速度(正弦波)(mm/s)	8	15
相对往复滑动距离(mm)	±10	±10
累计滑动速度(mm/s)	1	短期 15、长期 50

主要参考资料

[1] 杨军，王雪飞，王进，陈忠海．轨道交通用橡胶减振材料及制品的应用与发展．中日橡胶技术交流会 2003.

[2] 陈孟平，inventor 球关节类橡胶金属复合元件 1997. 12. 03.

[3] 王雪飞，黄自华，杨军．N，N′—间亚苯基双马来酰亚胺在 nr 厚制品配方中的应用研究．橡胶工业．2003；50(5)：284—6.

[4] 王雪飞，唐先贺，黄自华，杨军．硫化体系对 V 形 nr 弹簧胶料抗硫化返原和抗蠕变性能的影响．橡胶工业．2003；50(6)：351—3.

[5] 孔军．空气弹簧在我国轨道车辆中的应用与发展．Rolling Stock. 2002；40(3)：5—8.

[6] 郧国卫，阎培林．对无骨架橡胶空气弹簧结构的探讨．橡胶工业．1989；36(6)：353—4.

[7] FahrigM，瞿光明．空气弹簧从织物到单帘线骨架结构的发展．橡胶工业．2000；47(2)：99—102.

[8] 畦田，利夫，王晓晴等．铁道车辆用空气弹簧耐久性评价．Foreign Rolling Stock. 2002；39(1)：36—41.

[9] 张友南，黄友剑等．弹性胶泥车钩缓冲器的研究和应用进展．特种橡胶制品．2001；22(4)：57—9.

[10] 杨清芝．现代橡胶工艺学．中国石化出版社；1997.

[11] 谢忠麟，杨敏芳．橡胶制品实用配方大全(第二版)．化学工业出版社；2004.

[12] 魏福祥．现代仪器分析技术及应用．中国石化出版社；2011.

[13] 武汉大学主编．分析化学(第五版)．高等教育出版社；2007.

[14] 董炎明．高分子材料实用剖析技术．中国石化出版社；2005.

[15] 董慧茹．复杂物质剖析技术．化学工业出版社；2004.

[16] 李嘉宇．橡胶、塑料技术标准实用手册．安徽文化出版社；2003.

[17] 雍铭熙．新编橡胶制品实用配方及相关技术标准实用手册．海南电子出版社；2004.

[18] GB/T 7764—2001. 橡胶鉴定 红外光谱法．

[19] ISO 4650：2005. Rubber-Identification-Infrared spectrometric method.

[20] GB/T 3516—2006 橡胶 溶剂抽出物的测定．

[21] GB/T 9875—2001 橡胶聚合物的鉴定 化学方法．

[22] GB/T 19466. 2—2004 塑料 差示扫描量热仪法(DSC)第 2 部分：玻璃化转变温度的测定．

[23] GB/T 19466. 3—2004 塑料 差示扫描量热仪法(DSC)第 3 部分：融化和结晶焓和温度的测定．

[24] ISO 11357—2：1999 Plastics-Differential scanning calorimetry (DSC) - Part 2：Determination of glass transition temperature.

[25] ISO 11357—3：1999 Plastics-Differential scanning calorimetry (DSC)-Part 3：Determination of temperature and enthalpy of melting and crystallization.

[26] ASTM D3418—2008Standard test method for transition temperatures and enthalpies of fusion and crystallization of polymers by Differential Scanning Calorimetry.

[27] ASTM E1356—2008Standard test method for assignment of glass transition temperatures by Differential Scanning Calorimetry.

[28] ASTM E794—2006Standard test method for melting and crystallization temperatures by thermal analysis.

[29] GB/T 4499—1997 硫化橡胶中防老剂的测定 薄层色谱法.
[30] GB/T 6029—1996 硫化橡胶中促进剂的检定 薄层色谱法.
[31] IEC 62313—2008 电子电器产品中限用的六种物质(铅、镉、汞、六价铬、多溴联苯、多溴二苯醚)浓度的测定程序.
[32] SJ/T 11365—2006 电子信息产品中有毒有害物质的检测方法.
[33] TB/T 3139—2006 机车车辆内装材料及室内空气有害物质限量.
[34] GB 18581—2009 室内装饰装修材料 溶剂型木器涂料中的有害物质限量.
[35] GB 18582—2008 室内装饰装修材料 内墙涂料中的有害物质限量.
[36] GB 18583—2008 室内装饰装修材料 胶粘剂中的有害物质限量.
[37] GB/T 23942—2009 化学试剂 电感耦合等离子体原子发射光谱法通则.
[38] GB/T 23524—2009 石油化工废催化剂中铂含量的测定 等离子电感耦合发射光谱法.
[39] GB/T 17593.2—2007 纺织品 重金属的测定 第2部分:电感耦合等离子体原子发射光谱法.
[40] GB 4498 1997 橡胶灰分的测定.
[41] GB/T 6040—2002 红外光谱分析方法通则.
[42] GB/T 14836—1993 硫化橡胶灰分的定性分析.
[43] EN 14582:2007Characterization of waste-Halogen and sulfur content-Oxygen combustion in closed systems and determination methods.
[44] GB/T 4497.1—2010 橡胶 全硫含量的测定 第1部分:氧瓶燃烧法.
[45] GB/T 9872—1998 氧瓶燃烧法测定橡胶和橡胶制品中溴和氯的含量.
[46] GB/T 3515—2005 橡胶 炭黑含量的测定 热解法.
[47] GB/T 14837—1993 橡胶及橡胶制品组分含量的测定 热重分析法.
[48] ISO 9924-1. 2000 Rubber and rubber products-Determination of the composition of vulcanizates and uncured compounds by thermogravimetry-part 1: butadiene, ethylene-propylene copolymer and terpolymer, isobutene-isoprene, isoprene and styrene—butadiene rubbers.
[49] ISO 9924-2. 2000Rubber and rubber products-Determination of the composition of vulcanizates and uncured compounds by thermogravimetry-part 2: Acrylonitrile-butadiene and halobutyl rubbers.
[50] ISO 9924-3. 2009Rubber and rubber products-Determination of the composition of vulcanizates and uncured compounds by thermogravimetry-part 3: Hydrocarbon rubbers, halogenated rubbers and polysiloxane rubbers after extraction.
[51] 赵英. 红外分析法在橡胶制品等剖析中的应用. China Rubber. 1995;(18):12—5.
[52] 武晶,韩文霞. 红外光谱法鉴定几种难于区分的橡胶. 特种橡胶制品. 2004; 25(1):51—4.
[53] 吴瑾光. 现代傅里叶变换红外光谱技术及应用,下卷. 科学技术文献出版社; 1994.
[54] HJ/T 72—2001. 水质领苯二甲酸二甲(二丁、二辛)酯的测定.
[55] 邓本诚. 橡胶并用与橡塑共混技术. 化学工业出版社; 1999.
[56] Matthias Wagner 著, 陆立明译, 热分析应用基础. 东华大学出版社; 2009.
[57] 周淑华, 刘懿莉, 谭芬, 王进, 周志诚. NR并用胶并用比分析. 橡胶工业. 2007;54(6):364—6.
[58] 周淑华, 刘懿莉, 周志诚, 王进. 氯丁橡胶中组分含量分析. 特种橡胶制品. 2005;26(5):43—5.
[59] 宋向雁. 橡胶助剂手册: 化学工业出版社; 2000.
[60] Schawe. J. E. K. 著, 陆立明译, 弹性体:东华大学出版社; 2009.
[61] 杨柳, 刘新群, 王进. 氧化锌中铅、镉、汞的icp-Oes法测定. 特种橡胶制品. 2009;30(5):44—5.
[62] 杨柳, 刘新群, 王进. 浸提法-ICP-OES测定炭黑中的铅、镉、汞. 橡胶工业. 2010.

[63] 刘懿莉，周淑华，王进，周志诚．硫化胶中炭黑的类型鉴定及并用比分析．橡胶工业．2006;53(2):117－8.

[64] 邓江华，周淑华，周志诚，杨柳．特种硫化橡胶中炭黑类型鉴定分析方法．特种橡胶制品．2009;30(4):54－6.

[65] 汪正范．色谱定性与定量：化学工业出版社；2000.

[66] 牟世芬，刘克纳、丁晓静，离子色谱方法及应用：化学工业出版社 / 化学与应用化学出版中心：北京；2005.

[67] 刘红河，黄晓群，王晖，黎源倩，张克荣．高效液相色谱－串联质谱法测定食品中邻苯二甲酸酯．现代预防医学．2008;35(1):119－21.

[68] 陈如，蒋晓琪，王建平．邻苯二甲酸酯类及其生态毒性．印染助剂．2010;27(9):52－6.

[69] HJ/T72－2001 水质邻苯二甲酸二甲(二丁、二辛)酯的测定．

[70] SN/T2249－2009 塑料及其制品中邻苯二甲酸酯类增塑剂的测定 气相色谱－质谱法．

[71] GB/T22048－2008 玩具及儿童用品 聚氯乙烯塑料中邻苯二甲酸酯增塑剂的测定．

[72] BS EN15777－2009 Textiles-Test method for phthalates.

[73] 刘懿莉，周淑华，王进，周志诚．硫化胶中炭黑的类型鉴定及并用比分析．橡胶工业．2006;53(2):117－8.

[74] 邓江华，周淑华，周志诚，杨柳．特种硫化橡胶中炭黑类型鉴定分析方法．特种橡胶制品．2009;30(4):54－6.

[75] 邓江华，谭帅霞，昌慧娟，杨宗瑜，姚智平，王进．氧弹燃烧－离子色谱法测定橡胶中全硫含量．特种橡胶制品．2011;32(6):52－4.

[76] 邓江华，谭帅霞，昌慧娟，杨宗瑜，陈燕文，王进．氧弹燃烧－离子色谱法测定橡胶中的氯、溴含量．橡胶工业．2012(7):437－9.

[77] EN 13913－2003 铁路设备 橡胶悬挂构件 基于弹性体的机械部件．

[78] TB/T 2843－2007 机车车辆用橡胶弹性元件通用技术条件．

[79] TB/T 2841－2010 铁路车辆空气弹簧．

[80] TB/T 2626－1995 铁道混凝土枕轨下用橡胶垫板 技术条件．

[81] TB/T 2589－1995 电力机车用橡胶对通用条件．

[82] TB/T 2331－2004 铁路桥梁盆式橡胶支座．

[83] ISO 471:1995 Rubber-Temperatures, humidities and times for conditioning and testing

[84] ISO 9227:2006 Corrosion tests in artificial atmospheres-Salt Spray tests

[85] EN 1337-3:2005 Structural bearings-Part 3: Elastomeric bearings

[86] GB/T 20688.1－2007 橡胶支座第 1 部分:隔震橡胶支座试验方法

[87] GB/T 20688.1－2006 橡胶支座第 2 部分:桥梁隔震橡胶支座

[88] GB/T 20688.1－2006 橡胶支座第 3 部分:建筑隔震橡胶支座

[89] JT/T 4－2004 公路桥梁板式橡胶支座

[90] JT 391－1999 公路桥梁盆式橡胶支座

[91] JTJ004－89 公路工程抗震设计规范

[92] 机械零部件设计手册．

[93] 刘建勋．机车车辆-系悬挂橡胶弹性元件综述．城市轨道交通．2011;(1):102－15.

[94] 宋传江．高速铁路和城市轨道线路橡胶减震制品的现状和发展．橡胶科技市场．2009;(6):1－6.